근대 한국의 법, 재판 그리고 정의

Law, Trial and Justice of Modern Korea

한국학
총 서 근대전환기의 국가와 민 06

근대 한국의 법, 재판 그리고 정의
Law, Trial and Justice of Modern Korea

이승일 지음

景仁文化社

머리말

민주주의? 민주적 공정 사회(Democratic Justice Society)!

인간은 누구나 갈등과 분열보다는 평화와 질서정연한 상태를 원한다. 투쟁, 폭력, 전쟁을 바람직하다고 여기는 사람은 아무도 없다. 그러나 인류는 생존과 행복의 증진을 위해서 잉여의 분배를 둘러싸고 치열하게 다투었으며 폭력도 불사하였다. 국가는 이러한 갈등을 조정하는 종국적 강제기구였다. 전근대 시대에는 국가권력을 독점한 소수의 특권계급이 분배의 룰을 만들고 다수의 인민들에게 일방적으로 강요하였다. 사회의 지배 이데올로기는 신분제도와 분배의 룰이 나름대로 합리적이며 공정하다고 정당화하였다.

양반 중심의 특권사회였던 조선왕조의 유학자들도 신분에 따른 차등적 분배가 정당하다고 가르쳤다. 그리고 유학이념에 토대를 둔 국가질서를 깨뜨리는 집단적 투쟁이 애초부터 발생하지 않도록 품성을 바르게 하고 양심을 자각하게 만들어 스스로 반성하도록 유도하였다. 조선의 유학자들이 자수(自修)와 절제를 강조한 이유는 사사로운 이익에 집착하는 인간의 지나친 욕심이 질서와 평화를 깨뜨린다고 생각하였기 때문이다. 그래서 유학자들은 덕성의 함양과 더불어 예(禮)와 법(法)으로 욕망을 단단히 관리하여야 한다고 인민들에게 가르쳤다. 그 대상이 권력이든 재산이든 가리지 않았다. 유학윤리에 의해서 조선왕조는 500여년간이나 인민들을 효과적으로 통치할 수 있었다. 다만, 조선의 통치이념과 규범(禮, 法)은 인민들의 전체 의사에 의해서 만들어진 것이 아니라 어느 일방이 다른 일방에게 강요한 이데올로기였다. 옳고 그름을 떠나서 인민들은 조선왕조의 통치이념이나 제도를 부정하거나 바꿀 수 없었다.

그러나 오늘날 우리를 지배하고 있는 법과 규범은 공동체 구성원들의 일반 의사에 의해서 만들어진다. 민주주의는 공동체를 구성하는 주체들의 의지에 따라서 정치구조와 분배의 원칙을 평화적으로 바꿀 수 있는 제도이다. 다만, 민주주의는 분배를 둘러싸고 발생하는 갈등을 어떻게 해소하는 것이 바람직한지에 대한 이념을 제시하지는 못한다. 공론의 장과 공동체 운영의 룰을 모든 구성원들에게 제공할 뿐이다. 그래서 민주주의 하에서는 공동체를 구성하는 적대적인 이해 당사자 간의 치열하고도 필사적인 상호작용을 거친 후에야 법과 제도가 만들어진다. 만약, 누군가가 더 나은 사회를 바란다면 불만족스러운 현실에 침묵하기보다는 더 나은 사회가 무엇인가에 대해서 구체적으로 고민하여야 한다. 22살의 전태일처럼 현실을 고뇌하면서 해결책을 만들고 또 실천하는 비판적 개인들이 있어야 한다. 민주주의는 제도로 완성되는게 아니라 현실을 비판적으로 사유하는 자유롭고 평등한 자립적 주체들의 활발한 참여 속에서 건강하게 유지될 수 있다.

근대 이행기 한국에서도 전봉준이라는 비판적 인간이 출현하였고 사회개혁을 위한 다수 대중들의 집단적 실천이 있었다. 한국 역사상 최대의 농민반란이었던 동학농민전쟁은 양반관료들의 수탈과 불법 행위에 대한 분노에서 출발하였으나 본질적으로는 '사회적 재화'와 '공적 의무'를 배분하는 조선왕조의 '정의(Justice)의 원칙'에 대한 저항이었다. 구체적으로는 양반관료들의 부정의를 교정하지 못하는 국가사법시스템에 대한 불만이었고 조선왕조의 법령, 상식, 도리에도 맞지 않는 양반관료들의 무절제한 탐욕에 대한 실망이었다. 1894년의 동학농민군들의 호소와 그에 대한 조선왕조의 대응은 현대 한국 사회가 직면한 '불평등'과 '불공정'의 문제를 왜 다루어야 하는가에 대한 교훈을 주고 있다.

다만, 전봉준을 비롯한 동학농민군의 지도부는 조선왕조의 부정의를 정확히 지적하였으나 자신들이 주체가 되어서 문제를 해결하고 더 나아가 조선왕조를 근본적으로 개혁하려는 대안을 만들지는 못하였다. 조선왕조의 신분제도와 통치이념을 완전히 해체하고 새로운 사회를 건설하려고 하였던 자들은 19세기 말 한국의 자유주의 개혁가들이었다. 이들에 따르면, 국가의 주권자는 국왕이 아니라 인민 그 자신이며 개인의 자유와 평등의 보장이 가장 중요한 사회적 가치이며, 이를 위해서는 국가권력을 분할하고 그 분할된 권력에 인민들이 직접 참여해야 한다고 주장하였다. 더 나아가 국가권력은 국왕이 아니라 인민 모두를 위해서 행사되어야 한다는 매우 혁명적인 주장을 제기하였다. 이들은 한국 역사상 최초로 민주주의, 정의, 법치, 인권, 자유, 평등, 특권의 폐지, 폭력을 배제한 개혁 등을 주장하였다. 전봉준이든 서재필이든 특권에 기초한 불공정한 사회현실에 순응하지 않으려 했다는 점에서 그들은 혁명가들이었다.

오늘날 한국 사회는 시끄럽고 갈등도 매우 심각하지만 민주주의를 잘 실천하고 있다. 하지만, 정의와 평등의 측면에서는 120여년 전의 동학농민군들과 독립협회 관계자들이 투쟁하던 시대에 비해서 더 낫다고 볼 수 있을까. 전통적인 민주주의 정치기구(정당, 의회, 선거제, 독립적인 사법부 등)는 작동하고 있지만 다수 대중들의 의사가 반영된 법률, 정책이 만들어지고 있는가. 오히려 소수의 엘리트나 특권계층이 민주주의 정치기구를 장악하고 다수 대중들은 4년 혹은 5년마다 투표권을 행사하는 방관자로 전락한 것은 아닌가. 수많은 젊은이들과 소외계층들이 결핍과 빈곤으로 고통받고 있으나 한국 민주주의는 이들을 위한 정책보다는 거대기업과 자산가들의 이익을 더 많이 대변하고 있다. 이 같은 현상은 민주주의 본질과는 거리가 멀다.

21세기의 대한민국은 풍요로운 사회가 되었으나 그 풍요를 향유할 수 있는 사람은 계속 줄어들고 있다. 민주주의를 직접 실행해야 하는 자립적인 개인들이 지속적으로 감소하고 있다는 점은 민주주의의 위기이다. 사회적 부의 전반적 증가에도 불구하고 불평등이 심화된 것은 개인 능력의 차이나 노력의 부재 탓은 아니다. 자유방임적 민주주의의 결과이다. 현재, 한국의 독점적 거대기업은 중소기업에게서 몫을 더 가져가고, 중소기업은 하청기업의 몫을 더 가져가고 하청기업은 고용된 노동자에게 낮은 임금과 가혹한 노동조건을 강요하면서 풍요를 누리고 있다. 더 많은 몫은 대등한 자유계약의 산물이 아니라 상대방에 대한 우월적 지위로 인한 것이다. 지금까지 한국인들은 형식적 민주주의를 성공적으로 운영하였으나 공동체 구성원들의 불평등을 해결하는데 적극적으로 노력하지 않았다.

더구나 빈곤은 한세대에서 끝나지 않는다. 더 좋은 교육, 더 많은 재산, 더 많은 권력은 불평등을 구조화하고 또 세습하게 만든다. 문제는 권력과 재산의 독점이 부패를 양산하고 불평등과 부정의를 만들어 내는 근원이 될 수 있다는 점이다. 물론, 부자와 고소득자들로부터 재산을 회수하여 인위적으로 균등하게 분배해야 한다고 주장하는 것은 결코 아니다. 누구나 다 자신의 능력과 노력에 비례해서 합당한 보상을 받아야 한다. 다만, 노동에 대한 '정당한 보상'과 '공정한 분배'에 대한 사고의 전환이 필요하다는 것이다. 그리고 개인이 성취한 업적(재산, 권력)의 크기에 비례해서 그에 대한 사회적이고 법적인 책무의 크기도 더 커진다는 점을 인식해야 한다.

우리 대한민국 헌법 제23조에서는 국민들의 재산권을 보장하고 있으나 그 내용과 한계를 법률로 정하도록 규정하였다. 이는 재산권을 포함하여 개인의 권리 행사는 우리 민주주의 공동체의 안정을 해치지 않는 범위 내에서 보장된다는 점을 분명히 한 것이다. 그리고 제34조에서는 우리 국민들은 인간답게 생활할 권리가 있으며 국가는 국민들 상호간의 평등성 유지와 복리 보장을 위해서 적극적으로 나서도록 규정하고 있다. 인간다운 삶을 위한 최소한의 생활상의 재화는 헌법에서 보장하고 있는 대한민국 국민의 당연한 권리이자 국가의 의무이다. 따라서 국가와 사회는 결핍과 빈곤으로 고통받고 있는 민주 공동체 구성원들에게 무엇인가를 하여야 한다.

토마 피케티는 정의로운 사회는 사회 구성원 전체가 가능한 한 가장 광범위한 기본 재화에 접근할 수 있는 사회라고 규정한다. 민주주의 공동체를 유지하기 위한 최소한의 물자를 사회가 제공하자는 주장이다. 이제, 한국 사회도 공정한 배분 원칙과 노동의 정당한 보상에 대해서 새롭게 논의를 해야 할 때이다. 구체적으로 어떻게 하는 것이 바람직한 것인지는 지금부터 토론하자는 것이다. 다만, 개인의 능력과 노력에 대한 정당하고 충분한 보상을 제공하되, 그 보상이 타인을 인격적으로 종속시키고 지배하는데까지 가지 않도록 세심하게 배려하여야 한다. 그렇지 않으면 민주주의는 언제나 강자만의 민주주의로 전락하기 십상이다. 건강한 민주주의는 다수 대중들의 사회적·경제적 자립을 필요조건으로 하기 때문이다.

요컨대, 한국 민주주의를 새로운 정의의 룰로 채워야 한다. 만약, 거대기업의 욕망과 보이지 않는 손이 민주주의를 위협한다면 욕망과 시장은 투명하고 적절하게 관리되어야 한다. 모든 사람의 민주주의를 만들기 위한 사고의 전환이 필요하다. 토마 피케티가 제안하였듯이, 앞으로의 민주주의는 사회적 재화 중에서 공적인 처분이 가능한 부분을 확대해서 비자립적인 사회적 약자에게 배분하는 룰을 만드는데 더 신경을 써야 한다. 그리고 그 자격은 민주주의 공동체 구성원이면 된다. 단, 그 공동체 구성원은 공동체에서 일어나는 정치, 경제, 사회, 지역의 이슈에 대해서 참여하여야 한다. 국가가 제공하는 기본 재화는 무상이 아니라 민주주의의 건강한 존속을 위한 정치·사회적 활동에 대한 대가이다.

이상과 같은 문제의식을 가지고 저자는 근대 한국의 국가 운영을 둘러싼 사회 갈등의 양상을 조사하고 새로운 정의의 원칙을 만들기 위해서 인민들이 어떻게 투쟁하였는가를 살펴보려고 하였다. 이 중에서도 보수기득권층의 이해만을 대변하려는 정부 주도의 개혁에 대해서 인민들이 어떻게 대처하였고, 또한 어떠한 대안을 가지고 있었는가를 사법개혁을 중심으로 분석하였다. 이 책은 여러 동료 연구자들의 도움과 학문적 자극에 크게 도움을 받았다. 우선, 배항섭, 이영호, 김건태, 손병규, 김현숙, 하지연, 이승일 등 모두 7명으로 구성된 《근대 전환기의 국가와 민》 연구팀의 공동연구를 통해서 근대 이행에 관한 다양한 문제의식을 배울 수 있었다. 한국역사연구회 근대사분과의 《토지대장연구반》(이영학, 최원규, 이영호, 박진태, 최윤오, 왕현종, 고동환, 김현숙, 김경남, 배석만, 허원영, 남기현)으로부터는 조선후기 토지제도와 근대적 변화상을 배울 수 있었다.

무엇보다도, 강릉원주대 인문학연구소 《한국 근대 민사판결문》 연구팀의 이명종(강릉원주대), 전병무(강릉원주대), 심재우(한국학중앙연구원), 문준영(부산대), 나카바야시 히로가쓰(연세대 박사), 박 완(강릉원주대), 조 국(성신여대), 양진석(서울대 규장각 퇴임), 허원영(한국학중앙연구원), 김백경(서울대 박사수료), 김민석(한양대 박사수료), 이동인(한국학중앙연구원 박사수료), 김정란(한양대 박사수료), 안도현(도쿄대 박사수료) 선생님들과의 공동작업을 통해서 개인의 노력만으로는 처리할 수 없는 많은 민사판결문을 효율적으로 분석할 수 있었다. 그리고 한국 법사학회의 심희기, 정긍식, 문준영 선생님께서는 법제사의 맥락 속에서 법과 재판을 이해할 필요가 있다는 점을 깨우쳐 주셨다. 왕현종, 조재곤, 배석만, 정긍식, 문준영 선생님께서는 다듬어지지 않은 거친 초고를 꼼꼼히 읽고서 날카롭게 비평해 주셔서 책을 보완하는데 많은 도움을 주셨다. 강릉원주대 사학과 동료였던 이동기 선생님과는 민주주의와 평화에 대한 대화와 토론을 통해서 본서의 문제의식을 더욱 발전시킬 수 있었다. 이 자리를 빌려 깊은 감사의 마음을 전하고 싶다. 강릉원주대학교 기록관리학과의 박찬웅, 최혜영, 정지연, 이남곤씨는 자료의 정리, 도표의 작성, 엑셀 작업 등을 도와 주었다.

무엇보다도 한국학중앙연구원의 지원이 없었다면 이 책의 집필을 감히 시도하지 못했을 것이다. 이 연구를 지원해주신 한국학중앙연구원 관계자들께 감사를 드린다. 어려운 출판 환경임에도 기꺼이 출판해 주신 한정희 사장님, 김지선님께도 진심으로 감사드린다. 그리고 마지막까지 원고를 읽고서 문장을 잘 다듬어 준 아내 김은화와 항상 밝은 모습으로 피곤함을 잊게 한 딸 이서린에게도 고마움을 전하고 싶다.

2020년 12월 강릉에서
이승일

차 례

서 론

1. 근대 사법개혁 역사의 재구성

이 책은 갑오·대한제국기 사법제도의 개혁을 거치면서, 한국의 소송제도가 어떻게 변화하였고, 또 법과 소송에 대한 사회적 인식은 어떻게 달라졌는가를 분석하는 것이 목적이다. 조선왕조의 소송은 도덕과 민심이 타락한 자를 효유(曉諭)하거나 형벌을 가하여 자신의 과오를 깨닫도록 하는 데에 목적이 있었다. 민사소송도 피해를 입은 자의 가슴에 쌓인 '원억(冤抑)'을 해소하는 절차로 이해된다. 요컨대, 조선왕조의 민사소송은 권익을 침해받은 자가 도덕적 우위에 서서 비윤리적 행위를 저지른 자를 상대로 제기하는 것으로, 교화, 처벌, 권익의 회복을 동시에 요구하는 종합적 해결을 지향하였다. 조선의 소송 현장에서는 권리와 이익이라는 사적인 욕망이 그대로 노출되어 있지 않고 유학의 도덕과 예의가 두텁게 감싸고 있는 상태로 존재하였다. 그렇기 때문에 효유(曉諭)를 통해서 패소자에게 각성을 요구하고 사회 윤리를 깨뜨린 책임을 물어 형벌을 부과하기도 한다. 권익 그 자체를 놓고 투쟁하는 근대 민사소송과는 차이가 있다. 그렇다고 해서 조선인들에게 권리의식이 없었다는 말은 아니다. 인간의 물질적 욕망은 본성에 가까운 것이기 때문이다. 단지, 유교 이데올로기에 의해서 자수(自修)와 자제(自制)를 강요받았을 뿐이다. 조선인들의 관념에서도 '정당한' 욕망은 보호되어야 한다는 것이 '상식' 혹은 '도리'에 속한다. 조선시대의 민사소송은 침해받은 개인의 권익을 국가기관이 회복시킨다는 점에서 근대의 민사소송과 비슷하다. 민사소송의 대상, 구제 절차와 그 방식이 현대와 약간 다를 뿐이다. 그 이유는 분쟁을 바라보고 그것을 규율하는 사회 이념이 다르기 때문이다.

이에 반해서 갑오개혁기에 도입된 민사소송 제도는 권리 본위의 절차로서, 개인의 이익 추구 행위가 적법한 절차를 벗어나지 않는 한 정당한 권리임을 인정하고 보호한다는 이념에 기초해 있다. 특히 소송행위는 단지 하나의 절차일 뿐, 가치 판단의 대상도 아니고 도덕적이라거나 비도덕적이라거나 할 문제도 아니며 두려워할 것도 아니다. 더 중요한 것은 소송을 제기한 목적과 내용이다. 조선왕조의 유학자들은 개인 상호 간의 분쟁과 소송을 바람직하지 않다고 여겼으나, 현대 법학자들은 공정하지 못한 행위들이 소송 과정을 통해서 교정될 수 있을 뿐만 아니라 오히려 정의가 소송으로 인하여 신장된다고 본다. 따라서 조선시대 소송 제기의 표면적 원인으로서 원억이라는 감정을 굳이 내세울 필요가 없으며 상대방의 행위를 비윤리적이라고 비난하면서 처벌해 달라고 호소할 필요도 없다. 근대의 민사소송은 정당한 권리를, 합당한 자에게, 합당한 만큼 귀속시켜 주는 절차이기 때문이다. 송정(訟廷)도 효유(曉諭)와 형벌이 가해지는 교화와 공포(혹은 처벌)의 장소가 아니라 권리와 이익의 소재를 판정하고 승소자에게 정당한 권익을 돌려주는 권리구제 기관으로서의 성격이 과거에 비해 솔직히 표현되는 장소로 변모하였다.

신식 소송제도는 한국인들의 소송과 법에 대한 인식과 태도를 크게 바꾸어 놓았다. 조선의 유학자들에게 있어서 법과 재판은 끝내 교화를 수용하지 아니한 자의 나쁜 품성과 행위를 처벌하고 교정하는 최후의 수단이다. 그러나 새로운 법과 재판은 정당한 권리를 발견·확인·보호하기 위해 존재하는 것이다. 인민들은 이익의 회복을 자신의 권리로써 주장하고, 재판소는 사회적으로 보편 타당한 '정의(Justice)'[1]의 룰에 따라서 정당한 몫

---

1) '정의(正義)'는 원래는 인간으로서 마땅히 행해야 할 바른 도리라는 의미의 유학의

을 심판하는 기관이어야 한다고 생각하게 되었다. 19세기말의 한국은 구래의 정의의 룰이 해체되고 새로운 룰을 인민들이 요구하고 있던 전환의 시대였다. 따라서 인민들이 추구하였던 법, 재판, 정의가 무엇이었는가를 분석하는 것이 한국 사회의 근대적 변화를 이해하는데 매우 중요하다. 저자는 19세기를 '사회적 재화'와 '공적 의무'를 배분하는 조선왕조의 정의(Justice)의 원칙이 해체되고, 새로운 배분의 원칙은 아직 수립되지 않은, 그렇기 때문에 그 원칙의 수립을 둘러싸고 국가와 인민들 사이에 치열하게 벌인 정치투쟁의 시대로 규정한다. 조선왕조의 정의는 국왕과 양반사족들에 의해서 인민들에게 일방적으로 강요되었으나, 19세기에 접어들면서 농민들은 그 원칙이 부당하다는 점을 제기하였다. 다만, 동학농민군들은 조

용어이다. 이것이 Justice의 번역어로서 사용되면, Justice가 본래 가지고 있던 '재판'이나 '공정', '평등'이라는 의미가 분명해지지 않게 된다. Justice의 용례는 어원사전(語源辞典)에서는 '재판하다', '재판관'의 의미가 '공정, 정의'라는 의미보다 더 오래되었다. 이 용어는 '공정, 정당, 법'을 표현하는 프랑스어의 Justitia로부터 왔다. '합법성'이 '정의(正義)이다'라고 하는 사고로부터 라틴어의 정의(正義)를 의미하는 Justum도 Justus에서 파생되었다. 1862년 일본의 『英和對譯袖珍書』에서는 'Justice'는 '정직한 것, 神妙한 것, 공사의 구별(公私の捌キ), 판정하는 사람(捌く人), 재판관' 등의 의미로 설명하고 있었다. 그러나 전통시대 조선인들의 법 문화 속에서 현대 한국인들에게 익숙한 정의(Justice)를 찾는 것은 매우 어렵다. 서양의 Justice는 개인의 자유, 권리, 몫, 응분과 같은 자신의 이익을 출발점으로 삼고 있고, 어원적으로는 '법에 따름'을 의미한다. 이에 따르면, 법이란 각자의 몫을 정하고 그것을 어겼을 때의 불이익이나 처벌에 관한 내용들을 담은 것이다. 즉, 서양에서 정의는 각자의 몫을 보장하는 것과 긴밀한 연관이 있다. 서양의 Justice에 해당하는 근대 한국어로는 정의(正義)보다는 공정(公正), 공평(公平), 균(均), 균등(均等), 공도(公道), 공변 등이 더 많이 사용되었고, 또 더 적합하다. 石塚正英, 『哲學·思想飜譯語事典』, 論創社, 2013.; 이승환, 「한국 및 동양 전통에서 본 공과 공익」 『철학과 현실』, 2001.; 이승환, 김형철, 「의리와 정의」 『철학연구』 37, 1995.; 이상익, 「正義觀의 충돌과 變容 -근대 한국의 正義觀」 『정치사상연구』 12-2, 2005.

선왕조가 강요한 배분의 원칙을 거부하기는 하였으나 새로운 대안을 만들지는 못하였다.

그러나 서구 자유주의 정치사상에 영향을 받은 민간의 개혁가들은 더 공정하고 더 정의로운 정치사회의 원칙을 수립하기 위해 투쟁하였다. 독립협회를 중심으로 한 개혁가들은 정의의 룰을 선한 지배자층이 만들어 줄 것을 기대한 것이 아니라, 그 룰을 인민들이 직접 만들어야 하며 그에 대한 책임도 스스로 진다는 주권자 의식을 드러냈다. 더 나아가 대한제국 정부와 벌인 사법투쟁을 계기로, 법과 정의(Justice)가 사법의 문제가 아니라 정치의 문제라는 점을 깨닫게 되면서 국가를 개조하는 정치개혁 투쟁으로까지 발전하였다. 애국계몽운동기에 접어들면서 개혁가들이 헌법의 제정, 국회의 설립, 삼권분립, 국민의 기본권을 보장하는 국민국가의 수립을 요구하였던 이유이다. 본서는 이 관점에서 한국의 근대 사법개혁의 역사를 재구성하려고 한다.

19세기, 원억(冤抑)의 시대

한국사에서 19세기는 크고 작은 농민들의 반란이 끊이지 않고 일어날 정도로 매우 혼란스러운 시대이다. 그만큼 조선왕조의 절대다수를 점하고 있던 농민들이 국가의 통치를 거부하고 있었음을 의미한다. 이 민란들은 삼정(三政)의 문란으로 대표되는 조선왕조의 높은 세수수율(稅收收率)에 시달리던 영세 자작농민층과 지주계급의 지대수취 강화에 시달리던 전호농민층, 임노동자층이 주체가 되어 일으킨 농민봉기였다.[2] 대표적으로는 1811년에 서북지방에서 홍경래의 난이 일어났고 1862년에는 삼남을 중심으로 70여개 군현에서 농민들이 난을 일으켰다. 1894년에는 동학농민군이

---

2) 정창렬, 「개화사의 반성과 정향」 『정창렬저작집 Ⅲ』, 선인, 2014, 39쪽.

전국에서 거사를 하여 중앙정부를 위태롭게 만들기까지 하였다. 그러나 국왕의 대리인인 수령을 공격하는 민란은 조선왕조에서는 죽음을 각오하지 않으면 쉽게 결행할 수 없는 것이었다. 무엇이 농민들을 민란으로 이끌게 하였는가를 해명하는 것이 본서의 과제 중의 하나이다.

각종 민란과 농촌 지식인들의 언설을 통해서 드러난 조선왕조의 구조적 문제점은 첫째, 차별적 신분제도와 유학 이데올로기에 의해서 정당화되었던 '사회적 재화'와 '공적 의무'의 배분 원칙이 공정하지 않다는 점이다. 인민들은 국가를 유지하는데 필요한 막대한 조세와 국역을 부담하였으나 왕조의 운영에 관해서는 어떠한 권리도 행사하지 못하였다. 그들은 권리를 주장하는 존재가 아니라 위정자들에게 원억(冤抑)함을 호소하는 존재에 불과하였다. 이에 반해서 양반사족들은 통치권과 사회적 특권을 향유하면서도 마땅히 이행하여야 할 국가의 책무는 면제받거나 회피하였다. 문제는 양반들이 부담해야 할 공적 의무를 회피하면, 그만큼 다른 누군가가 대신 부담해야 했다는 점이다. 조선후기 이래로 농업과 상업상의 발전에 의해서 경제적으로 성장한 이른바 부민(富民)들이 공적 의무를 배분하는 원칙과 그 크기의 부당성을 호소하였으나 국가에 의해서 수용되지 않았다. 그러자 부유한 인민들은 양반 신분이나 관직을 매수하였고, 어떤 인민들은 무거운 부역에서 면제될 수 있는 직역에 편입하는 방식으로 대응하였다. 또 어떤 인민들은 도망을 통해서 부정의한 부담에서 벗어나려고 하였다. 이도저도 아닌 대다수의 인민들은 남들이 부담해야 할 공적 의무를 감내할 수밖에 없었다.

둘째, 국왕의 대리인으로서 공정의 상징이어야 할 지방관과 그 휘하의 이서배들이 조세 정보를 독점함으로써 공정한 국역(國役) 배분의 원칙을 훼손하였고 중앙정부로 이송해야 할 공금을 빼돌렸다. 동학농민전쟁 당시

전봉준은 전라도 감사 이하 수령들의 80~90%는 탐학한 관리로서, 그들은 상납을 칭하면서 결세(結稅)를 가렴(加斂)하고 혹은 호역(戶役)을 횡징(橫徵)하며 여러 구실을 붙여 요호(饒戶)의 전재(錢財)를 수탈하며, 전장(田庄)을 횡침(橫侵)하고 있다고 분노하였다.3) 조선에서 공직자들은 공평, 공정 등과 같은 공직 윤리를 충실히 이행하여야 하는 존재였으나 19세기의 수령들은 공(公)의 윤리를 외면하고 재판권과 징세권을 활용해서 자신들의 부당 행위를 정당화하였다. 농민들은 조선왕조의 법전, 도리(道理), 관행에 근거하여, 사회적 생산물 중에서 자신들이 마땅히 가져가야 하는 '몫'을 요구하였을 뿐이다. 더 나아가 자신이 부담하지 않아도 되는 '공적 의무'를 지우지 말 것을 정부에 호소하였다.

이에 대해서 고 정창렬 교수는 동학농민군의 현실적 목표가 당시의 중세적 질서를 부정하는 것이 아니라, 그 질서들의 '법대로의 실현'을 요구하는 것이었다고 날카롭게 지적한 바가 있다. 그리고 당시의 현실적 질서는 '법대로의 실현'에는 전면적으로 배치되는 '자의적 행동'의 질서였고, 따라서 농민군의 의식과 행동의 객관적인 성격은 '자의적인 집행'의 현실 질서에 대한 근본적인 부정이었다고 평가하였다.4) 고 정창렬 교수의 이 분석은 당시 농민군의 공정과 준법에 대한 요구가 조선왕조의 통치구조에서는 전혀 수용되지 못하였고 이 지점이 농민전쟁의 주요 원인이었음을 지적한 것이다.

셋째, 19세기 내내 지속된 세도정치가 국가 운영의 공정성을 훼손하였다. 조선왕조를 건전하게 운영하는데 기여하던 과거제도는 개인의 능력을

---

3) 박찬승, 「1894년 농민전쟁의 주체와 농민군의 지향」 『1894년 농민전쟁연구(3)』, 역사비평사, 1996, 137쪽.

4) 정창렬, 「갑오농민전쟁과 갑오개혁의 관계」 『정창렬 저작집 Ⅰ』, 선인, 2014, 356-357쪽.

우선하는 능력 본위의 인재 선발제도였으나 19세기에는 능력 있고 도덕적
인 인재를 선발하기보다는 출신 가문과 돈에 의해서 좌우되는 경우가 더
많았다. 안동 김씨, 풍양 조씨, 여흥 민씨 등 외척 세력이 혈연과 지연에
따라서 관직을 독점 배분하였고 이 과정에서 뇌물과 청탁으로 관직을 사고
파는 매관매직의 풍조가 만연하였다. 지방의 수령들은 관직을 얻기 위해
들어간 본전을 회수하기 위하여 자신이 통치하는 백성들을 수탈할 수밖에
없었고 더 높고 더 좋은 벼슬자리를 얻기 위해서 중앙의 관료들에게 줄을
댔다. 수령을 보좌하는 아전들도 상관의 비리행위에 적극 동조하면서 자신
의 이익을 챙기는데 열중하였다. 동학농민군들은 수령의 탐학이 개인의 부
도덕한 인성에서 비롯된 것이 아니라 불공정을 재생산하는 조선왕조의 통
치시스템에 문제가 있다는 것을 깨달았다. 동학농민군들이 고부군수 조병
갑의 처단에 그치지 아니하고 서울로 직행하여 정치를 개혁하겠다고 공언
한 이유이다.

넷째, 농민들이 조선왕조를 상대로 목숨을 건 투쟁에 나설 수밖에 없었
던 또 하나의 이유는 자신들의 고통과 불만을 풀어 주어야 할 국가의 사법
시스템이 더 이상 작동하지 않았기 때문이다. 동학농민전쟁 당시 충청도
유생 이단석은 농민들의 폭력 행위와 어리석음을 비난하면서도 민란의 원
인을 수령의 탐욕, 토호들의 무단(武斷)과 함께 억울함을 호소할 통로가 사
라진 데서 찾았다.5) 농민들은 수령과 관찰사에게 수없이 원억함을 호소하
였으나 도무지 해결되지 않았던 것이다. 조선왕조에서는 암행어사, 사헌부,
사간원, 홍문관 등이 공직의 공정성과 투명성을 보장하는 기구였으나 19세
기에는 제대로 기능을 발휘하지 못하였다.

---

5) 李丹石, 「時聞記」 『東學農民戰爭史料叢書(2)』.(배항섭, 「19세기 후반 민중운동과
   公論」 『한국사연구』 161, 2013, 320쪽 재인용.).

다섯째, 양반신분제 사회 속에서도 조선왕조는 성문법전에 의한 통치, 효율적이고 치밀하게 조직된 중앙집권적 관료제, 사익보다는 공(公) 윤리를 더 중시하는 공직 문화, 엄격한 수양을 통해서 탐욕의 절제를 실천하는 사회윤리 등을 발전시키면서 오랫동안 국가를 유지할 수 있었다. 양반사족들도 국가기관을 운영하거나 혹은 공적 업무를 수행할 때 지녀야 할 바른 덕성으로서 공(公) 윤리를 자발적으로 실천함으로써 백성들로부터 도덕적 권위를 인정받을 수 있었다.6) 그러나 19세기 세도정권 하에서는 도덕과 양심을 갖춘 양반관료들을 찾아보기가 어려웠다. 유학도 더 이상 건전한 사회 이념으로서 관리들의 탐욕을 억제하지 못하였다. 단적으로 표현해서, 조선후기의 농민들의 반란은 국가권력의 불공정과 특권적 신분제도가 결합한 소산이었다.

한편, 조선후기 향촌사 연구자들은 조선후기 지방에서 불공정한 행정이 확산된 구조적 원인으로서, 향촌 내의 권력관계의 변화를 지목하였다.7) 고석규·한상권은 19세기 향촌의 통치의 주체가 사족에서 수령-이·향으로 바뀌자 농민에 대한 국가 수탈이 제도화되면서 이에 저항하는 민란들이 대규모로 발생한 것으로 이해한다. 즉, 수령권을 매개로 하는 부세 수취의 강화는 감사-수령-이·향층의 중층적 수탈 구조를 형성하였고 더 위로는 세도가들과 대신(臺臣)들, 더구나 암행어사까지도 그 구조 속에 놓이게 되면서 향촌에서의 각종 부세운영상의 부패와 비리를 만들었다고 본다. 고석규는 중

---

6) 조선시대 공(公)과 사(私)의 인식에 대해서는 다음의 논문 참조. 이승환, 「한국 및 동양 전통에서 본 공과 공익」, 『철학과현실』 50, 2001.
7) 조선후기 향촌사회의 구조와 그 변동에 대해서는 다음의 논저 참조. 김인걸, 『조선후기 향촌사회 지배구조의 변동』, 경인문화사, 2017.; 정진영, 「16, 17세기 재지사족의 향촌지배와 그 성격」, 『역사와현실』 3, 1990.; 정진영, 「18, 19세기 사족의 촌락지배와 그 해체과정」, 『조선후기 향약연구』, 민음사, 1990.

앙정부가 부과하는 부세운영상의 문제점은 '불균등'에 있었고 '불균등'은
이런저런 수단을 통해 부담에서 빠져나가는 층과 그로 인하여 부담이 가중
되는 계층으로 분화시켰다고 분석하였다.[8]

향촌사의 연구에 따르면, 19세기 수령에 의한 강력한 향촌 지배는 건전
한 대민(對民) 통제책으로서의 기능을 상실하고 수령권 남용의 현상으로
나타났다. 수령의 인사는 세도가의 자제만으로 제한되고 수령으로 나가는
일차적 목적도 사적 이득을 취함에 있었다. 특히, 조선초기 중앙집권적 관
료제의 정착을 위해서 제정되었던 '부민고소금지법[9])'은 수령의 권력 남용
을 오히려 비호하는 제도적 수단으로 변질되었다. 19세기에는 조선왕조의
지방관은 행정, 사법, 징세권을 모두 장악한 무소불위의 권력자로 변해 버
렸다. 향촌에서 수령을 견제할 수 있는 또 다른 세력이 사실상 사라지면서
부민(富民)의 성장이 억제될 정도로 무절제한 수탈이 나타난 것이다.[10]

때마침 시작된 서양과 일본 제국주의자들의 침략은 조선왕조의 구조적
모순을 더욱 악화시켰다. 1876년 개항 이래로 개항장을 통한 국제교역의
증대는 일부의 지주와 상인들에게는 유례가 없는 부 축적의 기회를 제공하

---

8) 고석규, 한상권, 「18·19세기 봉건모순의 심화와 '민'의 성장」『역사와현실』3, 1990,
   124-126쪽.; 고석규, 「19세기 전반 향촌사회 지배구조의 성격」『외대사학』2, 1989,
   93쪽.
9) 『경국대전』형전(刑典) 소원조(訴冤條)에 규정되었다. 즉, 종묘(宗廟)·사직(社稷)에
   관계되는 모반대역죄와 불법살인죄를 고소하는 것은 허용하되, 아전(衙前)·복례(僕
   隷)가 상급의 관원을 고소하거나 품관(品官)·민(民)이 그 관찰사·수령을 고소한 경
   우에는 수리하지 않으며, 고소자를 장(杖) 100, 도(徒) 3년에 처하였다. 이 법을 제
   정한 목적은 사리에 맞고 안 맞는 것을 불문하고 아랫사람이 윗사람을 능멸하는 것
   을 금지함으로써 상하존비(上下尊卑)의 명분을 확립하고자 함에 있었다. 최이돈, 「조
   선초기 守令 告訴 관행의 형성 과정」『한국사연구』82, 1993.
10) 고석규, 한상권, 「18·19세기 봉건모순의 심화와 '민'의 성장」『역사와현실』3, 1990,
    123쪽.

였으나 다수의 소상인, 수공업자, 소작 농민들의 몰락을 야기하였다. 더구
나, 1880년대 초부터 추진된 개화정책은 재정 확대를 야기하면서 인민들에
게 부담을 가중시켰다. 가난한 조선왕조가 막대한 비용이 들어가는 개화정
책을 추진하려면, 모든 국가 구성원들 사이에서 개화정책의 필요성이 공유
되어야 하고, 또 균등의 원칙 하에서 조세를 증징하여야 하였다. 그러나 조
선왕조는 재정문제를 해결하기 위하여 저급한 악화(惡貨)를 발행하여 인민
들에게 큰 피해를 입혔고 결국에는 조세를 불공정하게 증징하였다. 국가가
부과하는 공적 의무가 무거워지고 있는 상황에서, 농민들은 조선왕조가 제
공하는 온갖 특권을 독점적으로 누리면서도 그에 합당한 책무는 짊어지려
고 하지 않는 양반들에게 분노하였다. 특권의 크기에 비례해서 사회적 책
무도 커진다는 사실을 양반들은 애써 외면하고 사적 이익의 추구에만 몰두
하였던 것이다. 이 과정에서, 조선왕조의 관료들은 '공평'과 '균등'의 원칙
을 훼손하고 국가 운영에 소요되는 각종 조세와 국역을 농민들에게만 편향
적으로 부담지웠다.

이렇듯, 농민들은 공적 의무의 불공정한 배분에 분노한 것이지 그 과중
함에 분노한 것만은 아니었다. 이는 민란이 조선왕조의 부패와 가렴주구
(苛斂誅求)에 지친 농민들의 자연발생적 폭동이 아니라, 공적 책무의 분배
의 원칙을 둘러싸고 일어난 고도의 정치투쟁의 산물임을 보여준다. 1898년
도에 『제국신문』은 도처에서 끊이지 않는 민란이나 나라의 변란은 모두
법률이 공평하지 않기 때문에 발생하는 것이라고 정확히 지적한 바가 있
다.11) 다른 한편으로 농민들은 자신이 생산한 잉여 생산물의 처분을 최대
한 늘리기 위하여 적극적으로 배분원칙의 개혁을 요구한 것이기도 하였다.

1894년의 동학농민전쟁은 부정의하고, 또 그렇기 때문에 신뢰할 수 없었

---

11) 「일전에도 법률장뎡이 즁ᄒ고 긴ᄒ 슈연」, 『제국신문』, 1898년 11월 24일.

던 조선왕조와 양반사족들에게 일대 개혁을 요구한 것이다. 동학농민군은 조세행정에서는 공평 부과를, 경제적으로는 소생산 농민으로서 자립을, 사회적으로는 기회의 균등과 인간 평등의 실현을 요구하였다. 비록 동학농민군의 지도부는 "대표없이 과세없다(No taxation without representation)"는 주장을 제기하지는 못하였으나, 부패한 조세행정에 대한 대안을 나름대로 제안하고 이를 수용할 것을 정부에 요구하였다는 점에서 정치참여 의식을 드러냈다. 이는 신분·직역에 기초한 불평등을 정당화하는 조선왕조에 대한 비판이기도 하였다.

개혁의 출발, 신원(伸冤)에서 권리 주장으로

한국정부는 동학농민군을 진압하고 개혁에 착수하였다. 수많은 민란을 통해서, 조선왕조에 대한 농민들의 불신과 불만이 매우 높다는 점을 확인한 정부는 신분과 특권에 기초한 국가와 사회의 운영 원칙을 공정과 평등의 원칙으로 바꾸어야 하였다. 이를 위해서, 일본식 관료제도 도입을 통한 국왕의 권력 독점의 해체, 왕실사무와 정부사무의 분리, 공정 과세의 실현, 신분제 폐지를 통한 인민 평등권 인정, 자유시장 원리의 도입, 과거제도 철폐를 통한 공직 진출의 기회의 균등한 보장, 공(公) 윤리의 회복 등을 추진하였다. 무엇보다도 정치적 차원에서 갑오개혁의 정신은 1인에게 집중된 국가권력을 분할하고 분할된 권력에 전문 관료가 참여함으로써 국가의 효율성과 공정성을 높인다는데 있었다.

사법의 측면에서는 재판소를 신설하고 소송절차를 새롭게 정비하는 것으로 나타났다. 당시 사법제도의 이념과 특징은 다음과 같았다. 첫째, 재판의 공정성을 보장할 수 있도록 행정과 사법이 분리되어야 한다. 갑오개혁 직전까지 조선왕조의 사법권은 국왕을 중심으로 수령, 관찰사, 한성부, 형조 등 일반 행정기관이 행사하였다. 그러나 신식 소송제도는 통치권의 분할을 전제로 전문화된 재판기관의 설치를 목표로 하였다. 행정권, 사법권, 징세권이 1인에게 집중되어 있는 수령은 그 권한을 남용할 가능성이 상존하였고 권한 남용은 재판의 공정성을 해치고 인권을 침해할 수 있기 때문이다. 실제로 세도정치 하의 사법권은 인민 수탈의 도구로 활용되면서 정부에 대한 인민들의 불만과 불신을 증폭시켰다. 임술민란(1862)과 동학농민전쟁(1894)은 부당한 조세 징수와 탐관오리에 대한 불만으로 시작되었으나 그 투쟁의 본질은 신분 차별과 부역 배분의 불공정을 제도적으로 재생산하는 조선왕조의 통치시스템에 대한 비판이었고 좁게는 부당한 통치행위를 교정하지 못하는 허약한 사법시스템에 대한 비판이기도 하였다. 수령의 불법적 조세 징수와 이익 침해를 바로 잡아 달라고 호소하기 위해서 인민들이 달려 가서 마주하게 되는 사법기관의 장이 바로 그 수령이었기 때문이다. 갑오정부는 재판기관과 행정기관을 엄격히 분리하여 공정한 재판이 이루어질 수 있도록 노력하였다.

둘째, 신식 소송제도를 운영하는 자를 법률가로 교체하여 재판의 전문성을 높이고 소송 당사자들의 신뢰를 얻어야 한다. 재판기관을 별도로 설치하여도 판사가 과거의 관행대로 재판을 처리하면 인민들은 그 결과에 승복하지 않기 때문이다. 물론, 수령이나 관찰사도 공정하게 소송을 처리할 수 있다. 조선왕조기 내내 수령들은 나름대로 질서정연하게 분쟁을 해결하고 사회질서를 유지하였다. 그러나 오랜 세도정치는 공직 윤리에는 관심이 없고 사적 이익에 몰두하는 관료들을 많이 만들어냈다. 19세기의 송관(訟官)들은 법학 지식이 부족해서가 아니라 공적 윤리가 부재하였기 때문에 인민들의 신뢰를 얻지 못하였다.

다른 한편으로, 개항 이후 한국 사회가 유학 도덕의 구현을 절대화하는 단일성 가치 사회에서 상대적이고 다원적인 가치를 존중하는 사회로 진전됨에 따라서 소송 당사자들의 분쟁과 재판에 대한 인식도 점차 변화하였다. 특히, 갑오·대한제국기 한성을 비롯한 몇몇 개항장에서는 대량의 무역거래가 이루어지고 상품이 유통되면서 금전, 재산, 각종 권리를 둘러싼 민사 분쟁이 증가하고 또 분쟁의 성격도 복잡해지고 있었다. 외국인과 한국인 간의 민사분쟁도 발생하면서 판사의 전문성이 점차 요구되는 시점이었다. 이 같은 사회 변화 속에서 법학을 전문적으로 학습한 적이 없고 또 그렇기 때문에 분쟁과 법을 유학의 이념으로만 이해하려고 하였던 전통의 송관들에게 새로운 소송을 기대할 수는 없다. 특히, 1890년대 이래 민간에서 점차 확산되고 있던 권리, 법, 인권, 개인, 자유, 이익 등에 대한 이해가 없이는 통상과 교역의 시대에서 발생하는 분쟁에 적절히 대처하기 힘들다. 인간 상호간의 분쟁을 새롭게 바라보는 법률 전문가의 출현이 요구되던 시대였다. 수령권으로 대표되는 지방의 통치권은 기능의 분화와 전문화를 요구받고 있었다.

셋째, 재판의 공정성을 판사의 선한 품성에 기대는 것이 아니라, 소송의 절차와 구조 속에서 실현한다는 의식의 변화를 요구하였다. 갑오정부는 소송에 대한 형식적·절차적 정당성을 확보함으로써 소송 당사자로 하여금 소송의 과정과 그 결과가 공정하다는 점을 확인시켜 주려고 하였다. 뿐만 아니라 재판소의 판결이 판사 개인의 주관에 의해서 내려지는 것이 아니라 권위가 있으며 사회적으로 보편 타당성을 승인받은 '법'에 의해서 내려진다는 이념을 충실히 실행하여야 했다. 따라서 소송의 전 과정을 촘촘하게 성문화(成文化)함으로써 자의적이고 편파적인 재판을 막는 등 각종 소송법규를 발전시켜야 하였다. 장기적으로는 한국의 사회·경제적 상황을 반영한 민법, 상법 등을 편찬하여야 하는 과제가 있었다.

이상의 내용들은 1895년에 제정된 「재판소구성법」, 「민형소송규정」 등
에서 규정하고 있었거나 입법 취지에 담겨 있다. 한국의 재판소는 이 소송
법규들을 실무에 충실히 적용하면서 사법에 대한 지식과 실무능력을 함양
하고, 더 나아가 1895년의 소송제도를 뛰어 넘는 더 새로운 사법시스템을
창출하여야 하였다. 이를 통해서, 대외적으로는 한국의 사법주권을 훼손하
는 치외법권을 철폐하여 자주독립을 진전시키고, 내부적으로는 19세기 내
내 인민들이 요구하였던 공정과 인권의 보호에 앞장서야 했다.

다만, 새로운 법과 제도가 공포되었다고 해서 한국의 법 문화와 관행이
쉽게 바뀌는 것은 아니다. 낯선 서구의 제도가 한국인에게 수용되기 위해
서는 시간이 많이 필요하다. 시행착오도 불가피하다. 더구나 갑오개혁기에
는 새로운 법령들을 시행하는데 필요한 여건이 충분히 마련되지도 않은 상
태였다. 각급 재판소의 미설치, 법률 전문가의 부재, 법학자의 부재, 전임
사법관 임용제도의 미비, 민·형사 소송의 진행에 필요한 각종 소송법과
민·형법 등의 미제정 등이 그것이다. 지방에서는 군수, 감리, 관찰사가 사
법권을 행사하고 있었고 한성재판소와 고등재판소(평리원)에서도 서구 법
학을 교육받은 자는 거의 없었다.

그러나 시간이 충분히 주어진다고 해서 법과 제도가 저절로 시행되는
것도 아니다. 법과 재판은 그 제도를 운영하거나 관계하는 사람이 열정, 의
지, 뚜렷한 목표를 가지고 의식적으로 바꾸려고 노력하지 않으면 새로운
관행을 만들어 낼 수 없다. 기존 사법체계에서 이익을 얻는 기득권층이 법
령을 시행하지 않거나 혹은 사법실무에서 과거와 마찬가지로 소송을 처리
함으로써 신식 소송제도를 무력화할 수 있기 때문이다. 특히, 당시 한국은
이 같은 조건들이 성숙되기를 마냥 기다릴 수 있는 한가한 상황도 아니었
다. 인민들은 국가기관의 불공정한 처사에 대한 불만이 폭발하기 일보직전

이었고 일본과 서양 제국주의자들은 국가 주권을 조금씩 빼앗아가고 있었다. 한국정부가 인민들의 신뢰를 속히 회복하고 일본과 서양으로부터 부당하게 빼앗긴 주권을 되찾기 위해서는 능동적이고 빠르게 움직여야 하였다. 이를 위해서는 우선, 법부가 사법 기득권층의 반발을 제압하고 이들로부터 사법권을 회수하여야 했다. 당시 수령 등 기존의 송관들은 불공정한 재판을 하는 주범으로 비판받았기 때문이다.

한편, 애초부터 한국 사법제도 개혁은 법부의 강력한 리더쉽과 재판소의 독립이라는 모순된 원리가 조화롭게 다른 한편으로는 팽팽한 갈등관계를 유지하면서 진행될 수밖에 없었다. 그 진행의 단계는 첫째, 법부가 강력한 리더쉽을 가지고 당분간 각급 재판소를 지휘, 감독하면서 개혁적인 법제를 제정하고 소송의 실무에 관여하는 것이다. 당시에는 재판소에 법률 전문가가 아직 배치되지 않았고 또 신식 법령과 구래의 법령이 혼재하는 등 법령의 적용과 해석에서도 혼선을 빚고 있었기 때문이다. 둘째, 1895년 「재판소구성법」은 여러 한계가 있었지만 고등재판소 이하 각급 재판소를 설치하고 법률가 집단이 재판권을 행사한다는 근대 사법이념을 내포하고 있었다. 따라서 개혁관료들은 「재판소구성법」에 기초하여 낡은 사법 기득권을 해체하고 새로운 사법권력을 창출해야 하는 과제를 안고 있었다. 사법개혁은 법부의 강력한 통제 하에서 출발하겠지만 그 종착지는 법부의 리더쉽을 부정하고 고등재판소를 중심으로 사법의 독립과 전문화를 달성하는 것에 있었다. 1895년부터 1900년 사이에 법부, 재판소, 민간의 개혁가들은 이 같은 역할의 조정을 둘러싸고 충돌하였다. 이 조정은 사법(司法)의 문제였으나 더 본질적으로는 정치의 문제였다.

법부 주도 사법개혁의 본질

1895년에 제정된 일련의 소송 법령들은 개혁의 완성이 아니라 출발에 불과하였다. 개혁은 법제의 공포로 완결되는 것이 아니라, 소송 당사자의 의식과 관행을 바꾸어야 하고 더 나아가 국가와 사회를 변화시켜야 하기 때문이다. 당시 한국에는 법률가 계층이 두텁게 형성되지 못하였고 서구 법학에 대한 사법관료들의 이해도 낮았기 때문에, 개혁이 성공하기 위해서는 무엇보다도 최고 권력자의 강력한 지원과 지지가 필요하였다.

그러나 초창기 사법개혁을 추진하던 갑오정부는 1896년 아관파천으로 붕괴되었다. 그 대신에 친러파 관료들을 중심으로 하는 새로운 정부가 수립되었다. 이 같은 정치변동은 사법제도에도 큰 영향을 미쳤다. 신 내각에는 여전히 개혁적 관료들이 참여하고 있었으나, 고종의 권한을 강화하는 작업이 전방위적으로 추진되면서 사법개혁의 힘이 점차 약화되었다. 우선, 법부는 각급 재판소의 설치와 법조인력 양성 및 임용을 일찍 중단해 버렸다. 1895년도에 설립된 법관양성소는 제2회 졸업생을 배출한 후에는 더 이상 운영되지 않았다.[12] 뿐만 아니라 한성재판소를 제외하고는 「재판소구성법」에서 설치하라고 규정하였던 지방재판소의 설치도 모두 중단하였다. 각급 재판소가 설치되지 않았기 때문에 법률 전문가를 대규모로 재판소에 임용할 하등의 필요도 없었다.

특히, 고종은 재판소의 독립과 법률 전문가의 임용을 거부하고 법부대신의 권한을 대폭 강화하였다. 예컨대, 1896년 4월에 「형율명례」를 제정하여 주요 형사재판에 대한 국왕과 법부대신의 사법권을 법제화하였다. 1897년에는 「한성재판소관제」를 제정하여 한성재판소 판사에 대한 수반판사의 감독권을 강화시켰고 법부가 한성재판소 재판에 직접 간여할 수 있도록 만

---

12) 법관양성소는 1903년에야 제3회 입학생을 받아들였다.

들었다. 이 조치는 판사와 재판소의 직무상의 독립성을 크게 제약하는 것
이었다. 1898년 2월에는 유일한 독립 재판소였던 한성재판소를 폐지하고
한성부로 합설해 버렸다. 1899년에는 「재판소구성법」, 「법부관제」를 전부
개정해서 주요 재판에 대한 국왕과 법부대신의 관여를 폭넓게 허용하였다.
1900년도에는 또 다시 「법부관제」를 개정하여 전국의 모든 민·형사 사건
에 대해서 법부가 직접 재판할 수 있도록 규정을 바꾸었다. 이로써, 법부는
고등재판소(평리원)를 대신하여 최고 재판기관이 되었고 재판에 대한 국왕
과 법부대신의 간섭이 합법화·일상화되었다.

갑오개혁 초기에는 법부의 리더쉽과 재판소 독립이라는 두 원리가 나름
대로 작동하고 있었다. 그러나 국왕권이 강화되면서 재판소 독립의 의지는
약화되었고 그 대신에 법부의 권한을 대폭 강화해서 산적한 사법상의 문제
점들을 해결하려고 하였다. 1900년 「법부관제」 개정을 건의하였던 권재형
법부대신은 전국의 모든 민·형사 사건에서 법부가 재판권을 행사하여야
하는 이유가 각급 재판소에서 자행되는 불공정한 재판 때문이라고 주장하
였다. 법부는 수많은 보고서들을 통해서 각급 재판소의 불법과 비리가 매
우 심각하다는 점을 알고 있었다. 그래서 각급 재판소와 판사의 권한을 축
소하고 법부가 직접 재판을 처리하면 불공정 시비를 없앨 수 있다고 판단
한 것이다. 하급 재판소의 비리가 근절되지 않는 상황에서 재판소(혹은 판
사)의 독립성을 강화하자는 주장은 불법 재판을 옹호하는 것으로 이해될
수도 있었기 때문이다. 법부대신의 설명은 나름 이해될 수도 있다.

그러나 법부의 조치는 재판을 일부 개선하는 효과가 있었으나 전반적으
로는 명백히 실패하였다. 전국의 340곳이 넘는 재판기관의 민·형사 사건을
법부가 직접 교정한다는 발상 자체가 넌센스였다. 뿐만 아니라 재판을 부
당하게 처리하는 수령, 관찰사, 각급 재판소의 판·검사를 그대로 둔 채, 법

부가 지시와 감독을 강화한다고 해서 재판이 개선될 리도 없었다. 특히, 법부가 직접 재판을 하는 제도는 권력자의 재판 농단으로부터 인민들을 보호하기 위해서 만들어졌으나 실제로는 권력자가 자신의 이익을 취하는 수단으로 변질되었다. 대표적인 사례를 1897년부터 1907년 사이에 벌어진 이윤용과 평안남도 강서군 농민들 사이의 소송에서 찾아볼 수 있다(본서 제3장 참조). 이 소송은 1905년 평리원에서 농민들에게 승소 판결을 내림으로써 최종 종결되었다. 그러나 이윤용이 1905년 12월달에 평리원장으로 취임하자, 법부로 호소하는 제도를 활용해서 다시 소송을 제기하였고 결국은 기존의 판결을 뒤집는데 성공하였다. 이 소송은 인민을 위해 설치한 제도가 권력자에 의해서 어떻게 오용(誤用)되었는가를 보여주는 상징적인 사건이다.

한편, 일선 재판기관의 개혁이 미루어지면서 오히려 법이 제대로 시행되지 않거나 혹은 사법권이 남용되는 현상이 나타났다. 민사사건에서도 구금과 가혹한 고문이 가해졌다. 개인의 자유와 권리를 보호하여야 할 사법기관이 오히려 인민의 자유, 재산, 생명, 건강에 위해를 가하였으며 재판소는 청탁, 뇌물로 인한 불공정의 시비에서 벗어나지 못하였다. 그리고 기존의 사법 기득권층이 여전히 법부와 재판소를 장악하면서 1895년의 소송제도가 제대로 작동하지 않는 현상이 도처에서 나타났다. 「민형소송규정」에서 승소자의 권리 구제 수단으로 도입한 강제집행제도도 1895년도에 1건 시행된 이래로 적극적으로 시행되지는 못하였다. 특히, 확정판결과 심급제도는 법부와 각급 재판소에 의해서 제대로 지켜지지 않았다. 인민들은 고등재판소(평리원) 외에 또 다른 해결 방법(법부)이 있다는 사실을 알고서 최종 판결을 받았음에도 불구하고 법부에 다시 소송을 제기하여 판결을 뒤집으려고 하였다. 또 당시 소송 절차상 소송은 군 → 도 → 고등재판소(평리원)를 단계적으로 거쳐야 함에도 불구하고 어떤 이는 중간 단계를 뛰어 넘어서 직접 평리원과 법부로 소송을 제기하는 등 1895년 소송체계를 뒤흔들었다. 많은 비용과 시간이 소요됨에도 불구하고 인민들이 자신들이 거주하는 재판소에 소송을 제기하지 않고서 서울에 있는 한성재판소, 평리원, 법부에 호소한 이유는 군수와 관찰사가 관장하는 지방재판에 대한 신뢰가 형성되지 않았기 때문이다. 대한제국은 겉으로는 서구식 재판소 제도를 도입하였으나 가장 중요한 하급 재판기관의 개혁(재판소 신설과 재판 인력의 교체)을 포기함으로써 세도정치기 이래로 축적된 거대한 '원억'과 '불신'을 해소하지 못하였다.

요컨대, 갑오정부가 추진한 각종 사법정책은 대한제국기에 접어들면서 제대로 효과를 발휘하지 못하였다. 그 근본 이유는 첫째, 한국에서는 1907년까지도 사법권이 통치권에 철저히 종속되어 있었기 때문이다. 고종은 통치권을 분할하고 분할된 권력에 인민이나 관료가 참여하는 것을 극도로 싫어하였다. 고종과 그 측근 세력은 일본과 러시아에 의해서 훼손된 국왕권을 복구하고, 외세와 연결된 역모 세력들을 철저히 응징함으로써 나라의 자주독립과 국정의 안정을 도모하려고 하였다. 이 과정에서 고종은 자신을 끊임없이 위협하는 정적을 감시하고 처벌할 수 있는 사법권을 결코 포기할 수 없었다. 1894~1898년 사이의 불안정한 정국은 고종으로 하여금 사법권 독립보다는 사법권과 통치권을 일체화시키는 방향으로 나아가게 만들었다. 하지만 국왕의 통치권이 강화되는 것에 반비례해서 사법기관의 공정성은 더 나빠졌다.

둘째, 당시 한국정부 내에서는 전문적인 법률 지식과 개혁 의지를 가지고 있는 고위직의 법률 전문가가 없었다. 도면회는 법부대신 및 협판에 임용된 인물들이 대체로 황제 측근이거나 황실계 인물, 경찰 군부 출신이라고 분석하고, 이들은 황제권을 신장하는 방향으로 사법정책을 추진할 가능성이 높았다고 평가하였다.[13] 어느 법부대신은 서구 법학의 이념을 전혀 이해하지 못하였고 사법 개혁을 추진할 지식도 갖추지 못한 인물이었고 또 다른 법부대신은 유학이념에 충실한 보수적 인물이었다. 이들은 고종에게 충성을 바쳤으나, 충성심은 고종이 아니라 인민들에게 바쳐야 하였다. 더구나 고종은 법부대신과 평리원장을 자신의 뜻을 충실히 따르는 인물로 임명하고 또 수시로 교체하였기 때문에 중장기적인 개혁 프로그램을 만들 수도 없었다. 도면회의 연구에 따르면, 법부대신은 1895년부터 1905년까지 10년간 40여회나 교체되었다. 사법권을 남용하는 보수적 기득권층을 상대로 개혁의 정당성을 설득하고 투쟁할 개혁적 사법 권력자가 등장할 수 없는 구조였다. 외국 세력의 간섭이 줄자 곧바로 과거의 사법 관행으로 돌아간 이유이다.

셋째, 대한제국의 사법관 임용시스템이 젊고 양심적이며 개혁적인 법률 전문가가 재판소에 진입하는 것을 가로막고 있었다. 법관양성소는 젊은 학도들에게 서구 법학을 가르쳐서 법관으로 임용하거나 현직의 실무자를 입학시켜서 법률학을 습득케 하기 위해 설치된 단기 속성의 사법관 양성기관이었다. 그러나 법부는 법관양성소의 교육과정을 확대 강화하기는커녕 1896년도부터는 해당 기관의 운영을 중단해 버렸다. 또한, 제1회 및 제2회 졸업생이 80여 명이 배출되었으나 이들에게 사법관 임용의 기회를 거의 부여하지도 않았다. 1900년에 칙령 제12호로 「무관 및 사법관 임명규칙」을 반포하여, 사법관 임명은 법률학 졸업인 중에서 법부 시험을 거친 후에 임명하되, "군무 및 사법 사무에 능숙한 자는 졸업증서가 없어도 바로 임명"할 수 있는 규정을 설치하였다.[14] 이 칙령은 법률 전문가를 양성하고 그들

---

13) 도면회, 『한국근대형사재판제도사』, 푸른역사, 2014, 313쪽.

을 재판소에 배치하여 사법개혁을 추진한다는 계획을 대한제국이 사실상 포기하였음을 선언한 것이었다. 법부는 수령과 관찰사의 재판권을 박탈하고 재판소의 인력을 법률 전문가로 교체하는 등의 가장 기초적인 개혁조치를 취하지 않은 것이다. 결국, 전국적으로 340여 개가 넘는 기관에서 수령과 관찰사들은 과거의 관행대로 재판하였으며 일부의 지방관들은 청탁, 뇌물, 고문 등으로 법과 재판을 왜곡하면서 인민들의 불신을 자초하였다.

최종적으로는 1899년 「대한국국제」에서 고종이 대한제국을 '전제정치'의 나라라고 선언하면서 국가적 차원에서의 사법개혁은 완전히 포기되었다. 「대한국국제」는 황제 1인이 국가의 모든 권력을 행사할 것이며, 이를 위해서 법부 주도 사법권 강화는 옹호하되 재판소의 독립은 절대 허용하지 않겠다는 점을 대내외적으로 선포한 것이다. 이로써, 사법부는 권력을 견제하고 인민들의 정당한 권익을 보호하는 기관이 아니라 권력과 유착하여 최고 권력자를 수호하는 기관으로 전락하였다. 국왕-형조-관찰사-수령으로 이어지는 조선왕조의 사법체계와 본질적으로 동일하였다. 갑오개혁의 사법이념이 제도적으로 부정된 것이다.

사법개혁은 소송, 법, 재판의 영역에만 국한되는 것은 아니다. 사법권은 국가권력의 핵심을 이루고 있기 때문에 사법권력의 존재와 행사 방식은 그 나라의 정치제도와 밀접한 관계가 있다. 개인의 자유와 권리를 보장하고 법의 지배가 실효적으로 관철되는 민주적 정치제도 하에서는 사법의 독립이 보장되지만 전제정체를 채택하는 나라에서는 사법의 독립을 추진할 특별한 이유와 동기도 존재하지 않는다. 『독립신문』, 『제국신문』을 주도하였던 여론 선도층과 애국계몽운동을 전개하였던 많은 개혁가들이 대한제국의 부패를 교정하고 더 나아가 낡은 정치체제를 전면 교체하는 정치개혁

---

14) 「무관 및 사법관 임명규칙(칙령 제12호, 1900.3.27.)」 『구한국관보』, 1900년 3월 27일.

운동의 속에서 사법개혁을 바라본 이유이다.

　이상에서 소개했듯이, 전통의 사법제도를 단절하고 서구 재판으로 개편하는 것은 결코 쉽지 않았다. 전반적으로 소송절차는 신식으로 대체되어 갔으나, 유학 사상이 뿌리깊게 남아 있던 한국에 서구의 법률 문화를 정착시키는 것은 어려웠다. 어느 고위 관료는 「대명률」을 공정히 시행하면 부국강병을 달성할 수 있다고 말하면서 왜 한국에 서구법을 시행하여야 하느냐고 반문하였다. 무엇보다도, 「대한국국제」는 절대 권력을 고종 1인에게만 집중시킴으로써 국가권력을 공정하게 배분하고 작동할 수 있는 기회를 원천적으로 차단하였다. 사법 개혁의 측면에서 보면 고종은 기존의 적폐(積弊)를 청산하여 공정과 공평을 달성하지 못하였다. 그렇다고 하여 일본에서 볼 수 있는 서구식 재판을 도입하지도 않았다. 대한제국의 사법시스템은 반개혁적이고 반인권적이었으며 반민중적이었다.

인민, 새로운 정의(Justice)를 요구하다

　갑오개혁기에 도입된 새로운 소송제도와 법 사상은 대한제국의 관리들보다는 인민들에게 더 큰 영향을 미쳤다. 우선, 소송을 바라보는 인민들의 관점을 바꾸어 놓았다. 전통시대에는 분쟁과 소송을 바람직한 것으로 보지 않았으나 새로운 소송제도 하에서의 민사소송은 개인의 정당한 이익을 회복시켜주는 권리구제 절차로 재인식되었다. 이에 따라서 과거의 위정자들처럼 소송 자체를 불온시하면서 타이르는 식의 재판은 더 이상 불가능해졌다. 물론, 이 시기가 되면 인민들도 분쟁을 일으키는 행위가 매우 잘못되었다는 유학자들의 충고를 더 이상 듣지 않았다. 이러한 변화는 1896년 『독립신문』의 발간과 독립협회의 계몽운동을 계기로, 인간을 자유와 권리를 가진 존재로 인식하고, 국왕조차도 천부인권을 침해할 수 없다는 새로운 정치사상의 확산에서 비롯되었다.

갑오정부가 추진한 초창기 사법개혁은 한성부 인민들의 높은 지지를 받았다. 다만, 이 지지는 서구 재판제도에 대한 신뢰에서 비롯된 것이 아니라 전통 사법기관과 송관들에 대한 불신과 반발에 기초하고 있었다. 그러나 갑오개혁기에 도입된 서구식 재판소마저 그 설립 취지대로 운영되지 못하고 과거와 같이 불공정 시비에서 벗어나지 못하였다. 민사 관계자들에게도 가혹한 고문이 가해졌고 오랫동안 재판도 하지 않고 구금하는 등 개인의 자유, 신체, 생명, 건강에 심각한 위해를 가하였다. 재판소의 일부 판사들은 사법권을 무기로 청탁과 뇌물을 받았고 고위 관료들은 국가의 법률에 아랑곳하지 않고 불법행위를 자행하였다. 그러면서도 처벌은 받지 않았다. 인민들이 느낀 대한제국의 정의가 바로 이러한 것이었다.

이에 인민들은 재판소와 판사를 상대로 공정과 법치를 요구하고 새로운 정의의 원칙을 세우기 위한 투쟁에 돌입하였다. 이 투쟁의 중심에는 독립협회를 비롯한 민간의 개혁가들이 있었다. 동학농민군들과 새로운 민간 개혁가들은 조선의 통치자들의 불공정한 처사를 개혁해야 한다는 점에서 완전히 동일한 입장이었다. 다만, 민간 개혁가들은 개인의 자유와 권리의 보호를 가장 중요한 가치로 여기고 법과 정치를 통하여 이를 실현하려고 하였다는 점에서 차이가 있었다. 독립협회 관계자들은 인민들의 권리 투쟁이 정당하며 권력자가 도처에서 저지르는 불공정과 반인권적 관행을 교정하기 위해서는 사법개혁을 넘어서 국가를 개조하는 정치개혁으로 나아가야 한다고 주장하였다. 법과 재판의 문제는 단순히 사법의 영역에 국한되는 것이 아니라 정치의 문제이기 때문이다.

초창기 자유주의 개혁가였던 서재필과 윤치호는 일본이나 중국과의 교류를 통해서 서구 문명을 습득한 개화파 관료들과는 달리 서구 문명의 중

심지인 미국에서 민주주의 사상과 근대 산업화를 직접 경험하였다. 1884년
에 소수 엘리트가 일으킨 갑신정변에 참여하여 조선왕조를 개혁하고자 하
였던 서재필은, 미국식 민주주의를 직접 겪은 후에는 교육과 계몽을 통해
서 인민 대중을 변화시키지 않고서는 정치개혁이 가능하지 않다는 점을 깨
달았다. 서구의 민주주의는 그 제도를 스스로 움직여야 하는 다수 인민들
이 중세의 노비의식과 사대주의 사상에 머물러 있는 한 제대로 운영될 수
없기 때문이다.

서재필을 중심으로 하는 1890년대 중후반 개혁가들의 주장에는 18세기
서구 계몽주의와 자유주의 정치사상의 영향이 짙게 배어 있다. 이들은 인
간 이성에 대한 신뢰를 기초로 하여, 비판적·반성적 사유를 통해서 수백년
간 켜켜이 쌓인 조선왕조의 구제도, 유학사상, 전통, 관습을 낡고 불합리한
것으로 규정하고 서구식 합리주의가 지배하는 사회로 한국을 바꾸려고 하
였다. 서구 계몽주의 사상가들이 인간은 모두 흰 종이 상태(tabula rasa)로
태어나고 사회적 관계에서 인격을 형성하기 때문에, 사회관계를 합리화하
면 인간 본성을 훌륭하게 가꾸어 나갈 수 있다고 믿었듯이,[15] 한국의 개혁
가들도 교육과 계몽을 통해서 인민들을 변화시키고 더 나아가 조선왕조의
특권적 신분의식, 전근대적 속박, 반인권적 관행을 혁파하여 개인의 자유
와 권리를 최고의 가치로 두는 평등한 정치사회로 나아갈 수 있다고 믿었
다. 이들은 천부인권 사상, 자연법 사상, 사회계약설, 사회진화론에 기초하
여 정치의 주체로서 인민을 승인할 것, 국왕에게 집중된 통치 권력을 분할
할 것, 분할된 권력에 인민들이 참여할 수 있도록 의회제도를 도입할 것,
공직과 교육의 기회 균등을 보장할 것, 인권을 보장할 것, 법치주의를 실현
할 것 등을 주장하였다.

---

15) 서울대학교 역사학연구소, 『역사용어사전』, 서울대학교 출판문화원, 2015.

그러나 한국 최초의 자유주의 정치개혁 운동은 1898년 12월말에 고종이
무력을 동원하여 독립협회를 강제 해산시킴으로써 일단 좌절되었다. 고종
을 중심으로 하는 수구파 정부는 독립협회와 만민공동회의 주요 회원 430
여명을 체포하고, 이들 중에서 민주주의·공화주의 사상을 가졌다는 이유
로 최정식에게는 사형을, 이승만에게는 무기징역을 선고하였다. 이와 동시
에 일본과 연결되어 있던 반정부 쿠데타 세력들을 일일이 적발해서 처벌하
는 등 압제와 공포통치를 단행하였다. 이 과정에서 갑오개혁기에 폐지되었
던 참형을 다시 부활하였고 고종을 위협하는 반정부 인사들을 처벌하기 위
해서 '의뢰외국치손국체자처단례(依賴外國致損國體者處斷例)'를 제정하였다.
이후 고종은 1899년에 「대한국국제」를 제정하여 모든 권력을 1인이 행사
하는 전제군주 국가임을 선포하였다. 이 법률의 제정을 통해서, 황제의 권
력은 강해졌으나 국가기관의 공정성과 행정의 투명성은 더 나빠졌다. 대한
제국의 사법관들은 사법권을 남용하여 인민의 재산, 권리, 생명, 건강을 심
각할 정도로 침해하였다. 고종과 그 측근에게서 더 이상 개혁을 기대할 수
없다는 것이 명백해졌다.

　1905년 을사늑약의 체결로, 국망이 현실로 다가오자 이제 개혁가들은 종
전 개혁운동의 이념이었던 '동도서기론'이나 '구본신참' 이념만으로는 부
국강병도 자주독립도 불가능하다고 깨달았다. 서양과 일본이 강한 것은 단
순히 무기, 군대, 과학기술, 산업의 발달 때문만이 아니라 입헌제도와 민주
주의 제도 등 우월한 정치제도의 힘 때문이라고 생각하였다. 이른바 입헌
개혁가16)들은 고종의 권력이 크게 약화된 틈을 타서, 헌정연구회, 대한자

---

16) 이 책에서는 1904년을 전후하여 헌법의 제정, 국회의 설립, 삼권분립, 국민의 기본
　　권 보장 등을 내세우면서 국민국가의 수립을 목표로 투쟁하였던 일련의 사람들을
　　'입헌 개혁가'라고 규정한다. 이들은 청과 일본의 사상가들로부터 영향을 받았으며
　　주로 헌정연구회, 대한자강회, 대한협회, 신민회 등에서 활약하였다.

강회, 신민회, 대한협회 등을 조직하여 헌법의 제정, 국회 설립, 삼권의 분립, 국민의 기본권 보장 등을 제기하였다. 입헌 개혁가들은 한국의 악정(惡政)의 근원은 1인에 의해 통치되는 전제정체에 있다고 보고 국민주권론에 기초하여 입헌국가의 수립 투쟁에 돌입하였다.

독립협회 운동가들은 삼권분립을 공식적으로 제기한 적이 없었으나 입헌 개혁가들은 삼권분립, 헌법의 시행을 공식적으로 요구하였다. 이들은 헌법을 시행하고 국가권력을 분할하여 국회와 재판소로 권력을 넘기는 것만이 국권의 회복과 부강을 이룩할 수 있는 유일한 길이며, 더 나아가서 국가권력의 부당한 폭력으로부터 개인의 자유를 보호할 수 있다고 주장하였다. 1905년을 전후하여 민간에서는 빠른 속도로 서구의 입헌, 법치주의 사상이 확산되었으나 정부의 관리들은 과거의 의식과 관행에 젖어 있었다. 인민들은 자유와 권리를 자각한 개인으로 변화하고 있었는데 국가와 사법 시스템은 크게 바뀌지 않은 것이다. 한국정부가 추진하는 사법개혁의 속도보다 인민들의 법, 권리 의식의 성장 속도가 더 빨랐고 더 근본적인 개혁을 요구하였다.

한말 개혁가들의 관점에서 보면, 고종과 대한제국을 상대로 저항해야 하는 정당한 사유가 있었다. 고종과 고위 관료들은 인민의 기본권을 훼손하였고 입법부 구성을 위한 인민들의 집회와 활동을 탄압하였다. 또한 인민의 동의도 거치지 않고 외교권을 일본에게 넘겨 주었다. 1907년도에는 내정권마저 내어줌으로써 사실상 식민지로 전락하였다. 한편, 대한제국을 완전히 장악한 일제 통감부는 한국인들의 요구를 수용할 생각이 전혀 없었다. 일제 침략자들은 고종을 정치적으로 공격할 때는 국왕 권력의 제한을 주장하였으면서도 정작 자신들이 권력을 잡자 곧바로 입장을 바꾸었다. 이토는 어떤 한국인들도 국가권력에 접근하는 것을 결단코 용납하지 않았다.

그리고 일진회를 비롯한 일부 매국적 민권론자들은 통감부의 정책에 편승하여 국회의 설립, 삼권의 분립, 국민주권 등의 이념을 손쉽게 포기하였다.

이제는, 국민들의 단결과 애국적 행동만이 국가의 주권과 독립을 도로 찾아올 수 있었다. 1900년 이후에 공론의 장에서 국민, 애국, 민족, 동포의 호출이 폭발적으로 늘어난 이유이다. 국가가 주도하여 주권을 회복하거나 민족을 형성하는 것을 더 이상 기대할 수 없다는 점을 개혁가들은 알고 있었던 것이다. 갑오개혁기부터 애국계몽운동기, 식민지 하에서 국민국가 수립을 끝까지 포기하지 않았던 일련의 운동가들과 인민들이 바로 한국인들이 꿈꾸었던 조국이자 민족의 대표였다는 사실이 더 뚜렷해졌다.

2. 연구 현황과 쟁점

한국의 근대 법제사 연구는 시작 단계이다. 1970년대부터 서구 재판제도의 도입을 주제로 한 법학계의 연구는 드물게 수행되었으나 주로 현대 사법제도의 연원을 밝히는 제도적 차원의 접근이었다. 이 연구들은 근대 사법제도의 도입 과정을 처음으로 소개하였고 그 제도 속에 녹아 있는 '새로움'과 '근대성'을 여러 각도에서 논증하였다는 점에서 큰 의의가 있었다. 특히, 최근에는 소송 절차에 대한 깊이 있는 연구로까지 확대되면서 근대적 소송제도가 갖는 특징이 무엇인가를 구체적으로 이해할 수 있게 되었다.17) 그러나 법학계의 일련의 연구들에서는 새로운 사법제도가 그 이전의

---

17) 근대 한국의 재판제도에 관한 법학계의 연구는 다음의 논저 참조. 김병화,『近代韓國裁判史』, 한국사법행정학회, 1974.; 전봉덕, 「근대사법제도사(1)~(10)」『대한변호사협회지』, 제1,3,5,7,11,13,14,15,21,22호, 1970~1976.; 전봉덕,『한국 근대법 사상사』, 박영사, 1980.; 김희수, 「개화기 근대적 민사법제의 형성에 관한 연구」, 서울대 석

제도와는 어떠한 점에서 차이가 있었는지, 또 신식 소송절차가 실제 재판
에서는 어떻게 실현되었는가에 대해서는 구체적으로 밝히지 못하였다.

역사학계에서는 오랫동안 법과 재판에 대해서 크게 관심을 가지지 않았
다. 그러나 법과 재판이 19세기 인민들의 삶과 직접 연관되어 있다는 인식
이 확산하면서 사법제도에 대한 역사학적 접근이 이루어지기 시작하였다.
근대 사법에 대한 역사학계의 연구는 2000년대에 접어들면서 발표되기 시
작하였다. 이 시기 재판제도에 관한 선행 연구들은 갑오·대한제국기를 거
치면서 소송 관련 서류의 변화, 재판소의 설치, 민사와 형사의 분리, 신식
소송법규의 출현, 사법관 직제의 설치 등 근대적 재판제도가 일부 도입되
었다고 평가하였다.[18] 이 연구들을 통해서 1895년 재판소구성법 이후의 재
판제도상의 특징이 드러났다. 이 연구들도 소송절차상에서 조선후기와는
구체적으로 어떻게 차이가 있었는가를 밝히는 점에 있어서는 큰 진전이 없
었다. 또한, 법과 실제 관행의 차이가 얼마나 벌어졌는가에 대해서도 주목
하지 않았다. 다만, 이승일은 조선시대와 근대의 소송제도 간에는 소송 관
계인의 소환 방식, 강제집행제도의 유무 등에서 뚜렷한 차이가 있다는 점
을 밝혔다.[19] 법학계와 역사학계의 연구를 통해서 근대 소송제도에 대해서
는 소상히 밝혀졌으나, 앞으로는 소송과 법에 대한 인민들의 인식 등으로

사학위논문, 1986.; 신우철, 「근대 사법제도 성립사 연구」, 『법조』 56-9, 2007.; 문준
영, 『법원과 검찰의 탄생』, 역사비평사, 2010.; 손경찬, 「개화기 민사소송제도에 관
한 연구」, 서울대 박사학위논문, 2015.
18) 근대 한국의 재판제도에 관한 역사학계의 연구는 다음의 논저 참조 도면회, 『한국
근대 형사재판제도사』, 푸른역사, 2014.; 김항기, 「갑오개혁기(1894~1896) 민사소송
제도의 시행과 '私權' 신장」 『한국근현대사연구』 67, 한국근현대사학회, 2013.
19) 이승일, 「근대 이행기 소송을 통해 본 전통 민사재판의 성격」, 『고문서연구』 51,
한국고문서학회, 2017.; 이승일, 「갑오개혁기 민사소송제도의 訴訟觀 - '冤抑의 호
소'에서 '권리의 주장'으로 -」 『법사학연구』 58, 2018.

까지 연구의 영역이 확대될 필요가 있다.

이상의 연구 중에서 역사학계와 법학계를 대표하는 두 연구자의 저서를
바탕으로 근대 법제사 연구의 주요 쟁점과 문제의식을 정리해 보려고 한
다. 우선, 역사학자인 도면회는 1894년 갑오개혁기부터 1910년 한국병합에
이르기까지의 정치변동의 흐름 속에서 대한제국이 추진하였던 형사재판제
도의 도입과 그 운영 실태를 실증적으로 분석하였다. 종전의 연구가 갑오
개혁기에 도입된 재판제도를 중심으로 분석하였다면, 이 연구는 신식 재판
제도가 그 이전 시기와는 어떠한 점에서 차이가 있었고, 형사재판의 실태
가 구체적으로 어떠하였으며 불공정한 재판에 대해 백성들이 어떻게 대처
하였는가를 종합적으로 분석하였다. 그는 규장각에 소장되어 있는 법부 공
문서를 샅샅이 조사하여, 대한제국기에는 하급심 재판관의 역할을 하는 수
령의 부패와 폐단, 수사와 재판 과정에서의 남형과 고문, 미결수 상태로 장
기간 구속하는 체수(滯囚), 판결 확정력의 결여, 형벌권 행사와 집행기관의
중첩, 지방 토호나 양반가의 사적 형벌의 집행 등이 광범위하게 존재하고
있었다고 결론지었다.[20] 도면회의 연구를 통해서, 갑오개혁 이후의 형사재
판제도의 실질이 그 이전 조선왕조의 시대와 크게 다르지 않았다는 것이
드러났다.

도면회가 밝힌 형사사법상의 문제점들은 갑오·대한제국기에 새롭게 나
타난 현상이 아니다. 19세기 내내 농민들도 이 문제점들을 지적하였는데,
갑오·대한제국기에 운영된 이른바 신식 재판소에서도 과거의 행태를 교정
하지 못하였을 뿐이다. 도면회는 갑오개혁기에 도입된 근대적 재판제도가
아관파천과 대한제국의 수립 등 정치적 변동 속에서 근대적 재판제도를 도
입한 취지가 폐기되었고 재판권을 이용한 지방관들의 민인 수탈과 억압이

---

20) 도면회, 「1894~1905년간 형사재판제도 연구」, 서울대 박사학위논문, 1998, 71-74쪽.

일상화되었다고 본다.

　도면회의 연구는 여기에서 그치지 아니하고, 대한제국의 불공정한 재판이 일제의 침략과 어떻게 연결되어 있는가로 나아간다. 그는 일제 통감부가 재판소에 대한 한국인들의 높은 불만에 편승하여 재판제도 개혁에 적극적으로 나섰으며, 초대 통감이었던 이토가 한국 재판제도의 개혁에 가장 공력을 기울였던 이유가 한국 민중의 환심을 사서 종국적으로 한국을 병탄하려는데 있었다고 지적한다. 그리고 일부 한국인들이 대한제국의 불공정한 재판에 큰 피해를 입은 나머지 통감부, 일본 영사관, 천주교회 측에 소송을 제기하거나 도움을 받으려고 하는 등의 일탈행위도 서슴치 않았다고 지적하였다.21) 도면회는 개인의 재산과 이익을 둘러싼 분쟁을 공정하게 심판하는 자가 존재하지 않을 때, 혹은 국가기관이 공정한 심판자의 역할을 제대로 수행하지 못한다고 인민들이 느꼈을 때, 어떠한 현상이 나타날 수 있는가를 보여주었다.

　법학 전공자인 문준영은 2010년에 출간한 방대한 저서에서, 서구 법학이론을 토대로 갑오·대한제국기 재판제도의 성격에 관한 자신의 독자적인 입론을 전개하였다. 그는 1880년대부터 한국병합에 걸쳐 진행된 약 30여년간의 한국의 사법개혁은 전통제도를 근본적으로 혁신하지 못하였고 폐해를 제거하지도 못하였으며 영사재판권 폐지를 위한 조건도 창출하지 못하였다고 평가하였다. 이 당시의 사법제도의 정비는 내치 및 외치상 중요한 의미가 있었으나 대한제국 정부의 시야는 내정에 한정되어 있었고 그나마 익숙한 과거의 제도를 부분적으로 수정하는데 머물렀다는 것이다.22)

　도면회와 문준영은 갑오·대한제국기의 사법제도 개혁이 성공하지 못하

---

21) 도면회, 『한국 근대 형사재판제도사』, 푸른역사, 2014.
22) 문준영, 『법원과 검찰의 탄생』, 역사비평사, 2010, 47쪽.

였다는 점에서는 의견이 일치한다. 다만, 도면회가 한국의 권력집단의 수구적 태도로 인해서 사법개혁이 실패했다고 보는데 반해서, 문준영은 대한제국기 사법개혁 실패의 책임을 모두 고종과 관료들에게 돌리기 어렵고 또 실패라고 단정할 수도 없다고 본다. 문준영의 주장을 요약하면, 갑오개혁 이후 10년 간의 사법제도 정비과정을 '서구화=근대화'라는 기준으로 평가하면 신식 재판제도가 정착하지 못하고 후퇴했다는 인상을 받지만 대한제국기의 사법제도를 보수 반동적 내지 퇴행적인 것으로 일방적으로 평가할 수 없다는 것이다.[23] 이 주장은 선뜻 이해하기는 어렵지만, 아마도 문준영은 갑오·대한제국기에는 신식 사법제도의 운영에 필요한 여러 여건들이 충분히 성숙하지 못하였으며, 시간이 충분히 주어졌다면 더 나은 재판제도로 발전하였을 것이라는 믿음이 있는 것 같다. 메이지기 일본도 사법제도 개혁에 약 30여년이 소요된 것을 보면 문준영의 주장이 일리가 있다.

그러나 근대 이행기 일본과 한국은 각각 처해 있던 국제 정세와 국내의 상황이 크게 달랐다는 점을 고려해야 한다. 일본의 경우 외국의 침략의 강도가 한국보다는 상대적으로 약했기 때문에 내정개혁에 주력할 수 있는 더 좋은 조건을 갖추고 있었다. 또한 일본 정부는 프랑스와 독일 등 선진 유럽국가들의 사법제도를 배우려는 강력한 의지가 있었다. 이에 반해 한국은 1882년 임오군란을 계기로 청의 군대가 한성에 주둔하면서 나라의 주권이 크게 제약되었기 때문에 개화운동을 적극적으로 펼치기가 어려웠다. 1884년도에는 갑신정변을 진압한 청국의 억압과 간섭이 더욱 심해지면서 독자적인 국정운영도 어려운 상황이었다. 더구나 급진 개화파들이 축출되면서 개화운동의 동력도 약화되었다. 1894년도에는 일본군이 경복궁을 점령하고 국왕을 인질로 삼아서 국정을 좌지우지하는 등 한국은 사법개혁이 성공

---

23) 문준영, 『법원과 검찰의 탄생』, 역사비평사, 2010, 47-48쪽.

하기 훨씬 어려운 대내외적인 조건에 처해 있었다. 따라서 외국세력의 내정간섭에 대한 빌미를 사전에 없애고 자주독립과 부국강병을 달성하기 위해서는 한국정부 주도의 강도 높은 개혁이 일관되게 추진되어야 하였다. 그러나 한국정부는 유럽의 정치제도나 사법제도를 수용하는데 대단히 소극적이었고 또한 개혁의 의지가 있는 안정적인 권력집단을 형성하지도 못하였다.

무엇보다도, 한국에서 새로운 사법제도 운영을 위한 여건이 성숙하지 않은 근본 이유는 국왕이나 법부대신이 그러한 노력을 중도에 멈추어 버렸기 때문이다. 대한제국기 각급 재판소에서 벌어지고 있는 인권 유린과 불공정한 재판을 바라보면서 미래에는 사법개혁이 성공할 수 있을 것이라고 기대할 수는 없다. 개혁에 반대하는 사법 기득권자들이 광범위하게 퍼져 있는 상황에서, 마냥 시간이 주어진다고 해서 사법개혁이 저절로 이루어지는 것은 결코 아니기 때문이다. 고종은 국가의 재화를 배분하고 권한을 행사해서 제도를 바꿀 수 있는 힘을 가진, 당시로서는 유일한 권력자였다. 그러나 그는 사법개혁에 대한 인민들의 요구를 거부하고 자신의 권력을 강화하는데 사법권을 이용하였을 뿐이다.

이와 함께, 각급 재판소에서 재판을 하는 사법 기득권층은 새로운 사법제도와 민·형법을 시행할 이유를 찾지 못하였다. 그들은 서구 민법의 존재는 알고 있었으나 1905년까지도 전통의 법전을 공정하게 시행하거나 일부 보수(補修)하는 것만으로도 충분하다는 시대착오적 사고에 빠져 있었다. 어느 고위 관료는 유학의 예(禮)와 도덕을 충실히 지키면 분쟁을 잘 해결할 수 있고 또 바람직한 사회를 만들 수 있다고 믿었다. 당시 인민들이 줄기차게 요구하였던 인권의 신장, 재산의 보호, 공정과 법치의 실현 등에 대해서 대한제국의 관리들은 무관심하였다. 인민은 재산, 이익 등 사권을 보호해줄 재판시스템과 법을 요구하였으나 대한제국 사법체계는 이에 부응하지 못하였다. 따라서 전통 사법관행 하에서 막대한 피해를 입고 있던 인민들은 전통 법률을 버리고 서양식 민법과 형법의 제정을 줄기차게 요구하는 상황이었다. 이는 서구의 사법제도가 훌륭해서가 아니라 전통의 사법제도가 권리 침해를 회복시키지 못하였기 때문이었다.

또 하나, 선행 연구의 한계는 당시 사법 활동의 주체인 '인간'에 대한 분석이 결여되어 있다는 점이다. 기존 연구들이 한결같이 제도사 연구이기 때문에 법, 재판에 대한 소송 당사자들의 요구와 의식의 변화를 연구하는 것이 무리일지도 모른다. 그러나 사법은 그 제도를 움직이는 소송 당사자들 상호 간의 끊임없는 투쟁 속에서 그 본질이 드러나기 때문에 당대의 인간들이 법과 재판에 대해서 어떻게 인식하고 있는가를 반드시 분석하여야 한다. 기존 연구들은 민간 영역에서 분출하고 있는 인민들의 권리의식과 새로운 법과 재판에 대한 요구를 과소평가하고 있거나 충분히 조사하고 있지 않다. 이 점은 도면회의 연구도 마찬가지이다. 향후 연구에서는 법과 재판에 대한 인민들의 인식이 어떠하였는가가 더 밝혀져야 한다.

3. 연구의 관점

갑오·대한제국기 사법개혁의 성공의 키(key)는 고종과 법부대신이 쥐고 있었다는 점에서 대한제국에 대한 평가는 사법개혁과도 직접 연관되어 있다. 현재, 한국사학계의 대한제국기 역사 서술은 대체로 다음과 같다. 대한제국은 1896년 아관파천 이후 완전한 자주 독립권을 지키기 위해서 밖으로는 열강의 세력 균형을 도모하고 안으로는 황제 중심의 내정개혁을 추진하였다. 1897년 10월에 고종은 국호를 '대한'으로 바꾸고 스스로 황제로 즉위

하였다. 이를 법적으로 보장하는 조치로 1899년 8월에 「대한국국제」를 제
정하였다. 이후 고종 황제는 강화된 권력을 기반으로, 양전·지계사업을 통
한 토지소유권 증빙제도의 정비, 서울의 도시정비 사업, 식산흥업으로 불
리는 산업화 정책, 황실 재정의 확충, 군사력 강화 등 다양한 분야에서 '근
대화' 정책을 추진해 나갔다.[24] 그리고 일부 한국사 연구자들은 고종이 주
도한 각종 정책을 '광무개혁'이라고 높이 평가하고 있다.

대한제국기의 여러 정책들이 그 이전 시기에 비해서 한국을 많이 변화
시켰고, 또 그 성격도 '근대적'이라는 주장에 동감할 수 있다. 그러나 '근대
적'인 정책이라고 해서 한국사에서 비중 있게 다루어야 할 가치가 있다거
나, 혹은 그것을 '개혁'이라는 이름으로 평가해야 하는 것은 아니다. '광무
정권'을 개혁정부로까지 평가하게 만드는 '광무개혁론'은 종래 한국사학계
에서 널리 수용되었던 근대 이행의 두 가지 코스 이론의 논리적 귀결이
다.[25] 이 이론을 창안한 김용섭이 신용하의 『독립협회 연구』에 대한 서평
에서 "독립협회 운동은 여론을 형성하여 광무개혁의 방향에 일정한 작용
을 하였으나 개혁운동의 주류는 어디까지나 지배층 중심의 광무개혁에 있
었다."고 주장한 것을 통해서 알 수 있다.[26] 한국역사연구회 광무개혁 연

---

24) 왕현종, 「광무개혁 논쟁」, 『역사비평』 73, 2005, 28쪽.; 광무개혁 연구반, 「'광무개
혁' 연구의 현황과 과제」, 『역사와현실』 8, 1992.; 도면회, 「광무개혁인가, 수구반동
인가」, 『중등우리교육』, 1994.; 서영희, 「광무정권의 형성과 개혁정책 추진」, 『역사
와현실』 26, 1997.; 서영희, 『대한제국 정치사 연구』, 서울대 출판부, 2003.; 이영호,
「동아시아 국제질서의 변동과 대한제국 평가 논쟁」, 『역사학보』 191, 2006.; 김윤
희, 「대한제국, 한국 근대사 역서서술의 문제를 드러내다」, 『내일을여는역사』 69,
2017.

25) 한국사학계에서는 한국 근대의 이행을 이해하는 틀로서 위로부터의 근대화 코스와
아래로부터의 근대화 코스, 두 경로로 상정하면서 1894년 동학농민전쟁에서 농민
군이 패배한 후에는 아래로부터의 근대화 코스는 좌절되고 지주와 관료 중심의 위
로부터의 근대화 코스가 전면화된다고 본다.

구반은 김용섭의 서평과 저서를 종합적으로 분석하여, 거칠게나마 그의 주장을 다음과 같이 재정리하였다. 즉, 김용섭의 입론은 19세기 중엽 이래로 전개된 근대화를 위한 개혁 과정이 구래의 '봉건지주'층을 주축으로 수행되었다는 입장을 전제로 한다. '봉건지주'층은 기본적으로 구래의 '봉건적' 농업체제에 내포된 모순을 제거하는데 목표를 두고 근대화 작업을 수행한 것이 아니라, 제국주의 열강의 침략에 대응할 수 있는 부국강병한 국가를 건설하기 위하여 자본주의 경제체제를 수립할 것에 그 목표를 두었다고 파악하였다. 요컨대, 개혁은 철저하게 봉건지주층을 위주로 하고 그들이 중심이 되어 봉건지주제를 근대적 자본가적 지주제로 전환시키고 그를 통해서 자본주의 경제체제 근대국가를 수립하려는 것이었으며, 그러한 일련의 작업이 제도적으로 마무리되는 시점이 '광무개혁'이라는 것이다.[27] 이후 송병기, 강만길 등이 '광무개혁론'을 옹호하는 글을 쓰면서 대한제국기 개혁운동의 주류를 광무정권을 담당한 지배층으로 보는 경향이 더 강화되었다.[28]

이 주장에 대해서, 신용하는 양전지계사업은 토지개혁이 아니라 본질적으로 조세증가정책이기 때문에 '광무개혁'의 증거로서는 부족하며, 친러수구파 정권의 여러 정책들을 종합하여 보면 고식책의 범위를 벗어나지 못한다고 비판하였다. 그리고 한국 개혁운동의 주류는 "독립협회, 만민공동회 운동"과 그 후에 전개된 헌정연구회, 대한자강회, 신민회 등 애국계몽운동 단체에 있다고 주장하였다.[29]

---

26) 김용섭, 「서평 독립협회 연구」 『한국사연구』 12, 1976, 150쪽.; 광무개혁 연구반, 「'광무개혁' 연구의 현황과 과제」 『역사와현실』 8, 1992, 344쪽.

27) 광무개혁 연구반, 「'광무개혁' 연구의 현황과 과제」 『역사와현실』 8, 1992, 345쪽.

28) 강만길, 「대한제국의 성격」 『창작과비평』 여름호, 1978.; 송병기, 「광무개혁 연구」 『사학지』 10, 1976.

저자가 40여년 전의 역사학계 논쟁을 다시 끄집어 낸 이유는, '광무개혁
론'이 대한제국기 사법의 실태를 왜곡할 수 있기 때문이다. 본서에서 상세
히 서술하였듯이, 고종이 권력을 장악한 후 대한제국 정부는 가혹한 고문
과 남형(濫刑)을 광범위하게 자행하면서 인권을 유린하였고 무엇보다도 개
인의 자유와 권리의 보장, 재산권의 보호, 법치주의, 재판의 독립, 공정한
재판 등 이른바 근대적 가치를 모두 외면하면서 압제와 공포통치로 일관하
였다. 한국의 법제사 연구자들은 이 같은 사법의 실태에는 주목하지 않고,
'제도의 근대성' 여부만으로 갑오·대한제국기의 재판을 평가하는 경향이
있었다. 물론, 소송은 국가가 제공하는 소정(所定)의 절차에 따라서 진행되
기 때문에 소송제도의 근대적 변화를 분석하는 것이 매우 중요하다. 갑오
개혁 이후의 한국인들의 소송의 방식, 법과 재판을 이해하는 태도 등에서
과거와는 현격히 다른 양상이 나타나고 그 양상들은 모두 서양의 근대 재
판제도로부터 기원하기 때문이다.

그럼에도 불구하고, 형식적 '근대성'에 초점을 맞추고 있는 현재의 대한
제국의 사법제도 연구는 재고할 필요가 있다. 이보다는 국가 주도의 법과
재판을 그 당사자인 인민들이 어떻게 인식하고 있었는가를 연구하는 것이
더 중요하다. '인민'의 관점에서 대한제국기 사법제도와 정책의 흐름을 들
여다 보면, 김용섭이 기대했던 것과 다르게 고종을 중심으로 한 핵심 집권
층은 사법개혁에 대한 '선한 의지'가 애초부터 없었고, 또 역사의 전개 과
정에서 '선한 의지'를 발휘하지도 않았다는 점을 알 수 있다.

특히, '위로부터의 근대화 코스 이론'과 '광무개혁론'이 결합된 역사 인
식은, 한국 근대사를 국가주의적 혹은 과도한 민족주의 서술로 이끌 위험
성이 높다. '광무개혁론'은 고종과 그 측근들을 중심으로 하는 특권세력의

---

29) 신용하, 「서평 한국근대농업사연구」 『한국사연구』 13, 1976, 153쪽.

'권력 수호 활동'을 '반외세 자주독립 활동'으로 잘못 이해하게 만들기 때문이다. 그리고 19세기 내내 농민들을 고통스럽게 만들었던 불공정한 재판에 대한 비판이나 정권의 부조리에 대항하는 인민들의 움직임은 그 역사적 의의를 축소시키거나 정당하게 평가하지 않게 된다. 농민들의 '근대화' 지향을 수용한 '선한 의지'를 가진 지배층들의 개혁운동만이 중심에 놓이게 될 뿐이다. 하지만, 일제의 보호국으로 전락하기 직전까지도 인민들을 고통스럽게 만들고 있었던 특권에 기반한 불공정한 권력 행사는 개선되지 않았고 어떤 측면에서는 더 악화되기까지 하였다.

또한, 근대 이행의 두 가지 코스 이론이 주장하듯이, 아래로부터의 변혁이 1894년 동학농민군의 패배로 좌절된 것도 아니었다. 1890년 이래의 변혁운동은 지식인과 기층 민중과의 사상적 연대에 기초해서 민주주의와 자유주의 정치운동으로 발전적으로 변화하였을 뿐이다. 최고 권력자가 자신들을 더 이상 보호하지 않는다는 점을 명백히 알게 된 인민들은 집권층의 오랜 이데올로기인 유학사상을 버리고 새로운 정치사상과 기독교·천도교를 수용하였다. 인민들이 서구 정치사상과 새로운 종교를 수용한 이유는 서구의 법, 제도, 종교가 더 문명적이고 더 선진적이라고 인정해서만은 아니다. 서구 정치사상이 한국 사회를 지배하고 있던 차별과 특권에 기초한 통치가 부당하며 그 부당한 통치를 어떻게 하면 청산할 수 있는가를 알려주었기 때문이다. 그리고 인간이라면 마땅히 누려야 하는 나의 보편적 권리를 보호하기 위해서는 부정의한 국가 권력에 대항하여야 하고, 그 부당 행위를 주권자인 내가 직접 교정해야 한다는 주장에 공감하였기 때문이다.

당시의 자유주의적 지식인들은 동학농민군들이 제기한 국가권력의 불공정의 개선 요구를 전폭적으로 지지하면서도 농민들과는 전혀 다른 각도에서 한국사회의 개혁을 추진하였다. 독립협회와 애국계몽운동 단체들은 자

유, 평등, 인권, 법치, 공정, 국민주권, 삼권분립, 헌법의 제정, 국민의 기본
권 보장 등을 실현시키는 정치사회의 구성을 요구하였다. 이 가치들은 당
시 인민들이 추구하였던 시대정신이었다.

본서는 동학농민군과 민간의 개혁가들이 요구하였던 인권과 공정의 가
치를 중심에 두고 대한제국의 사법제도를 평가하려고 한다. 이 기준에서
대한제국의 사법개혁을 평가하면, 대한제국은 서구식 소송제도를 '주체적'
관점에서 변용하였을 뿐, 세도정치기 이래로 축적된 구악(舊惡)을 제거하지
못하였고, 인민들로부터 신뢰를 얻지도 못하였다. 인민들이 전통 송관과
대한제국의 재판소를 불신한 이유는 법과 재판을 서구식으로 개혁하지 못
해서가 아니었다. 재판의 본질인 Justice(정의, 공정)를 실현하지 못하였기
때문이었다. 만약, 대한제국의 사법기관과 판사들이 인권을 존중하면서 각
종 분쟁을 공정히 처리하였다면 대한제국은 그럭저럭 사회의 질서를 유지
하면서 인민들을 국민으로 통합하고 독립 국가를 유지할 수도 있었을 것이
다. 그러나 대한제국 정부에는 공익이나 국가의 장래를 생각하는 애국적
인사보다는 돈과 권력을 좇는 부도덕한 관료들이 너무 많았다. 고종과 그
측근세력들은 이익을 추구하는 자들과 협력관계에 놓여 있었기 때문에 부
정한 관리들을 청산할 수도 없었다. 이들에게 민족과 국가를 위해 헌신할
것을 바라는 것은 무리였다. 한마디로 애국심이 결여되어 있었다.

인권과 공정은 동학농민군들도 그리고 독립협회와 애국계몽운동 단체들
도 더 나은 사회를 만드는데 가장 필요하다고 인식하였던 공통의 가치였
다. 그리고 인권과 공정의 가치는 농민층과 지식인들을 결속시키고 서로
연대하여 공동 투쟁을 전개할 수 있었던 객관적인 토대였다. 따라서 한국
근대사 서술의 시각을 고종과 지배자 중심에서 인민으로, 형식적 근대화에
서 당대 인민들이 요구하던 사회적 가치의 실현 여부로 바꾸어야 한다. 그

것은 저자가 역사의 동력을 민중에서 찾아야 한다는 민중사관에 동조해서
만은 아니다. 동학농민전쟁과 독립협회 운동 이래로 지식인들과 인민들은
특권을 옹호하고 불공정한 통치를 자행하는 조선왕조를 종식시켜야 한다
는 점을 뚜렷하게 보여주었기 때문이다. 또한, 그들이 꿈꾸었던 미래가 식
민지 하 대한민국 임시정부와 해방 후 한국정부가 지향하였던 민주주의 정
치사회에 있었기 때문이기도 하다.

　그러나 대한제국 관리들의 보수적 태도와 부패한 정치문화는, 더 나은
공정한 사회로 나아가자는 한국인들의 요구를 무시하였다. 이것이 사법개
혁과 정치개혁에 실패한 원인이었다. 한국의 기득권층과 그들과 공생관계
에 있던 중간 관리층들은 매우 영리하였고 뛰어난 능력을 가지고 있었으
나, 자신들의 능력을 향촌 공동체의 정의를 신장시키거나 국가와 민족의
위기를 타개하는데 사용하지 않았다. 그들은 자신과 가족들의 사적 이익을
실현하는데 공적 사법체계를 이용하였을 뿐이다. 한국의 집권층의 문제점
은 능력의 부재가 아니라 의지의 박약에 있었고 갑오개혁기에 도입하려고
하였던 서구 사법제도의 이해의 불충분함과 무관심에 있었다. 다른 한편으
로 국권을 빼앗기던 1905년까지도 한국정부와 인민 상호 간에 벌어지고 있
었던 지난한 사법 투쟁은, 그로부터 20년 전인 1884년『한성순보』의 기사
에서 배우지 못한 결과이기도 하였다.

　입헌정체는 삼대권(三大權)이 있으니, 첫째는 입법권으로서 법률을 제정
하여 입법부로 하여금 이를 관장하도록 한다. 둘째는 행정권으로서 입법관
이 제정한 법률에 의거하여 정치를 행하는 것인데, 이는 행정부로 하여금
관장하도록 한다. 셋째는 사법권으로서 입법관이 제정한 법률에 의거하여
형법을 시행하고 송옥(訟獄)을 처결하는 일을 사법부로 하여금 관장하도록

한다.[30)]

西人(서양인)이 말하기를 이 헌법이 있은 이후로 입법관은 입법만 할 뿐 행정은 할 수 없고, 행정관은 행정만 할 뿐 입법은 할 수 없으므로 사욕(私欲)을 품은 자가 그 욕망을 마음대로 펴지 못하고, 죄가 있는 자 및 소송하는 자가 모두 사법관의 관할을 받되, 사법관은 입법과 행정 양관(兩官)의 지촉(指囑, 지시와 촉탁)을 받지 않고서 오직 법에 의해 형벌을 시행하고 의(義)에 의거해서 일을 처리하기 때문에, 무고한 사람을 벌 주려 하는 자가 감히 그 독(毒)을 부리지 못하니, 이는 실로 삼대권 분립(分立)의 제일 이익이다.[31)]

『한성순보』는 개화운동의 일환으로 발행되었고 관료들과 양반들이 구독하고 있었다. 그러나 이 신문에서 소개하고 있는 유럽의 입헌정체와 입헌주의가 가져다 주는 사회적 편익에 대해서, 당시 한국의 집권층은 크게 관심을 기울이지 않았다. 먼 외국의 일로만 치부하였던 것이다. 그러나 20여년 후에 인민들은 『한성순보』의 기사와 동일한 내용을 순한글 신문인 『독립신문』과 『제국신문』에서 읽으면서, 사회와 국가를 변혁하는 정치사상으로 전환시킬 수 있었다. 이것이 외래의 정치사상을 바라보는 보수집권층과 인민들의 시각의 차이였다.

---

30) 「歐米立憲政體」『한성순보』, 1884년 1월 30일.
31) 「歐米立憲政體」『한성순보』, 1884년 1월 30일.

제1부

국가, 어떻게 개혁할 것인가

제1장 조선왕조의 민사소송 제도

제1절 조선왕조의 소송제도

1. 소송제도와 소송관(訴訟觀)

일반적으로 조선왕조에서는 주(州), 부(府), 군(郡), 현(縣)을 관할하는 수령(守令)이 소송을 관장하였다.[1] 수령은 관할 구역을 통치하는 행정관이면서 동시에 모든 사송(詞訟)[2] 사건과 태형(笞刑) 이하의 가벼운 형사사건을 처리하는 송관(訟官)이기도 하였다. 수령이 관할하는 제1차 소송에서 패소한 자는 그 상급 기관인 관찰사에게 제2차로 소송을 제기할 수 있었다. 이를 의송(議送)이라고 불렀다. 관찰사는 제1차 소송에 대한 항소와 장형부터 유형에 해당되는 무거운 형사사건을 관장하였다.[3] 만약, 관찰사의 판결에

---

1) 박병호, 『韓國法制史』, 민속원, 2012, 149-150쪽.
2) 문서로 고소하는 것을 사(詞)라고 하고, 말로써 쟁변(爭辨)하는 것을 송(訟)이라고 하였다. 즉, 사송은 개인 상호간의 재산이나 신분, 권리 등에 관한 분쟁을 다루는 것을 의미하였다. 현대의 민사소송에 해당한다고 볼 수 있다. 『先覺添錄』, 詞訟簡, "文以告訴 爲之詞 言以爭辨爲之訟. 詞訟者 民之所以盡其情而聽理于官者也.".
3) 관찰사가 유형 이하의 사건을 직접 재판한다고 해도 관찰사가 근무하는 감영에서 재판이 이루어진 적은 드물었다. 대부분은 각 고을에서 주관하여 죄인을 문초하고 법을 적용하여 보고해 오면 이를 재가하는 형식으로 재판이 이루어졌고 필요할 때만 감영으로 호송하여 관찰사가 직접 심리하였다. 일반적으로 관찰사는 공문으로 보고된 문건을 승인하거나 수사와 판결 방향을 제시하거나 또는 직접 판결하는 방식을 통해 재판권을 행사하였다. 도면회, 『한국근대형사재판제도사』, 푸른역사, 2014, 58쪽.

도 승복하지 못할 경우에는 중앙의 형조, 장예원, 사헌부, 한성부 등에 상소할 수 있었다. 조선왕조는 단심으로 소송을 종결시킨 것이 아니라 상급 재판기관으로의 상소를 제도적으로 보장하였다. 이는 사실관계의 오인이나 부당한 판결로부터 당사자를 보호하고 또 혹시나 있을 수 있는 오결을 바로 잡기 위함이었다.[4]

이외에도 통치권을 행사하는 국가기관들은 대체로 사법권을 보유하였다. 조선왕조의 사법기관은 크게 직수아문과 비직수아문으로 구분된다. 직수아문은 죄인을 직접 검거하여 구금할 수 있었던 기관이다. 조선전기에는 병조, 형조, 한성부, 사헌부, 승정원, 장예원, 종부시, 관찰사가 이에 해당하였다. 이 밖의 다른 관청이나 여러 군문(軍門)은 비직수아문에 해당하였다. 비직무아문은 일단 형조에 범죄 사유를 통고한 후, 승인을 얻은 뒤에야 구금할 수 있었다. 직수아문은 조선후기로 갈수록 늘어나 19세기 후반에는 위 기관 외에 비변사, 포도청, 종친부, 의정부, 중추부, 돈녕부, 규장각, 승정원, 홍문관, 예문관, 기로소, 의금부 등도 직수아문이 되었다.[5]

조선왕조는 일찍부터 중앙집권적 소송제도를 수립하였으나 소송제도와 법 등에는 '덕'과 '예'의 실현을 최고의 가치로 여기는 유학 이념이 강하게 투영되어 있다. 유학에 대한 이해가 없이는 조선시대의 법과 소송을 이해하는 것이 어렵다. 유학자이자 송관이었던 수령들은 이유를 불문하고 소송을 매우 나쁜 것이라고 여겼다. 소송이 성행한다는 것은 사람들 간의 반목과 다툼이 증가하는 것이며 이는 민심이 천박해지고 도덕과 체통이 타락하였음을 보여주는 증표라고 생각하였기 때문이다.[6] 조선의 송관들에게 있

---

4) 국가기관을 통해서 자신의 억울함을 풀지 못하면 국왕에게 판결을 요청할 수 있었다. 국왕에게 올리는 상소를 상언이라고 불렀고 국왕의 행차시 징을 치며 호소하는 것을 격쟁이라고 불렀다.
5) 도면회, 『한국근대형사재판제도사』, 푸른역사, 2014, 54쪽.

어서 민사소송은 "작은 일에 분노하여 욕하고 구타하거나 관에 소송을 제기하여 그만 둘 수 있는 것임에도 불구하고 그만두지 않는 것"으로서,[7] 사적 이익에 집착하는 인간의 과도한 욕심 내지는 잘못된 품성 때문에 생기는 것이다. 송관들은 많은 경우에 "백성들의 소장이란 모두 별일 아닌 다툼"에 불과하다고 치부하는 등 민사소송을 대수롭지 않게 여겼다.[8]

따라서 유학자들은 예치(禮治)와 교화(敎化)가 잘 이루어져서 애초부터 분쟁이 발생하지 않는 '무송(無訟)'의 상태를 바람직하다고 여겼다.[9] 소송을 중단시키거나 소송이 일어나지 않도록 하는 최상책은 소송 당사자들을 도덕적으로 감화시키는 것이다. 도덕의 기준을 높여서 비열한 성품을 고상하게 변화시키고 양심을 자각하게 만들어 스스로 반성하도록 유도하는 것이 식송(息訟)의 근본적인 해결 방법이라고 생각한 것이다. 훌륭한 지방관은 동시에 훌륭한 도덕교사이기도 하여야 하는 이유이다.[10] 따라서 수령은 자신이 관할하는 지역에서 분쟁이 발생한 경우에 법과 형벌을 먼저 동원해서 해결하기보다는 어리석은 백성을 예와 도덕으로 감화시켜 스스로 부끄러움을 깨닫게 함으로써 원만히 해결되기를 기대하였다.[11]

그러나 이익과 손해가 거래되고 충돌하는 각박한 현실에서는 몸과 마음

---

6) 심재우, 「조선후기 소송을 통해 본 법과 사회」 『동양사학연구』 123, 2013, 92쪽.

7) 『栗谷全集』 16, 「海州鄕約」(조윤선, 『조선후기 소송연구』, 국학자료원, 2002, 19쪽.)

8) 백승철 역주, 『신편 목민고』, 혜안, 2012, 58-59쪽.

9) 『論語』, 顔淵, "子曰, 聽訟, 吾猶人也, 必也使無訟乎.".

10) 范忠信·鄭定·詹學農, 李仁哲譯, 『中國法律文化探究』, 일조각, 1996, 256쪽.

11) 예치는 백성을 도덕으로 감화시켜 성리학적 이상인 천리를 현실에 구현하는 것을 말한다. 반면에 법치는 형벌로 백성을 위협하고 복종시켜서 감히 나쁜 짓을 못하도록 강제하는 것을 말한다. 군자는 덕과 인을 근본으로 하기 때문에 백성을 통치할 때 법이라는 강압적 수단보다는 예라는 교화적인 방법을 동원해야 한다는 것이 조선시대 위정자들의 공통된 생각이었다. 한상권, 「조선시대 교화와 형정」 『역사와현실』 79, 2011, 272쪽.

가짐을 삼가고 삼강(三綱)과 오륜(五倫)을 묵묵히 실천하는 사람보다는 눈앞의 작은 이익에 마음이 흔들리고 도덕과 인격이 갖추어지지 않은 소인배들이 더 많다. 유학자들은 인간사에서 가장 두려운 것은 바로 재물을 탐하고 이익을 꾀하는 것이며 재물상의 이익을 지나치게 따지다가 송사가 생긴다고 설유(說諭)하였다. 만약, 모든 사람이 물질적인 이익에 대해 담담하다면 화목하게 지낼 수 있을 것이고, 재물상의 이익을 쟁탈하기 위해 송사를 벌이는 일도 결코 없을 것이라고 생각하였다.12) 이상적인 사회가 되기 위한 우선적인 조건은 물질적 개선이 아니라 다툼과 소송이 없어지는 것이다.

유학에서 소송은 바람직한 것이 아니기 때문에, 분쟁의 당사자가 아니면서도 소송에 관여하여 조력하여 주는 자는 쓸데없이 분규를 부추기는 자로더욱 더 비난받았다. 중국에서 '송사(訟師)'13)나 '송곤(訟棍)' '소송을 좋아하는 무리' 등의 표현은 비난과 혐오를 내포하고 있는 명칭들이며, 그들이야말로 '도덕을 붕괴시키는 무리'로 비난받았다.14) 조선후기 목민관(牧民官)들의 각종 참고서에서도 거의 빠지지 않고 대송인(代訟人)에 대한 비우호적인 태도가 나타난다. 『치군요결』과 『거관대요』에서는 민의 소지는 반드시 당사자가 직접 제출하게 해야 급하지 않는 소지가 사라질 것이라고 당부하였으며, 『목강』에서도 부자, 형제간의 소송 외에는 대송(代訟), 대리 제출(代呈)을 절대 허용하지 말라고 수령에게 주문하였다.15) 심지어 대송인

---

12) 范忠信・鄭定・詹學農, 李仁哲譯, 『中國法律文化探究』, 일조각, 1996, 216쪽.

13) 송대(宋代) 이래로 소송을 전문적으로 도와주고 이익을 취하는 직업인으로, 남에게 소송을 제기하도록 꼬드겨서 이득을 취하는 소송 거간꾼을 낮추어 부르는 표현이다. 이에 대해서는 다음의 논문 참조. 박영철, 「宋代의 法과 訟師의 향방」 『동양사학연구』 107, 2009.; 박영철, 「訟師의 출현을 통해 본 宋代 중국의 법과 사회」 『법사학연구』 27, 2007.; 송계화, 「소송사회의 필요악 訟師」 『중국어문학논집』 68, 2011.

14) 范忠信・鄭定・詹學農, 李仁哲譯, 『中國法律文化探究』, 일조각, 1996, 234쪽.

15) 심재우, 「조선시대 소송제도와 외지부의 활동」 『명청사연구』 46, 2016, 129쪽.

에 대한 처벌이 법전에 등재되기까지 하였다.

　　항상 決訟衙門을 배회하면서 남에게 쟁송을 교사, 유도하는 것을 業으로 하고 있는 자는 그 決訟衙門으로 하여금 수소문하여 형조에 보고하게 하고 추문하여 사실을 밝힌 다음 장 100, 全家徙邊에 처한다.16)

　『목민심서』에서는 소송을 도와주는 자를 "고을의 관청 주변에는 매양 간교하고 완악한 자가 있어 오로지 남을 교사하여 송사를 일으키고 공사를 조종하는 것으로 업을 삼는 자"로 표현하였으며,17) 『하방중엄촌(下方重奄村)』에서는 "옳지 않은 일로 송사를 즐겨하고 격쟁하는 자와 다른 사람을 교사하여 송사를 일으킴으로써 업을 삼는 자"로 표현하였다.18) 조선의 법전과 각종 목민서에서는 소송을 돕거나 법률 지식을 제공하는 행위를 엄격히 규제하거나 처벌할 것을 권고하였다. 조선에서 법률가들이 민간의 전문 직역으로서 발달하지 못한 이유이다.

　요컨대, 조선시대에는 이른바 민사 분쟁은 바람직하지 않으며, 만약 분쟁이 일어나면 당사자 간의 양보와 호혜적인 태도로 소란이 없이 종식시키는 것을 최상의 덕목으로 여겼다. 당사자 간에 타협과 화해가 이루어지지 않으면 향촌의 자치적인 규율과 공의(公議)를 토대로 민간 차원의 해결을 시도하게 된다.19) 이에도 해결되지 아니하면 형벌이 동반되는 국가 법정

---

16) 『大典後續錄』雜令(조윤선, 「속대전 형전 청리조와 민의 법의식」, 『한국사연구』88, 1995, 26쪽.).

17) 다산연구회, 『역주 목민심서』, 刑典 聽訟.

18) 고동환, 「19세기 賦稅運營의 변화와 呈訴運動」, 『국사관논총』43, 국사편찬위원회, 1993.

19) 조선시대에는 지역 사회의 각종 분쟁을 관에 소송을 제기하기보다 가능하면 사족들이 자체적으로 처리하려고 하였다. 이이가 청주목사 재임시인 1571년에 충청도

(소송)으로 나아가는 것이다.

2. 소송의 논변, 원억(冤抑)

유학자들에 따르면 형벌이 수반되는 소송은 가급적이면 일어나지 말아야 한다. 법과 형벌은 사람을 위협하여 일시적으로 변화시킬 수는 있으나 염치를 알게 할 수 없으며, 사람을 죽일 수는 있으나 어질게 만들 수는 없다는 교화 중심의 소송관을 가지고 있었기 때문이다.[20] 그러나 공동체 생활을 영위하는 인간사에서는 부득이 분쟁이 발생하기 마련이고 분쟁을 원만히 해결하지 못하여 송정에서 결판내야 하는 경우가 부지기수이다. 특히, 조선후기 이래로 사회의 생산력이 발전하고 시장이 활성화되면서 돈, 재산, 권리, 이익을 둘러싼 분쟁도 크게 늘어났다. 소송을 터부시하는 이데올로기가 국가와 유학자들에 의해서 강제되었으나 각종 권익을 지키기 위한 인민들의 투쟁을 막을 수는 없었다. 오히려 정부의 강력한 억송(抑訟) 이념을 뚫고 권익을 쟁취하려는 현상이 더 확대되었다.

18세기 후반에 편찬된 목민서 『요람(要覽)』에는 "민속(民俗)에 송사하기를 좋아하니 정소(呈訴)의 긴요하고 긴요하지 않은 것을 막론하고 여러 차례 크게 번거롭게 하는 것은 반드시 처음 번 제음(題音) 때 사정을 헤아리고 결말을 분석하여 다시 정소(呈訴)하겠다는 말이 없도록 할 것"이라는 말이 있다. 소송이 격증하는 현상은 19세기의 목민서 『목강(牧綱)』에도 기록

청주에서 실시한 향약에서는 민간에서 쟁송하는 자가 있는 경우 반드시 면의 계장과 유사가 사류회의(士類會議)를 통하여 처리하되, 향중에서 결정할 수 없는 중대한 것만 관에 소장을 올리는 것을 허락하였다. 한상권, 「조선시대 교화와 형정」 『역사와현실』 79, 2011, 281-282쪽.

20) 한상권, 「조선시대 교화와 형정」 『역사와현실』 79, 2011, 275-276쪽.

되어 있다. 『목강』에서는 "지방의 어리석은 풍속은 모두 싸우기를 좋아하여 사소한 재물이나 작은 일로도 쟁송(爭訟)한다."고 우려하였다. 당시 지방관의 업무기록이나 문집에서도 친족과 이웃간의 소송이 끝이 없다거나, 사소한 재물을 위해서 쟁송을 일삼는다거나 오직 소송에 승소하기 위해 군현 재판에서 불리하면 감영에 거듭 소를 제기하는 등 호송(好訟)의 현상을 비판하는 내용이 주를 이루고 있다.21)

조선후기 소송 실태에 관한 흥미로운 연구가 심재우에 의해서 수행된 바가 있다. 그는 19세기 충청도, 경상도, 전라도 소재 9개군의 민장치부책을 분석하였는데 민장의 수량이 가장 많은 지역은 영광군으로 244.8건, 가장 적은 지역은 경산군으로 58건이라고 추산하였다. 1개군당 평균 156.3건의 민장이 접수되었는데 이 수치는 군수가 하루에 평균 5건 이상의 민장을 처리해야 하는 것으로 소송이 매우 많이 발생하였다는 것을 보여준다.22) 심재우의 연구는 조선인들의 생활 관계를 유학적 도덕과 윤리의식만으로는 규율하기 어려워지고 있었다는 것을 보여준다.

특히, 19세기 조선인들은 자신이 소유한 재산과 각종 이익을 지키기 위해서 향촌 자치기구의 중재나 화해보다는 국가 기구에 의한 소송으로 해결하려는 경향이 강했다. 이에 대처하기 위해서 조선왕조도 국가 법전을 지속적으로 제·개정하고 소송 절차도 정비하였다. 16세기에는 국가의 공식 법전 외에도 지방관이 업무상 필요에 따라서 편찬한 소송 지침서를 출간하기도 하였다.

분쟁을 국가기구로 끌고 오는 이상, 조선왕조가 통치 이념으로 표방하는

---

21) 심재우, 「조선후기 소송을 통해 본 법과 사회」『동양사학연구』 123, 2013, 98-99쪽.
22) 심재우, 「조선후기 소송을 통해 본 법과 사회」,『동양사학연구』 123, 2013.; 심재우, 「조선후기 충청도 연기지역의 민장과 갈등 양상」,『정신문화연구』 제134호, 2014.

유학의 윤리에서 벗어나는 주장을 할 수는 없다. 소송을 제기하는 자는 자신의 송사가 불가피하다는 점을 유학의 이념에 기초하여 정당화하여야 한다. 예컨대, 원고는 다툼에 관계된 사실관계를 소상히 밝히면서 자신의 주장이 진실하고 정당한 반면에 상대방은 윤리적으로나 도리상으로 '악행(惡行)'과 '비리(非理)'를 저질렀다고 비난한다. 그리고 상대방의 '악행'으로 인하여 자신이 큰 피해를 입었다고 주장하면서 '원억(冤抑)', '원통(冤痛)', '분통(憤痛)'의 감정을 토로하고 처벌을 호소한다. 그 후에야 비로소 억울한 피해를 구제해 달라는 '신원억(伸冤抑)'의 논변으로 소송을 정당화한다. 자신이 제기하는 소송만큼은 '일삼아 송사를 제기하거나'(興訟) '일부러 문제를 일으켜서 송사를 벌이는[滋訟]' 행위가 아니라고 변명하는 것이다. 아래의 채무 소장(訴狀)은 19세기에 편찬된 『유서필지』에 기록되어 있는 양식으로서, 채권자가 원금과 이자를 상환하지 않은 채무자를 상대로 소송을 제기할 때 어떠한 논변을 가지고 있었는가를 잘 보여준다.

> 삼가 소지를 올리는 일은 다음과 같습니다. 저는 지난 ○○년에 △△에 사는 ×××에게 錢文 300냥을 5里의 이자로 手記를 만들어 받고서 빌려주었는데, 기한은 1년으로 정하여 그로 하여금 장사를 하도록 도와주었습니다. 그런데 ×××가 본전과 이자를 모두 잃어버렸다고 핑계를 대면서 줄곧 원리금을 갚지 않은 지가 이미 4년이나 되었습니다. 제가 그의 터무니없는 말을 의아하게 여기고 몰래 염탐해 보았더니, ×××는 그동안 집안 형편이 부유해졌음에도 불구하고 이 핑계 저 핑계로 오늘 내일 하면서 끝내 갚지 않고 있습니다. 세상에 어찌 이런 강도 같은 자가 있겠습니까? 원통하고 분한 심정을 이기지 못해 이에 감히 우러러 하소연 하오니, 삼가 바라건대 잘 헤아려 보신 후 위 ×××를 붙잡아다 '다른 사람을 속여서 재물을 취득한 죄'를 다스리시되, 가두고 매질하여 300냥의 원리금을 다그쳐 받아냄으로써 아무 까닭없이 손해보는 일이 없도록 해주소서. (하략)[23]

동서고금을 막론하고 채무계약을 이행하지 않으면 소송으로 발전할 가능성이 매우 높다. 『유서필지』에서는, 어떤 사람이 소송을 제기할 경우에 '소송 당사자 상호간 약정 체결 → 채무의 미상환 → 원고의 독촉과 상대방의 선의로 상환을 기대 → 피고가 악의적으로 원리금 미지급 → 원억(冤抑)의 감정을 이길 수 없어서 제소(提訴)'라는 구도로 소장을 서술할 것을 제안한다. 요컨대, 피고는 채무 상환 능력이 충분히 있음에도 불구하고 일부러 갚지 않는, 이른바 '선의'로 베푼 행위를 배신한 극악무도한 강도와 같은 자로 묘사하는 것이다. 채송 소지를 작성하는 기본 양식에 채무 불이행자에 대한 도덕적 비판이 전제되어 있음을 알 수 있다.

현대에는 채무를 갚지 못하는 이유를 불문하고 계약을 이행하지 않으면 소송 대상이 된다. 굳이 소송 상대방의 '악행'이나 '악의'를 들추어 내서 비난할 필요가 없으며, '악의'가 있든 없든 소송의 개시와 진행에는 아무런 장애가 되지 않는다. 그러나 위 『유서필지』는 상대방의 행위를 '악행'으로 규정하고 그로 인하여 피해를 입은 자신의 가련한 처지를 '원억(冤抑)', '분통(憤痛)'의 감정적 표현으로 호소하도록 한다. 조선시대 원고들은 상대방의 '악행(惡行)'으로 인하여 '원통'하고 '억울'한 피해가 발생하여 소송을 제기한 것이지, 사리(私利)와는 아무 관계가 없다는 점을 송관에게 극구 강변하는 것이다. 조선에서 민사소송의 논변이 '억울함을 풀어달라'는 식으로 전개되는 이유이다. 그러나 이처럼 억울함을 호소하는 밑바탕에는 자신의 정당한 권익을 요구하는 의식이 깊이 깔려 있다.

이러한 원고의 주장에 대해서 수령은 "소장의 내용을 보니 ×××의 행위는 참으로 강도라고 할 만하다. 이러한 부류는 보통으로 처리해서는 안될 것이니, 성화같이 잡아들여서 칼을 씌워 엄히 가두어 놓고 공초(供招)를 받

---

23) 전경목 외 옮김, 『유서필지』, 사계절, 2006, 198-200쪽.

아 보고하는 것이 마땅"하고고 지시를 내린다. 수령은 아직 사실관계가 밝혀지지 않은 상황인데도 원고의 소장만으로 그 상대방의 부도덕함을 비난하고 엄한 후속 조치를 다짐한다. 이와 같은 소장 구성 및 수령의 후속 조치의 논변은 분쟁을 바라보는 조선인들의 태도를 보여준다.

요컨대, 조선왕조의 민사소송은 권익을 침해받은 자가 도덕적 우위에 서서 비윤리적 행위를 저지른 자를 상대로 제기하는 것으로, 교화, 처벌, 권익의 회복을 동시에 요구하는 종합적 해결을 지향하였다. 조선의 소송 현장에서는 권리와 이익이라는 사적인 욕망을 그대로 노출시키기보다는 유학의 도덕과 예의가 두텁게 감싸고 있는 상태로 존재하였다. 그렇기 때문에 효유(曉諭)를 통해서 패소자에게 각성을 요구하고 사회 윤리를 깨뜨린 책임을 물어 형벌을 부과하기도 한다. 권익 그 자체를 놓고 투쟁하는 근대 민사소송과는 차이가 있다. 그렇다고 해서 조선인들의 권리의식이 없다는 말은 아니다. 인간의 물질적 욕망은 본성에 가까운 것이기 때문이다. 단지, 유교 이데올로기에 의해서 자수(自修)와 자제(自制)를 강요받았을 뿐이다. 조선인들의 관념에서도 '정당한' 욕망은 보호되어야 한다는 것이 '상식' 혹은 '도리'에 속한다. 조선시대의 민사소송은 본질적으로는 침해받은 개인의 권익을 국가기관이 회복시킨다는 점에서 현대의 민사소송과 비슷하다. 민사소송의 대상, 구제 절차와 그 방식이 현대와 약간 다를 뿐이다. 그 이유는 분쟁을 이해하고 그것을 규율하는 사회 이념이 다르기 때문이다.

제2절 민사소송의 절차와 특징

1. 소송의 개시

소장(訴狀)이 정식으로 접수되면 이제부터는 형벌과 강제력이 부과되는 국가 소송의 영역으로 넘어오게 된다. 조선시대에는 오늘날의 형사재판에 상당하는 옥송(獄訟), 민사재판에 상당하는 사송(詞訟)의 구분이 있었다. 옥송은 관청이 죄인을 수금하고 사건을 심리 판결하는 절차로 진행된다. 사송은 토지, 가옥, 노비, 금전채무, 묘지분쟁, 기타 인민 간의 송사에 관해 당사자의 고소에 의해 관청이 판결하는 절차로서, 오늘날의 민사소송과 비슷하게 당사자들의 공격과 방어를 중심으로 소송이 진행되었다. 그러나 사송과 옥송의 구별은 엄격하지 않았으며 사송에서도 송관은 원고, 피고, 증인을 수금하거나 고문할 수 있었다. 이렇게 모든 재판이 경중의 차는 있으나 형사적 제재를 내포했다.24)

일반적으로 소송 당사자들은 거주지를 관할하는 행정기관(주(州), 부(府), 군(郡), 현(縣))에 소송을 제기하였다.25) 소송의 절차는 『결송유취(決訟類聚)』에 잘 나타나 있다. 『결송유취』 「청송식(聽訟式)」에 따르면 소송은 원고가 소장을 제출한 후에, 원고가 피고를 송정에 출석시키고 각 당사자가 해당 송사를 시작한다는 다짐, 즉 시송다짐[始訟侤音]이 있어야 비로소 개시된다.26)

---

24) 문준영, 『법원과 검찰의 탄생』, 역사비평사, 2010, 64쪽.
25) 조선시대에는 수령 외에 한성부, 장례원, 사헌부 등 많은 국가기관이 재판권을 가지고 있었으나 교통이 불편하고 경제적 비용이 많이 드는 원격지에서의 소송보다는 거리가 가까운 고을에서 재판하는 것이 소송상의 편익이 있었다.
26) 조선시대 민사소송의 절차에 대해서는 다음의 논저 참조. 임상혁, 「조선전기 민사

그런데, 조선왕조에서는 소송의 개시에서 현대와 비교하면 특이한 점이 있다. 첫째, 출석 기한을 명기하지 않는 경우가 많다는 점이다. 원고와 피고가 함께 송정에 출석할 수 있는 기일을 맞추기가 쉽지 않고 양자가 출석 기일에 합의한다고 하여도 나중에 불가피한 일이 생길 수도 있으며 관아의 일정도 고려해야 하기 때문이다. 그러나 기한이 명기되지 않은 채 출석을 통보받은 피고의 입장에서는 소송의 참여로 얻게 되는 이익이 소송 관련 각종 대가(시간, 비용, 열정 등)를 상쇄할 수 있거나 불출석으로 인한 불이익이 명명백백하지 않다면, 굳이 신속히 움직이지는 않을 것이다.

둘째, 소송 당사자를 송정으로 소환하는 책임이 원고에게 있다는 점이다.[27] 원고가 관아에 소장을 제출하면 송관은 그 소장에 피고 및 증인을 소환하는 내용의 지시문[題音]을 써 준다. 원고는 그 소장을 들고 가서 피고에게 출석을 요구한다. 그러나 제음(題音)이라는 공문서의 이행 주체가 관리(官吏)가 아닌 원고에게 있다는 점은 피고가 자발적으로 송정에 출석해야 한다는 의무감을 약화시키는 요인이 된다. 제음(題音)은 수령의 엄한 지시문이기 때문에 피고가 무거운 의무감을 느끼겠으나 법정 소환의 책임이 분쟁 과정에서 감정이 상할 대로 상한 원고에게 부과되어 있다면, 피고는 무시하거나 여러 가지 핑계를 대면서 차일피일 출석을 미루는 경우가 생길 것이다.

조선후기 소송에 관한 연구들에서는 피고나 사건 관계인이 소송에 응하지 않으면서 소송이 지연되는 경우를 많이 볼 수 있다. 상대방이 소환에

소송과 소송이론의 전개」, 서울대 박사학위논문, 2000.; 조윤선, 『조선후기 소송연구』, 국학자료원, 2002.
27) 청의 소송에서는 소송 관계인을 주현(州縣)의 관리가 소환장을 발부받아서 직접 데려왔다. 이에 대해서는 다음의 논문 참조. 데라다 히로아키(寺田浩明), 「明淸 中國의 民事裁判의 實態와 性格」, 『법사학연구』 56, 2017.

응하지 않는 경우에, 원고는 두 번, 세 번 피고가 출정에 응하지 않는다는 사실을 송관에게 고하면서 관청에서 잡아와 달라고 거듭 요청하였다. 그러면 송관은 "성화같이 잡아오라" "당일 안으로 잡아오라"는 제음(題音)을 계속해서 내린다.[28] 이 중에서 부모, 형제의 인륜과 같이 풍교(風敎)에 관계된 일이 있으면 간혹 관에서 아전(衙前)을 보내 잡아오기도 하였다.[29] 그러나 피고가 피신하여 연락을 두절한 경우에는 소송을 진행하기가 어려웠다. 아래의 인용문은 『거관대요』에 실려 있는 것으로, 원고의 출석을 지시하는 제음(題音)을 작성하는 요령이다.

相爭의 소지는 "과연 호소한 대로라면 매우 근거 없는 일이다. 조사할 것이니 잡아오라"고 제사를 써준다. "채무를 받아달라"는 소지이면 "조사해서 받아줄 것이니 잡아오라"고 제사를 내린다.[30]

맹랑한 소장을 올려 "잡아오라"는 제사를 받고 처음부터 피고에게 가지도 않고 거역한다고 와서 고소하는 소장은 일체 무효로 처리할 것이다. 원고가 피고를 잡아오려 하는데도 피고가 끝내 움직이지 않는 경우 갓[笠子]를 빼앗거나 그 방안에 있는 표식이 될 만한 물건을 빼앗아서 피고의 집 이웃에 살고 있는 세 사람에게 알게 하여 증인으로 삼게 한 연후에야 거역하는 자는 엄중히 다스리며, 이렇게 하지 않고 거짓으로 거역한다고 칭하는 자는 각별히 호되게 매를 칠 것이다.[31]

위 제음(題音)들은 소송의 개시를 둘러싸고 벌어지는 당사자들 사이의 밀고 당기기의 상황을 잘 보여준다. 예외적인 사례라고도 생각할 수 있지

---

28) 박병호, 『한국 법제사』, 민속원, 2012, 155쪽.
29) 백승철 역주, 『신편 목민고』, 혜안, 2012, 70쪽.
30) 백승철 역주, 『신편 목민고』, 혜안, 2012, 70쪽.
31) 백승철 역주, 『신편 목민고』, 혜안, 2012, 63쪽.

만, 어떤 원고는 출석을 지시하는 수령의 제음(題音)을 받고서도 이를 피고에게 전달하지 아니한 채, 피고가 수령의 명령을 거역한다고 거짓으로 보고한다는 것이다. 이 경우에 호되게 매를 치라고 각별히 권하고 있다. 그러나 소송이 개시되기도 전에 원고가 왜 이런 행동을 하는지를 곰곰이 생각해 볼 필요도 있다. 단순히 원고가 소송에서 유리한 판결을 받으려고 제음(題音)을 피고에게 전달하지 않은 것일까. 이 문제는 당사자 혹은 그 밖의 소송 관계인에게 소송상의 서류를 교부하거나 그 내용을 알 수 있는 기회를 제공하고 확인하는 절차에 관한 것이다.32)

조선시대에는 국가가 소송의 개시 및 진행에 관한 사항을 소송 당사자 및 관계자에게 신속히 고지하고 송관의 명령을 이행하지 않았을 경우에 불이익을 주는 제도나 강제로 절차를 실행시키는 제도가 일찍부터 법제화되었으나 소송실무상에서는 잘 활용되지 않았다. 이 같은 상황에서, 어차피 출석하지 않을 것으로 예상되는 피고에게 수령은 계속하여 "잡아오라"는 제음(題音)을 남발할 것이고, 그러면 원고는 먼 길을 걸어서 수차례 피고의 집으로 가서 출석을 요구하는 패턴이 반복될 것이다. 만약, 조선시대 송정의 출석의 패턴을 잘 알고 있는 자라면 어떻게 행동하는 것이 시간, 비용, 열정을 절약할 수 있을지 고민할 것이다. 원고는 자신의 수고를 덜면서도 피고를 압박하고 송정에 더 빠르게 출석시키기 위하여, 수령의 제음(題音)을 피고에게 전달하지 아니하고 계속해서 피고의 비협조적 자세를 송관에게 고발하는 방안을 고려할 것이다. 송관이 단호하고 더 엄한 제음(題音)을 써줄 것이기 때문이다. 조선에서는 민사소송을 개시하기 위해서는 소송 당사자들의 자발적 협조가 매우 중요하다는 점을 알 수 있다.

---

32) 호문혁, 『민사소송법원론』, 법문사, 2012, 162쪽.; 이시윤, 『신민사소송법』, 박영사, 2014, 417쪽.

그러나 이 같은 모습은 현대인의 사고 방식으로는 이해하기 어렵다. 소송의 신속한 진행을 위해서 피고의 출석이 필요하다면 국가기관이 직접 피고에게 출석을 요구하되, 불응하면 그에 따른 불이익을 주거나 혹은 강제 조치를 취하면 된다. 그런데,『거관대요』의 편찬자는 수 차례 출석을 요청하고 그럼에도 불구하고 출석하지 않으면 갓을 빼앗거나 집안에서 표식이 될만한 것을 그냥 가져오라고 한다. 그래도 끝내 응하지 않으면 엄히 다스린다고 위협한다는 것이다. 조선시대에는 지엄한 수령의 지시를 쉽게 거역한다는 것은 매우 힘든 일이므로 수령의 지시를 정면으로 거부하지는 못하고, 그냥 숨어버리거나 모른체하면서 시간을 질질 끌면서 원고가 지치기를 기다리는 경우도 있었다.

원래, 조선왕조는 이 같은 소송의 지연을 사전에 방지하기 위한 법규를 일찍부터 제정하였다.[33] 즉, "노비소송에서 원고, 피고 중에 스스로 이치가 그르다는 것을 알고서 여러 달 동안 나타나지 아니하여 다시 그 가동을 가둔 뒤 만 30일이 되어도 나타나지 아니하는 경우와 소송을 시작한 뒤 30일이 지나도록 이유없이 소송에 나오지 않는 경우는 모두 소송에 나온 자에게" 승소 판결을 하는 강제적 종결제도였다.[34] 소송에 불출석한 자에게 패소판결을 내리는 제도는 동시대 중국이나 일본에서는 존재하지 않았던 조선 특유의 종결제도였다. 다만, 이 제도가 조선후기까지도 잘 활용되었는지는 더 확인을 할 필요가 있다. 조선후기 각종 소송 연구들을 보면 두문불출하거나 송정에 출석하지 않으면서 시간을 끄는 사례가 많기 때문이다. 그리고 노비소송 이외의 소송에서 출석하지 않은 경우는 어떻게 처리하였

---

33) 조선시대 소송에서 당사자가 불출석한 경우의 처리와 親着決折法의 법제화 과정에 대해서는 다음의 논문 참조. 손경찬, 「조선시대 민사소송에서 당사자의 불출석」, 『법사학연구』 57, 2018.

34) 정긍식·조지만·다나까 토시미쯔,『譯註 大典詞訟類聚』, 민속원, 2012, 275쪽.

는지, 또 애초부터 송정에 출석하지 않은 자는 어떻게 처리하였는지 등에 대한 소송실무상의 원칙이나 관행을 더 조사할 필요가 있다.

2. 소송의 진행

소송이 개시된 후에는 각 당사자들이 자신들의 주장을 옹호하는 변론을 거친다. 이 과정에서 각 당사자들은 모든 증거물을 제시한다. 송관은 제출된 증거와 변론을 검토하여 사실관계를 확정한다. 그리고 증거 제출과 변론을 마친 후에 각 당사자들은 "저희들이 소송하는 일은 각일의 다짐을 상고하여 관의 법식(官式)에 의거하여 시행하실 일"이라고 결송다짐[決訟侤音]을 하였다. 결송다짐은 당사자가 변론의 종결을 통고하고 송관에게 사안의 종결을 요청하는 형식적 절차이다.35) 결송다짐을 올린 후에는 비로소 사건에 관한 송관의 처분(판결)이 내려지게 된다.36)

---

35) 한상권, 「조선시대 소송과 외지부 - 1560년 경주부 결송입안 분석」, 『역사와현실』 69, 2008, 282쪽.

36) 문준영은 민장치부책의 분석을 통해서 19세기에는 법식에 따르지 않고 간이한 절차로 소송을 처리하는 현상이 일반적이었음을 소개하였다. 즉, 당사자의 소지(所志)에 제사를 써주거나 간략한 심리를 거쳐서 판결을 내릴 뿐 결송입안도 작성하지 않았다고 한다. 그는 이 같은 청송방식을 단송처결(短訟處決)이라고 규정하고 민장치부책의 소송기록은 단송처결적 청송실무를 반영하고 있다고 본다. 문준영, 「19세기 후반 지방사회에서 민소(民訴)와 청송(聽訟)실무」, 『법학연구』 60, 부산대 법학연구소, 2019.

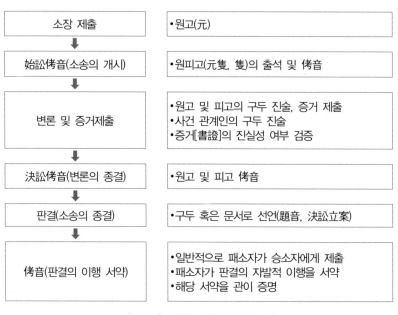

소장 제출	•원고(元)
始訟侤音(소송의 개시)	•원피고(元隻, 隻)의 출석 및 侤音
변론 및 증거제출	•원고 및 피고의 구두 진술, 증거 제출 •사건 관계인의 구두 진술 •증거[書證]의 진실성 여부 검증
決訟侤音(변론의 종결)	•원고 및 피고 侤音
판결(소송의 종결)	•구두 혹은 문서로 선언(題音, 決訟立案)
侤音(판결의 이행 서약)	•일반적으로 패소자가 승소자에게 제출 •패소자가 판결의 자발적 이행을 서약 •해당 서약을 관이 증명

〈그림 1〉 조선후기 민사소송의 절차

　소송에 대한 송관의 처분 행위를 대체로 '결(決)', '결절(決折)', '처결(處決)' 등으로 불렀는데, 해당 사항을 구체적으로 문서에 표현한 것을 제음(題音)이라고 표현하였다.37) 현대 재판의 판결과 비슷하다. 다만, 제음(題音)은 그 내용과 성격이 매우 다양하다.38) 판결을 기록한 경우도 있으나 소

---

37) 최승희, 『韓國古文書研究』, 지식산업사, 1989, 278-279쪽. 뎨김(題音)은 백성이 제출한 소장, 청원서, 진정서(所志, 白活, 單子, 等狀, 上書, 原情 등)의 왼쪽 하단 여백에 관이 써주는 처결문이다. 뎨김(題音)은 대개 수령에게 올린 민원서의 처결문에 해당한다. 따라서 뎨김(題音)은 소장의 여백에 써서 제출자에게 교부하는 것이기 때문에 독립된 문서양식은 아니다. 뎨김(題音)은 민장치부책과 사송록과 訴狀 등에 대량으로 남아 있다.
38) 현대의 판결문과 가장 유사한 것이 결송입안이다. 결송입안(혹은 '謄給')은 소장에서 시작하여 소송 당사자 및 관계자들의 변론, 서증(書證) 등 재판과정에서 제출되

송의 이행에 필요한 지시에 해당하는 것도 있으며 민원, 청원 등에 대한 처결과 지시사항까지도 모두 제음(題音)으로 표기된다. 이는 수령이 일반 행정과 재판을 함께 행하였기 때문에 굳이 이를 구분할 필요가 없었기 때문이다. 제음(題音)은 소장의 좌변하단의 여백에 쓰게 되나 그 여백이 모자라면 후면에 계속해 쓰기도 하고 별지를 첨부하여 쓰기도 한다. 제음(題音)을 써준 소장은 그 소장을 제출한 사람에게 돌려주어 그 판결(처분)에 대한 증거자료로서 보존하였다.39) 이로써 소송은 공식적으로 종결된다.

그러나 전통 재판에서는 현대 민사소송법에서 말하는 이른바 판결이 확정된 상태가 희미하게 발견되거나 무시되는 사례를 자주 목격할 수 있다.40) 조선왕조의 소송 실무상에서 제1차 재판기관(수령)이 내린 판결에 대해 얼마든지 다시 소송을 제기할 수 있었다. 수령이 바뀌기를 기다린 후에 신임 수령에게 다시 소송을 제기하는 것이다. 그런데, 신임 수령은 자신에게 가져온 많은 소송 사건이 이미 전임(前任) 수령이 판결한 것임을 알고 있으면서도 이를 배척하지 아니하고 신중히 다시 처결하겠다고 다짐한다.

거나 논의된 사실을 빠짐없이 기록하고, 해당 소송에 대한 종국적 판단(판결)도 기록되기 때문이다.

39) 최승희, 『韓國古文書研究』, 지식산업사, 1989, 307쪽.

40) 전경목, 「山訟을 통해서 본 조선후기 司法制度 운용실태와 그 특징」, 『법사학연구』 18, 1997.; 김경숙, 「조선후기 山訟과 上言擊錚-노상추가와 박춘로가의 소송을 중심으로」 『고문서연구』 33, 2008.; 한상권, 「조선시대 소송과 외지부」 『역사와현실』 69, 2008.; 한상권, 「조선시대 詞訟재판의 두 양태」 『고문서연구』 44, 2014.; 문숙자, 「조선전기 무자녀망처의 재산의 상속을 둘러싼 소송사례」 『고문서연구』 5, 1994.; 심희기, 「18세기 초 안동부 전답결송입안의 법제적 분석」 『고문서연구』 9·10, 1996.; 정긍식, 「1517년 안동부 결송입안 분석」 『법사학연구』 35, 2007.; 전경목, 「박효량 사건의 전말과 소송상의 문제점」 『법사학연구』 31, 2005.; 박성호, 「1635년 의령현 결송입안의 문헌학적 고찰」 『규장각』 19, 2008.; 김선경, 「민장치부책을 통해서 본 조선시대의 재판제도」 『역사연구』 1, 1992.

이러한 관대한 태도는 소송 당사자가 패소하더라도 판결을 이행하지 않거나 혹은 패소하였더라도 굴복하지 않고 여러 차례 소송을 반복하는 모습으로 나타났다.

> 도임(到任) 초의 민소(民訴)는 전관(前官)이 이미 판결한 일인데 백성들이 요행을 바라고 한번 시험해 보는 경우가 허다하니, 절대로 갑자기 엄한 처분을 내려서는 안 된다. 만약 언사가 전관을 언급하면서 혹 침척(侵斥)하는 일이 있으면 옳고 그름을 물론하고 먼저 그 죄를 다스려야 체모를 세울 수 있다.(전관의 처분이 만약 크게 잘못되었다면 어찌 일률적으로 처리할 수 있겠는가)41)

위 인용문에서 보이는 송관의 태도는 정약용이 편찬한 목민심서에서 그 전형을 찾아볼 수 있다. 김상묵이 안동부사로 부임하자 법흥에 사는 고성 이씨(원고)가 산송을 제기하였다. 고성 이씨는 피고가 고성 이씨의 산소 주변에 몰래 투장(偸葬)하였다고 주장하였다. 원고는 피고가 당시 시론(時論)42)에 붙어 권세를 누리는 사람 즉 신부시론자(新附時論者)였으며 권세에 기대어 고성 이씨의 산지를 빼앗았다고 주장하였다. 이전에 재임하였던 세 명의 부사들은 모두 고성 이씨에게 패소 판결을 내렸다. 그러나 고성 이씨는 이에 불복하여 새로 부임한 부사 김상묵에게 소를 제기하자 김상묵은 친히 조사한 후에 기존 판결을 뒤집고 피고에게 이장(移葬)하도록 판결하였다. 피고는 "三度得伸한 소송이기 때문에 법상 다시 심리하는 것은 옳지

---

41) 『居官大要』, 民訴.
42) 시론(時論)은 당시의 집권층인 노론(老論)을 말한다. 영조 때 무신란(戊申亂)을 겪은 이후 노론 집권층은 특히 영남의 남인 세력을 노론으로 개종시키기 위해 힘썼다. 이때 영남지방의 일부 사람들이 당색을 바꾸게 되는데 이들을 가리켜 신부시론이라 했다.

않다."고 반발하였다. 그러나 김상묵은 "판결이 공평하지 않았으니 어찌 삼도득신에 구애되어 올바른 판결을 내리지 않겠느냐'고 주장하며 피고를 가두고 매질하여 기한 내에 파 옮기도록 하였다는 것이다.43) 김상묵은 소송의 궁극적인 목적은 공평하고 올바른 판결에 있으며, 잘못된 판결을 바로잡는 것이 법전상의 삼도득신을 준수하는 것보다 더 중요하다고 생각한 것이다.

한편, 조선왕조에서는 특이하게도 소송을 강제로 종결시키는 규정이 일찍 만들어졌다. 조선의 법전에는 재판기관을 불문하고 3회 소송 중에서 2회를 승소하면 더 이상 청리하지 않는 삼도득신(三度得伸)의 규정이 그것이다. 즉, "연이어 세 번 소송한 가운데에서 당사자 일방이 두 차례 승소한 것을 말하며 두 번 패소한 후에 다시 소송을 제기한 자는 비리호송률(非理好訟律)44)로 논죄(論罪)"하도록 하였다.45) 조선시대에 소송의 횟수를 제한한 것은, 단송(斷訟) 즉 부질없는 소송을 제기하지 못하도록 하여 사회를 안정시키려고 하는 데에 목적이 있었다. 정소 횟수를 제한하지 않았을 경우에는 패소한 측에서, 소송할 수 있는 여건만 주어진다면 이길 때까지 소송을 제기하려고 할 것이며 그렇게 되면 승소자의 손해의 회복이나 이익의 실현은 마냥 지연될 것이기 때문이다. 또한, 판결이 뒤집힐 가능성도 있었기 때문에 조정에서는 정소기한과 횟수를 엄격히 제한하여 사회를 안정시

---

43) 다산연구회, 『역주 목민심서』, 刑典 聽理條.

44) 비리호송률(非理好訟律)은 명률(明律)에는 보이지 않고 『속대전(續大典)』 刑典, 訴冤條에 "비리(非理)로 호송(好訟)하여 쟁(錚)을 친 자에게는 장(杖) 100, 유(流) 3000리에 처한다."고 규정하였다.

45) 『國譯 大典會通』 刑典, 聽理條. "三度 得勝하였다고 하는 것은 接訟한 三度 以內에 한 元隻이 再勝함을 말한 것이니 두 번을 屈한 뒤에 다시 起訟하는 자는 非理好訟律로 論罪하고 (중략) 落訟이 되어 上言하는 자는 三度 以後면 該曹에서 受理하지 아니한다."

키려고 하였다.46)

그러나 '삼도득신(三度得伸)'은 현대 소송의 심급제도와는 다르다. 절대적이고 불가변적인 원칙은 아니었고 상급기관의 판결이 하급기관의 판결을 무효화하는 것도 아니었다. 각 단계의 판결은 동일 사안의 또 다른 판결의 효력에 반드시 영향을 미치지는 않았다. 특히, 최종심 판결기관의 존재를 고려하지도 않았다. 조선시대에는 송관이 판결을 내리더라도 일정한 조건만 충족된다면 다시 소송을 제기할 수 있었고 또 그 재판에 따라 기존의 판결을 번복할 수 있는 가능성을 법령에서 버젓이 인정하였다.

> 무릇 잘못된 판결은 부자, 적첩, 양천의 분간 등의 항목과 같이 정리가 절박한 일이면 즉시 다른 관사에 제소하는 것을 허용한다. 그밖의 것은 판결을 한 당상관과 房掌이 교체된 뒤에 할 수 있으며, 3년이 지나면 들어주지 않는다.47)

위 수교는 송관이 오결(誤決)한 경우에는 다시 소송을 할 수 있다는 법적 근거이다. 뿐만 아니라 "잘못된 판결에 대해 呈訴하여 다른 관사로 옮겨서 고쳐 유리하게 판결을 받은(分揀) 경우에는 그 회수를 계산"하지도 않았다.48) 조선인들은 오결(誤決)의 가능성이 있다는 점을 항상 전전긍긍하였고 오결로 인한 피해 구제를 소송의 형식적 종결보다 더 중요하게 생각하였다. 따라서 삼도득신이라는 형식적 종결에 관한 법규정이 있었음에도 불구하고 오결(誤決)을 바로 잡는 절차도 동시에 정당화하였다.

---

46) 전경목, 「山訟을 통해서 본 조선후기 司法制度 운용실태와 그 특징」, 『법사학연구』 18, 1997, 22쪽.

47) 정긍식·조지만·다나까 토시미쯔, 『譯註 大典詞訟類聚』, 민속원, 2012, 189쪽.

48) 한국역사연구회 중세2분과 법전연구반, 『受敎輯錄』(청년사, 2001), 316쪽.

조선시대 고문서학자인 전경목은 조선왕조의 사법의 특징을 첫째, 조선의 법전에서 규정된 소송절차와 규정이 제대로 지켜지지 않았다는 점, 둘째, 소송이 종결되지 아니하고 같은 안건이 거듭하여 지리하게 반복되는 등 소송 기한과 횟수를 어겨도 특별한 제재를 가하지 않으며 송관이 바뀌면 다시 제소할 수 있었다는 점이라고 지적하였다.[49] 전경목은 수령이 사실관계를 확정하고 그에 따른 판결을 선언하였음에도 불구하고 패소자가 승복하지 아니하고 소송을 다시 제기하는 것을 폭넓게 수용한 이유에 대하여, 당시의 관은 당사자의 억울함을 풀어주고 더 나아가 혹시나 있을지 모르는 오결(誤決)로 인한 피해를 줄여야 한다는 소송관(訴訟觀)이 자리잡고 있었기 때문으로 설명하고 있다. 요컨대, 조선의 사법제도는 소송 자체를 엄격히 통제하기 보다는 원억(冤抑)의 해소를 통해 사회를 안정시키는 것에 더 비중을 두었기 때문이라고 보았다. 전경목의 연구는 치밀한 실증에 기반하고 있어서 좋은 참고가 되지만 이러한 현상이 나타나는 이유를 조선의 소송 구조의 특성으로부터 분석할 필요가 있다.

한국 법사학자인 심희기도 조선왕조에서 소송이 종결되지 않고 반복적으로 이루어지는 이유에 대해서 법학적 분석을 시도한 적이 있다. 그는 현대 한국의 심급제도와 기판력 제도는 유학에서 추구하는 단송(정치를 잘해서 아예 분쟁이 생기지 않도록 한다는 발상)을 전혀 고려하지 않고 있으며 과연 그것이 근대적 합리성의 실체가 될 수 있는지 의문이라고 보았다. 이에 비해서 조선시대의 민사사법제도는 근대적인 안목에서 볼 때 비합리적이라는 평가를 받을지 몰라도 실체적 정의 실현의 요구와 절차적 정의 실

---

49) 조선왕조는 근본적으로 법치가 아니라 예치와 덕치를 지향하였기 때문에 재판에서도 항상 도덕적인 측면이 강조되었으며 양형시에 법률 외에 도덕이라는 또 다른 기준으로 가늠하였는데 언제나 후자가 더 강조되었다. 전경목, 「山訟을 통해서 본 조선후기 司法制度 운용실태와 그 특징」『법사학연구』18, 1997, 28-31쪽.

현의 요구를 절충한 느슨한 형태의 민사사법제도로 규정하였다.[50] 임상혁은 심희기의 입론을 바탕으로 소송의 종결을 국가기관이 끈질기게 추구하지 않은 이유를 분석하였다. 임상혁은 판결이 확정되어 당사자가 그 소송절차 내에서는 취소 변경할 수 없는 것을 형식적 확정력이라고 정의하면서, 조선에서 소송의 이상은 신원(伸冤)에 있었기 때문에 소송제도의 운영은 이기고 지는 관점이 아니라 억울함이 풀렸는가 하는 시각에서 다루어졌다고 보았다. 즉, 시비의 가림, 그 자체를 지향하는 것이 아니라 그를 통해 억울함을 푸는 것을 이상으로 했다고 본다. 이를 통해서 오결로 인한 피해를 막고 실체적 진실 다시 말해 실질적 정의를 지향하였다는 것이다. 조선의 민사소송은 형식적 확정과 실질적 정의 사이의 긴장 속에서 틀이 잡히고 발전해 나갔다고 본다.[51]

이상의 여러 학자들의 연구를 통해서, 조선왕조의 소송은 현대와 같은 강제적 종결을 엄격히 시행한 것은 아니었음을 알 수 있다. 하지만 송관이 소송의 종결을 엄격히 시행하지 않고, 억울함을 호소하는 소송 당사자의 주장을 계속 수용하면 그 소송은 끝이 없을 것이다. 패소한 자는 누구나 억울함을 호소할 것이기 때문이다. 소송은 어느 한쪽은 만족하겠으나 어느 한쪽은 불만을 품기 마련이다. 혹은 둘 다 만족하지 않을 가능성도 있다. 조선에서의 소송의 이상이 당사자의 신원(伸冤)에 있다고 가정한다면, 어느 한쪽이 원억함을 이유로 지속적으로 소송을 제기할 경우는 어떻게 해결하는가? 이에 대해서 선행 연구들은 조선왕조의 소송의 목적이 신원(伸冤)에 있었기 때문이라는 답변을 하고 있으나, 후술하였듯이 소송이 종결되지 않

---

50) 심희기, 「18세기 초 안동부 전답결송입안의 법제적 분석」 『고문서연구』 9·10, 1996, 425쪽.
51) 임상혁, 「조선전기 민사소송과 소송이론의 전개」, 서울대 박사학위논문, 2000, 153-154쪽, 160-165쪽.

았던 또 하나의 이유는 조선의 소송절차에서는 강제집행제도가 미비하였던 측면도 있었다. 이 점에 대해서는 다음에서 서술한다.

3. 판결의 이행

현대 소송에서는 판결의 확정만큼이나 중요한 것이 판결의 이행이다. 소송에서 패배한 자가 그 판결을 이행하지 않으면 소송의 실익이 전혀 없기 때문이다. 확정판결과 판결의 이행은 동전의 양면과 같이 밀접한 관계에 놓여 있다. 확정판결이 없으면 판결의 이행도 기대할 수 없다. 반대로 판결을 이행하지 않으면 확정판결도 무의미하다. 조선시대 소송의 특징 중의 하나는 민사판결이 종결된 후에 해당 판결을 패소자로부터 강제집행하는 절차가 미비하다는 점이다.

정약용이 편찬한 『목민심서』에는 판결의 이행 단계에서의 송관의 태도를 잘 보여주는 사례가 기록되어 있다. 조선후기에는 산송(山訟)이 부지기수로 일어났는데 그 중에서 굴이(掘移) 사건은 해결하기가 매우 어려웠다. 이 경우에, 『목민심서』에서는 "법으로 보아 마땅히 파내야 할 것은 벽력같이 독려하고 성화같이 몰아쳐 날짜를 정하고 다짐[侤音]을 받아 감히 기일을 어기는 일이 없게 한다. 혹시 기일을 넘기는 자가 있으면 그의 집안이나 이웃 마을까지도 타일러서 정한 기일에 어김없이 파내도록 독려"하도록 권고하였다.52) 법으로 보아 마땅히 파내야 한다는 것은 원고가 법리상 승소하였다는 것을 의미하고, 벽력같이 독려하고 성화같이 몰아쳐서 다짐을 받는다는 것은 송관이 판결 직후에 패소자(투장자)에게 권유, 독촉, 회유, 위협 등 갖은 수단을 동원하여 판결을 성실히 이행할 것을 요구한다는

---

52) 다산연구회, 『역주 목민심서』, 刑典 聽訟.

것이다. 그런데, 패소자가 제출한 다짐[侤音]에서 약정한 기일을 넘기면 패소자의 집안 사람이나 이웃의 마을 사람에게 잘 타일러서 그들이 파내도록 권고할 뿐이다.53) 판결의 강제적 이행 단계에서 국가기관의 역할과 모습이 잘 보이지 않는다.

『목민심서』에서 보여주는 송관의 태도는 현대적 관점에서 보면 매우 특이하다. 어떠한 분쟁이 재판 절차에 돌입하였다는 것은 더 이상 당사자 간에 양보할 수 없는 극단적 대립에 처했음을 의미한다. 따라서 패소자가 자발적으로 판결을 이행하지 않는 경우에는 승소자의 권리 실현을 위한 별도의 해결 수단을 마련하는 것이 당연지사이다. 그런데『목민심서』에서는 판결의 이행을 민간(소송 당사자 혹은 소송 관계자)에게 위임하는 듯한 표현을 쓰면서 "법에 당연히 파내야 할 것으로 소행과 심리가 완악한 자일 경우에는 그 집안과 이웃들로 하여금 모여서 파내게 함으로써, 관에서 파냈다는 명목 없이도 관에서 파내는 실효를 얻게 되는 것이니 굳이 구애될 필요가 없다."고 충고하였다.54) 패소자가 판결을 이행하지 아니하면, 관에서 직접 파내거나 불이익을 주어야 할텐데 이러한 자세를 잘 취하지 않는다.

『목민심서』에 나타난 판결의 이행에 대한 국가의 느슨한 태도를 다른 판례에서도 얼마든지 찾아볼 수 있다. 1891년 3월 14일에 충청도 진천군 행정면(杏井面)의 도봉(道峰)의 이두표가 만승면(萬升面) 화산(花山)에 거주하는 정씨 양반에게서 품삯 150냥을 찾아 달라고 소송을 제기한 사건이 있

53) 1901년 8월 21일에 부안군 乾先面 大同下里의 金寬淑이 "先山 아래 몰래 쓴 무덤을 파내가도록 독촉"해달라고 소장을 내자, 부안군수는 "산 아래 가까운 동네에 명하여 파내가도록 독려"하라는 題辭를 내렸다. 이처럼 관이 직접 파내지 아니하고 동네 마을에게 파낼 것을 독촉하는 사례가 많이 등장한다. 김선경 옮김,『扶安民狀置簿冊』, 부안문화원, 2008, 129쪽, 135쪽, 137쪽, 140쪽, 154쪽, 155쪽, 146쪽.
54) 다산연구회,『역주 목민심서』, 刑典 聽訟.

었다. 이에 대해서 수령은 "관이 제사(題辭)로 여러 번 말[申複]하였는데, 끝내 갖추어 주지 않으니 민습이 가히 악하다. 만약, 한결같이 지급하지 않으면 마땅히 관가의 뜰에 잡아 와서 그 패습을 먼저 다스리고 또한 그 품삯을 추급"할 것을 지시하였다.55) 이두표가 여러 번 소송을 제기하였고 그때마다 이두표에게 품삯을 지급하도록 판결하였으나 정씨 양반이 이에 응하지 않자 패습을 엄히 다스릴 것을 위협한 것이다. 그런데 또 다시 정씨 양반이 품삯을 지급하지 않았다. 그러자 1891년 3월 25일에는 이두표가 "정씨 양반에게서 돈을 빌려주었는데 (빌려준 돈을 대신) 받아 주시기 바랍니다."라고 정소하였다. 이는 권리자(이두표)가 채무를 변제받지 못하자 자신을 대신하여 관이 직접 추심해줄 것을 요청한 것이다. 그러나 수령은 "마땅히 잡아다가 엄히 징벌하여 돈을 받아내는 것이 옳다. 잠시 용서를 베푼 것이니 즉시 마련해서 갚도록 하여 다시 호소하는 일이 없도록 할 일"이라고 판결하였다.56)

1891년 2월 20일에는 진천군 남변면 적현 정인춘이 "한씨 양반 용직이 한 자[尺]가 되지 않는 땅에 몰래 매장하여 누차 패소[落科]하였는데 끝내 이장하지 않는다."고 정소하였다. 이에 대해서 진천의 수령은 "누차 패소하였고 또 (관가에서) 다짐[納侤]하였는데 끝내 옮기지 않으니 민습이 놀랐다. 일이 마땅히 엄하게 곤장을 치고 파낼 것을 독촉해야 할 것이다. 잠시 용서하니 즉시 파내어 가고 다시는 번거롭게 호소함이 없도록 할 일"이라고 제사(題辭)를 내렸다.57) 한씨 양반이 수차례 패소하였음에도 응하지 않는데 수령은 별다른 강제조치를 취하지 아니하고 자발적으로 파낼 것을

---

55) 최윤오 옮김, 『재판으로 만나본 조선의 백성 충청도 진천 사송록』, 혜안, 2012, 153쪽.
56) 최윤오 옮김, 『재판으로 만나본 조선의 백성 충청도 진천 사송록』, 혜안, 2012, 158쪽.
57) 최윤오 옮김, 『재판으로 만나본 조선의 백성 충청도 진천 사송록』, 혜안, 2012, 114쪽. 205쪽.; 김선경 옮김, 『扶安民狀置簿冊』, 부안문화원, 2008, 54-55쪽.

'독촉'하였을 뿐이다.

조선시대에는 수령의 판결을 패소자가 자발적으로 이행할 것을 기대하거나 혹은 패소자가 이행하지 않는 경우에는 그 집안과 이웃들로 하여금 집행하도록 위임하는 경향이 있었음을 알 수 있다.[58] 만약, 패소자가 판결을 끝내 이행하지 아니하는 경우에는 구금(拘禁)하거나 태장(笞杖)을 쳤다.[59] 이 같은 태도가 조선의 법전에도 잘 나타나 있다. 『대전회통』 형전 사천조에 '결후잉집률(決後仍執律)'이라는 조문이 있다. 이 조문은 "타인의 노비를 허위문서에 의하여 점유한 자와 결송한 뒤에도 그대로 점유한 자는 장 100, 도 3년에 처"하도록 하였다. 『대전회통』 형전 청리조에는 "다른 사람이 현재 차지하여 부리고 있는 노비를 소송하기도 전에 방매(放賣)한 자와 무릇 전지(田地)와 노비(奴婢)에 관한 소송의 판결(敗訴) 후에도 계속 차지하고 있는 자는 모두 장(杖) 100, 도(徒) 3년에 처"하도록 하였다. 법전에서는 판결을 이행하지 않는 경우에 패소자에게 매질을 하거나 가두고서 판결을 이행하도록 압박하였음을 알 수 있다. 이 조문은 매우 강력한 처벌 규정이면서 패소자로 하여금 판결을 이행토록 하는 효과적인 강제수단이지만 노비와 전답을 어떻게 반환시킬 것인지에 대해서는 언급이 없다.

조선후기 소송 실무에서는 '결후잉집률(決後仍執律)'을 엄격히 적용하기

---

58) 부안현의 부안김씨의 소송사건에서도 강제집행(官掘)이 이루어지지 않아서 지루하게 소송이 전개되었다. 이 사건에 대해서는 다음의 저서에 상세히 실려 있다. 정구복·박병호·이해준·이영훈·김현영, 『호남지방 고문서 기초연구』, 한국정신문화연구원, 1999, 95-99쪽.

59) 1901년 3월 13일 부안군 홍덕 왕림리의 서인서가 소장을 내서 김진극과 임덕홍에게서 돈을 받아달라고 소장을 내자 "題決이 도착하는 즉시 마련해서 지급하도록 하라. 만일 붙잡아 대령하는 지경에 이르면 단연코 장을 때려서 독촉하여 돈을 받아 줄 것이다."라고 하였다. 김선경 옮김, 『扶安民狀置簿冊』, 부안문화원, 2008, 49-50쪽.

보다는 태장을 치거나 구금하여 판결을 이행할 것을 촉구, 강제하는 경우가 많았다. 19세기에 편찬된 『유서필지』에 판결의 이행에 관한 흥미로운 서식이 하나 있어서 소개한다.[60] 채송(債訟)에 관한 서식들로서 모두 4종으로 구성되어 있다. ①채무를 상환해 줄 것을 요청하는 채송 소지 서식, ②피고를 붙잡아 오라는 송관의 제음(題音) 서식, ③원고의 무소(誣訴)로 인하여 구금된 피고가 채무를 상환하지 못한 사유를 자세히 설명하고 기한을 다시 정해서 갚을 것을 서약하는 고음(侤音) 서식, ④기한을 늦추어 준다는 송관의 제음(題音, 피고의 석방 지시) 서식 등이다.

이 서식들을 재구성하면 다음과 같다. 원고는 피고에게 기한과 이자를 정하여 계약문서를 작성하고 돈을 빌려 주었으나 피고가 빚을 갚지 않으면서 소송이 전개되었다. 송관은 즉각 피고를 소환한 후에 변론을 거쳐서 원고에게 승소 판결을 내렸고 피고는 태장(笞杖)을 맞고 옥에 갇히는 신세가 되었다. 옥에 갇힌 피고는 소송 사건에 대한 원고의 주장 및 송관의 판결에 승복하고 기한을 다시 정하여 빚을 갚을 것을 다짐하는 고음을 제출하였다. 이 고음을 받은 송관은 다음과 같은 제음(題音)을 내렸다.

> 피고의 형편이 이와 같으니 공연히 장(杖)을 치고 가두어 놓아 봤자 돈을 받아내는 데에 조금도 도움될 것이 없기에 우선 기한을 다시 정하고 석방할 것[61]

위 송관의 제음(題音)은 조선후기 소송상의 특징을 집약적으로 보여준다. 즉, 소송에서 패소한 피고에게 태장을 치고 옥에 가두었으나, 피고가 기한을 다시 정하여 빚을 갚겠다는 고음을 제출하자, 빚을 상환하지 않았

---

60) 전경목 외 옮김, 『유서필지』, 사계절, 2006, 198-207쪽.
61) 전경목 외 옮김, 『유서필지』, 사계절, 2006, 206-207쪽.

는데도 석방을 지시한 것이다. 피고는 재물운이 좋지 않고 장사가 제대로 되지 않아서 빚을 갚지 못하였다고 변명하였는데, 장차 무슨 방법으로 빚을 갚을 것인가. 석방된 이후에 갑자기 장사가 될 것이라는 보장도 없을 텐데 말이다. 왜, 송관은 채무 상환에 도움이 되는 피고의 또 다른 재산-가옥, 토지, 각종 금품류-을 찾으려고 하지 않았을까. 혹은 왜 패소자에게 별도로 불이익을 주지 않았을까.

아무튼, 조선후기 소송실무에서 송관은 패소자에게 거듭하여 판결을 이행할 것을 촉구, 효유(曉諭), 위협하였다. 그럼에도 불구하고 이행하지 아니하면 구금하거나 태장을 쳐서 이행을 강요하였다. 패소자를 구금하거나 태장으로 다스리는 것은 판결을 이행하게 하는 강력한 강제조치일 수도 있었으나 패소자가 도피하거나 완강히 불응하는 경우에는 어떻게 할 것인가. 이 경우 승소자의 권리 구제를 위해서는 국가가 직접 개입하여 판결을 이행하도록 강제집행을 취해야 하지만 어찌된 일인지 관에서는 강제적 해결의 주체로 나서지 않으려는 소극적인 자세를 취한다. 현대적 관점에서 보면 특이한 태도이다. 조선 재래의 소송에서는 소송 당사자들의 권리와 의무관계를 되돌릴 수 없는 상태로 만들어 버리고 더 이상의 소송이 무의미하다는 점을 스스로 깨닫게 하여 단념시키는 효과가 있는 제도를 엄격히 운용하지는 않았다.

한편, 조선에서는 국가기관이 직접 강제 집행하기보다는 패소자의 자발적 이행을 강요하는 방법을 주로 사용하였다. 즉, 송관이 판결을 내린 직후에 패소자가 승소자에게 해당 판결을 성실히 이행할 것을 서약하는 고음(侤音)을 제출하도록 강제한 것이다. 현대의 이행각서에 해당하는 것이다. 이 고음은 소송 당사자 상호 간에 교환하는데 그치는 것이 아니고, 송관이 고음에 서명하는 절차를 거친다는 점에서 공적 권위를 지닌 문서이다. 조선후기 소송에서 고음이 많이 활용된 이유는 패소자가 판결을 성실히 이행할 것을 공증문서로 확약함으로써 소송을 신속히 종결시키고 결과적으로는 승소자의 권익을 보호하기 위해서였다.

조선의 소송에서 고음(侤音)은 사실의 자백 및 확인, 판결의 성실한 이행, 불이행시 처벌의 감수 등 다양한 의미를 포함한다.[62] 권리자의 입장에서 고음(侤音)은 강제집행 수단이 체계적으로 마련되어 있지 않은 소송 구조 하에서 선택할 수 있었던 자기 구제책이었다. 그리고 관에서는 민간에서 널리 통용되던 권리 구제 관행을 적극적으로 수용하면서 민사집행절차의 취약성을 보완하고자 하였다. 관이 이 같은 민간 관행을 법정으로 끌어들인 이유는 인신 구속, 태형 등과 더불어 강제집행의 보조 수단으로 활용할 수 있었기 때문이다. 다른 한편으로는 민사집행에 관한 관련 비용을 줄이면서도 강제력을 발휘할 수 있는 기능을 할 수 있을 것으로 기대하였다. 고음(侤音)은 법전에는 등재되지는 않았으나 조선후기 소송 실무 참고서인 『유서필지』에 고음(侤音)양식이 등재될 정도로 소송 실무의 하나로서 정착되었다.[63]

이상에서 살펴보았듯이, 조선왕조의 소송은 당대 중국과 일본의 소송과 비교하면 몇 가지 특징이 있다. 삼도득신, 친착결절법, 고음(侤音)의 관행

---

62) 고음(侤音)은 어떤 사실의 옳음을 확인하거나 그 사실대로 실행할 것을 맹서하는 문서이다. 관아에서 죄인이 죄상을 자백하고 사실과 틀림없다고 다짐하는 것을 말하기도 한다. 고음은 소송에서만이 아니라 상거래 등에서도 다양하게 활용되었다. 고음에 대해서는 다음의 논저 참조. 최승희, 『韓國古文書研究』, 지식산업사, 1989.; 이승일, 「근대 이행기 소송을 통해 본 전통 민사재판의 성격」 『고문서연구』 51, 2017.

63) 조선후기 고음(侤音)을 판결의 이행을 위한 보조적 수단으로 보는 연구에 대해서는 다음의 논문 참조. 이승일, 「근대 이행기 소송을 통해 본 전통 민사재판의 성격」 『고문서연구』 51, 2017.

등이 그것이다. 삼도득신은 3차례의 소송에서 2번을 이긴 자에게 최종적으로 승소를 결정짓는 제도이다. 패소자의 소송 남발로부터 승소자의 권익을 보호하기 위하여 도입되었다. 친착결절법은 소송이 개시된 후 50일이 되도록 이유없이 30일이 넘게 출석하지 않으면 계속 출석한 자에게 승소 판결을 내리는 제도였다. 이는 소송을 무한정 지연시키는 것을 방지하기 위하여 도입된 것으로 소송을 신속히 진행해서 권리자의 이익을 최대한 보장하기 위한 제도였다. 고음(侤音)은 조선의 소송구조에서 민사집행절차의 취약성을 보완하기 위하여 도입되었다. 이러한 제도들은 전통시대 중국이나 일본에서는 볼 수 없는 것으로, 형식적 요건을 가지고 승패를 결정짓거나 판결의 이행을 강요하는 특이한 제도이다.

조선왕조의 소송제도는 유학의 이념이 깊이 투영되어 있으면서도 조선 전기 이래로 증가하는 민사소송을 나름대로 처리하기 위하여 생성된 역사적 산물이다. 소송제도는 그 자체만으로는 이해할 수 없고 당대의 사회 이념, 사회 경제제도, 신분제도, 가족제도 등과의 종합적인 고려 속에서 이해할 필요가 있다.

제2장 갑오개혁기 민사소송 제도

제1절 신식 소송제도의 도입

1. 군국기무처의 사법개혁

조선후기 이래로 200여년간 유지된 소송제도는 일제의 간섭에 의해서 서구식으로 강제 개편되었다. 한국에서는 1880년대 조사시찰단의 보고서와 『한성순보』, 『한성주보』를 통해서 서양과 일본의 입헌정체와 사법제도가 소개되었다.[1] 1888년에는 박영효가 상소문을 올려 이른바 '문명적 재판'의 시행을 건의한 적도 있었다. 그러나 1884년 갑신정변이 실패한 후 한국정부 내에서는 개화운동이 위축되었고 사법개혁의 목소리도 잦아들면서 서구식의 소송제도는 수용되지 않았다.

한국에서 신식 소송제도는 1894년에 일본군이 경복궁을 점령하고 김홍집을 중심으로 하는 친일 개화파 정부가 수립된 후에 도입되었다. 일본의 지원을 받은 갑오정부는 6월 25일에 군국기무처를 설치하였고 26일에는 「군국기무처장정」을 발표하였다. 군국기무처의 총재에 김홍집이 임명되었고 회의원에는 박정양, 민영달, 김윤식, 김종한, 조희연, 이윤용, 김가진, 안경수, 정경원, 박준양, 이원긍, 김학우, 권형진, 유길준, 김하영, 이응익, 서상집 등 17명이 임명되었다. 이후 권재형, 어윤중 이태용이 보임되었으나 이원긍, 이태용, 김하영이 부임하지 않았고 이도재, 신기선, 우범선 등이 새

---

1) 허동현, 「1881년 朝士視察團의 明治日本 司法制度 이해」 『진단학보』 84, 1997.

로 임명되어 21명으로 구성되었다. 군국기무처는 1894년 6월 28일부터 정부조직의 개편에 착수하고 본격적으로 개혁 정책을 추진하였다.[2]

군국기무처의 주요 개혁조치들을 정리해 보면, 첫째 공사문서에 개국기년을 쓰도록 하고 한글 사용을 강조하여 인민 일반에게 정부의 각종 개혁입법을 쉽게 이해시킬 수 있도록 하였다. 둘째, 궁내부를 설치하여 왕실과 정부사무를 분리하고 국왕의 인사권, 재정권, 군사권, 사법권 등을 박탈하거나 축소하였다. 고종은 사실상 제한군주제 하의 '군림하되 통치하지 않는' 군주와 같이 권한이 약화되었다. 셋째, 1894년 6월 28일에는 「의정부관제안」을 제정하였는데 이 관제는 종전의 영의정을 폐지하고 그 대신에 총리대신 1인을 두었으며 백관(百官)을 통솔하여 모든 정무를 처리하고 나라를 운영하도록 하였다. 이와 함께 「각아문관제」에서는 내무, 외무, 탁지, 군무, 법무, 학무, 공무, 농상공무 등 8아문을 설치하여 의정부와 8개 아문에 권력을 집중시켰다. 이들 기구를 원활히 운용하기 위하여 수백년간 내려오던 과거제도를 폐지하고 「선거조례」, 「선무조례」를 제정하여 각각 문관, 무관을 임용하는 새로운 제도로 삼고자 하였다. 넷째, 문벌 반상의 등급을 혁파하고 귀천을 불구하고 인재를 등용한다 하고 공사노비 법규 일체를 혁파하고 인신 판매를 금하였으며 역인(驛人), 창우(倡優), 피공(皮工) 등 천인 신분에 대한 대우를 개선한다고 하는 등 노비제와 신분제 폐지를 천명하였다.[3]

갑오개혁은 사법제도에도 큰 변화를 가져왔다. 우선, 종전까지 사법 사무를 관장하던 형조를 폐지하고 법무아문을 설치하였다. 법무아문은 사법

---

2) 한국근현대사학회, 『한국근대사강의』, 한울, 2014, 183쪽.
3) 군국기무처의 개혁 조치에 대해서는 다음의 저서 참조. 도면회, 『한국근대형사재판제도사』, 푸른역사, 2014, 121-122쪽.

행정, 경찰, 사면 등을 관장하고 고등법원 이하 각 지방재판을 감독하는 기구로 규정되었다.[4] 법무아문의 소속 부서로는 총무국, 민사국, 형사국, 회계국을 두었는데, 민사국은 인민들의 사송에 관한 재판, 법관의 고시(考試), 율사(律師) 등에 관한 사무를 관장하고 형사국은 치죄·형살(刑殺)·심언(審讞)의 복사(復査), 보석·징역·감형 등의 사무를 관장하였다.

1894년 7월 2일에는 각부, 각아문, 각군문에서 체포, 처벌하는 것을 일체 금지하였고 9월 3일에는 각궁으로까지 확대 적용하였다.[5] 7월 8일에는 모든 죄인은 사법관의 재판에 의하지 않고서는 함부로 형벌을 부과할 수 없도록 하였다.[6] 특히, 중죄의 결안(決案)은 법사(法司)의 공판(公判)을 거치지 않고서는 생명을 해치지 못하도록 규정하였다.[7] 이 조치들은 사법기관이 아닌 기관은 재판권을 행사할 수 없으며 더 나아가 일정한 자격을 갖춘 법관만이 재판을 할 수 있다는 점을 밝혔다는 점에서 큰 의의가 있었다.

법무아문은 사법행정에 관한 업무를 관장하고 각급 재판소를 감독하는데 그치지 아니하고 직접 재판권을 행사할 수 있었다. 8월 28일에 공포된 군국기무처 의안에서 "대소 관원의 사적인 범죄와 민인의 재판권은 모두 법무아문에 속하므로 금후 액례(掖隷) 이하 府衙各宮所屬各營兵丁에 이르기까지 민사·형사를 범한 자는 즉시 체포하여 이송"하도록 하였다.[8] 이와 함

---

4) 「議案 各衙門官制(1894.6.28.)」『구한국관보』, 1894년 6월 28일.

5) 「議案 各府 各衙門, 各軍門의 逮捕 施刑을 不許하는 件(1894.7.2.)」『구한국관보』, 1894년 7월 2일.; 「議案 各府衙門, 軍門에서 함부로 逮捕 施刑하지 못하게 하는 件을 各宮에도 適用하는 件(1894.9.3.)」『구한국관보』, 1894년 9월 4일.

6) 「司法官의 裁判없이 罪罰을 加하지 못하게 하는 件(1894.7.8.)」『구한국관보』, 1894년 7월 8일.

7) 「議案 重罪의 決案은 法司의 公判을 거치도록 하는 件(1894.9.11.)」『구한국관보』, 1894년 9월 11일.

8) 「議案 掖隷 및 各府衙, 各宮所屬兵丁中 民事刑事犯 處理에 관한 件(1894.8.28.)」

께, 조선후기 이래로 형조, 한성부와 함께 사법권을 행사하던 의금부를 의금사로 개칭하여 법무아문에 소속시켰고, 대소 관원의 공무상의 범죄(公罪)를 왕명에 따라서 처리하도록 하였다.9) 의금사는 판사 1인(법무아문 대신이 겸직), 주사 4인(법무아문 주사가 겸직)으로 구성하였다.10) 이 조치들은 주요 관원의 범죄와 더불어 모든 인민들의 재판권이 법무아문에 소속된다는 점을 밝힌 것이다.

한편, 사법개혁이 한창 추진되던 1894년 하반기부터 일본군과 정부군에 의해 체포된 동학 농민군들을 전문적으로 재판할 기관이 시급히 제기되었다. 이에 1894년 12월 16일에 의금사(議禁司)를 '법무아문권설재판소'로 개칭하고, 이 재판소에서 지방 재판 이외에 종래 의금사가 담당한 모든 재판을 관장하도록 하였다.11) 단, 법무아문이 재판과 형벌 적용 등에 관해서는 관여하지 않겠다고 선언하였는데.12) 이 조치는 종전의 관행으로 비추어 보면 매우 새로운 아이디어였다.13) 이와 동시에 고등죄의 심리는 대신 혹은 협판이 주관하고 가벼운 죄의 재판은 참의(參議)가 심리[聽理]하도록 하였다.14) 당시에는 사법관의 직제가 만들어지지 않았고 법률가들도 양성하지 못한 상황이었기 때문에 이를 고려한 임시적인 조치였다.

『구한국관보』, 1894년 8월 29일.

9) 「議案 義禁司官制職掌(1894.7.12.)」『구한국관보』, 1894년 7월 12일.

10) 「議案 法務衙門官制增補(1894.7.28.)」『구한국관보』, 1894년 8월 4일.

11) 도면회, 『한국근대형사재판제도사』, 푸른역사, 2014, 163쪽.

12) 「奏本 法務衙門權設裁判所 設置에 관한 件(1894.12.16.)」『구한국관보』, 1894년 12월 16일.

13) 「明治27年 12月 11日 井上公使の建策」. 당시 이노우에 일본 공사는 재판관의 독립은 재판의 공정성을 보장하는 중요한 제도라고 주장하였다.

14) 「奏本 高等罪의 審理는 大臣 或은 協辦이 主管하고 輕罪의 裁判은 參議가 聽理케 하는 件(1894.12.16.)」『韓末近代法令資料集(Ⅰ)』, 153쪽.

군국기무처가 주도한 초기 사법개혁은 일선 행정기관이 행사하고 있던 사법권을 모두 몰수하여 이를 법무아문이 행사하는 방향으로 추진되었다. 더 나아가 법무아문의 감독을 받는 재판소를 설치하고 전문 교육과 훈련을 받은 법률가가 사법권을 행사하여야 한다는 이념도 도입되었다.[15] 그러나 군국기무처가 주도한 초기 사법개혁은 각급 재판소를 어떻게 구성할 것인지, 소송을 담당하는 판사와 검사의 자격을 어떻게 규정하고 배치할 것인지, 민사소송과 형사소송은 어떠한 절차로 진행할 것인지 등을 구체적으로 규정한 것은 아니었다.

2. 「재판소구성법」과 각급 재판소 설치

1) 재판소구성법의 제정

일본정부는 1894년 9월 중순에 일본군이 평양전투와 황해 해전에서 대승을 거두자 한국을 보호국으로 만드는 정책을 추진하였다. 우선 한국의 보호국화에 소극적이던 오토리 게이스케 공사를 소환하고 후임으로 일본정부에서 중직을 두루 거친 이노우에 카오루를 임명하였다. 이노우에는 공사로 부임한 직후 홍선대원군을 정계에서 은퇴시킴과 동시에, 11월 20일에 군국기무처를 폐지하고 그 대신에 갑신정변을 주도했던 망명정객 박영효와 서광범을 각각 내부대신과 법부대신으로 입각시켜 김홍집·박영효 연립내각을 수립하였다. 이와 함께 한국정부 내에 일본인 고문관을 배치하는 작업을 서둘러 1894년말부터 1895년 3월 중순경까지 거의 모든 부서에 일

---

15) 법부대신 서광범은 법률학교를 설치하여 법률가를 양성한 후에 재판관으로 임용할 것을 계획하였다. 「奏本 法律學校를 設置하는 件(1894.12.16.)」 『韓末近代法令資料集(Ⅰ)』, 154쪽.

본인 고문관을 배치하는데 성공하였다.[16]

이노우에는 김홍집·박영효 연립내각과 일본인 고문관들을 앞세워 한국의 정치, 경제, 군사, 사회제도 전반을 개혁하는 이른바 제2차 갑오개혁을 착수하였다. 그 일환으로 1894년 10월말에 이노우에 공사는 내정개혁에 관한 20개조를 별도로 제출하였다. 한국정부는 이노우에가 제출한 것을 일부 손질하여 14개 조항으로 만들었다. 그리고 1894년 12월 12일 고종은 세자와 홍선대원군, 종친 및 신료를 인솔하고 종묘에 나아가 홍범14조를 포함한 개혁을 표명하는 행사를 가졌다. 홍범 14조는 청국과의 절연, 국왕의 친정과 이에 따른 법령의 정비, 왕실 비용 삭감과 왕비를 비롯한 종친의 정치 간여 배제, 그리고 지방제도와 군사제도의 개편, 외국으로의 유학생 파견 등을 선언하였다. 이 중에서 사법제도와 관련해서는 홍범 제13조에 "민법과 형법을 엄명하게 제정하여 함부로 감금 또는 징벌하는 것을 금하며 이로써 인민의 생명과 재산을 보전한다."고 규정되어 있다. 이는 근대 법률의 제정을 정식으로 선언한 것이었다.[17] 일본정부는 제2차 갑오개혁을 통해서 국왕의 권한을 크게 약화시키고 친일 개화파 관료들을 내세워 내정간섭을 강화하였다.

특히, 제2차 갑오개혁에서는 일본인 고문관과 외교관들이 사법제도를 집중적으로 개편하였다.[18] 1895년 3월부터 7월 사이에 「재판소구성법」, 「민형소송규정」, 「집행처분규칙」, 「정리규칙」 등의 새로운 법령들이 잇달아

---

16) 도면회, 『한국근대형사재판제도사』, 푸른역사, 2014, 123-124쪽.

17) 왕현종, 「한말 개혁기 민법 제정론의 갈등과 '한국 관습'의 이해」, 『식민지 조선의 근대학문과 조선학연구』, 혜안, 2015, 137쪽.

18) 1895년 「재판소구성법」은 일본 공사관 직원들과 호시 도루를 포함한 관계자들, 조선인 관리들이 협의하여 제정하였다. 문준영, 『법원과 검찰의 탄생』, 역사비평사, 2010.; 손경찬, 「開化期 民事訴訟制度에 관한 研究」, 서울대 박사학위논문, 2015.

제정되었는데, 신식 소송제도는 전통 소송과는 다른 절차와 소송관(訴訟觀)이 녹아 있다. 이 제도들의 특징을 간단히 소개하면 다음과 같다.

첫째, 「재판소구성법」은 한국 사법사상 최초로 행정기관과 재판기관을 제도적으로 분리하였다. 1894년 군국기무처는 각급 행정기관의 사법권을 몰수, 폐지하는데 그쳤다면, 「재판소구성법」은 여기에서 더 나아가 최고 재판소를 중심으로 각급 재판소를 지역별, 심급별로 구분하고 모든 소송 사건을 전담하도록 하였다. 이로써 형벌의 경중에 따라서 재판기관을 달리 하던 조선시대의 재판제도는 폐지되었다.

둘째, 재판의 전문성과 공정성을 높이기 위하여, 재판사무만을 전담하는 사법관 제도를 창설하였다. 조선왕조에서는 수령, 관찰사 등의 행정 관료가 사법사무를 겸행(兼行)하였으나, 「재판소구성법」은 각급 재판소에 판사와 검사를 별도로 배치할 것을 규정하였다. 특히, 판사와 검사는 사법관시험에 합격한 자를 임용하도록 규정함으로써 법률 전문가의 자격을 법정화(法定化)하였다. 이탈리아의 외교관이었던 로제티는 갑오개혁기에 시행된 제도를 언급하면서 "몇몇 세부적인 변화가 실험적으로 도입되었는데, 그 중에서도 판사제도는 도덕적으로 가장 큰 호응을 얻는 제도"라고 평가하였다.19) 일반 인민들도 재판의 공정성과 더불어 인권의 보호를 제고할 수 있다는 점에서 높은 기대를 하였다.

셋째, 신속히 재판할 수 있도록 소송의 개시 요건과 절차를 정비함으로써 승소자의 권리를 보호하는 제도를 도입하였다. 전통 소송에서는 피고를 소환하는 책임이 원고에게 있었기 때문에 소송이 개시되지 못하거나 지체되는 경향이 있었다. 그러나 「정리규칙」에서 원고와 피고 등의 소환 책임이 국가기관에 있다는 점이 선언되었고, 더 나아가 재판소의 소환에 불응

---

19) 까를로 로제티, 『꼬레아 꼬레아니』, 서울학연구소, 1996, 261쪽.

하는 경우에는 원고의 주장만을 수용하여 판결하는 결석판결제도가 시행
되었다.

넷째, 개인의 권리를 최종적으로 확정하고 확정된 권리를 국가가 대신
실현하여 주는 제도를 도입하였다. 「민형소송규정」에서는 확정판결, 심급
제도, 강제집행제도 등이 도입되었는데 이 제도들은 승소자의 권리를 신속
히 확정하고 확정된 권리를 국가가 대신 실현하여 주는 제도라는 점에서
권리자 본위의 소송제도였다.[20] 조선시대에는 수령이나 관찰사가 판결하
더라도 소송이 종결되지 않고 수년에 걸쳐서 반복되는 경우가 있었으나
「재판소구성법」, 「민형소송규정」에서는 고등재판소가 판결하면 해당 안건
은 그대로 종결되며 더 이상 번복이 불가능하다는 점이 선언되었다. 이와
함께, 심급제도는 소송절차를 신중하게 운영함으로써 공정한 재판을 기하
고, 소송 당사자의 이익과 권리를 충실히 보호하는 역할을 하였다. 그리고
민사 재판에서 패소자가 판결을 이행하지 않는 경우에는 재판소의 정리(廷
吏)가 직접 강제 집행할 수 있도록 하였다.

다섯째, 민사절차와 형사절차를 분리함으로써 소송 관계인들의 인권 보
호에 만전을 기하였다. 조선시대 소송에서는 민사와 형사가 명확히 구분되
지 않았고 민사소송에서도 고신과 구금이 동반되는 사례가 많았다. 「민형
소송규정」에서는 민사와 형사를 구분하여 소송 관계인들의 자유, 생명, 건
강이 보호될 수 있도록 노력하였다. 비록 고신과 구금을 전면 금지하지는
않았으나 고신절차, 고신의 도구 및 방법 등을 엄격히 제한하여 과거에 비
해서 인권이 개선될 수 있도록 하였다.[21]

---

20) 전통 소송과 근대 소송과의 차이에 대해서는 다음의 논문 참조. 이승일, 「갑오개혁
   기 민사소송제도의 訴訟觀 -'冤抑의 호소'에서 '권리의 주장'으로-」 『법사학연구』
   58. 2017.
21) 조선시대에는 청송(聽訟)을 사송(詞訟)과 옥송(獄訟)으로 구분하였다. 그러나 사송

여섯째, 공개재판을 선언함으로써, 소송 관계인 및 일반인들이 재판을 직접 참관할 수 있도록 허용하였다. 조선시대의 재판에서는 인민이 방청할 수 있는 제도가 없어서 피고인들이 가혹한 고문을 받는 경우가 허다하였는데, 공개재판에서는 이를 사전에 방지하는 효과를 기대할 수 있었다. 이와 함께 소송과정에서 은밀히 일어나는 부당한 대우도 방지하는 효과가 있었다.

일곱째, 사법 사무를 보조하는 인력으로 서기와 정리(廷吏)의 배치를 명문화하였다. 재판소 서기와 정리는 재판의 개시, 진행, 판결, 집행 등 소송의 전 국면에서 재판사무를 보조함으로써 재판이 원활히 진행, 집행될 수 있도록 하였다.

「재판소구성법」의 주요 내용을 소개하면, 우선 각급 재판소의 관할 및 권한을 각각 규정하였다. 즉, 재판소를 지방재판소, 개항장재판소, 순회재판소, 고등재판소, 특별법원 등 5종으로 구분하고 각급 재판소가 소관 사무에 관해서 재판권을 독자적으로 행사하도록 하였다. 지방재판소는 제1심 재판기관으로서, 관할 구역 내의 모든 민사 및 형사사건을 관장하였다. 이 규정은 형벌의 경중에 따라서 재판기관(직수아문, 비직수아문)을 달리한 조선왕조의 사법체계와는 달리 심급에 따라서 재판의 관할이 구획되었음을 보여준다.

지방재판소는 단독 재판을 원칙으로 하되, 2인 이상의 판사가 있을 때는 판사는 단독 혹은 합석하여 사건을 심리한다. 만약 2인 이상의 판사가 동석하는 경우에는 수반판사가 재판을 선고하도록 했다. 다만, 재판 과정에

(詞訟)에서도 구금과 고신이 부가된다는 점에서 현대적 의미의 민사와 형사의 절차상 구분이 명백히 성립하였다고 보기 어렵다. 심희기, 「朝鮮時代 刑事·民事一體型 裁判事例의 分析」『서강법률논총』 6-2, 2017.

서 판사 간에 서로 의견을 달리할 때는 수반판사의 의견에 따라서 판결한
다. 지방재판소의 판사가 신병(身病)이나 특별한 사정으로 사무를 처리하지
못할 때는 별도의 규정이 있는 경우를 제외하고는 모두 법부대신의 지휘를
받도록 하였다. 지방재판소에는 판사, 검사, 서기, 정리(廷吏)를 두었으나
이들의 자격과 배치에 대해서는 별도로 규정하지 않았다. 법부대신은 지방
의 형편에 따라서 지방재판소 지청을 설치할 수 있었다.22)

한성 및 개항장재판소(인천, 부산, 원산)는 관할 구역 내의 모든 민사 및
형사재판과 외국인과 조선인 사이의 민·형사 사건을 관장하였다. 해당 재
판소에는 판사, 검사, 서기, 정리(廷吏)를 두되 판사와 검사는 「사법관시험
규칙」에 의하여 시험을 거친 자 중에서 내각총리대신을 거쳐 법부대신이
주천(奏薦)하고 국왕이 임명하였다. 한성재판소와 개항장재판소는 지방재
판소와는 다르게 일정한 자격을 갖춘 사법관을 임용하려고 하였다. 이는
한성재판소와 개항장재판소는 외국인을 대상으로 재판을 하여야 했기 때
문에 전문 법학 지식을 갖춘 법률 전문가를 임용하려고 했던 것으로 생각
된다.

순회재판소는 부산재판소, 원산재판소 및 지방재판소의 판결에 불복하
는 일체의 민사 및 형사의 상소를 담당하였다. 순회재판소는 상설재판소가
아니라 매년 3월에서 9월 사이에 법부대신이 지정하는 장소에서 개청하는
임시 기관이었다. 순회재판소의 재판권은 단석판사가 행사하되, 2인 이상
의 판사를 두는 경우에는 단석 또는 합석으로 심리하였다. 순회재판소에는
판사, 검사, 서기, 정리를 두고, 판사는 법부대신의 주천에 의해서 고등재판
소 판사, 한성재판소 판사, 법부 칙·주임관 및 별정한 「사법관시험규칙」에
의해서 판사가 된 자 중에서 국왕이 임시로 임명하였다. 검사는 한성재판

---

22) 「裁判所構成法(법률 제1호, 1895.3.25.)」 『구한국관보』, 1895년 3월 25일.

소 검사, 법부 칙·주임관, 별정한 사법관시험규칙에 의해서 검사가 된 자 중에서 법부대신이 임시로 임명하도록 하였다. 순회재판소는 관할하는 하급심재판소에 대해서 직무상 특별한 권한이 있다. 순회재판소는 재판 및 검찰사무에 대해서 관할 재판소의 법률 해석 및 적용상의 오해와 착오를 바로 잡을 수 있었으며 각 재판소의 판사, 검사 및 기타 관리가 직무상 비위가 있을 때는 그 실상을 조사하여 법부대신에게 보고할 수 있었다.

고등재판소는 한성재판소와 인천재판소에서 행한 판결에 불복한 상소를 담당하였다. 고등재판소 직원으로는 재판장 1인, 판사 2인, 검사 2인, 서기 3인과 정리(廷吏)를 두었으며 합의재판을 하였다. 그러나 순회재판소가 언제 설치될지 예정되지 않았기 때문에 순회재판소를 개설할 때까지는 당분간 감영, 유수영 및 기타 지방(각 개항장재판소 및 각 지방재판소)에서 행한 판결에 대한 상소심도 고등재판소가 관할하는 등 최고 재판소로서의 지위를 갖게 되었다.23) 그러나 고등재판소의 재판장을 법부대신 또는 법부협판이 겸임하였기 때문에 고등재판소가 법부와 분리되었다고 말할 수는 없었다. 고등재판소 판사는 법부의 칙·주임관 또는 한성재판소 판사 중에서 국왕이 직접 임명하였다. 다만, 협판 이하는 내각총리대신을 거쳐서 법부대신이 주천(奏薦)하였으며 검사는 법부 검사국장 및 검사국 소속 검사 중에서 법부대신이 임명하였다. 이와 함께 1895년 5월 20일에는 칙·주임관의 범죄는 당분간 고등재판소에서 수리(受理) 심판하도록 하였다.24)

23) 「監營·留守營及其他地方裁判의 上訴를 高等裁判所에서 受理 審判하는 件(법률 제7호, 1895.4.29.)」『구한국관보』, 1895년 5월 2일.;「監營·留守營及其他地方裁判의 上訴를 高等裁判所에서 受理 審判하는 件 改正(법률 제8호, 1896.8.15.)」『구한국관보』, 1896년 8월 18일.

24) 「勅·奏任官의 犯罪를 受理審判하는 件(법률 제8호, 1895.5.20.)」『구한국관보』, 1895년 5월 22일. 고등재판소는 1896년 4월 4일에 반포된 「형률명례」에 의하여 국

특별법원은 왕족의 범죄에 관한 형사사건만을 관할하는 특별기구였다.[25] 특별법원은 법부대신이 주청한 후에 국왕의 재가를 거쳐서 임시로 개정하였다. 특별법원은 합의재판으로 진행되었으며 재판장 1인과 판사 4인으로 구성되었다. 재판장은 법부대신으로 충원하고 판사 중에서 1인은 중추원 의관(議官)으로 임명하며, 3인은 고등재판소 판사, 한성재판소 판사 또는 법부 칙·주임관 중에서 법부대신의 주천(奏薦)에 의하여 국왕이 임시로 임명하였다. 특별법원의 검사의 직무는 고등재판소 검사 또는 법부대신이 지명[命持]하는 검사가 행하고 서기의 직무는 고등재판소의 서기가, 정리는 고등재판소의 정리가 행하도록 하였다. 또한 특별법원은 단심제로, 재판에 불복하여 상소하는 것을 허락하지 않았다.[26]

이상으로, 「재판소구성법」에 의해서 재판 기구가 새롭게 창설되었다. 1895년 「재판소구성법」을 비롯한 유관 법령들은 전통 소송에서 탈피하여 근대적 사법제도를 도입하였다는 점에서 의의가 있었다. 다만, 신식 소송 제도의 설계와 운영의 주체는 고등재판소가 아니라 법부였다. 고등재판소

사법에 관한 재판도 담당하였다. 이는 고등재판소가 최고재판소이면서 구제도 하의 의금부가 담당했던 국왕재판소로서의 기능까지 겸하게 된 것이라고 할 수 있다. 도면회, 『한국근대형사재판제도사』, 푸른역사, 2014, 170쪽.

25) 일본의 치죄법에도 한국의 특별법원에 해당하는 재판조직이 있었다. 즉, 형사사건에만 인정되는 특별재판소로 '고등법원'으로 불리웠는데 이 고등법원은 종전의 임시재판소에 해당하는 것으로 國事에 관한 죄, 황족이 범한 중죄 및 금고형에 해당하는 경죄, 칙임관이 범한 중죄를 관할하였다. 고등법원의 재판은 단심으로 끝나게된다. 鵜飼信成·福島正夫·川島武宜·辻清明, 『講座 日本近代法發達史(2)』, 勁草書房, 1979, 21쪽.

26) 1895년 4월 14일에 법부 고시 제2호로 특별법원이 처음으로 개정되었다. 이 특별법원은 법부 소속의 前권설재판소로 하여금 이준용 등의 형사 피고사건을 처리하기 위해 개정되었다. 「特別法院을 臨時로 開廷하는 件(법부 고시 제2호, 1895.4.14.)」 『구한국관보』, 1895년 4월 15일.

는 직제, 인력, 권한 등의 한계로 인하여 독자적인 개혁 프로그램을 실행할 수 없었다. 그 역할은 법부가 맡았다. 1895년 「법부관제」에 따르면, 법부대신은 사법행정, 은사 및 복권에 관한 사무를 관장하고 검찰사무를 지휘하였다. 특히, 법부대신은 특별법원을 비롯하여 고등재판소 이하 각 지방재판소를 감독할 수 있는 권한이 있었다.[27] 이 시기 고등재판소는 법부의 소속기관에 불과하였고 법부는 사법개혁의 총괄자로서의 지위를 가지고 있었다.

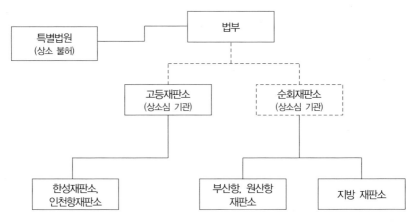

〈그림 2〉 1895년 재판소구성법 및 법부관제에 의한 재판 체계

* 순회재판소는 개설된 적이 없기 때문에 각급 재판소의 상소심은 고등재판소가 맡았다.

갑오개혁기에 도입된 소송제도는 사법개혁의 완성이 아니라 출발에 불과하였다. 더구나 당시 한국에는 사법개혁을 주도할 만한 법률가 계층이 존재하지 않았고, 각급 재판소에 재판실무에 능숙한 전문가가 배치되지도 않았다. 한국정부는 당분간 법부를 감독 기관으로 유지하면서, 각급 재판

---

27) 「法部官制(칙령 제45호, 1895.3.25.)」『구한국관보』, 1895년 3월 25일.

소에 일일이 지시하는 방식으로 개혁을 추진할 수밖에 없었다. 다만, 이는 과도적인 조치였으며 향후 재판의 독립을 위한 제도개혁도 병행하여야 하였다.

이를 위해서는 첫째, 「재판소구성법」에서 규정하고 있는 각급 재판소가 조속히 설치되어야 한다. 당시까지 군수와 관찰사가 진행하는 재판에 대한 인민들의 불신이 매우 높았는데 이 같은 불신을 없애기 위해서는 조속히 지방관을 대신할 재판기관이 만들어져야 하였다. 지방관들은 일반 행정권 뿐만 아니라 징세권과 사법권을 가지고 있었는데, 지방관들에게 과도하게 집중된 권한은 지방 통치의 자의성을 초래할 수 있었다.

둘째, 각급 재판소의 인력을 점진적으로 법률가들로 교체하여야 하였다. 「재판소구성법」 제56조는 지방재판소의 직원은 당분간은 지방관이 겸임할 수 있었고, 더 나아가 「사법관시험규칙」에 의하지 아니하고 판사와 검사를 임용할 수 있도록 예외를 허용하였다. 이 조치는 법률가들이 아직 배출되지 않은 상황에서 불가피하였으나, 향후 능력이 있고 직업 윤리를 갖춘 법률 전문가를 양성하는 법학 교육기관을 설치하고 그 졸업생들로 하여금 사법관 직무를 수행하도록 하여야 하는 과제가 남았다. 이는 한국 사법개혁의 성패를 결정짓는 중요한 가늠자였다.

셋째, 각급 재판소의 판·검사가 재판사무를 공정히 처리하는데 필요한 민사소송법, 형사소송법 등의 절차법규를 더욱 세밀하게 제정하는 법제개혁이 동반되어야 했다. 1895년도에 「민형소송규정」, 「집행처분규칙」, 「정리규칙」 등이 제정되기는 하였으나 제도상으로 미흡한 측면이 많이 있었다. 장기적으로는 공정한 판결에 필요한 민법과 형법을 제정하는 등 수많은 과제들이 산적해 있었다.

넷째, 고등재판소의 조직, 인력, 권한을 더 확대하고 직제상으로도 법부로부터 분리해야 했다. 「재판소구성법」은 고등재판소를 상설 기관이 아닌 임시 기관으로 규정하였고 인력도 재판장 1인, 판사 2인, 검사 2인에 불과하였다. 그리고 고등재판소 재판장을 법부대신이나 협판이 겸직하였고, 판사도 법부 칙·주임관 또는 한성재판소 판사 중에서 임명하는 등 법부와 고등재판소가 구분되지도 않았다. 사법의 독립을 추진하기 위해서는 고등재판소의 인력, 기능과 권한이 더 강해져야 하였다.

2) 각급 재판소의 설치

행정기관으로부터 분리된 독립 재판소가 개설되기 위해서는 판사, 검사, 서기, 정리 등 전문인력이 배치되어야 하고 이와 관계된 각종 직제의 제정, 예산의 편성 등이 뒷받침되어야 하였다. 한국정부는 이 같은 여건이 충분히 성숙하지 않았으나 신속히 후속 조치를 단행하였다. 우선, 1895년 4월 15일에 한성재판소를 설치하고,[28] 한성부에서 접수한 민사, 형사소송으로서 아직 판결하지 못한 사건들을 모두 한성재판소로 이관하도록 하였다.[29] 한국 역사상 최초로 행정기관으로부터 분리된 재판기관이 만들어진 것이다.

이와 함께 1895년 윤5월 15일부터 인천, 부산, 원산을 비롯해 모두 22곳에 개항장재판소와 지방재판소를 점차 개설하도록 규정하였다.[30] 그리고 종래 감영, 유수영 및 기타 지방 관아에서 행하던 재판사무를 폐지하고 지

---

28) 1895년 4월 15일에 한성부 중부(中部) 등천방(登天坊) 혜정교변에 설치되었다.
29) 「漢城裁判所의 設置에 관한 件(법부령 제1호, 1895.4.15.)」『구한국관보』, 1895년 4월 16일.
30) 「開港場裁判所 地方裁判所 設置에 관한 件(칙령 제114호, 1895. 윤5.10.)」『구한국관보』, 1895년 윤5월 12일.; 「開港場裁判所 및 地方裁判所의 管轄區域에 관한 件(법부령 제5호, 1895. 윤5.12.)」『구한국관보』. 1895년 5월 13일.

방재판소가 접수·심판하도록 하였다. 이 조치는 지방에도 독립 재판기관
을 설치하여 지방관의 재판권을 폐지하려고 하였다는 점에서 역사적 의미
가 있었다.

그러나 당시에는 각급 재판소에 파견할 법률가들을 양성하지 못하였기
때문에 당분간은 기존의 지방관들에게 재판권을 위임하는 유예조치가 취
해졌다. 즉, 법부는 1895년 6월 1일에 훈령 제2호를 발(發)하여 각부의 관찰
사가 판사 직무를, 참서관은 검사 직무를 수행하도록 하였다.[31] 그리고 지
방재판소 지소를 설치하기 전에는 해당 군수가 관내의 소송을 심리하되,
군수 판결에 불복하는 자는 관찰사에게 상소하도록 하였다. 이와 함께, 각
급 재판소에 전문인력을 배치하려는 제도적 노력은 계속 이어졌다. 1895년

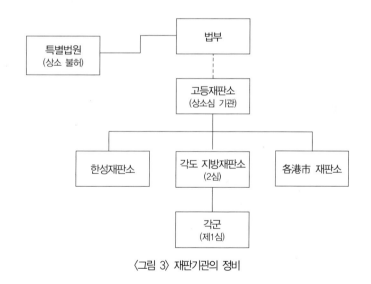

〈그림 3〉 재판기관의 정비

---

31) 「各部觀察使·參書官·郡守가 判檢事事務를 執行하는 件(법부훈령 제2호, 1895.6.1.)」
   『구한국관보』, 1895년 6월 11일.

6월 25일에 각급 재판소에 판사시보 및 검사시보를 배치할 수 있도록 하였다.[32] 판사시보 및 검사시보의 인원 및 배치는 사무의 번한(繁閑), 경중(輕重)에 따라서 법부대신이 정하였다. 8월 10일에는 각 관찰부에도 판·검사시보를 두도록 하는 조치가 이어졌다. 이로써 관찰부에도 전임직 사법관이 배치될 수 있는 제도적인 기틀을 마련하였다.

한편, 중요 소송을 처리하는 절차도 보완하였다. 1895년 윤5월 28일에 한성재판소, 개항장재판소, 지방재판소는 ①심리한 형사사건에서 유종신, 징역종신 이상의 형에 해당한다고 판단될 때, ②심리한 형사사건에서 범죄의 정상(情狀)이 작량경감할 만하다고 판단될 때, ③민사, 형사를 막론하고 법률과 법례의 적용상 의문점이 생길 때는 일체의 문서를 첨부하여 법부에 지령을 청한 후에 시행하도록 하였다.[33] 「재판소구성법」에서는 각급 재판소가 관할 내의 모든 민·형사 사건을 담당하도록 하였으나, 법부령 제6호는 주요 안건에 대해서는 지방재판소가 사전에 법부에 보고한 후에 그 지시를 받아서 처리하도록 규정하였다는 점이 특징이다.

이 조치는 각 재판소에 법률 전문가가 아직 배치되지 않았고 신식 법령과 구래의 법령이 뒤섞여 법령의 적용에 혼선을 빚고 있는 상황에서는 불가피하였다. 다만, 고등재판소가 최고 재판소로서의 역할을 수행하기 위해서는 재판권과 법률에 대한 해석권이 보장되어야 했으나 법부령 제6호는 고등재판소를 배제하였다. 당시 고등재판소는 직제상으로는 임시기관이었고 배치인력도 소수였기 때문에 각 재판소에서 제기되는 각종 법률적 문제

---

32) 「裁判所에 判事試補 檢事試補를 置하는 件(법률 제12호, 1895.6.25.)」 『구한국관보』, 1895년 6월 27일. 판사시보와 검사시보는 판사 및 검사를 보조하고 또 그 사무를 서리(署理)할 수 있었다.

33) 「漢城·開港場·地方裁判所의 民刑事事件 審理中 指令을 請하여 行하는 件(법부령 제6호, 1895.윤5.28)」 『구한국관보』, 1895년 6월 1일.

들을 신속히 대응하기 어렵다고 판단하였기 때문이다.

1896년 1월 11일에는 칙령 제5호를 제정하여 상소절차를 정비하였다. 이 칙령은 '당분간' 지방의 편의에 따라서 각 군수로 하여금 관할 내의 일체의 소송을 청리(聽理)케 하되, 군수 판결에 불복하는 자는 개항장재판소 또는 지방재판소에 상소하고 개항장재판소와 지방재판소 판결에 불복하는 자는 순회재판소가 개설되기 전까지는 고등재판소에 상소할 수 있도록 하였다.[34] 이에 따라 민·형사 소송은 각군→각개항장재판소 또는 지방재판소→고등재판소의 단계를 거치게 되었다.

갑오정부는 1896년 1월 20일에 법부 고시 제2호를 제정하여 "개항장 및 지방재판소를 오늘부터 30일 이내에 점차로 개설"하기로 공표하였다. 이 고시는 전국 23곳에 달하는 독립 재판소의 개설을 공식화하였다는 점에서 역사적 전진이었다. 이 고시는 독립 재판소 설치 계획이 여전히 강력히 추진되고 있었음을 보여주는 사례이다.

〈표 1〉 개설이 확정된 개항장재판소 및 지방재판소

개항장재판소(3곳)	인천재판소(인천), 부산재판소(동래), 원산재판소(원산)
지방재판소(20곳)	충주재판소(충주), 홍주재판소(홍주), 공주재판소(공주), 전주재판소(전주), 남원재판소(남원), 나주재판소(나주), 제주재판소(제주), 진주재판소(진주), 대구재판소(대구), 안동재판소(안동), 강릉재판소(강릉), 춘천재판소(춘천), 개성재판소(개성), 해주재판소(해주), 평양재판소(평양), 의주재판소(의주), 강계재판소(강계), 함흥재판소(함흥), 갑산재판소(갑산), 鏡城재판소(鏡城)

출처 : 「開港場.地方裁判所를 開設하는 件(법부 고시 제2호, 1896.1.20.)」『구한국관보』, 1896년 1월 22일.; 「咸興裁判所設置에 관한 件(칙령 제4호, 1896.1.11.)」『구한국관보』, 1896년 1월 15일.

_____

34) 「各郡郡守로 該官內訴訟을 聽理케 하는 件(칙령 제5호, 1896.1.11.)」『구한국관보』, 1896년 1월 15일.

그러나 법부 고시가 공포된 지 1달도 되지 않은 1896년 2월 11일에 고종이 러시아 공사관으로 거처를 옮기는 아관파천이 발생하였다. 아관파천은 사법개혁을 추진하던 친일 성향의 갑오정권을 붕괴시켜 버렸다. 고종은 러시아 공사관에 도착한 직후에 조희연, 권형진, 이두황 등 을미사변 관계자들을 참수하라는 조칙을 내리고 김홍집, 어윤중, 김윤식, 유길준, 장박, 정병하, 이재면 등 김홍집 내각의 주요 대신들을 모두 면직시켰다. 김홍집·어윤중·정병하는 분노한 인민들에게 의해서 살해되었고, 내부대신 유길준(兪吉濬)을 비롯한 10여 명의 고관들은 일본으로 망명하였다. 고종은 친일정권을 붕괴시키고 그동안 은신 중이었던 친러·친미파 인물들을 대거 등용하여 내각을 새롭게 구성하였다. 그 결과 법부대신과 경무사를 겸임하게 된 이범진을 비롯하여 이완용, 이윤용, 박정양, 조병직, 윤용구, 이재정, 안경수, 권재형, 윤치호, 고영희 등이 요직에 임명되었다.

친러 내각은 친일파를 국적(國賊)으로 단죄하는 한편, 갑오개혁기 공포된 사업의 일부를 폐지하였다. 단발령의 실시를 보류하고 의병을 회유하며 공세(公稅)를 일부 탕감하는 등 인심 수습에 나섰다. 그리고 한편 의정부로 환원한 신내각은 국내에 있던 일본인 고문관과 교관을 파면시키고 대신 러시아인 고문과 사관을 초청하였으며, 러시아 학교를 설립하는 등 러시아의 영향력이 한층 강화되었다.

이 같은 권력 구조의 변화를 계기로 사법제도 개혁의 방향도 변화하였다. 전국 23곳에 독립 지방재판소를 개설할 것을 선언한 법부고시가 사실상 무효화되었고, 이에 따라서 군수와 관찰사의 재판권도 계속 유지되었다. 특히, 제1심 판결에 승복하지 않고 상소가 많이 진행되고 있었음에도 불구하고 순회재판소는 끝내 설치되지 않았다. 이와 함께, 고종은 지방제도도 전국 23부를 13도로 다시 복구(復舊)하고 각도에 관찰사를 두었다. 한

성에는 특별히 1부(府)를 설치하고 판윤이 관장하도록 하였으며 광주, 개
성, 강화, 인천, 동래, 덕원, 경흥에는 부윤을, 제주에는 목사를, 13도 아래
에는 등급에 따라서 군수를 두었다. 이에 따라서 경기 38군, 충북 17군, 충
남 37군, 전북 26군, 전남 33군, 경북 41군, 경남 30군, 황해 23군, 평남 23
군, 평북 21군, 강원 26군, 함남 14군, 함북 10군 등이 설치되었다.35)

　1896년 8월 15일에는 23부제를 기초로 하여 설치한 개항장재판소와 지
방재판소를 폐지하고 새로 개항장재판소, 지방재판소를 설치하여 기존 재
판소에서 수리하던 문부 및 죄수와 일체의 기구를 부근의 신설 재판소로
이속시키도록 하였다.36) 곧이어 8월 27일에 각 개항장재판소 및 지방재판
소의 위치와 그 관할구역을 아래와 같이 정하였다. 지방재판소 설치를 선
언한 법부고시 제2호가 사실상 폐기되었다.

〈표 2〉 개항장재판소 및 지방재판소의 위치와 관할 구역

재판소 명칭	위치	관할구역
인천항재판소	인천	인천
부산항재판소	부산	동래
원산항재판소	원산	덕원
경흥항재판소	경흥	경흥
한성재판소	한성	한성, 광주, 개성, 강화, 수원, 여주, 양주, 장단, 통진, 파주, 이천, 부평, 남양, 풍덕, 포천, 죽산, 양근, 삭녕, 안성, 고양, 김포, 영평, 마전, 교하, 가평, 용인, 음죽, 진위, 양천, 시흥, 지평, 적성, 과천, 연천, 양지, 양성, 교동(4부 34군)

35) 「地方官吏職制(칙령 제37호, 1896.8.4.)」『구한국관보』, 1896년 8월 6일.; 「地方制
　　度官制俸給經費 改正(칙령 제36호, 1896.8.4.)」『구한국관보』 1896년 8월 6일.
36) 「개항장재판소 및 지방재판소의 개정 개설에 관한 건(칙령 제55호, 1896.8.15.)」『구
　　한국관보』, 1896년 8월 18일.; 「개항장재판소 및 지방재판소의 관할구역을 개정하는
　　건(법부령 제5호, 1896.5.25.)」『구한국관보』, 1896년 8월 27일.

충청북도재판소	충주	충주, 청주, 옥천, 진천, 청풍, 괴산, 보은, 단양, 제천, 회인, 청안, 영춘, 영동, 황간, 청산, 연풍, 음성(17군)
충청남도재판소	공주	공주, 홍주, 한산, 서천, 면천, 서산, 덕산, 임천, 홍산, 은진, 태안, 온양, 대흥, 평택, 정산, 청양, 회덕, 진잠, 연산, 노성, 부여, 석성, 비인, 남포, 결성, 보령, 해미, 당진, 신창, 예산, 전의, 연기, 아산, 직산, 천안, 문의, 목천(37군)
전라북도재판소	전주	전주, 남원, 고부, 김제, 태인, 여산, 익산, 금산, 임피, 금구, 함열, 부안, 무주, 순창, 임실, 진안, 진산, 만경, 용안, 고산, 옥구, 정읍, 용담, 운봉, 장수, 구례(26군)
전라남도재판소	광주	광주, 순천, 나주, 영암, 영광, 보성, 흥양, 장흥, 함평, 강진, 해남, 무장, 담양, 능주, 낙안, 무안, 남평, 진도, 흥덕, 장성, 창평, 광양, 동복, 화순, 고창, 옥과, 곡성 완도, 지도, 돌산(30군)
경상북도재판소	대구	대구, 상주, 경주, 성주, 의성, 영천, 안동, 예천, 금산, 선산, 청도, 청송, 인동, 영해, 순흥, 칠곡, 풍기, 영덕, 용궁, 하양, 영천, 봉화, 청하, 진보, 군위, 의흥, 신녕, 延日, 예안, 개령, 문경, 지례, 함창, 영향, 흥해, 경산, 자인, 비안, 현풍, 고령, 장기(41군)
경상남도재판소	진주	진주, 김해, 밀양, 울산, 의령, 창령, 창원, 거창, 하동, 합천, 함안, 함양, 고성, 양산, 언양, 영산, 기장, 거제, 초계, 곤양, 삼가, 칠원, 진해, 안의, 산청, 단성, 남해, 사천, 웅천(29군)
황해도재판소	해주	해주, 황주, 안악, 평산, 봉산, 延安, 곡산, 서흥, 장연, 재령, 수안, 백천, 신천, 금천, 문화, 풍천, 신계, 장연, 송화, 은율, 토산, 옹진, 강령(23군)
평안남도재판소	평양	평양, 중화, 용강, 성천, 함종, 삼화, 순천, 상원, 영유, 강서, 안주, 자산, 숙천, 개천, 덕천, 영원, 은산, 양덕, 강동, 맹산, 삼등, 증산, 순안(23군)
평안북도재판소	정주	의주, 강계, 정주, 영변, 선천, 초산, 창성, 구성, 용천, 철산, 삭주, 위원, 벽동, 가산, 곽산, 희천, 운산, 박천, 태천, 자성, 후창(21군)
강원도재판소	춘천	춘천, 원주, 강릉, 회양, 양양, 철원, 이천, 삼척, 영월, 평해, 통천, 정선, 고성, 간성, 평창, 금성, 울진, 흡곡(歙谷), 평강, 김화(金化), 화천, 홍천, 양구, 인제, 횡성, 안협(安峽)(26군)
함경남도재판소	함흥	함흥, 서천, 영흥, 북청, 안변, 정평, 삼수, 갑산, 장진, 이원, 문천, 고원, 홍원(13군)
함경북도재판소	鏡城	길주, 회령, 종성, 경성(鏡城), 경원, 온성(穩城), 부령, 명천, 무산(9군)
제주목재판소	제주	제주, 대정, 정의(3군)

출처 : 「開港場裁判所 및 地方裁判所의 位置를 改正하는 件(법부령 제4호, 1896.8.27.)」.; 「開港場 裁判所 및 地方裁判所의 管轄區域을 改正하는 件(법부령 제5호, 1896.8. 27.)」(『구한국관보 (1896.8.27)』.

이후 개항장이 늘어남에 따라서 1897년 10월 5일에 칙령 제36호로 무안과 삼화에 개항장 재판소를 설치하였고 1899년 5월 22일 칙령 제21호로 창원, 성진, 옥구항 재판소와 평양시 재판소를 설치하기로 하고 같은 해 5월 25일 법부령 제3호 및 제4호로 이들 신설 재판소의 위치 및 관할구역을 정하였다. 이에 따라서 종전까지 무안군, 삼화군, 창원군, 성진군, 옥구군에서 관장하던 각종 기록 및 죄수를 해당 재판소로 이속하였다.[37] 이로써 1895년「재판소구성법」에 따른 재판체계는 정비되었다.

3. 법관양성소 설치와 법률가 양성

갑오정부는 신식 재판소를 설치하고 소송에 필요한 각종 절차 규정들도 정비하였다. 그러나 신식 소송제도를 운영하기 위해서는 무엇보다도 서구 법학을 전문적으로 교육받고 높은 윤리의식을 갖춘 법률가가 필요하였다. 법부대신 서광범은 일찌기 '인재를 배양하고 법률을 익혀 후일 지방 재판관으로 선발하고 아울러 재판관을 입학시켜 법률을 교육'시킬 목적으로 법률학교의 설립을 주장하였다.[38] 그는 향후 설치될 각 재판소의 모든 판·검사를 법률학교 졸업생만으로 신규로 충원하는 것이 현실적으로 어렵다고 판단하여, 사법관 양성의 경로를 크게 두 가지로 상정하였다. 첫째, 젊은 학생들을 입학시켜서 이들에게 법학을 가르치고 추후 지방 재판관으로 임용하는 방안이다. 둘째, 당시 한국의 현실에서는 모든 사법관들을 한꺼번에 양성·배치할 수 없었기 때문에 이미 재판실무를 담당하고 있던 자를 법률학교에 입학시켜서 법률가로서의 지식과 소양을 갖추게 하려고 하였다.

---

37) 법원사편찬위원회,『법원사』, 법원행정처, 1995.
38)「奏本 法律學校를 設置하는 件(1894.12.16.)」『韓末近代法令資料集(Ⅰ)』, 154쪽.

이 조치는 당시로서는 매우 현실적인 방안이었다고 생각된다.

1895년 3월 25일에는 「법관양성소규정」이 반포되었다. 법관양성소는 단기 속성으로 주요 법학 과목을 교육시켜서 졸업 후에 사법관으로 채용할 것을 목표로 하는 사법관료 양성기관이었다.39) 입학생의 자격은 20세 이상이면서 입학시험에 합격하거나 현직 관리로 규정하였다. 그리고 법학 교육의 목적은 법관으로 하여금 공평무사하고 청렴결백한 덕목을 함양하도록 하는데 있다는 점을 강조하였다.40) 법관은 법학지식의 습득도 중요하지만 재판을 공정히 처리하기 위해서는 높은 수준의 직업 윤리가 필요하기 때문이다.

이와 함께 「법관양성소세칙」을 제정하였다. 이 세칙에는 소장, 교수의 직무권한, 후보생 모집, 시험, 벌칙 등 교육 과정을 관리하기 위한 세부 규정이 마련되어 있다. 특히, 「법관양성소세칙」에 따르면 2개월마다 생도를 선발한다고 규정하였는데41) 이는 향후 사법관이 대량으로 필요할 것으로 예상하였기 때문이다.

초대 법관양성소장은 피상범이었다. 피상범은 1856년에 태어나서 1882년 增廣律科에 급제한 후에 사법계통에서 주로 근무한 사법관료 출신으로 현행 법률을 가르치는데 적합한 인물이었다. 그는 1894년에 법무아문 주사에 임용되었다가 1895년 4월 1일에는 법부 참서관으로 승진하였으며 5월 19일에는 법관양성소장을 겸임하였다.42) 근대 법학의 주요 영역인 민법, 형법, 민사소송법, 형사소송법 등은 모두 일본인이 교수자였다. 즉, 민법·민사소송법·형사소송법은 高田, 형법은 拙口, 법학통론은 目下部가 담당하

---

39) 「法官養成所規程(칙령 제49호, 1895.3.25.)」『구한국관보』, 1895년 3월 25일.
40) 「奏本 法官養成所를 設置하는 件(1895.3.29.)」『韓末近代法令資料集(Ⅰ)』, 279-280쪽.
41) 「法官養成所細則(奎 21683)」, 제6조.
42) 『대한제국관원이력서』.

였고 소송은 3인이 공동으로 교수하였다. 현행 법률은 피상범이 교수하였
는데 1주일에 1회로 매우 적은 시수가 배정되었다.

〈표 3〉 법관양성소의 교과목 및 시간표

	10시~11시	11시~12시	1시~2시
월	民法(高田)	民事訴訟法(高田)	法學通論(目下部)
화	刑法(拙口)	刑法(拙口)	民事訴訟法(高田)
수	刑法(拙口)	民法(高田)	法學通論(目下部)
목	民法(高田)	民事訴訟法(高田)	刑事訴訟法(高田)
금	刑事訴訟法(高田)	刑事訴訟法(高田)	法學通論(目下部)
토	현행법률(皮相範)	訴訟演習(高田, 拙口, 目下部)	

출처 : 『法官養成所細則(奎 21683)』

　법관양성소 수업은 월요일부터 금요일까지는 오전 10시부터 오후 2시까
지, 토요일에는 오전 10시부터 12시까지 진행되었다.[43] 주요 교과목인 민
법, 형법, 민사소송법, 형사소송법, 법학통론은 일주일에 각각 3시간이 배
정되었다. 대명률, 대전회통 등 현행 법률의 교육은 1시간이 배정되었다.
주요 법학과목을 1주일에 3시간씩 6개월간 교수하도록 계획하였으나 각
과목별 교육시간이 크게 부족하여 전임 법관으로서의 지식을 충분히 습득
할 수 있었는지는 의문이다.

　제2회까지 법관양성소의 학생 모집과 교육은 순조롭게 진행되었다. 제1
회는 1895년 4월 16일에 50여명의 학생이 입학하였고 제2회는 1895년 6월
에 이루어졌다. 「법관양성소세칙」에 따르면, 8월달에도 학도 모집이 있어
야 하지만 실제로는 모집을 하지 않았다. 그 이유는 당시 한국의 정치적
상황과 관련이 있었다고 생각된다. 그 해 8월 20일에 민비시해사건이 일어

---

43) 「법관양성소세칙(奎 21683)」.

나면서 정국이 대혼란에 빠져들었고, 그 이듬해 2월에는 고종이 러시아 공사관으로 급히 피신하는 등 정치적으로 혼란을 겪으면서 사실상 법관양성소는 운영이 중단되고 말았다.[44] 법관양성소 일본인 교사들도 1896년 9월에 귀국하면서 사실상 서구 법학을 교수할 수 있는 인물을 찾기도 어려웠다.[45]

1898년 이후에는 정국이 다소 안정되었음에도 불구하고 수년간이나 법관양성소의 운영을 중단한 이유는 고종과 친일 개화파들과의 불편한 관계 때문이었다. 갑오개혁의 일환으로 일본 경응의숙(慶應義塾)에 파견되었던 유학생들을 역적에 의하여 파견된 것으로 인식하고, 학비를 중단한 바 있던 신정권이 일본인에 의하여 교육된 법관양성소와 그 졸업생들에 대하여도 경계하는 의식이 컸기 때문이다.[46]

<표 4> 제1기 법관양성소 졸업생 명단

졸업기수 및 졸업날짜	졸업생
제1회 졸업생 (1895.4.16.~ 1895.11.10.)	咸台永, 李麟相, 李容成, 徐寅洙, 李容高, 尹性普, 李豐儀, 具健書, 洪鍾翰, 李容福, 鄭蓋教, 柳志淵, 金翼熙, 李璿在, 尹熙衡, 柳學根, 李兢洙, 崔來鶴, 鄭永澤, 尹相直, 李道相, 李完榮, 李徹承, 李種雨, 徐相喜, 高殷相, 洪龍杓, 林炳應, 鄭樂憲, 朴斌秉, 金勉弼, 金丙濟, 尹衡重, 元容高, 趙漢緯, 韓鏞敎, 吳世俊, 兪鶴柱, 鄭雲哲, 韓成潤, 曺世煥, 權興洙, 延浚, 朴廷煥, 李行善, 鄭燮朝, 權在政 등 47인
제2회 졸업생 (1895.6~	金敦熙, 金顯翼, 高羽羽相, 李源國, 黃鎭菊, 吳致吉, 李東鎭, 張然昌, 張潤圭, 孔冕周, 金鍾應, 李康浩, 尹駟榮, 李晃容, 權鳳洙, 金

---

44) 법관양성소는 제2회 졸업생을 배출한 이후 1902년까지 운영이 중단되었다. 이는 한국정부가 법률 전문가에게 재판권을 양도하고 그를 통해서 사법개혁을 추진한다는 초기의 계획에서 멀어지고 있었음을 보여준다.

45) 서울대학교법과대학동창회, 『서울法大百年史資料集』, 법문사, 1987, 136-137쪽.

46) 최기영, 「한말 법관양성소의 운영과 교육」『한국근현대사연구』, 16, 2001, 46쪽.

1896.4.22.)	相參, 金永默, 洪鍾駿, 李倲, 李用晁, 韓憲, 洪肯燮, 任胤宰, 徐廷佐, 柳文珪, 金永洙, 林炳璿, 尹秉純, 鄭雲倬, 金世鶴, 鄭濟賢, 徐丙星, 李憲儀, 許植, 韓止淵, 柳台永, 尹榮駧, 崔昌來 등 38인
모집중단	-

법관양성소는 1895년 11월 10일에 제1회 졸업생 47명, 1896년 4월 22일에 우등 5명, 급제 33명 등 제2회 졸업생 38명을 배출하였다. 우리 나라 최초로 서구 법학을 교육받은 전문가가 85명이 배출된 것이다. 제1회 및 제2회 졸업생들은 30세 전후에 법관양성소에 입학한 중견의 인물들이었는데, 유력한 가문 출신들은 없었던 것으로 보인다. 전통적인 양반 가문보다는 무관이나 중인계층들이 다수 입학하였는데 이는 과거제도 철폐를 계기로 해서 법관양성소를 고위 관직에 진출할 수 있는 기회로 삼고자 하였을 것이다.[47]

그러나 제1회 및 제2회 졸업생들 가운데 졸업 직후에 관직에 나아간 경우는 그리 많지 않다. 제1회 우등생인 함태영, 이인상, 이용성은 1896년 3월 5일자로 한성재판소 검사시보, 법부 주사에 임명되었고 진사 출신인 윤성보는 1896년 2월 10일자로 법부 주사에 임용되었다. 또 순릉참봉을 거친 이선재는 1896년 2월 3일자로 한성재판소 검사시보에, 이동상은 4월 1일에 내각 주사의 발령을 받았다. 조세환은 1896년 11월 1일자로 한성재판소 주사에, 그리고 홍용표는 1897년 5월에 법부 주사로 임용되었다. 제2회 졸업생의 경우 수석 졸업생인 김돈희가 1897년 8월에 궁내부 주사에, 이장국과 서정좌·황진국이 1898년에 한성재판소와 법부의 주사에 임용되었다. 이러한 임용 실태는 졸업시험에 합격하면 사법관에 임용하겠다는 본래의 취지와 달리, 선별적으로 소수에 국한하여 관직을 제수한 셈이었다.[48]

---

47) 최기영, 「한말 법관양성소의 운영과 교육」, 『한국근현대사연구』, 16, 2001, 48쪽.

전체적으로 보면, 85명의 졸업생 중에서 29명이 각종 관직에 진출하였다. 법부의 검사시보로 2명(함태영, 이선재), 법부 이하 각급 재판소의 주사로 임명된 것이 16명이다. 이 중에서 일부는 추후 한성재판소 또는 고등재판소의 판·검사로 승진하였다. 초창기 법관양성소의 졸업생들이 사법관으로 전부 임용된 것은 아니지만 정부의 각 부서의 실무자로 활약할 수 있었다.[49]

제2절 신식 민사소송제도와 특징

1. 소송의 절차

한국정부는 각급 재판소에서 소송을 통일적으로 처리할 수 있도록 「민형소송규정」, 「집행처분규칙」, 「정리규칙」, 「재판소처무규정통칙」 등 소송 법규들을 제정하였다. 이 중에서 「민형소송규정」은 총 44개 조항의 법규로, 민사소송에 해당하는 내용은 25개 조항에 불과하다. 이 규정만으로는 민사소송 및 재판사무에 필요한 각종 절차를 규정할 수 없어서 「집행처분규칙」, 「정리규칙」, 「재판소처무규정통칙」을 별도로 제정하였고 1년 후에는 「재판소세칙」을 제정하였다.

갑오개혁기 민사소송제도는 소송의 편의성, 신속성을 높여서 승소한 자의 권리와 이익을 보호하는 이념을 담고 있다. 소장, 소답서, 판결서에 녹아 있는 소송관은, 도덕과 민심이 타락한 자를 효유(曉諭)하거나 형벌을 가

---

48) 최기영, 「한말 법관양성소의 운영과 교육」 『한국근현대사연구』, 16, 2001, 49쪽.
49) 도면회, 『한국근대형사재판제도사』, 푸른역사, 2014, 194-195쪽.

하여 자신의 과오를 깨닫게 하는 데에 목적이 있는 것이 아니라, 재판 투쟁을 통해서 정당한 권리를, 합당한 자에게, 합당한 만큼 돌려준다는 권리 본위의 소송관이 저변에 깔려 있다. 이에 따라서 신식 민사소송제도에서는 소송의 개시, 진행, 판결, 강제 집행 등의 전국면에 국가기관(재판소)이 신속히 개입할 수 있는 조치들이 다수 제도화되었다. 신식 법령에는 소송의 자유를 더 신장하고 소송의 편의성, 신속성, 강제성을 실현하는 여러 규정들이 있다.

「민형소송에 관한 규정」에서는 '소송의 대리(代訟, 代書)'를 관허(官許)하였다. 조선시대에는 소송 당사자로부터 대가를 받고 소장을 대신 작성해 주거나 소송에서 승소할 수 있도록 법률적 조언을 하는 '대송인(代訟人)'을 범법자로 취급하고 엄히 처벌하였으나 갑오개혁 이후에는 본인이 직접 소송을 제기하지 못하는 경우에는 재판소의 허가를 얻은 후에 '대인(代人)'에게 소송을 위탁할 수 있도록 오히려 허가하였다. 대송(代訟)의 공인(公認)은 소송에서 승리하기 위한 소장의 작성, 증거 제출, 변론 등에서 소송 의뢰인의 편의를 높여 주었다.

그리고 소송 서류의 양식을 크게 개편하였다. 소장(訴狀), 소답서(訴答書), 판결서(判決書) 등 소송에 관한 각종 서류를 통일하였으며 문장도 한문이 아니라 국한문 혼용체로 작성하도록 하였다. 이로써, 한문에 익숙하지 않은 평민 계층도 손쉽게 소송을 제기할 수 있는 환경이 만들어졌다. 「민형소송규정」상의 소장에는 소송을 제기하는 목적과 요구사항을 명시하고, 그에 관한 사실관계를 적시하는 것으로 끝이 난다. 소송 상대방의 악행(惡行)이나 비리(非理)를 들추어 내서 비난하거나 '원억(抑冤)'이라는 감정을 드러내면서 소송의 정당성을 호소할 필요가 없게 된다. 소송은 소송 제기자의 필요에 의해서 그 자체로 정당화된다.

〈서식 1〉 원고가 작성하는 소장(訴狀)의 양식

訴狀
　　住址　　　　　　　　　　　　　職業
　　　原告　　　　　　　　　　　　姓名
　　　　　　　　　　　　　　　　　年齒

　　住址　　　　　　　　　　　　　職業
　　　被告　　　　　　　　　　　　姓名
　　　　　　　　　　　　　　　　　年齒

訴求
被告는 原告에 對ᄒᆞ야 貸錢本邊을 合ᄒᆞ야 備ᄒᆞᆯ 事와 並此訴訟의 費用을 償報ᄒᆞᆯ만ᄒᆞ 旨의 裁判ᄒᆞᆷ을 請願ᄒᆞᆷ

事實
原告는 미리 被告에게 邊若干을 約ᄒᆞ야써 錢若干을 貸與ᄒᆞ야시나 被告는 其期限이 經過ᄒᆞ야도 備報치 아니ᄒᆞ니 其事實은 債券에 徵照ᄒᆞ야 明ᄒᆞᆷ
證據物은 別로 添付ᄒᆞᆷ
開國　年　月　日
　　　　　　　　原告　姓名 (印)
某某裁判所長　　姓名　　座下

출처 : 「民刑訴訟에關한規程(법부령 제3호, 1895.4.29)」

〈서식 2〉 피고가 작성하는 소답(訴答)의 양식

訴答
　　住址　　　　　　　　　　　　　職業
　　　原告　　　　　　　　　　　　姓名
　　　　　　　　　　　　　　　　　年齒

　　住址　　　　　　　　　　　　　職業
　　　被告　　　　　　　　　　　　姓名
　　　　　　　　　　　　　　　　　年齒

訴答의 要旨
被告는 原告의 訴求에 應ᄒᆞᆯ만ᄒᆞ 者 아니니 訴訟費用은 原告로붓터 辦償ᄒᆞ미 可ᄒᆞ다고 裁判ᄒᆞᆷ을 請願ᄒᆞᆷ

事實
原告는 被告에게 債錢을 備報치 아니ᄒᆞ야자 云ᄒᆞ야도 被告는 曾其債用ᄒᆞᆫ 事가 無ᄒᆞ고 從ᄒᆞ야 被告로서는 毫라도 備報를 怠ᄒᆞᆫ 事가 無ᄒᆞ니 其事實은 證據에 徵ᄒᆞ야 明白홈
證據物은 別로 添付홈
開國　年　月　日

　　　　　　　　　被告　姓名 (印)
某某裁判所長　　姓名　　座下

출처 : 「民刑訴訟에關ᄒᆞᆫ規程(법부령 제3호, 1895.4.29)」

원칙상, 민사소송은 당사자가 재판소에 소장을 제출하는 것에서 시작되는데, 재판을 제기하는 자는 자신의 청구 사항을 백지반절을 사용하여 10행의 인찰지(印札紙)로 만들고 1행에 20자씩 기입하여 등서하여 제출하도록 하였다.[50] 원고는 소장(訴狀)에 본인 및 상대방(피고) 성명 및 주소를 기록하고 소송 청구의 요지와 사실관계를 간단히 기록하였다. 원고가 재판소에 소장을 제출하면 그 상대방은 소장이 제출된 날부터 15일 이내에 소답서를 제출하여야 했다.[51] 피고도 소장의 형식과 마찬가지로 본인 및 상대방의 인적 사항을 기록하고 답변의 요지와 사실관계를 기록한 후에 제출하였다.[52]

소송이 진행되기 위해서는 소송 관계인들이 법정에 출석하여야 한다. 「민형소송규정」은 재판소에서 소송인, 증인, 감정인 등을 소환할 때는 반

---

50) 「裁判用紙에 관한 件(법부 고시 제1호, 1895.4.10.)」『구한국관보』, 1895년 4월 11일.
51) 모든 사건을 대상으로 소장을 작성토록 요구한 것은 아니어서, 민사소송을 청구하는 금전과 물건을 막론하고 엽전 50냥 이하에 속하는 것은 소장 및 소답서를 제출하지 아니하고 구두(言辭)로 소송을 제기할 수 있었다. 「民事訴訟의訴狀訴答書에 關ᄒᆞᄂᆞᆫ件(부령 제4호, 1895.윤5.3.)」『各裁判所規程(奎 17287-5)』.
52) 「민형소송규정」, 제7조.

드시 소환장을 발부하였으며 소환장을 받은 시간부터 출두시각까지 24시간의 여유를 두도록 하였다.[53] 소송의 진행에서 과거와 다른 점은 피고 등 소송 당사자의 소환 책임이 재판소에 있음을 분명히 하였다는 점이다. 조선시대에는 소송을 개시하기 위해서는 출석을 지시하는 수령의 문서[題音]를 원고가 들고 가서 피고에게 전달하고 직접 송정에 데리고 와야 했다.

그러나 「정리규칙」에서는 소송 상대방을 소환하는 책임이 '국가기관(廷吏)'에 있다는 점을 분명히 하였다.[54] 정리는 판임관에 불과하였으나 소송의 진행에서는 매우 강력한 권한을 행사할 수 있었다. 정리는 소관 재판소의 명령에 따라서 집행처분을 행하며 민사에 관한 원고, 피고 등을 소환하는 책임이 있었다(제2조). 특히 정리는 원고와 피고의 귀천(貴賤)을 불문하고 소환할 수 있는 직권이 있었다(제3조). 단, 원고 또는 피고를 소환할 때는 해당 재판소에서 발급한 초체[招帖-소환장]를 소지하여야 했으며, 원고 또는 피고에게 전하되 만약 완강히 핑계대면서 따르지 않거나 도피하여 나타나지 않으면 곧바로 체포할 수 있었다(제5조).

만일, 재판소로부터 소환을 통보받은 자가 집에 없는 경우에는 그 집안 사람에게 초체[招帖-소환장]를 전달하여 소환 사실을 알리고 재판정에 출석하도록 하였다. 동시에 출석 기한을 피소환자의 집안 사람에게 알리고 만약 기한을 넘길 때에는 결석재판을 곧바로 행한다는 사실을 고지(告知)하였다. 법령상의 결석재판 기한은 7일이었다. 단, 소재지에서 재판소까지의 거리가 80리를 초과할 때는 80리당 1일씩, 서울은 반일씩 연장하였다. 만약, 소환 통보를 받은 자가 긴급한 사유로 인하여 출석하지 못할 때는 「민형소송규정」 제3조에 의하여 대인(代人)에게 위임장을 교부하여 해당

---

53) 「민형소송규정」, 제10조
54) 「廷吏規則(법부령 제9호, 1895.7.17.)」, 『各裁判所規程(奎 17287)』.

소송을 위탁할 수 있었다. 아래는 1896년 9월 11일의 결석판결서이다.

建陽元年 九月 十一日55)
原告 金致三
被告 咸善益

缺席裁判
建陽元年 八月 二十七日에 原告 金致三의 訴求를 據ᄒ야 對質홀 次로 發帖招引ᄒ랴 흔
즉 被告 咸善益이가 隱避不見ᄒ기로 該帖을 該家人의게 任置ᄒ고 使之來待ᄒ지가 七日
이 經過토록 出現치 아니ᄒ니 又爲探探홀 際에 被告의 母 召史가 原告에게 來ᄒ야 渠
子의 家舍를 執行ᄒ라고 自請ᄒᄂ 故로 被告의 負債홈은 的確ᄒ고 原告의 主張은 家券
에 照ᄒ야 其理由가 有흔지라 此를 廷吏規則 第六條에 依ᄒ야 缺席裁判을 行홈

漢城裁判所
判事 尹庚圭
書記 尹性善

위 판결서를 통해서 피고의 소환 절차와 결석재판에 이르는 과정을 알
수 있다. 즉, 1896년 8월 27일에 원고 김치삼이 소송 청구를 하자, 재판부는
피고 함선익에게 초체를 발부하여 소환하였다. 그러나 피고 함선익이 숨은
채 나타나지 않아서 해당 초체를 그 집안 사람에게 맡겨두고 출두하기를
기다렸는데, 피고가 7일이 경과하도록 출석하지 않았다. 그러자 재판부는
9월 11일에 정리규칙 제6조에 의거하여 결석재판을 진행하여 원고의 주장
을 받아들였다. 15일만에 재판이 종결되었음을 알 수 있다.

한편, 1897년 10월 23일의 고등재판소 결석재판은 제1심 승소자의 결석

---

55) 「건양원년 한성재판소 판결서(1896.9.11.)」.

으로 인하여 판결이 뒤집힌 사례이다. 제1심 재판은 왕승호(원고, 한성부
거주)와 김경여(피고, 경기도 풍덕군 거주)의 위답(位畓)의 소유권을 둘러싼
분쟁이었다. 이 분쟁의 제1심은 한성재판소가 담당하였는데 원고와 피고가
모두 출석하였다.56) 재판부는 양측의 진술, 풍덕군의 보고와 판결, 동민(洞
民)들의 등소, 원고 묘지기의 증언 등을 종합하여 1897년 7월 29일 김경여
에게 승소 판결을 내렸다. 이후 왕승호가 이에 불복하여 고등재판소에 상
소를 제기하였는데 고등재판소 재판에는 김경여가 출두하지 않아서 결석
재판으로 진행되었다. 고등재판소에서는 출석한 원고의 주장이 일방적으
로 수용되어 1897년 10월 23일에 왕승호가 승소하였다.57) 피고 김경여가
출석하였더라면 결과가 달라질 수도 있었을 것이나 왕승호만이 출석하여
자신의 입장을 일방적으로 주장하면서 김경여가 패소하였다.

「정리규칙」은 법정 출석기한이 매우 짧을 뿐만 아니라, 국가기관이 기
한을 정해 주고 피고에게 출석을 통보, 강제하는 것이었고 이에 응하지 않
으면 원고의 주장만을 근거로 그대로 패소 판결을 내리는 신속한 해결을
지향하였다. 결석재판제도는 소송 당사자 일방이 재판정에 출석하지 않아
서 발생할 수 있는 재판의 지연을 방지하고 권리자의 이익을 신속히 보장
하는 효과가 있었다. 그러나 다른 한편으로는 소송 당사자의 다양한 사정
을 고려하지 아니하고 일방적으로 진행, 판정하는 것이기도 하였다.58)

---

56) 「민제344호 한성재판소 판결서(1897.7.29)」.

57) 「결석판결서 제36호 고등재판소 판결서(1897.10.23.)」.

58) 조선시대의 친착결절법(親着決折法)은 기한에 출석하지 않은 자에게 패소 판결을
내리는 제도라는 점에서 「정리규칙」의 결석판결과 유사하다. 조선시대에는 소송
당사자 중 어느 한쪽이 패소할 것이라고 판단하여 여러 달 나타나지 않는 경우, 다
시 집종을 가둔 뒤에 30일이 차도록 나타나지 않는 경우, 소송을 시작한 지 50일
동안 이유없이 출석하지 않은 날이 30일이 넘는 경우에는 송정에 나온 자에게 승소
판결을 내린다는 것이다. 임상혁, 「조선전기 민사소송과 소송이론의 전개」, 서울대

소송 당사자의 변론과 증거제출이 모두 끝나면 판결을 하였다.[59] 판결
은 결심한 뒤에 7일 이내에 하도록 하였다(민형소송규정 제13조). 이 때 판
결은 반드시 소정의 판결서를 작성하도록 하였다. 민사 판결서에는 판결의
요지와 사실관계가 적시되어 있는데 요지 하단에 소송비용을 누가 부담할
지에 대해서 서술하고 있다. 조선시대에는 소송 비용을 패소자가 부담한다
는 원칙은 없었으며, 재판에서 승소한 자가 관청에 입안을 신청한 경우에
는 입안을 발급받는 대가로 질지(作紙)를 납부하였다. 그러나「민형소송규
정」에서는 소송비용은 본인, 대인(代人) 또는 증인 등의 출두일비(出頭日
費), 재판소에 제출하는 서류인료(書類認料), 잡비용(雜費用)을 패소자가 승
소자에게 지급할 것을 규정하였다.(민형소송규정 제6조).

<서식 3> 민사판결서의 양식

開國 年 第何號	
判 決 書	
住址	職業
原告	姓名
住址	職業
被告	姓名

박사학위논문, 2000, 165쪽.

59) 최윤오 옮김,『재판으로 만나본 조선의 백성 : 충청도 진천 사송록』, 혜안, 2013.;
김경숙,「16세기 請願書의 처리절차와 議送의 의미」,『고문서연구』 24, 2004. 재판
이 종결된 후에는 수령의 결정사항을 작성하여 돌려주는데 그것을 보통 제사(題辭)
라고 칭하였다. 전통시대에서는 분쟁의 내용을 수령이 검토, 결정한 후에 결정문을
되돌려주었기 때문에 관청에서는 소송의 주체, 절차, 과정 및 최종 결정 사항 등을
파악하기 위하여 별도로 소지의 내용과 관청의 결정사항을 간단히 기록하여 두었다.

判決의 要旨
被告는 原告 訴求에 應ᄒᆞ야 債錢을 辦償ᄒᆞ미 可홈. 原告 訴求에 應ᄒᆞᆯ 만ᄒᆞᆫ 理由가
無홈 訴訟費用은 (被告/原告)의 擔當홈

理由
(原告/被告)의 主張은 (債券/證據)에 照ᄒᆞ야 其 正直ᄒᆞᆫ 줄을 認홈
此에 對ᄒᆞ야 (被告의 訴答/原告의 陳供)은 某然故로 正當이라고 ᄒᆞ며 可치 아니ᄒᆞ니 因
ᄒᆞ야 (原告의 訴求/被告의 訴答)은 其 理由가 有홈

開國   年   月   日
 裁判官印   某某裁判所 判事 姓名   官印
             【會審判事 數名 有ᄒᆞᆫ 時에는 連署】
                 書記 姓名   官印

무엇보다도 중요한 점은 조선시대와 다르게 모든 재판에 대해서 판결서를 반드시 제작하고 그 판결서 원본을 재판기관에서 보존하였다는 점이다. 조선시대에는 승소자가 청구하면 비용을 받고서 '결송입안'을 작성하여 주었으나, 모든 재판에서 판결서를 작성하지는 않았다. 뿐만 아니라 판결서 원본을 청구자에게 교부해 주었기 때문에 정작 재판기관에는 재판 관련 원본자료가 남아 있지 않았다. 「민형소송규정」에서는 소송인이 판결서의 등본을 원할 경우에는 수수료[規費]를 납부하고 등사할 수 있었다(제15조). 소정의 판결서를 등본으로 받을 수 있게 된 것은 자신의 권리 관계를 확인하는데 필수적이었을 뿐만 아니라 추후 상소를 할 때에도 반드시 필요하였다. 판결서 원본을 재판소가 보존한다는 원칙은 개인의 권리 의무를 국가기관이 직접 보호한다는 관념에 기초한 것이다.

2. 소송제도의 특징

1) 대인(代人)제도의 공인

조선시대에는 소송 당사자로부터 대가를 받고 소장을 대신 작성해 주거나 소송에서 승소할 수 있도록 법률적 조언을 하는 '대송인(代訟人)'을 범법자로 취급하였다. 그러나 신식 소송제도에서는 본인이 직접 소송을 제기하지 못하는 경우에는 재판소의 허가를 얻은 후에 '대인(代人)'에게 소송을 위탁할 수 있도록 오히려 허가하였다. 대송(代訟)의 공인은 소송에서 승리하기 위한 소장의 작성, 증거 제출, 변론 등에서 소송 의뢰인의 편의를 높여 주었다. 물론, 대인(代人)이 현대적 의미의 변호사 사무를 수행할 수 있었는지는 명확하지 않으나, 제3자에게 소송을 위탁할 수 있다는 점에서 법률 전문가의 출현이 가능하였으며 이들로부터 조력을 받을 수 있는 길도 열어둔 것이다.

「민형소송규정」에서는 대송(代訟)할 수 있는 경우를 크게 두 가지로 구분하고 있다. 첫째, 소송 당사자가 미성년자인 경우와 둘째, 여러 사정에 의해서 당사자가 직접 소송에 참여하지 못하는 경우이다. 「민형소송규정」 제2조에 미성년을 20세 이하의 자로 규정하고 호후인(護後人)이 있는 경우에는 호후인(護後人)이 대소(代訴)하고 호후인(護後人)이 없는 경우에는 친척 중에서 성년인 자가 대소(代訴)하도록 규정하였다. 이 규정에 따르면 20세 이상의 자는 소송을 독자적으로 제기할 수 있었다고 생각된다. 특히, 여성도 소송 당사자로 직접 나서서 법정 변론을 벌이는 사례가 적지 않게 나타나는 것을 보면 여성이라고 해서 소송에 제한을 둔 것은 아니다.

그러나 소송에서 연령의 규정이 제대로 지켜졌는지 여부는 확실치 않다. 판결서에 소송 당사자들의 나이가 적시되어 있는 경우가 드물기 때문에 종합적인 상황을 파악하기는 어렵지만 일부 판결서에는 20세 이하의 자가 직접 소송에 참여하는 사례를 찾아 볼 수 있다. 1896년 토지 가옥을 둘러싼 소송이 대표적이다. 이 사건은 한성부 회현방에 거주하는 일본인 중촌우차랑(中村友次郞, 37세)이 한성부 회현방에 거주하는 박관식을 상대로 한 가옥 명도소송이다. 이 사건의 피고 박관식은 18세인데 호후인(護後人)이 대소(代訴)한 것이 아니라 본인이 직접 법정에 출두하여 원고와 대질하여 소송을 진행하였다.[60] 1907년도 5월 29일 경기재판소 판결서에는 원고가 14세(童蒙)인 경우도 있었다.[61]

둘째, 소송인이 직접 소송을 하지 못하는 경우에는 재판소의 허가를 받은 후에 대인(代人)에게 해당 사무를 위탁할 수 있었다. 다만, 대인(代人)에게는 반드시 위임장을 교부하여야 했다(제3조 및 제4조). 소송인은 재판소의 허가를 받아서 보좌인을 동반할 수도 있었다(제5조).

〈서식 4〉 위임장의 양식

```
    委任書
住址 職業 姓人으로 代人이라고 定홈
何某에 對ᄒ야 訴訟에 付ᄒ야 某裁判所에서 代理 處辦홀 事룰 委任홈
    開國   年  月  日

姓名              印
```

---

60) 「건양원년 제21호 한성재판소 판결서(1896.6.20.)」.
61) 「판결서 82호 경기재판소 판결서(1907.5.28.)」.

〈서식 5〉 위임장과 代言人의 표기62)

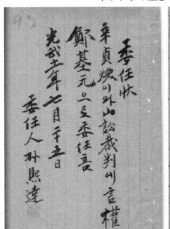

더 나아가 한국정부는 1897년에「대서소세칙」을 제정하여 대서(代書) 사무도 관허제로 운영하였다.63)「대서소세칙」은 새로운 소송제도에 익숙하지 않은 인민들의 소송상의 편의를 제공하고 소송의 원활한 운영을 위하여 도입되었다. 당시에는 "각 재판소에 민·형사상 정소(呈訴)하는 규칙을 반행(頒行)한지 오래 되었는데 각처의 민인이 해당 규례에 어두워 양식에 어긋나는 것"이 많아서 소장을 퇴각당하는 사례가 빈발하였다. 따라서 먼 지방에서 온 송민이 오랫동안 체류하게 되어 비용이 과다하게 발생하여 대서소 제도를 설치하였다는 것이다.64) 대인 및 대서소 제도에 의해서 소송을 위한 준비 단계에서부터 전문가의 조력을 받을 수 있게 되었다.

---

62)「판결서 공주구재판소 판결서(1907.7)」.
63)「代書所細則(법부훈령, 1897.9.4.)」.
64)「代書所細則(법부훈령, 1897.9.4.)」,『韓末近代法令資料集(Ⅱ)』276-277쪽.

2) 판결의 확정과 심급제도 도입

신식 소송제도의 특징은 판결의 확정과 심급제도를 도입하였다는 점에 있다. 현대적 관점에서 소송이 종결되기 위해서는 일단 판결이 확정되어야 한다. 판결이 확정되었다는 것은, 법원의 판결이 해당 절차에서는 더 이상 불복할 방법이 남아 있지 않아서 그 절차 안에서는 취소, 변경될 가능성이 없는 상태를 말한다.65) 「재판소구성법」, 「민형소송규정」에서는 원고 또는 피고가 원심에 불복하는 경우에 상소하는 기회를 보장하되, 소송 당사자가 오결(誤決)을 이유로 판사 또는 재판소를 바꾸어 가면서 계속하여 소송하는 것을 원칙상 인정하지 않았다.

「재판소구성법」은 재판소를 지방재판소, 한성 및 인천 기타 개항장재판소, 순회재판소, 고등재판소, 특별법원 등 5종으로 구분하였는데, 「민형소송규정」에서는 시심재판소와 상소심 재판소로 나누어 심급을 구분하였다. 시심재판소는 제1심 재판소로서 한성재판소, 지방재판소이고 상소심 재판소는 고등재판소와 순회재판소이다. 순회재판소를 설치된 바가 없었기 때문에 고등재판소가 유일한 상소심 재판소이자 최고 재판소 역할을 수행하였다. 추후에는 지방의 형편에 따라서 군수가 관할내 재판을 관장하고 군수 재판에 불복하는 자는 개항장재판소 또는 지방재판소로 상소하도록 변경하였다.66)

민사의 경우 상소(上訴)는 판결이 있는 날부터 15일 이내에 제기하도록 하였으며67) 만약 이 기간 안에 제1심 판결에 이의를 제기하지 않으면 해당

---

65) 호문혁, 『민사소송법원론』, 법문사, 2012, 363쪽.

66) 「各郡郡守로 該官內訴訟을 聽理케 하는 件(칙령 제5호, 1896.1.11.)」, 『구한국관보』, 1896년 1월 15일; 「各部觀察使・參書官・郡守가 判檢事務를 執行하는 件(법부훈령 제2호, 1895.6.1.」, 『구한국관보』, 1895년 6월 11일; 「各府觀察使參書官郡守가 判檢事事務를 執行하는 件(법부훈령 제2호, 1895.6.1.)」.

소송은 그대로 종결되는 것이 원칙이었다. 제1심에서 이미 판결을 내린 경우에 동일 심급의 재판소는 다시 처리하지 않으며 상소심 재판소의 판결이 최종 판결이라는 원칙을 분명히 하였다.68)

아래의 인용문은 1896년에 법부가 고등재판소 및 각급 재판소에게 발(發)한 훈령으로, 과거의 관행에 익숙한 고등재판소 및 각급 재판소가 스스로 판결을 번복하거나, 고등재판소 판결을 하급 재판소가 번복하는 것을 금지하기 위한 것이었다. 우선, 1896년 10월 13일에 법부는 고등재판소에 훈령을 발(發)하여 고등재판소가 행한 판결은 스스로 번복하지 말도록 하였다.

> 大凡 裁判法意가 何件을 勿論ㅎ고 判決를 一經흔 後에ᄂ 飜案이 不可ㅎ니 原被告가 互相飜訴ㅎ야 昨決흔 案件을 今又 受理ㅎ면 民何以信이며 法何以行이리오. 如此不已흔즉 息訟ㅎᆯ 日이 無ㅎ고 曲直을 辨明치 못ㅎᆯ지니 貴所民刑事上判決를 已經흔 案件은 別定表式ㅎ야 另爲蒐錄ㅎ야 原被告紛競의 弊를 永杜케 ᄒᆯ 事로 玆에 訓令흠69)

판결의 확정이 유지되기 위해서는 고등재판소의 판결을 하급 재판소가 처리하지도 번복하지도 말아야 한다. 같은 날에 법부는 한성재판소와 각급 재판소에도 훈령을 발(發)하여 "이후로는 고등재판소에서 판결한 사건은 영구히 수리하지 말 것"을 지시하였다.70) 이 같은 조치는 고등재판소가 최

---

67) 「민형소송규정」 제21조.
68) 판결의 확정은 판결이 일단 선고되어 소송 당사자 뿐만 아니라 법원 자신도 이에 구속되어 스스로 판결을 변경하는 것이 허용되지 않는 것을 말한다.
69) 「判決한 案件을 다시 受理審判하지 못하게 하는 件(법부훈령, 1896.10.13.)」, 『韓末近代法令資料集(Ⅱ)』, 189쪽.
70) 「高等裁判所에서 判決한 案件을 다시 下部裁判所에서 受理審判하지 못하게 하는

종심 재판소로서 기능하기 위하여 반드시 필요하였다. 그리고 아래의 서식에 맞게 민사 판결의 결과를 기록하도록 하였다. 각 재판소에 비치하도록 규정한 '민사판결처리부'에는 성명, 접수번호, 날짜, 판결의 요지, 처리, 소송 상대방, 번호 등을 기록하도록 함으로써, 소송의 남발을 방지할 수 있는 장부를 구비하였다.

〈서식 6〉 민사판결 처리부 양식

성명	거주	接受號數	월일	要旨	處辦	訟隻	番次

출처: 「高等裁判所에서 判決한 案件을 다시 下部裁判所에서 受理審判하지 못하게 하는 件(법부훈령, 1896.10.13.)」, 『韓末近代法令資料集(Ⅱ)』, 190쪽.

그리고 소송의 관할을 뛰어 넘어서 상급 기관에 소송을 제기하는 것도 금지하였다. 1896년 12월 26일에 법부는 각 12도 4항 1목 및 한성재판소에 훈령을 보내어 군과 도의 재판을 거치지 아니하고 고등재판소에 곧바로 상소하는 행위도 금지하였다.[71] 고등재판소도 20곳의 각 지방재판소, 개항장 및 제주목 재판소에 장정을 별도로 발(發)하여 민소(民訴)에 대하여 해당 재판소가 발급한 판결서를 첨부하지 않으면 수리하지 않을 것임을 분명히 하였다.[72] 이 조치들은 하나같이 상·하급 재판소간의 위계를 바로잡고 심급제도의 정착을 위한 노력의 일환으로 평가할 수 있다.

이상의 각종 훈령들은 다발성(多發性) 소송의 제기를 용인하고 있던 과

件(법부훈령, 1896.10.13.)」, 『韓末近代法令資料集(Ⅱ)』, 190쪽.
71) 「郡과 道의 裁判을 거치지 아니하고 高等裁判所에 直訴함을 禁止하는 件(법부훈령, 1896.12.26.)」, 『韓末近代法令資料集(Ⅱ)』, 199-200쪽.
72) 「잡보」, 『황성신문』, 1898년 11월 3일.

거 관행과의 결별을 목표로 한 것이었다. 특히, 「민형소송규정」 제22조는 "상소 기간 중과 함께 상소가 있을 때는 상소를 완료하기까지 판결의 집행을 정지"하도록 하였는데, 이는 제1심 재판소와 상소심 재판소를 구분하고 상소재판소가 최종적으로 판결로서 확정된다는 점을 분명히 밝혔다는 것을 의미한다는 점에서 커다란 변화였다. 이 같은 일련의 제도들은 승소자의 권리 실현이라는 분명한 목표가 있었다.

3) 강제집행제도의 도입

일반적으로 현대의 민사소송은 개인 상호 간의 생활관계에 관한 분쟁이 생겼을 때, 국가의 공권력에 의하여 강제적으로 해결하기 위한 절차로 이해되고 있다. 현대 민사소송은 법원의 판결에 의하여 법규를 적용하여 권리관계를 확정하는 절차와 확정된 사법상(私法上)의 의무가 이행되지 아니할 때에 강제적으로 그 이행을 실현하는 강제집행 절차로 나뉜다.[73] 이러한 과정을 거쳐서 비로소 소송 당사자는 분쟁의 종식과 함께 권리의 회복에 나설 수 있게 된다.

신식 민사소송제도가 조선시대와 또 다른 점은 강제집행제도를 도입했다는 점이다. 조선후기 소송실무에서는 패소자가 판결을 이행하지 아니하는 경우에 구금(拘禁)하거나 태장(笞杖)을 쳤다.[74] 이 같은 형벌적 수단 외에는 패소자가 자발적으로 이행하도록 회유, 설득, 강요하거나 엄히 타일

---

73) 孫珠瓚, 『新法學通論』, 박영사, 1998, 378쪽.
74) 1901년 3월 13일 부안군 흥덕 왕림리의 서인서가 소장을 내서 김진극과 임덕홍에게서 돈을 받아달라고 소장을 내자 "題決이 도착하는 즉시 마련해서 지급하도록 하라. 만일 붙잡아 대령하는 지경에 이르면 단연코 장을 때려서 독촉하여 돈을 받아 줄 것이다."라고 하였다. 김선경 옮김, 『扶安民狀置簿冊』, 부안문화원, 2008, 49-50쪽.

렀다. 패소자를 구금하거나 태장으로 다스리는 것은 해당 판결을 이행하게 하는 강력한 강제조치일 수도 있으나 패소자가 도피하거나 완강히 불응하는 경우에는 별다른 방법이 없었다. 이외에 조선시대에는 패소자가 승소자에게 해당 판결을 자발적으로 이행하겠다는 사실을 다짐하는 고음(侤音)을 발부하는 것을 통해서 판결의 이행을 강제하였을 뿐이다.[75]

갑오개혁기 민사소송제도를 설계한 입법자는 전통 소송제도 중에서 강제집행제도의 미비를 우선적으로 보완해야 한다고 생각하였다. 이 같은 문제점을 보완하기 위하여, 재판에서 승소한 권리자의 이익을 국가기관(재판소)이 패소자로부터 직접 추심하고 이를 승소자에게 돌려주는 민사집행제도를 도입하였다. 강제집행제도는 「민형소송규정」, 「정리규칙」, 「집행처분규칙」 등 일련의 법령으로 구성되어 있다. 특히, 「집행처분규칙」은 무려 22개 조항으로 구성된 당시로서는 매우 상세한 법규이다.

우선, 「민형소송규정」[76]에서는, 소송인이 판결을 집행하고자 할 때는 해당 사건 관할재판소에 청구하여 집행명령서를 받도록 하였다(제16조). 재판소는 집행명령서를 발급할 때에 정리에게 명하여 집행을 완료하도록 하였다(제17조). 이로써, 소송인이 청구하면 재판소가 주체가 되어 집행명령서를 발급하고 재판소에 소속된 정리가 직접 집행하는 절차가 마련되었다. 「정리규칙」에 따르면, 정리(廷吏)는 소관 재판소의 명령에 따라서 집행처분을 행하며 집행을 행한 후에는 권리자 및 의무자의 증명서와 집행일시, 권리의무자의 거주, 성명, 변상액(償債數爻), 압수 물품의 가격도액(價格都額) 등을 상세히 초록하여 존안(存案)하도록 하였다.[77] 조선시대에는 집

---

75) 조선시대 민사집행에 대해서는 다음의 논문 참조. 이승일, 「근대 이행기 소송을 통해본 민사재판의 성격 -侤音의 소송상의 의미를 중심으로-」『고문서연구』 51, 2017.

76) 「민형소송규정(법부령 제3호, 1895.4.29.)」『各裁判所規程(奎 17287)』.

행처분에 관한 국가기관의 역할이 미미하였으나 1895년 「민형소송규정」에서는 모두 국가의 책임으로 돌렸다.

이 같은 「민형소송규정」 및 「정리규칙」 상의 집행 처분의 절차와 내용을 상세히 규정한 것이 「집행처분규칙」이다.[78] 이는 재판소의 확정판결에 근거하여 국가기관이 직접 민사관계를 처분하는 강제집행제도로서의 의미가 있었다.[79] 우선, 재판소에서 집행명령서를 발급할 때에 의무자(채무자)의 자력(資力)과 사리(事理)의 사정[根委]을 헤아려서 7일 이상 2개월 이내에 집행할 기한을 정할 수 있다(제1조). 그리고 재판소는 채무자가 타인에게 빚을 받아낼 것이 있으면 그 채권(債券) 유무를 조사하여 만약 그 채권(債券)이 있으면 해당 채무자를 불러들여서 바로 집행권리자(채권자)에게 갚도록 할 것을 명령하거나 혹은 전항의 의무자에게 갚도록 할 수 있다(제2조). 정리는 소송인의 집행명령서를 휴대하고 집행의 착수를 청구하며 또 재판소 명령이 있으면 바로 그 집행에 착수하여 해당 명령서에 기록된 기한 중에 집행을 완료하도록 하였다(제3조). 다만, 정리는 채무자의 거주지, 집행물이 소재한 장소, 그 대리자와 입회인에게 집행할 것을 고지하고 이들을 입회시켜서 집행에 착수하여야 한다(제4조). 그리고 정리가 이미 집행처분에 착수한 후에는 그 물건에 대해서 채무자는 물론 타인이 침해하지 못하도록 하였다(제6조). 압수물의 가액은 소송인이 협의한 후에 정하거나 또는 재판소에서 평가하여 정할 수 있도록 하였다(제7조).

관할 재판소에서 채무자의 재산을 압수한 때에는 권리자와 채무자의 성명, 소송명, 집행완료 기한, 집행물의 소재 등을 기록하여 해당 재판소와

---

77) 「정리규칙(법부령 제19호, 1895.7.17.)」 『各裁判所規程(奎 17287)』.
78) 「집행처분규칙(법부령 제8호, 1895.7.17.)」 『各裁判所規程(奎 17287)』.
79) 「집행처분규칙」에서는 민사집행이라는 용어가 등장하고 있으며 강제집행의 절차와 방법을 구체적으로 규정하였다.

〈서식 7〉 증명서 서식

證明書

權利者姓名 (印)
義務者姓名 (印)

右者 某某 訴訟執行命令書를 依호야 執行
處分을 執行호얏스니 義務者 某某는 權利
者 某某에 對호야 辦償不足條 本利合計
若干金을 辦償호미 可홈
但此執行日노 計호야 五年 以內에는 執行
再行치 못홈
開國 年 月 日
某裁判所判事 姓名 (印)
書記 姓名 (印)
廷吏 姓名 (印)

기타 도로상에 게시하도록 하였으며 채무자에게 받을 빚이 있는 자는 누구라도 ○○일 내로 관할 재판소에 진고(進告)하도록 하였다(제9조). 집행을 완료한 후에는 다른 권리자가 진고(進告)하더라도 재판소에서는 전조(前條) 집행 처분 중에는 추가하지 못하도록 하였다(제10조). 또한 집행처분은 완료하였는데 만약 채무자의 변상액이 부족하면 재판소는 권리자에 대하여 증명서를 발급할 수 있었다(제12조). 채무자가 집행을 한번 거친 후에 권리자가 채무자의 풍요(豊饒)함을 고발하여 집행을 다시 요청할 때에는 재판소에서 부여한 증명서를 반드시 휴대하도록 하였다(제13조). 채무자가 집행을 당할 때에 재산을 은닉하였다가 추후 권리자가 고발하면 언제라도 집행을 행할 수 있었다(제14조). 1차 집행을 당한 자가 추후 재산을 일으켜서 (起産) 풍요함을 권리자가 고발한 때에는 재차 집행을 할 수 있었다(제15

〈서식 8〉 집행명령서 사례

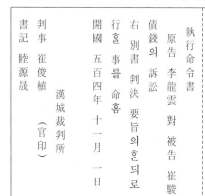

執行命令書
原告 李龍雲 對 被告 崔駿夏
債錢의 訴訟
右別書 判決 要旨의 흔 되로 執
行홀 事를 命홈
開國 五百四年 十一月 一日
　　　　　　　　　漢城裁判所
判事 崔俊植 （官印）
書記 睦源晟

조). 채무자에게 집행을 행하되 채무 완료 여부를 물론하고 2회를 넘지 못 하도록 하였다(제16조). 2회 집행을 행한 후에 변상을 완료하지 못한 금액 은 재상(再償)하지 못하도록 하였고 일정한 서식에 따른 증명서를 의무자 에게 부여하도록 하였다(제17조). 또한 은닉한 재산 외에는 1차 집행한 후 5년 이내에는 다시 집행하지 못하도록 하였다(제18조). 만약, 정리의 집행 처분을 방해하거나 기타 불법 등의 일로 거역자(拒逆者)가 있으면 순검에 게 구조(求助)하고 혹은 재판소에 상당한 처분을 요구할 수 있었다(제20조). 특히, 정리의 집행처분에 대하여 일부러 방해하는 자는 그 취지를 관할재 판소에 진고할 수 있었고(제21조), 의무자가 갚을 재력이 없거나 혹은 부족 분이 발생하여 갚지 못할 경우에는 공권을 정지토록 하였다(제22조).

1895년 집행처분규칙은 조선 재래의 소송에서 취약하였던 판결의 집행 력과 확정력을 강화하는데 크게 기여하는 제도였다. 「집행처분규칙」에 입 각하여 발부된 최초의 집행명령서는 1895년 11월 1일 판결서에 나타난다. 이 사건은 이용운(원고)과 최준하(피고) 소송사건인데 최준하가 2,400냥을 빌리고 갚지 않자 이용운이 소송을 제기한 것이다. 이에 대해서 한성재판소는 최준하가 이용운에게 2,400냥을 갚으라는 판결을 내렸다. 그리고 이용운의 청구에 따라서 〈서식 8〉과 같은 집행명령서를 발부하였다.[80]

이상에서 알 수 있듯이, 「집행처분규칙」이 제정됨으로써 분쟁의 신속한 해결을 기대할 수 있게 되었다. 1895년 「정리규칙」, 「집행처분규칙」, 「민형소송규정」은 판결을 확정하고 집행하는데 기여하는 제도였다.[81] 1895년 이래로 판결에 대한 집행의 주체, 절차, 방법 등 민사집행에 관한 사항이 세부적으로 규정되기 시작한 것이다. 이로써 판결의 확정력을 높이고 승소자의 권리를 국가가 대신하여 실현해주는 강제적 민사절차가 비로소 생기게 되었다. 조선시대와 비교한다면 획기적인 제도의 도입이라고 평가할 수 있다.

4) 소송의 자유 신장

1895년 「재판소구성법」을 비롯한 「민형소송규정」, 「집행처분규칙」, 「정리규칙」 등의 소송법규들은 소송의 자유를 더욱 신장하였다. 조선시대에도 노비, 여성도 민사소송을 제기할 수 있었을 뿐만 아니라 반상(班常) 간에 차별없이 소송할 수 있었다. 그러나 조선왕조의 독특한 사회 제도에 입각한 소송상의 제약은 여전히 남아 있었다. 예컨대, 지방의 품관, 서리, 민인이 해당 고을을 관할하는 수령이나 관찰사를 고소 또는 고발하는 경우에는 종묘사직 또는 불법살인에 관한 것 이외에는 모두 접수하지 않고 장100 도3년에 처하였다.[82] 이 법령은 조선 초기 지방의 토호의 발호를 억제하고

---

80) 「제239호 한성재판소 판결서(1895.11.1.)」.

81) 근대 이행기 민사소송에 대해서는 다음의 논문 참조 손경찬, 「開化期 民事訴訟制度에 관한 研究」, 서울대 박사학위논문, 2015.

수령의 권한을 보장함으로써 지방통치를 안정화시키는데 기여하였으나, 조선후기에 들어오면서는 1인 통치자인 수령의 권력 남용을 불러일으키는 요인이 되었다.

한편, 가부장적이고 신분제적 원리에 따라서 유지되고 있던 소송상의 제약도 사실상 철폐하였다. 조선왕조에서는 가족 또는 친족 간의 고소 고발을 규제하였다. 형제, 숙질 등 친족 간의 소송은 자칫하면 친목을 망각하고 미풍을 해친다고 생각하여, 친족 간에 이유 없이 소송을 제기하여 그 간사함이 드러난 경우에는 엄벌에 처하였다. 예컨대 아들, 손자, 처와 첩, 노비 등이 그 부모나 가장을 고소, 고발하는 경우에는 모반과 반역의 경우 외에는 교수형에 처하고 노처(奴妻)나 비부(婢夫)가 가장을 고소, 고발하면 장 100 유 3천리에 처하도록 하였다.83) 『속대전』에는 아들과 손자가 그 조부모와 부모를 고소(告訴)하는 경우에는 시비곡직을 가리지 않고 법에 따라 논죄(論罪)하여 인륜(人倫)을 밝히도록 하였다.84) 민사소송 실무상에서도 아래와 같았다.

송사를 듣다 보면 종종 아주 가까운 친족 사이에 둘러싸고 다툼을 벌이거나 혹 서로 고소하고도 부끄러운 줄 모르는 경우가 있다. 이 경우 피차

---

82) 『경국대전』 刑典 訴冤. "종묘사직(宗廟社稷)에 관계되거나 불법살인(不法殺人)에 관한 것 이외로 이전(吏典)이나 복예(僕隸)가 그 관원(官員)을 고발한 경우와 품관(品官), 서리, 민인이 그의 관찰사나 수령을 고발한 경우에는 모두 접수하지 아니하고 장(杖) 100 도(徒) 3년에 처한다."

83) 『경국대전』 刑典 告尊長. "아들과 손자, 처(妻)와 첩(妾), 노비(奴婢) 등이 부모(父母)나 가장(家長)을 고소(告訴), 고발(告發)하면 모반(謀叛)과 반역(反逆)의 경우 이외는 교수(絞首)하고 노처(奴妻)나 비부(婢夫)가 가장(家長)을 고소(告訴), 고발(告發)하면 장(杖) 100 유 3000리에 처한다."

84) 『속대전』 刑典 告尊長.

의 옳고 그름을 논하지 말고 우선 정성스럽게 가르치고 꾸짖어서 잘못을 뉘우치게 한다. 설령 사나워서 끝내 따르지 않는다면 송사를 들어주지 않는다. 그러면 나쁜 풍속이 조금이라도 변화하고 쟁송도 점차 줄어들 것이다.[85]

위 인용문은 안정복이 1738년(영조 14년)에 저술한 책의 내용으로, 수령을 대상으로 하여 이른바 칠사(七事)라고 하는 농상성(農桑盛)·호구증(戶口增)·학교흥(學校興)·군정수(軍政修)·부역균(賦役均)·사송간(詞訟簡)·간활식(奸猾息)을 중점적으로 소개하고 있다. 이 인용문에서도 유학자다운 태도가 잘 드러난다. 친족 간의 분쟁은 옳고 그름을 분별하지 말고 잘 타이르고 가르쳐서 잘못을 뉘우치게 하라는 것이다. 안정복은 친족 간의 소송을 접수하지 말라고 조언한 것이다.

그러나 갑오개혁에서 "공사 노비의 법규는 일체 혁파하고 인신 판매를 엄금"하였고 "문벌, 반상의 등급을 벽파하고 귀천에 불구하고 인재를 골라 쓸 것"이라고 하여 신분제, 노비제를 폐지하였다.[86] 소송의 자격에 대해서는 법령상에서 특별히 규정하지 않았으나, 1894년의 여러 조치들에 의하여 양반과 관료들의 불법적 수탈에 맞서 양인, 노비 출신들이 신분에 구애받지 않고 권익을 요구할 수 있는 소송의 자유가 보장되었다. 1896년의 이인근의 상소에는 인민들이 이른바 '상전'들을 상대로 소송을 적극적으로 제기하는 등 소송관의 변화를 알 수 있는 내용이 담겨 있다.

모든 정사를 개혁한 이후 상인(常人)과 천인(賤人)들이 사대부(士大夫)를 업신여기고 고약하고 잡된 무리들이 경향 각지에 출몰하여 원통함을

---

85) 원재린 역주, 『임관정요』, 혜안, 2012, 380쪽.
86) 도면회, 『한국근대형사재판제도사』, 푸른역사, 2014, 122쪽.

풀 것이 있다고 하면서 재판소 뜰에 늘어서서 송사를 일삼는 것이 날로 생겨나 이루 다 헤아릴 수 없습니다. 지금 백성들의 마음을 뒤흔드는 것으로 이보다 심한 것이 없습니다.[87]

사채(私債)라고 하는 것에 대해서는 받아야 할 것인지 아닌지, 실제로 있었던 일인지 아닌지에 대해 상관없이 4, 5년 전이나 십수 년 전의 사건도 갑자기 소송을 걸어 첩정(牒呈)을 제출하기만 하면 경재(卿宰)나 진신(縉紳), 사류(士類)나 서민(庶民) 할 것 없이 그 신분을 막론하고 정리가 그대로 묶어서 끌고 오고 있습니다. 상인(常人)이나 천인(賤人) 신분으로서도 감옥에 가고 싶지 않고 옥리(獄吏)를 대면하고 싶지 않을 것인데, 하물며 왕조에서 예우하는 당당한 벼슬아치들이 하루아침에 이처럼 심한 치욕을 당하니 그 심정이 오죽하겠습니까.[88]

이인근은 상인(常人)과 천인(賤人)들이 사대부를 상대로 거리낌없이 소송을 일삼는 '악습(惡習)'이 서울과 지방을 가리지 않고 출몰하는 세태를 한탄하였다. 특히, 그는 "갑오개혁 이전의 사채(私債), 답송(畓訟), 산송(山訟)과 같은 개인 간의 다툼에 대해서는 더 이상 심리하지 말 것"을 요청하였는데, 그 이유는 "서울과 지방의 송사가 가라앉아야만 나라가 나라 구실을 하고 백성이 백성 구실을 할 수 있기 때문"이라는 것이다.[89] 백성들이 청구한 정당한 소송을 국가기관이 일방적으로 받아들이지 말라는 것이다.

그러나 현대적 관점에서 보면 이인근의 주장은 일방적이다. 갑오개혁 이후 상인(常人)과 천인(賤人)들의 모습은 침해받은 자신들의 권익을 되찾기 위하여 적극적으로 재판소를 활용하는 것으로 평가되어야 한다. 갑오개혁

---

87) 『고종실록』, 1896년 12월 29일.
88) 『승정원일기』, 1896년 12월 30일.
89) 『고종실록』, 1896년 12월 29일; 『승정원일기』, 1896년 12월 30일.

이후 인민들이 새롭게 설치된 각급 재판소와 소송제도에 기대를 걸면서, 1890년대 후반부터는 지방관은 물론이고 중앙의 주요 관리, 판사와 검사까지도 고소, 고발당하는 사례가 급증하였다. 개인 상호간의 소송 뿐만 아니라 관료들을 상대로 하는 소송의 증가는 그만큼 소송에 대한 사회적 인식이 바뀌기 시작하였음을 보여준다.

> 반상 간에 송사할 일이 있으면 재판소에 정하여 재판소에서 원피고를 불러 사실한 후 공평히 재판하여 결처하는 것이 나라 법률이라. 재판소에서 할 직무를 다른 사람이 행할 지경이면 그 사람은 국가의 제일가는 죄인이라.[90]

> 백성이 얼마 개명이 된 것이 갑오 이전에는 재판이 무엇인지 법관의 선불선을 말하는 사람이 없고 다만 세력있는 집에 등대기만 힘스더니 지금은 재판을 잘한다 잘못한다 법률이 그러하니 저러하니 하고 시비들을 하는 친구가 더러 있으니 그것으로 보아도 차차 개명이 되어 가는 것을 짐작하겠더라.[91]

위 인용문들은 갑오개혁 이후 사법에 대한 인민들의 태도가 어떻게 바뀌는가를 보여준다. 첫째 인용문은 양반과 평민 간에 분쟁이 발생하면 신분을 불문하고 소송 당사자가 재판소에 소송을 제기하여 처리하는 것이 국법(國法)이며 재판사무는 재판소가 처리해야 한다는 점을 분명히 하였다. 조선시대에는 양반이 사사로이 형벌을 부과하기도 하였는데 갑오개혁 이후에는 신분의 고하를 막론하고 모든 분쟁은 당사자가 직접 해결하는 것이

---

90) 「근일에 드르니 엇더흔 양반들이 다시 구습을 시작ᄒ야」, 『독립신문』, 1897년 12월 11일.
91) 「일전에도 법률장뎡이 즁ᄒ고 긴ᄒ 수연」, 『제국신문』, 1898년 11월 24일.

아니라 국가기관이 해결해야 한다는 점을 지적한 것이다. 둘째 인용문은 갑오개혁 이전에는 사람들이 재판이나 판사의 공정성 여부에 대해서 감히 말하지 못하고 승소를 하기 위해서 세력이 있는 자에게 기대는 경향이 있었는데 이제는 개명이 되어서 판사가 불공정하게 재판을 진행하면 이를 비판하게 되었다는 것이다.

이제, 인민들은 국가의 통치를 일방적으로 수용하는 존재가 아니었다. 자신들이 공평하고 옳다고 믿는 그런 법과 재판의 관념을 가지고 현실의 재판을 비판하기 시작하였다. 이 같은 변화는 1896년 『독립신문』의 발간과 독립협회의 계몽 운동을 계기로, 인간을 자유와 권리를 가진 존재로 인식하고, 더 나아가 인민이 정치의 주체가 되어야 한다는 정치의식의 발달에서 비롯되었다. 1896년 10월 6일 『독립신문』에는 제물포에 사는 최진한과 곽일이 주변 사람들에게 통문을 보내어 개화국의 인민들은 모두 권리가 있어서 관리들이 잘못된 일을 하면 인민들이 시시비비를 따질 수 있는 권리가 있는데 조선에서는 관리가 인민의 재산을 부당하게 침해하여도 인민이 아무 말도 못하고 있다고 비판한 사건이 소개되었다. 그리고 이를 바로 잡기 위해서는 민권을 신장시켜야 한다고 선동하면서 민당(民黨)을 모으다가 발각되어서 처벌받았다는 것이다.[92] 인천은 개항장으로서 외국인과의 교류를 통해서 새로운 정치사상을 일찍 접할 수 있었기 때문에 위와 같은 사람들이 나타난 것이다. 갑오개혁이 단행된 지 10년 후에는 더욱더 권리 의식이 성장하였다.

우리나라 오백년 관원의 권리는 높고 인민의 권리는 천하여 그 압제와 학대를 여지없이 받아도 감히 말 한마디를 못하는데, 관원은 고사하고 촌

---

92) 「제물포 곽일이란 사름이 빅셩의게 통문 ᄒ되」 『독립신문』, 1896년 10월 6일.

에 사는 양반에게도 감히 항거치 못하였슨즉 민권이 무엇인지 자유권이 무엇인지 이름도 모르던 백성이 지금은 그 무섭고 위엄차던 관찰사 군수를 걸어 재판하기를 이전에 동리집 늙은이와 송사하기보다 매우 용이하니 그것이 뉘 까닭인지 아시오. 그 근인을 궁구하면 신문 친구의 힘이 아니라 할 수 없다.[93]

풍기가 변한 것은 민권이 점점 생겨야 할 것인데 지금 민권의 유무를 논란하건대, 백성이 원억한 일이 있으면 의례히 군수도 걸어 정하고 관찰사도 걸어 정하나니 그 일의 성사 여부는 법관의 책임이어니와 이전에야 아무리 원통한 일이 있기로 수령 방백을 걸어서 정장하여본 일이 있었는가. 이것이 민권이 활동함이 얼마큼 생긴 것을 알터이오. 또 백성이 정부에서 잘하던지 잘못하던지 감히 말 한마디 못하던 처지로서 근일에는 인민이 정부 당국자를 권면도 하고 경고도 하여 원을 개차하여라 관찰사를 불복이라 하며 탄핵하기를 여지없이 하고 민회라면 나라에 큰 역적인줄로 짐작하더니 지금은 민회가 생겨서 법률 범위 내에는 자유행동이 분명하니 이전에 비교하면 변한 것이 한 두가지가 아니오.[94]

인민들이 양반과 관료들을 상대로 적극적으로 소송을 제기할 수 있었던 것은 「재판소구성법」과 「민형소송규정」 등 소송제도가 소송의 자유를 법으로 보장하였기 때문이다. 그러나 더 중요한 것은 『독립신문』, 『제국신문』, 『황성신문』 등을 통해서 서구의 새로운 사상이 유입되면서 사람들의 의식도 함께 변화하였기 때문이다. 여러 신문들은 국가권력으로부터 개인의 자유와 권리를 보호하는 것이 매우 중요하고, 국가기관이 인민의 권리를 침해하는 경우에는 재판을 통해서 구제해야 한다고 역설하였다. 이에 따라서 『제국신문』은 과거에는 수령이나 관찰사의 불법행위에 대해서 소송하지

93) 「친구에딕 ᄒᆞ야감샤혼 일(속)」, 『제국신문』, 1906년 9월 6일.
94) 「풍긔가졈졈열녀가ᄂᆞᆫ일」 『제국신문』, 1906년 8월 27일.

못하였으나 근일에는 수령, 관찰사, 정부 당국자들이 일을 제대로 처리하지 못하면 소송하고 탄핵하는 인민들을 쉽게 볼 수 있다고 소개하였다. 세상이 점차 바뀌고 있는 것이다.

제3장 황제권력의 강화와 사법의 보수화

제1절 법부 주도 사법개혁의 방향과 성격

1. 아관파천과 국왕권의 회복

1896년 2월 11일에 전격적으로 단행된 아관파천은 사법개혁의 방향을 근본적으로 바꾸는 계기였다. 고종은 아관파천 직후에 을미사변 관계자들을 숙청하고 친러파와 친미파 관료들을 중심으로 정부를 새롭게 구성하였다. 그리고 러시아의 보호와 친러파 관료들의 지원을 배경으로 국왕권 강화에 착수하였다. 1896년 9월 24일에 「의정부관제」를 공포하여 종전의 내각제도를 폐지하고 의정부를 복설하였다. 이 관제 전문(前文)에는 "대군주 폐하께서 만기(萬機)를 통령(統領)하사 의정부를 설치"한다고 명시하여 국정의 운영권이 국왕에게 귀속되었음을 선포하였다.[1] 복설된 의정부는 법률·규칙 등의 제·개정, 폐지, 외국과의 조약 체결 및 개전(開戰), 정부의 세입·세출, 조세 및 관세 징수에 관한 사무 등 국가의 중요 정책을 결정하는 권한이 있었다. 그리고 국왕은 의정부 회의에 친림(親臨)할 수 있었고 의정부 회의에서 부결된 의안이라도 국왕이 강행할 수 있는 조항을 새로 설치하였다.[2] 이로써 갑오개혁기에 빼앗긴 국정 운영권을 고종이 도로 가져온 것이다. 다만, 아관파천을 주도한 관료들은 개혁파의 일원으로서 갑오개혁

---

1) 「의정부관제(칙령 제1호, 1896.9.24.)」 『고종실록』, 1896년 9월 24일.
2) 오연숙, 「대한제국기 의정부의 운영과 위상」 『역사와현실』 19, 1996, 48쪽.

을 상당 부분 계승하려고 하였다. 이들은 군주의 존재는 인정하되 절대군주제가 아니라 민의의 수렴과 동의를 통해 권력을 행사하는 제한군주정을 지향하였다.[3] 그러나 고종과 그 측근 세력들은 강력한 절대군주제를 지향하면서 조속히 부국강병을 추진하여 자주독립을 완성하려고 하였다.

1897년 8월 17일에는 연호를 건양에서 광무로 개정하고 10월 12일에는 고종이 대한제국의 황제로 즉위하였다. 이로써, 황제는 대외적으로는 자주독립을, 대내적으로는 국가의 상징이자 최고 권력자임이 선언되었다. 이어 대한제국은 구본신참(舊本新參)의 정신 하에서 황제의 뜻을 충실히 반영하여 국가체제를 정비하는 작업에 돌입하였다.[4] 1898년 6월 10일에 반포한 「의정부차대규칙(議政府次對規則)」은 의정 이하 각부 대신이 매주 1회 회동 입대(會同入對), 매일 2인씩 윤회입대(輪迴入對)하도록 하였다. 이는 고종이 러시아 공사관에 있을 당시에는 자주 접하지 못했던 정부 각 대신들과 더불어 국정에 대해 논의하고자 한 것이었다. 「의정부차대규칙」은 정국 운영 방침이 상당 정도 조선왕조의 전통적인 방법으로 복귀함을 의미한다.[5] 1898년 12월에는 독립협회를 해산시킴으로서 자신을 위협할 수 있는 민권 운동 세력을 억누르는데 성공하였다. 이로써 황제의 권한을 위협한 자유주의적 정치단체는 존재하지 않게 되었다.

더 나아가 1899년에는 「대한국국제」를 통해서 절대군주권을 법제적으로 완성시켰다. 「대한국국제」 제2조에서는 만세불변의 전제정치임을 선언하고 황제는 무한군권을 향유한다고 명시하였다. 이에 따라서 입법, 사법, 행정권이 모두 군주에게 귀속되었다. 근대 입헌주의의 주요 내용인 권력

---

3) 도면회, 『한국근대형사재판제도사』, 푸른역사, 2014, 132쪽.
4) 왕현종, 「대한제국기 고종의 황제권 강화와 개혁 논리」 『역사학보』 208, 2010.
5) 오연숙, 「대한제국기 의정부의 운영과 위상」 『역사와현실』 19, 1996, 49쪽.

분립과 국민의 기본권 등에 대해서는 전혀 규정하지 않았다. 「대한국국제」
는 신민이 군권을 침손하는 행위에 대해서는 엄히 처벌하고, 육해군의 통
솔 및 편제, 법률의 제정 및 반포, 사면 복권. 행정 각부의 관제와 문무관의
봉급 제정 및 개정, 관리의 임면 등 국권의 거의 모든 것을 황제가 행사할
수 있도록 보장하였다.

　고종은 자신의 권력을 공고히 하는 과정에서 사법권이 매우 중요하다는
점을 깨달았다. 갑오개혁 이후에 이준용의 음모사건(1895.4)[6], 박영효의 고
종 폐위 음모(1896.11)[7], 대한애국청년회 사건(1898.7)[8], 김홍륙 독차 사건
(1898.9), 의화군 추대 사건(1899.1)[9] 등이 잇달아 발생하였는데[10] 일련의
역모사건을 효과적으로 진압하고 징벌하는데 사법권은 필수적이었다. 고
종은 법부대신, 평리원장, 한성재판소 판·검사직을 충성을 다짐하는 측근
들에게 나누어 주었고 측근들은 정적들을 철저히 응징하는 것으로 보답하
였다.

　이 같은 정치 흐름 속에서 사법개혁의 방향도 군주의 절대권에 복속하
는 쪽으로 변화하였다. 재판의 독립을 목표로 하였던 1895년의 「재판소구
성법」과 「민형소송규정」의 이념이 사실상 부정당하였다. 예컨대, 1896년에
는 국왕과 법부대신의 재판권이 법률로 명기되었고 1897년에는 각급 재판
소에 대한 법부의 간섭이 광범위하게 인정되었다. 1898년에는 유일한 독립

---

6) 이준용이 고종의 왕위를 빼앗으려다가 실패하고 일본으로 망명한 사건이다.
7) 박영효가 일본에서 고종을 폐위시키고 의화군을 옹립하려고 시도한 사건이다.
8) 안경수 등이 황태자를 옹립할 것을 기도하다가 실패한 사건으로 윤효정과 함께 일
　본으로 망명하였다.
9) 박영효의 밀명을 받아서 이승만 등이 고종 폐위를 기도하다가 체포된 사건이다.
10) 김성혜, 「고종시대 군주권 위협 사건에 대한 일고찰」『한국문화연구』18, 2010. 김
　성혜는 고종대 군주권 위협 사건은 31건이나 있었고 그 중에서 25건이 갑오개혁 이
　후에 일어났다고 분석하였다.

재판소였던 한성재판소를 폐지하는 등 「재판소구성법」을 사실상 무력화시
켰다. 1899년 「재판소구성법」의 전부 개정 및 1900년 「법부관제」의 개정
은 모든 재판에 대해서 법부가 직접 재판권을 행사할 수 있도록 재판제도
를 변경하였다. 갑오개혁이 시작된 지 불과 4년만에 사법제도는 조선왕조
시대로 되돌아간 것이다.

이처럼 한국정부의 사법제도가 보수화된 이유는 고종과 법부대신이 재
판에 개입하려는 의도가 강했기 때문이다. 고종은 혼란스러운 정국의 변동
속에서 국왕권을 강화하는데 사법권을 적극 활용하였다. 지방관들도 행정,
사법, 징세, 경찰권을 모두 장악하는데서 오는 이권을 결코 놓고 싶어하지
않았다. 갑오개혁은 국왕의 통치권을 분할하고 분할된 권력에 개혁관료들
이 직접 참여하는 것을 목표하였으나 1896년부터 이 시도들은 점차 무력화
되었다. 고종은 독립협회 해산 이후 독립협회 진압에 공로가 큰 보수파 대
신들과 측근세력 중심으로 정부를 구성하였다. 이어서 몇 차례 정치적 사
건을 거치면서 신기선, 조병식 등 보수파 대신들이 차츰 세력을 잃고 서자
나 무과 출신 등 신분적으로 제약이 있던 세력들이 충성심을 매개로 권력
의 핵심으로 떠올랐다.[11]

2. 국왕·법부대신의 사법권 법제화

고종의 권한을 강화하는 조치들은 사법제도의 측면에서는 법부대신의
사법권이 확대되고 각급 재판소에 대한 법부의 통제가 강화되는 방향으로
나타났다. 이 같은 움직임은 1896년 4월 4일 「형율명례[12]」를 통해서 알 수

---

11) 『새로운 한국사 길잡이 하』, 지식산업사, 2008, 92-93쪽.
12) 「형율명례(법률 제3호, 1896.4.4.)」 『구한국관보』, 1896년 4월 7일.

있다.13) 이 법률은 본문 30개조, 부칙 3개조로 구성되어 있으며 갑오개혁 이래로 도입된 형벌제도를 정리한 '형벌총칙'에 해당하는 성격을 가지고 있다. 1896년 6월 17일 일부 개정된 법안을 기준으로 주요 내용을 간략히 소개하면 형벌을 사형, 유형, 역형, 태형 등 4종으로 구분하여 종전의 장형을 폐지하였다. 사형은 교형(絞刑)으로 처단하고 유형은 10등급, 역형은 19등급, 태형은 10등급으로 처벌하도록 하였다. 이와 함께, 옥구(獄具)의 종류, 집행의 대상과 절차 등을 세부적으로 규정하였다.14)

그런데 「형율명례」는 단순히 형벌의 종류, 양형, 집행 방식만을 규정한 것이 아니라 특정 범죄에 대해서는 국왕과 법부대신에게 재판권을 광범위하게 허용하였다. 갑오개혁기에는 법부대신으로 하여금 재판권을 행사할 수 있도록 허용한 법령은 존재하지 않았다. 다만, 일부 사안에 대해서 각급 재판소가 질의하거나 의문이 있는 경우에 그에 대해서 지령을 내리는 정도였다. 그러나 1895년 을미사변을 비롯해서 국왕권을 위협하는 친일 개화파 세력들과 반고종 정파들을 제거하기 위한 사법수단이 요구되면서 국왕과 법부대신의 사법권이 법제화되었다.

구체적으로 「형율명례」는 사형에 처할 자는 선고한 후에 국왕에게 상주하여 재가를 거쳐서 집행하도록 하였고(제7조), 한성 외 각 지방재판소 및 각 개항장재판소의 인명(人命) 및 강도옥안은 법부가 처형(處刑)을 사전에

---

13) 1896년 4월 1일에 제정된 「적도처단례」는 강도, 절도, 사기, 공갈, 횡령, 유괴, 인신매매 등의 범죄들과 관련된 사망과 상해, 도박, 통화위조, 물품의 위변조 기타 일체의 불법적인 재물취득행위를 처벌하는 형법이다. 노비제 폐지의 결과를 담아 양천의 신분구별을 전제한 규정이 사라졌다고는 하지만, 대명률의 용어, 범죄 관념, 존비질서, 처벌체계를 거의 그대로 유지하고 있었다는 점에서 근대지향적인 형법은 아니었다. 문준영, 『법원과 검찰의 탄생』, 역사비평사, 2010, 235쪽.

14) 문준영, 『법원과 검찰의 탄생』, 역사비평사, 2010, 235쪽.

허가하고 매월말에 모두 모아서 상주하도록 하였다(제9조).[15] 이로써, 법부
대신은 지방재판소와 개항장재판소의 주요 형사사건의 판결에 직접 개입
할 수 있게 되었다. 그리고 국사범을 유형이나 역형에 처할 때는 반드시
상주를 거치도록 하였다(제11조 및 제15조).[16] 단, 국사범이 아닌 자라도
그 죄범이 중대한 때는 칙재(勅裁)를 거쳐서 역형을 유형으로 바꿀 수 있었
다(제12조). 특히, 국사범 외의 역형 이하는 법부대신과 재판장과 각 재판
소 판사가 직단(直斷)할 수 있었다(제16조). 이로써 법부대신도 각급 재판소
의 판사와 똑같이 형사재판권을 행사할 수 있었다. 더 나아가 각 재판소에
있는 역형 종신에 해당하는 죄인은 반드시 법부대신의 지령을 받아서 판결
을 선고하도록 하는 등 구속력을 크게 강화했다(제17조).[17]

다음의 사례들은 국왕과 법부대신의 개입으로 인하여 법과 재판이 어떻
게 왜곡되었는가를 보여준다.

1) 이원긍·여규형·지석영의 불법 처벌 사건

국왕이 주요 범죄에 대해서 직접 판결하거나 혹은 법부를 통해서 재판
에 개입하면서, 법의 왜곡이 나타났다. 정치적 형사사건의 경우에는 고종

---

15) 1896년 6월 17일에 「형율명례」 제9조가 1896년 6월 17일에 개정되어 "한성 외 각
 지방재판소 및 각 개항장재판소의 인명(人命) 및 강도옥안 중에서 사형에 처할 자
 는 법부에서 상주하여 재가를 거친 후에 그 처형을 허가"하는 것으로 개정되었다.
 「형율명례(법률 제5호, 1896.6.17.)」 『구한국관보』, 1896년 6월 19일.

16) 1900년 1월 11일에 "國事犯을 役刑에 處홀 時는 宣告ᄒ고 上訴期間 三日(外 各
 裁判所는 海陸路 每 一日 八十里式 計程혼 外에 算期)을 經혼 後에 반드시 法部
 大臣에게 質稟ᄒ야 指令을 待ᄒ야 執行ᄒ미 可홈」 六十三字를 添入홈이라"으로
 개정되었다. 「형율명례 개정(법률 제2호, 1900.1.11.)」

17) 특별법원의 범죄자도 역형 이상을 선고 후에 상주하여 재가를 거쳐서 집행할 수 있
 었다.

과 법부대신의 재판 간여가 뚜렷하게 나타난다. 이 같은 사례는 독립협회 주도로 정치개혁 투쟁이 전개되고 있었던 1898년의 일련의 정치적 사건에서 확인할 수 있다. 러시아는 1897년 9월에 주한 러시아 공사를 베베르(Veber, K. I.)에서 적극적 침략 정책을 주장한 스페이에르(Speyer, A.)로 교체하였다. 당시 러시아는 군사 기지 설치를 위하여 부산 절영도(絕影島)의 석탄고 기지 조차(租借)를 요구하는 한편, 대한제국의 황실 호위를 담당하던 시위대(侍衛隊)에 러시아 사관들을 파견하여 러시아 군사 편제에 따라 편성하고 훈련시켜 군사권을 장악하려고 하였다. 러시아는 1897년 8월 3일부터 13명의 사관과 다수의 사병을 불러들였으며, 11월에는 레미노프(Reminoff)를 기기창(機器廠) 고문으로 임명하였다. 또한 러시아는 서울에 1,000명의 러시아 육군을 상주시키고 러시아 공사관에 300명의 코작기병을 주둔시켜서 모두 1,300명의 러시아군을 대한제국의 수도에 주둔시킬 계획을 추진하였다. 그리고 대한제국의 재정권을 장악하기 위해 러시아 전 재무대신서리 알렉세이에프(Alexeiev, K.)를 한국 재정 고문으로 임명하고 1897년 12월에는 한러은행을 창설하도록 하였다.[18]

한편, 독립협회는 1898년 3월 10일에 만민공동회를 열고서 러시아의 군사 교관과 재정 고문의 철수를 요구하는 등 러시아의 침략 정책을 규탄하였다. 고종과 정부는 드디어 3월 11일 밤에 만민공동회의 요구를 수용하기로 결정하고 3월 19일에 군사교관과 재정고문을 정식으로 해고하였다. 뒤이어 한러은행도 철폐하였다.

그런데, 1898년 3월 15일 시종원 시종 김영준의 무고로 독립협회 회원인 이원긍(李源兢), 여규형(呂圭亨), 지석영(池錫永), 안기중(安沂中) 등이 경무청에서 불법적으로 구금당하는 사건이 발생하였다. 당시 법률에서는 모든 형

---

18) 신용하, 『한국 개화사상과 개화운동의 지성사』, 지식산업사, 2010, 411-413쪽.

사안건은 체포 후 24시간 이내에 한성재판소로 압송하여 부판사가 그 소범과 안건을 소상히 기록하고 해당 범인을 관할 재판소 이송하여 심리하도록 하였다. 또한 범인이 한성재판소로 압송된 경우에 재판소에서는 밤을 넘겨서 구금할 수 없으며 매일 심리를 종결한 뒤에는 다시 감옥서에 압송했다가 당해 안건을 심리할 때에 한성재판소로 인치(引致)하도록 하였다.[19] 독립협회는 3월 20일에 경무청이 불법적으로 사람들을 구금하고 있다고 주장하면서 경무사(警務使) 김재풍(金在豊)에게 항의하였다.[20] 그러나 당일 고종은 조칙을 발하여 각각 10년 유배형에 처할 것을 지시하였다.

> 이원긍(李源兢), 여규형(呂圭亨), 지석영(池錫永), 안기중(安沂中)은 마음가짐이 음험(陰險)하고 행실이 사리에 어긋난 자들로 제멋대로 유언비어를 만들고 인심을 선동하여 현혹시켰다 한다. 그 소리를 들고 보니 참으로 고약하다. 모두 법부로 하여금 10년 유배에 처하게 하여 정배(定配)를 보내라.[21]

이원긍 등 4명은 어떠한 재판도 없이 고종 → 법부대신을 통해서 형벌을 받았다. 이는 모든 범죄인은 사법관이 재판하여 판결을 확정하지 않으면 형벌을 받지 않는다는 갑오개혁기의 사법 이념을 부정한 것이었고 대한제국의 재판 절차를 무시한 조치였다. 고종의 조칙에는 이원긍 등의 죄목이 형법의 어느 조항을 위배하고 있는지, 해당 형량은 어떠한 근거에서 부과되었는지에 대해서도 설명되어 있지 않다.

이에 대해서 독립협회는 법부대신 이유인에게 공함을 보내어 "그 죄안

---

19) 이 법령은 1897년에 제정된 「한성재판소의 관제와 규정에 관한 건(법률 제2호, 1897. 9.12.)」이다.

20) 정교, 조광 편 김우철 역, 『대한계년사(3)』, 47-48쪽.

21) 『승정원일기』, 1898년 3월 20일.

의 자세한 조목과 어떠한 형벌에 해당되는지를 인민이 자세히 알 수 없고, 재판에서 명백하게 정한 것도 없으니 인심(人心)이 의구심을 품습니다. (중략) 틀림없이 정해진 나라의 법을 실천하고 인민에게 공평함을 보이는 것은 사법관의 직책이요, 폐하의 총명함을 도와서 성스러운 덕을 받들어 널리 알리는 것은 정부 대신의 본분입니다. (중략) 해당 네 죄인의 음험한 근거와 선동하며 현혹하는 실정을 자세히 조사하고 밝혀서 어떠한 형벌에 해당하는지 재판에서 명백히 정하여야 한다."고 주장하였다.[22]

이유인은 3월 28일에 "법률을 올바르게 밝히는 것은 진실로 나라에 있어서 큰 정사에 관계된다. 지금 이 네 죄인을 분간하여 처리한 것은 그 죄명과 형률의 적용이 현명하신 조칙을 받든 것이므로 더 이상 헤아려 살피는 것이 용납되지 않으며 이미 황제의 명에 따라 거행하였다."고 답변하였다.[23] 이유인은 소정의 재판 절차를 거치지 않았으나, 죄명과 형률을 적용한 것은 황제의 조칙을 받든 것이므로 아무런 문제가 되지 않는다는 입장이었다. 이유인의 답변은 형벌의 부과, 절차가 모두 법적 근거가 없다는 점을 스스로 밝힌 것이다. 이 조치에 대해서 윤치호는 아래와 같이 기록하였다.

> 어제 전하께서 이원긍, 안기중 등 4명에게 10년 동안의 유배형에 처한다는 칙령을 내리셨다. 이런 전하의 처사는 명백히 범죄자에게 형을 선고할 때는 반드시 재판을 거쳐야 한다는 법률을 문자와 정신 양면에서 걸쳐 위반하는 것이다. 독립협회 주요 멤버들과 논의한 뒤 결국 전하께 정식으로 항의하기로 결정했다.[24]

---

22) 정교, 조광 편 김우철 역, 『대한계년사(3)』, 49쪽.
23) 정교, 조광 편 김우철 역, 『대한계년사(3)』, 50쪽.
24) 박미경 역, 『국역 윤치호영문일기(4)』, 국사편찬위원회, 2016, 141쪽.(1898년 3월 21일).

윤치호를 비롯한 독립협회 관계자들은 이원긍 등에게 내려진 형벌이 고종이 직접 지시한 것이라는 점을 알고 있었음에도 불구하고 이를 수용하지 않을 것임을 분명히 하였다. 그 이유는 대한제국 법률에서 보장하고 있는 재판 절차와 '죄형법정주의' '증거재판주의'라는 갑오개혁기 사법 이념을 위반하였기 때문이다. 이제는 황제라 하더라도 적법한 절차에 의거하지 않으면 인민의 생명, 건강, 신체에 위해를 가할 수 없다는 의식을 명백히 드러낸 것이다. 결국, 독립협회는 인권옹호를 강경히 주장하고 정부의 횡포를 규탄함으로써 6월 28일에 석방을 이끌어 내었다.[25]

이원긍 등 4명을 둘러싼 독립협회의 투쟁은 개인의 자유권과 생명권의 보장을 요구하는 투쟁이면서도 황제라도 법의 지배에서 예외가 될 수 없다는 인식을 드러낸 것이다. 독립협회의 항의는 범죄에 대한 형벌은 오직 법률을 통해서만 가능하며, 사회의 일원에 지나지 않는 어떤 재판관도 같은 사회의 다른 성원에게 법률로 규정하고 있지 않은 어떤 형벌도 과할 수 없다는 근대 형사사법 이념의 실천한 것이었다.[26]

2) 안경수·권형진 처형 사건

안경수는 일본에 망명하였다가 1900년에 입국하여 재판도 없이 처형되었는데 이 사건도 대한제국의 사법절차가 불법적으로 운영되었음을 보여준다. 안경수는 1853년 한미한 가문에서 출생하였으나 1880년대 정부의 근대화 기구에서 실무관리로서 경험을 쌓은 덕분에 1890년대에 이르면 갑오개혁의 주도 인물로 성장하였다. 이후에는 독립협회 회장을 역임하였고 각종 근대 회사 설립 등을 주도하였다.

---

25) 『승정원일기』, 1898년 6월 28일.
26) 체사레 벡카리아, 한인섭 역, 『범죄와 형벌』, 박영사, 2010, 16쪽.

안경수가 독립협회 회장의 임기를 마친 1898년 초반의 국내 상황은 보수주의적 정치체제가 강화되고 있었다. 아관파천 이후 국가의 주요 이권이 서구 열강에 침탈되는 한편 일본을 대신하여 러시아가 득세하면서 김홍륙을 비롯한 친러파가 국정 전반을 장악하였다. 이에 독립협회는 구국상소문을 제출하고 3월 10일에는 만민공동회를 개최하는 등 구국운동을 전개하였다. 독립협회의 반러시아 구국운동은 러시아의 후퇴를 가져왔고 결국 1898년 4월 러일간에 로젠-니시협정이 체결됨으로써 한국을 둘러싼 열강의 압력이 이완되는 상황이 조성되었다. 이 시점에서 안경수는 고종을 폐위시키고 황태자를 추대하여 개혁정부를 수립하려는 일명 '청년애국회사건'을 추진하였다.27)

그러나 이 계획은 시위대 대장 이남희의 밀고로 사전에 발각되었다. 안경수는 윤효정과 함께 일본인 상가(商家)에 피신하였다가 일본에 망명하였다. 이 사건의 연루자들은 재판을 받고서 동모자 김재풍(전 경무사), 이용한(正尉), 이충구(중추원 의관, 전 경무사), 이종림(시위대 대장), 김기황(광주지방대 부위), 이조현(거제군수), 이용한(참령)은 유죄 판결을 받아 태 1백후 유형에 처해졌다. 같은 혐의로 체포된 이남희, 김재은(시위대 연대장), 박정양(내부대신), 민영준(궁내부 특진관) 등은 무죄 방면되었다.

안경수는 일본에서 박영효, 유길준 등과 함께 활동하면서 계속적으로 국내 정치세력과 긴밀히 연락을 취하고 있었고 한국으로 귀국할 길을 도모하였다. 안경수는 1900년에 이르러서야 귀국할 수 있었는데, 안경수의 자진 귀국의 배경에는 일본공사 하야시(林權助)와 한국정부와의 막후 교섭이 있었다. 즉, 안경수가 자수하면 첫째, 국법에 의한 공정한 재판으로 처분될 것이며, 둘째, 고문은 갑오개혁 이래 전폐되어 국법이 이를 허락하지 않기

---

27) 송경원, 「한말 안경수의 정치활동과 대외인식」, 『한국사상사학』 8-1, 1997, 250쪽.

때문에 고문은 추호도 없다는 것이었다. 안경수가 귀국하자 국내에서는 이문화, 심의승 등의 유생들과 중추원에서 안경수를 역율(逆律)에 처할 것을 강력히 주청하였다. 안경수에 이어 5월에는 아관파천 직후 일본으로 망명하였던 권형진도 귀국하였다.

그러나 5월 16일, 24일에 경무사 및 평리원 재판장서리에 이유인이 임명되면서 안경수의 옥사는 경색되었다. 안경수는 평리원에서 경무청으로 이송되어 가혹한 고문을 당하였고[28] 결국 5월 28일에 권형진과 함께 처형당했다.[29] 안경수의 처형은 이유인이 재판한 후 죄안을 황제에게 상주하지 않고 자의로 집행하였다. 안경수와 권형진을 처형한 후 이유인을 비롯해 판사 이인영, 검사 장봉환 등이 해당 사실을 사대문에 게재하고, 연명상소를 올려 안경수 권형진의 죄상과 이들 죄의 흉악함으로 자의로 집행했음을 스스로 자백하였다. 안경수의 판결서는 다음과 같다.

> "권형진은《대명률(大明律)》〈적도편(賊盜編) 모반대역조(謀反大逆條)〉의 모반(謀反) 및 대역과 공모한 자는 주모자와 추종자를 구분하지 않는 데 관한 율(律)에 따르고, 피고 안경수는 같은 조의 같은 율과《대전회통(大典會通)》〈추단조(推斷條)〉의 임금에게 불온한 말을 하여 정상으로나 사리로나 몹시 해로운 자에 관한 율에 따라 한 가지 죄목으로 판결하여 모두 교형(絞刑)에 처하되, 선고한 즉시 집행한다." 하였다.[30]

「형율명례」 제7조에 따르면, 사형에 처할 자는 선고한 후에 국왕에게 상주하여 재가를 거쳐서 집행하여야 하는데 안경수의 사례는 「형율명례」 제7조의 규정을 어긴 것이다. 안경수가 권형진과 함께 갑자기 처형되자 한일

---

28) 정교, 조광 편 김우철 역, 『대한계년사(6)』, 24쪽.
29) 송경원, 「한말 안경수의 정치활동과 대외인식」, 『한국사상사학』 8-1, 1997, 256-257쪽.
30) 『고종실록』, 1900년 5월 27일.

양 정부의 외교관계는 경색되었다. 안경수 귀국을 둘러싸고 일본공사는 이미 공정히 국법으로 다스리겠다고 보증을 받은 바 있었다. 그러나 일본정부는 이유인의 자의적 집행은 공정한 재판에 의한 것이 아닐 뿐더러 고문한 것을 은폐하려는 것이라면서 시종 위협적인 항의와 함께 안경수의 시신 검사까지 시행하는 등 강경한 태도로 나왔다.

이 사건을 보고받은 고종은 "과연 두 죄인의 죄상이 다 드러났다면 법대로 선고하고 재가(裁可)를 아뢰어 시행하는 것이 옳은데, 지레 먼저 처형하고는 버젓이 상소를 올렸으니, 이러고도 나라에 법률이 있다고 말할 수 있겠는가."[31]라고 비판하고 이유인은 면직하고 10년 유배형에 처하고, 판사 이인영(李寅榮)과 검사 장봉환(張鳳煥)은 모두 3년 유배형에 처하였다. 그리고 검사 태명식(太明軾), 한동리(韓東履)는 1개월 감봉(減俸)에 처하도록 하였다. 이와 더불어 법부대신 권재형(權在衡)은 관할하고 통솔하는 자리에 있으면서 이 사건을 제대로 처리하지 못하였다는 이유로 면직시켰다. 안경수의 처형은 이유인의 자의적 집행의 형식을 취하였으나 실제로는 그의 귀국 이후 국내 여론을 힘입은 정부 곧 고종 황제의 밀명에 의해 시행된 것이었다.[32]

3) 특별법원의 사전 보고와 국왕의 지시

고종은 구체적인 사건에까지 일일이 보고를 받으면서 특별법원의 판결도 좌지우지하였다. 1899년 「재판소구성법」에서의 특별법원은 황족의 범죄에 관한 형사사건만을 관할하는 임시 특별재판부였다.[33] 특별법원은 법

---

31) 『승정원일기』, 1900년 5월 28일.
32) 황현, 『매천야록(하)』, 52쪽.
33) 「재판소구성법(법률 제3호, 1899.5.30.)」 『구한국관보』, 1899년 6월 5일.

부대신의 주청에 의해서 재가로써 임시로 개정하되, 특별법원에서 다루는 사건 및 개정 장소는 법부대신이 직접 지시하였다. 특별법원은 합의재판으로 진행되었으며 재판장 1인과 판사 4인으로 구성되었다. 재판장은 평리원 재판장으로 충원하고 판사 중에서 1인은 중추원 의관(議官), 3인은 평리원 판사, 한성재판소 판사 또는 법부 칙·주임관 중에서 법부대신이 임시로 상주하여 임명하였다. 특별법원의 검사는 평리원 검사 중에서 법부대신이 상주하여 임명하였다. 특별법원의 소송규칙은 특별 규정이 있는 것을 제외하고는 통상의 장정, 즉「민형소송규정」등을 준용하여야 하였다.

「형율명례」등에서 특정 사건에 대해서 고종과 법부대신이 재판권을 인정받았으나 법규에서 규정되어 있지 않은 사항에까지 수시로 판결을 지시하였다. 1906년 고종실록에는 고종의 재판 개입의 양상이 잘 나타나 있다.

> 법부대신(法部大臣) 이하영(李夏榮)이 아뢰기를, 접수한 특별법원 재판장 이윤용(李允用)의 보고서 내용에, '피고 이재규(李載規), 한홍석(韓弘錫)의 안건을 심리하니, 피고 등이 일본 사람 두 명과 부회뇌동하여 위조 증권을 가지고 사기를 쳐 가평(加平)의 한씨(韓氏) 민가의 전답을 강제로 빼앗았으니, 그 사실의 증거가 명백합니다. 이재규는《형법대전》제200조 8항의 외국인을 빙자하여 본국 사람을 협박하고 침해한 법조문에 비추어 징역 10년에 처하고, 한홍석은《형법대전》제614조의 다른 사람의 토지와 재산을 자기의 소유라고 하면서 세력 있는 사람에게 바친 법조문에 따라 징역 2년 반에 처할 것입니다.' 하니, 원래 의율(擬律)한 대로 판결하는 것이 어떻겠습니까?" 하니, 제칙(制勅)을 내리기를, "아뢴 대로 하되 모두 유배로 바꾸라."고 하였다.[34]

위 사건은 피고 이재규와 한홍석의 형사사건으로 특별법원에서 심리하

---

34)『고종실록』1906년 10월 24일.

였다. 특별법원에서는 해당 사건에 대한 사실관계를 소상히 밝히고 피고들에게 「형법대전」 제200조 및 제614조에 따라서 판결하겠다고 상주하였다. 아마도 이 상주안은 「재판소구성법」 제30조에 따라서 재판장과 판사 4인의 합의재판을 거친 후에 작성되었을 것이다. 그러나 고종은 이를 유배형으로 모두 변경하였다. 이 사건은 특별법원 합의재판 → 특별법원장 → 법부대신 → 황제에게 보고되면서 최종적으로 고종이 판결을 내린 것이다. 1905년에 제정된 「형법대전」 제112조에 따르면, 특별법원의 범인은 선고한 후에 상주하여 재가를 거쳐서 집형(執刑)하도록 한 규정이 있는데 이에 따른 것이다.35) 대한제국기에는 주요 형사사건에 법부와 황제가 직접 재판에 관여하는 것이 일상화되었다.

3. 법부의 재판 개입과 독립 재판소 폐지

1) 지방재판소의 군수 재판 통제

1895년 「재판소구성법」은 지방에도 각급 재판소를 설치하여 재판을 독립시키려고 하였다. 그러나 1896년 1월 20일에 전국의 23곳에 지방재판소를 설치하기로 하였던 법부고시가 사실상 시행되지 않으면서, 군수와 관찰사가 재판을 담당하는 체제가 굳어져 갔다. 이 같은 상황에서 한국정부는 1896년 6월 25일에 「각군 군수로 관내 소송을 청리케 하는 건」을 전부 개정하였다.36) 이 칙령은 재판의 관할, 상소의 절차와 단계, 상소 기한 등에 대해서 세부적으로 규정을 마련하고, 더 나아가 군수의 재판권을 제약하는

---

35) 「형법대전」, 제112조

36) 「各郡郡守로 該官內訴訟을 聽理케 하는 件 改正(칙령 제29호, 1896.6.25)」 『구한국관보』, 1896년 6월 29일.

조치도 부가하였다.[37] 제1조에서 당분간은 지방 편의에 따라서 각 군수에게 관할 내의 모든 소송을 청리(聽理)케 하였으나, 제2조에서는 ①민·형사를 막론하고 의문점이 생겼을 때, ②형사사건 중에서 징역 이상의 형벌에 처할 때는 군수가 모든 서류를 첨부하여 관할 재판소의 수반판사에게 질품(質稟)하여 그 지시에 따라서 처리하도록 하였다.

이 조치는 재판소의 독립, 판사의 독립을 거스르는 것이었다. 그럼에도 불구하고 제2조가 설치된 이유는 제1심 재판을 담당하는 군수의 전문성을 법부가 신뢰하지 못한 측면이 있었다. 그러나 이보다는 사법제도를 총괄하는 법부가 과거의 의식과 관행에서 벗어나지 못하였기 때문이다. 즉, 조선왕조에서는 형벌의 경중에 따라서 사법기관을 달리하였다. 사형은 국왕이, 장형부터 유형까지의 형벌은 관찰사가, 태형은 수령이 단독으로 처리할 수 있었다. 이 관념이 여전히 영향을 미치어서 형사사건 중에서 징역형 이상의 형벌은 군수가 관할 지방재판소의 수반판사(관찰사)에게 문의한 후에 그 지시에 따르도록 한 것이다. 그러나 관할 재판소의 수반판사나 군수는 모두 법률 전문가는 아니었다.

이와는 별도로 각군 인민 중에서 군수의 판결에 불복하는 자는 개항장 재판소나 지방재판소에 상소하고(제3조), 개항장재판소와 지방재판소의 판결에 불복하는 자는 순회재판소가 개설되기 전에는 고등재판소에 상소하도록 하였다(제4조).[38] 다만, ①부군(府郡) 관리의 방해를 받았을 때, ②소

---

37) 이 칙령은 1896년 1월 11일의 「各郡 郡守로 該官內 訴訟을 聽理케 하는 件」을 전부 개정한 것이다. 주요 내용으로는 당분간 지방의 편의에 따라서 각 군수로 하여금 관할 내의 일체의 소송을 청리(聽理)케 하고, 군수의 판결에 불복하는 자는 각군 → 각개항장재판소 또는 지방재판소 → 고등재판소의 단계를 거쳐서 상소하도록 하였다. 「各郡郡守로 該官內訴訟을 聽理케 하는 件(칙령 제5호, 1896.1.11.)」 『구한국관보』, 1896년 1월 15일.

장을 접수하고도 은닉하거나 지체하여 즉시 재판을 행하지 않을 때, ③원·피고의 세력이 현저히 차이가 있어서 소송을 방해하거나 위협을 받았을 때는 곧장 고등재판소에 소송을 제기할 수 있었다(제5조). 제5조의 규정은 권세가에 의한 재판의 방해나 하급 재판소의 부당한 권리 침해로부터 인민을 보호하기 위한 조치이다. 다만, 이 조치는 일정한 요건을 충족하면 관할 재판소를 뛰어넘어 직접 고등재판소로 제소하는 것(越訴)을 용인하였다는 점에서 소송절차의 혼란을 야기할 가능성도 있었다. 개인의 소송권을 침해하는 행위는 그 침해자에 대한 처벌과 재판소의 개혁을 통해서 해결하여야 한다. 그러나 법부는 부정 행위자에 대한 처벌과 인력의 교체 등 근본적인 방안을 모색하지 아니하고, 상급 재판소가 하급 재판소를 통제하는 방식을 통해서 잘못된 관행을 바로잡으려고 하였다.

2) 법부의 한성재판소 통제

1896년 이래로 법부는 고등재판소를 비롯한 각급 재판소에 대한 통제와 지시를 강화하였다. 1896년부터 1899년 사이에는 국왕권에 도전하는 역모 사건이 빈번하게 일어났고 또한 독립협회 등 자유민권을 주장하는 세력들에 의해서 고종이 위협받고 있었기 때문이다. 고종과 그 측근 세력은 반정부 세력을 제압하기 위해서는 사법권의 장악이 필요하였다.

법부는 1897년 9월 12일에 「한성재판소규정」을 제정하였다. 이 법률은

---

38) 이 칙령에서는 상소 기한을 민사 15일, 형사 3일로 구체적으로 정하였다. 다만, 기한이 지나더라도 ①府郡 관리나 소송 상대방의 위협 또는 방해를 받았을 때, ②受訴 재판소가 폐정 또는 휴일일 때, ③사망, 질병이 있는 자가 위임할 사람이 없을 때, ④소송하러 오는 도중에 질병에 걸리거나 도적의 피해를 보았을 때, ⑤홍수와 적설로 인하여 도로가 막혔을 때 등의 사유가 있을 때는 그 유고 일자를 계산하여 기간을 연장할 수 있었다.

한성재판소의 관할과 소송절차를 세부적으로 규정하였다. 뿐만 아니라, 법부대신의 재판 관여를 공식적으로 인정하였고 수반판사가 개별 판사의 판결에 직접 영향을 미칠 수 있는 규정도 설치하였다.[39]「한성재판소규정」중에서 민사소송 관련 사항을 중심으로 소개하면 다음과 같다. 첫째, 한성재판소는 원칙상 한성 5서 내에 가거(家居)하는 자와 기류(寄留)하는 자의 소송을 담당하였는데, 수반판사 1인, 판사 2인(민사 1인, 형사 1인), 부판사 1인, 서기 8인, 정리 8인 등으로 구성되었다(제3조). 민사판사는 모든 민사소송을 심리하되 판결을 스스로 내리지 못하고 반드시 수반판사의 인장을 받아야 했다(제5조). 더구나 수반판사는 각 판사가 주재하는 민·형사 각 안건에 대해서 임의로 심리에 참여할 수도 있었다(제8조). 이 규정들은 개별 판사의 독립성을 제약하는 것이었으며, 이로써 수반판사는 얼마든지 재판에 개입할 수 있었다.

둘째, 민사판사는 피고나 증인에게 마음대로 형벌을 가할 수 없고 민사관계인에 대해서는 구류를 부과할 수는 있으나 5일을 초과하지 못하도록 하였다. 만약, 5일을 초과하여 구류할 때는 수반판사의 허가를 얻은 후에 시행하도록 하였다(제5조).「한성재판소관제」제정 이전에는 민사관계자에 대한 구류 조치가 법제화되지는 않았으나[40]「한성재판소관제」에서 민사관계자의 구류를 합법화하였다.[41]

셋째, 법부대신이 한성재판소 재판에 직접 간여할 수 있었다. 법부대신

---

39)「한성재판소의 관제와 규정에 관한 건(법률 제2호, 1897.9.12.)」『구한국관보』, 1897년 11월 1일.

40)「대명률」에서는 사송절차상 원고와 피고의 구금을 전제하고 있다. 문준영,『법원과 검찰의 탄생』, 역사비평사, 64쪽.

41)『독립신문』은 민사관계자를 5일을 초과하여 가두지 못하도록 규제한 점을 높이 평가하였는데 이는 얼마나 많은 소송관계인들이 구류로 인하여 고통받았는지를 역설적으로 보여주는 것이다.

은 한성재판소의 사무와 안건을 수시로 감시하거나 관원을 파견하여 순시할 수 있었으며, 재판소 사무가 바쁠 때는 법부 직원 중에서 재판사무에 능숙한 자를 임시 파견하여 판사, 부판사, 서기 등의 직무를 대행할 수 있었다. 이 경우에는 해당 직원의 직권은 한성재판소 인원과 동일하였다(제9조). 이는 한성재판소에 대한 법부의 간섭과 통제를 법제화한 것이다. 한성재판소의 처무규정도 법부대신이 정정(訂正)하거나 추후 자신의 의사에 따라서 개정할 수 있었다(제10조). 또한 수반판사, 판사, 부판사는 법부대신이 주천(奏薦)하였기 때문에 법부의 영향력에서 벗어나기가 어려웠다(제4조). 한성재판소와 고등재판소는 사실상 법부의 하위 소속기관에 불과하였다.

한편, 형사절차상에서는 크게 개선되었다. 예컨대, 형사안건에 대해서 범인을 체포하는 경우에 체포 후 24시간 이내에 한성재판소로 압교하여 부판사가 그 소범과 안건을 소상히 기록하고 해당 범인을 관할 재판소로 이송하여 심리하도록 하였다(제11조). 특히 범인이 한성재판소로 압송된 경우에 재판소는 밤을 넘겨 구금할 수 없으며, 매일 심리를 종결한 후에 구금할 범인(人犯)이 있으면 모두 감옥서에 압송했다가 해당 안건을 다시 심리할 때에 한성재판소로 인치하도록 하였다(제12조). 다만, 특별히 봉명(奉命)하여 심리하는 안건 외에는 각 송안을 대중들에게 공개 재판하여 자유롭게 방청할 수 있도록 하였다(제13조). 「한성재판소관제」는 구금의 제한, 형사상 체포 및 구속제도의 개선, 공개재판 등을 명확히 규정하여 재판제도를 정비하려는 의지를 표명하였다.42)

---

42) 문준영, 『법원과 검찰의 탄생』, 역사비평사, 2010, 242쪽.

3) 독립 재판소의 폐지

1898년 2월에는 법부대신 이유인이 주도하여 한성재판소를 아예 폐지하고 한성부에 합설해 버렸고, 경기재판소[43]는 설치되자마자 폐지되어 경기관찰부로 합설하였다. 이후 한성부를 제외하면 1907년까지 독립 지방재판소는 한 곳도 설치되지 않았다. 이는 법부대신을 비롯한 사법 권력을 장악한 자들이 서구 사법제도 도입에 강하게 반발하였기 때문이다. 이유인이 청의한 한성재판소 및 경기재판소 폐지에 관한 건은 2월 9일에 찬성 8명, 반대 없음으로 상주되어 재가를 받았다.[44] 아래는 재판기관의 독립에 반대한 법부대신 이유인의 상소문이다.

> 신이 일찍이 듣건대, 법이란 한곳에 집중시키는 것을 귀중히 여겼는데 나누면 갈래가 생기기 때문이며, 법이란 간소한 것을 귀중히 여겼는데 번잡하면 이탈되기 때문이라고 하였습니다. 대체로 법관(法官)의 직무는 민사(民事)와 형사(刑事) 뿐입니다. (중략) 지금 수도 안에 두 개의 관청을 특별히 설치하였으니, 하나는 경기 재판소(京畿裁判所)라고 하는데 35개군(郡)의 민사와 형사를 관할하며, 하나는 한성 재판소(漢城裁判所)라고

---

43) 1897년 9월 12일에 경기재판소가 설치되었고 경기도의 각 부군(3부 34개군)에서 불복하는 상소안건을 청리(聽理)하였다. 이로써 한성부가 관할하던 경기도의 각군의 소송에 대하여 경기재판소가 상소심 재판소로서 기능하게 되었다. 한성재판소에 이어서 독립 재판소가 또 하나 설치된 것이다. 경기재판소는 11월 1일 한성부 중서전 평시서에 설치되었는데 광주 개성 등 38개군을 관할하였다. 경기재판소의 직원으로는 수반판사 1인(민사), 판사 1인(형사), 서기 4인으로 구성되었다. 「京畿裁判所 設置에 관한 件(칙령 제37호, 1897.9.12.)」『구한국관보』, 1897년 11월 1일.; 「漢城京畿裁判所位置를定하는件(법부령 제6호, 1897.11.1.)」『구한국관보』, 1897년 11월 20일.; 「漢城京畿裁判所의 管轄區域을 定하는 件(법부령 제7호, 1897.11.1.)」『구한국관보』, 1897년 11월 20일.

44) 왕현종, 「대한제국기 고종의 황제권 강화와 개혁 논리」『역사학보』, 208, 2010, 14쪽.

하는데 5부(部)의 민사와 형사를 관할합니다. 이와 같이 한다면 관찰사와 판윤이 맡고 있는 것은 무슨 일입니까? '민사'라고 하는 것과 '형사'라고 하는 것을 감히 하나로 신문하지 못하니 어리석은 자와 귀먹은 자와 같이 앉아서 월봉(月俸)만 허비하게 될 것입니다. 앞으로 이런 직무를 어디다 쓰겠습니까? (중략) 경기의 재판은 응당히 관찰사에게 맡기고 한성부의 재판은 마땅히 판윤에게 맡길 것입니다.45)

이유인은 상소문에서 첫째, 경기재판소와 한성재판소를 폐지하고 해당 재판권을 경기관찰사와 한성판윤이 행사해야 한다고 주장하였다. 그 이유는 관찰사와 판윤이 소송과 행정을 모두 담당할 수 있는데 굳이 이를 분리하여 관직을 하나 더 설치하는 것은 경비의 낭비일 뿐 아니라 행정상의 비효율을 초래한다는 것이다. 갑오개혁에 의해서 소송의 자유가 전면 허용되면서 소송이 크게 증가하고 있었기 때문에 소송 당사자의 권익 보호를 위해서는 전문 재판소 설치가 필요하였음에도 이 같은 시대적 요청에 귀를 기울이지 않은 것이다. 이유인은 소송 비용의 절감이 사회의 공정성과 정의를 실현하는데 드는 비용보다 더 중요하다는 생각을 명확히 드러냈다.

둘째, 법을 상세히 제정하기보다는 간소히 할 것을 주장하였다. 이는 홍범14조의 "민법·형법을 엄히 제정하여 함부로 감금, 징벌을 금지하며 인민의 생명과 재산을 보호한다."는 이념과도 부합하지 않는다. 민법, 형법, 상법, 민사소송법, 형사소송법 등 각종 법률을 세부적으로 제정하고 법의 지배를 통하여 인민의 재산과 권리를 보호한다는 개혁 이념을 부정한 것이었다. 이유인은 행정과 사법의 분리, 민사와 형사의 구분, 법관의 독립, 공정한 재판을 위한 상세한 절차 법규의 제정, 민·형법의 제정 등을 모두 부정하고 과거와 같은 사법체계로의 회귀를 주장하는 것이다. 이 상소는 고종

---

45) 『고종실록』, 1898년 1월 26일.

이 곧바로 수용하였다.

이에 따라서 한국정부는 1898년 2월 9일 칙령 제4호로 한성재판소와 경기재판소를 폐지하였다.[46] 그리고 같은 날 칙령 제5호를 발(發)하여 한성부재판소가 한성 5서 내의 모든 민사형사소송을 수리하도록 하였다.[47] 칙령 제6호에서는 경기도관찰부에 경기도재판소를 설치하고 판사는 관찰사가 겸임하며, 관할구역은 인천부를 제외한 경기도 3부, 34개군에서 불복한 상소를 심리케 하였다.[48] 이 조치에 의하여 독립 재판소들이 모두 폐지되고 말았다.

1898년 「한성부재판소관제규정」에서는 한성재판소를 한성부에 합설하고 수반판사를 한성판윤이 겸임하도록 하였으며 한성재판소에 계류 중인 사건은 모두 한성부로 이관하도록 하였다. 한성부재판소의 직원은 수반판사 1인(한성부 판윤 겸임), 판사 2인(1인은 한성부 소윤 겸임), 검사 1인, 주사 6인, 정리 8인 등이었다. 특히 수반판사는 한성부 판윤이 겸임하도록 하였고 판사 2인 중에서 1인은 한성부 소윤이 겸임하는 등 사법의 독립은 더욱 후퇴하였다. 수반판사의 감독권은 여전히 강대하여, 관내 각 관원을 감독하고 민·형사는 물론하고 필요하다고 생각될 때는 임의로 심리에 함께 참여할 수 있었다. 이와 함께 종전의 부판사를 없애고 새롭게 검사 직위를 추가하였다. 검사의 직무는 검사직제[49]를 준행하도록 하며 한성부재판소에 도착한 형사 각안건을 반드시 먼저 심리하고 형사판사에게 안을 갖추어

---

46) 『구한국관보』, 1898년 2월 11일.

47) 「漢城府裁判所의 官制와 規程에 關ᄒ 件(칙령 제5호, 1898.2.9.)」 『구한국관보』, 1898년 2월 11일.

48) 「京畿裁判所를京畿觀察府에設寘하는件(칙령 제6호, 1898.2.9.)」 『구한국관보』, 1898년 2월 12일.

49) 「檢事職制(법부령 제2호, 1895.4.15.)」 『各裁判所規程(奎 17287)』.

공소(公訴)하며 피고 혹은 증인에게 용형(用刑)할 때와 금압(禁壓)할 경우에
는 수반판사의 인준을 거치도록 하였다(제6조). 이와 함께 법부대신은 한성
재판소를 수시로 감시하고 파원을 보내 순시할 수 있게 되었으며, 재판소
사무가 바쁠 때는 법부직원을 파견하여 판사 등의 직무까지 대행할 수 있
었다.

〈표 5〉 한성(부)재판소 주요 직제 개정 경과

연월일	관제명	직원의 구성
1895.4.15	漢城裁判所 設置에 관한 件	-
1897.9.12	한성재판소관제와규정에관한건	수반판사 1인, 판사 2인(민사 1인, 형사 1인), 부판사 1인, 서기 8인, 정리 8인
1898.2.9	한성부재판소관제와규정에관한건	수반판사 1인(한성부 관윤 겸임), 판사 2인(1인은 한성부 소윤 겸임), 검사 1인, 주사 6인, 정리 8인
1900.11.3	漢城府裁判所官制改正件	수반판사 1인, 판사 2인, 예비판사 1인, 검사 1인, 검사시보 1인, 주사 6인, 정리 4인
1901.7.22	漢城府裁判所官制改正件	수반판사 1인(한성판윤 겸임), 판사 3인(1인 소윤 겸임), 검사 2인(1인 경무관 겸임), 검사시보 1인, 주사 6인, 정리 4인
1904.4.2	漢城府裁判所官制改正件	수반판사 1인, 판사 2인, 검사 1인, 검사시보 1인, 주사 7인, 정리 4인

그런데, 1900년 5월에 한성부재판소는 새 관제를 시행한 후의 실무상의
어려움을 다음과 같이 호소하면서 관제 개정을 요청하였다.

한성재판소를 시의에 따라 한성부에 합설하였더니 5서 내의 민형소송
이 갈수록 불어나 직원이 몹시 구차하여 사무가 적체하니 해소(該所)의
관제를 이전과 같이 나누어 설치함이 형편에 알맞겠기로 칙령안을 별지에

갖추어 회의에 올립니다.[50]

이 개정안은 6개월 후인 11월 3일에 칙령 제48호로 「한성재판소관제개정건」으로 반포되었다. 주요 내용은 한성부에 합설함으로써 증가하는 소송을 다 처리하지 못하기 때문에 한성재판소를 다시 독립시키자는 것이었다. 이에 따라서 한성재판소를 독립시키고 수반판사 1인, 판사 2인, 예비판사 1인, 검사 1인, 검사시보 1인 등으로 사법관을 증원하였다. 그러나 재판실무를 담당할 정리는 4인으로 크게 감원하였다. 재판소 정리를 줄임으로써 소송 당사자의 소환이나 강제집행의 효율성이 크게 떨어지게 되었다.

그러나 관제가 개정된 지 얼마 지나지도 않은 1901년 7월 22일에 한성부와 한성재판소는 다시 합설되었다. 이 당시 한성부로의 합설은 법부대신 신기선이 주도하였다. 신기선은 한성재판소 판사직을 전임직으로 만든 효과가 뚜렷히 나타나지 않고 관리의 정원은 적고 집무가 매우 구차하여 예전과 같이 합설하여야 한다고 주장하였다. 이에 따라서 수반판사는 부윤이 예겸하도록 하였다. 사법개혁을 책임지고 추진하여야 할 법부대신이 시대의 흐름에 역행하는 조치를 주도한 것이다.[51]

법부는 원칙도 없이 1904년까지 한성재판소의 폐지와 복설을 거듭하는 등 사법정책이 오락가락 하였다. 한성부재판소(1898), 한성재판소(1900), 한성부재판소(1901), 한성재판소(1904)로 바뀌고 수반판사의 예겸제(例兼制)와 전임제(專任制)를 수시로 반복하였다. 하급 재판기관 중에서 가장 중요한 위치를 점하고 있던 한성재판소조차도 일관된 사법개혁 프로그램 하에서 운영되지 못하였다.

---

50) 「漢城裁判所官制改正件 請議書 第五號(1900.5.12.)」『起案』(奎 17277의3)」.(도면회, 『한국 근대형사재판제도사』, 푸른역사, 2014 재인용.).
51) 「漢城府裁判所官制改正件 請議書 第二號(1901.7.20.)」『起案(奎 17277의 3)』.

한국의 사법개혁이 방향을 잡지 못하고 우왕좌왕한 이유는 최고 권력자들이 사법권 독립에 대한 의지가 약하였고 사법기관이 인권의 보호기관이 되어야 한다는 점을 깨닫지 못하였기 때문이다. 당시 법부대신을 비롯한 고위 관료들은 재판을 통치의 수단으로만 취급하였다. 이는 1899년에 「법부관제」 개정을 통해서 재판소를 법부의 하위 소속기관으로 예속시키는 조치로 나타났다. 이유인은 여기에서 더 나아가 1898년 2월 26일에 지방관들에게 다음과 같은 훈령을 보냈다.

> 대저 개명하고 변화하여 이루어짐을 개화(開化)라고 한다. 개화는 변화의 끝으로 천리가 밝아지고 인륜이 바로잡히며 물성(物性)이 완성되는 것이다. 지금 사람들은 단지 개화의 이름만 듣고 개화의 실제는 알지 못하여 각각 별개의 일로 인식하여 범분(犯分)·난상(亂常)·멸륜(蔑倫)·패리(悖理)한 일을 볼 때마다 이를 개화라고 한다. 이로 인하여 기강이 나날이 문란해지고 풍속이 날로 무너져 온 세상이 미친 물결로 가득차 개화의 실제를 점차 상실하는 것을 깨닫지 못하고 있으니 진실로 원통스럽다. 대개 개화란 성인(聖人)의 일이다. 역(易)에서 말하기를 하늘은 존귀하고 땅은 비속하며 건곤(乾坤)은 정해져 있는 것이다. 높고 낮은 것이 펼쳐져 귀천이 자기 자리가 있는 것이다. 존비의 차례와 귀천의 분수가 천지의 도리이며 이것이 바로 개화이다. 어찌 범분·난상·멸륜·패리를 개화라 하겠는가. 지금부터 아랫사람이 윗사람을 범하고 천한 자가 귀한 신분을 방해하며 젊은 이가 어른을 능멸하는 것은 모두 법을 어지럽히고 덕을 어그러뜨리는 백성이니 잘못이 큰 자는 주살하며 작은 자는 징역살려 결코 용서하지 말 것이다.[52]

이유인은 전통 유학에서 말하는 명분, 윤리 등을 충실히 따르고 실천하여 존비의 차례와 귀천의 분수를 잘 지키는 것이 천지의 도리이며, 이것을

---

52) 「訓令 十三道六港一牧件」 『起案(奎 17277의 1)』.

생활 속에서 실천하는 것이 바로 개화라고 역설하였다. 그는 아랫사람이 윗사람을 범하고 천한 자가 귀한 신분을 방해하며 젊은이가 어른을 능멸하는 것을 법을 어지럽히고 덕을 어그러뜨리는 행위로 보아서 그 같은 행위도 주살하거나 징역을 살리게 하여야 한다고 보았다. 이유인은 사법정책을 총괄하는 법부대신이었음에 불구하고 서구의 사법이념이 무엇인지 전혀 알지 못하였고 또 서구식 사법을 시행해야 할 필요성도 이해하지 못하였다. 대한제국의 사법개혁을 완수할 책무가 있었던 법부대신이 오히려 시대적 흐름에 역행하는 주장을 한 것이다.

이 같은 반동적 경향은 후임 법부대신이었던 신기선에게서도 똑같이 나타나고 있다. 신기선은 동도서기론을 실천했던 온건개화파로 분류되기도 한다. 아래의 상소는 1894년 신기선이 올린 개화에 대한 글이다.

이른바 개화라는 것은 공정한 도리를 넓히고 사사로운 견해를 제거하기에 힘쓰며, 관리들은 자리나 지키지 않게 하고 백성들은 놀고 먹지 않게 하며, 사용하는 기구를 편리하게 하고 의식을 풍부하게 하여 생활을 윤택하게 하는 근원을 열며 나라를 부유하게 하고 군사를 강하게 만드는 도리를 다하는 것에 지나지 않습니다. 어찌 의관 제도를 허물어 버리고 오랑캐의 풍속을 따른 다음에야 개화가 되겠습니까? 요컨대 천지개벽 이후로 외국의 통제를 받으면서 나라 구실을 제대로 한 적은 없으며 또 인심을 거스르고 여론을 어기며 근본도 없고 시초도 없이 새로운 법을 제대로 시행한 적은 없었습니다.[53]

신기선은 기계를 편리하게 하고 산업을 일으킴으로써 국가를 부강하게 하고 군사력을 강화하는 것을 개화라고 이해하였다. 근본도 없고 시초도 없이 새로운 법과 제도, 즉, 서양의 법을 도입하는 것을 개화라고 생각하지

---

53) 『고종실록』, 1894년 10월 3일.

않았다. 그는 일본의 침략을 크게 경계 비판하면서도 모든 사무를 공정히 처리하고 사사로운 생각으로 공무(公務)를 처리하지 아니하며, 각각의 직분에 맞게 충실히 하면 부국과 강병을 이룰 수 있다고 생각하였다.[54] 그러나 개항 이래로 치외법권을 강요하는 서양 세력의 침략을 격퇴하고 독립을 조속히 달성하기 위해서는 사법개혁이 불가피하다는 점을 전혀 깨닫지 못하였다. 뿐만 아니라, 개인과 개인의 이익이 서로 충돌하는 통상의 시대에서는 도덕적으로 우월한 자의 손을 들어주는 것만으로는 분쟁의 해결을 기대할 수는 없다. 이익을 합리적으로 추구하는 자의 본성을 인정하고 그들의 사익과 권리를 보호하려는 태도가 필요하였다. 그러나 대한제국의 법부대신은 이 같은 시대의 요구에 대응할 수 있는 능력이 부족하였다.

4. 법부의 최고 재판기관화

1) 「재판소구성법」의 개정

1899년 5월 30일에는 「재판소구성법」이 전부 개정되었다.[55] 1899년 「재판소구성법」은 재판소를 지방재판소, 한성부 및 각 개항시장재판소, 순회재판소, 평리원, 특별법원 등 5종류로 정하였다. 1895년 「재판소구성법」에 비해서 각급 재판소의 기능이 크게 바뀐 것은 없으나 최고 재판기관인 평리원은 종전에 비해서 전문성을 발휘할 수 있도록 권한을 강화하였다. 예컨대, 종전의 고등재판소는 상설 재판소가 아니었고 소속 판·검사도 법부의 칙·주임관, 한성재판소 판사가 겸임하였다. 고등재판소가 임시 기관

---

54) 신기선에 대해서는 다음의 논저 참조. 이명주, 「신기선의 동도서기 교육론」, 『교육사학연구』 2, 2008.; 노대환, 『동도서기론 형성 과정 연구』, 일지사, 2005.
55) 「재판소구성법(법률 제3호, 1899.5.30.)」 『구한국관보』, 1899년 6월 5일.

이었기 때문에 굳이 전임직 직원을 둘 필요도 없었다.56) 그러나 1899년 「재판소구성법」은 평리원을 상설기관으로 두었고 재판소의 직원도, 재판장 1인, 판사 4인, 검사 3인, 주사 10인, 정리 4인 등 전임직 직원을 두었다. 특히, 평리원 재판장을 법부대신 혹은 법부협판이 겸직한다는 규정을 설치하지 않음으로써 인적으로는 법부와 분리되었다.

평리원은 각 지방재판소 및 개항시장재판소를 총할(總轄)하여 각 재판소 판결에 불복한 상소를 수리하고 국왕의 특지(特旨)로 하부(下付)한 죄인을 심판하였다(제22조). 이와 동시에 평리원 관할로 할당된 주요 사건에 대해서 법부대신이 해당 재판에 개입할 수 있는 규정도 설치하였다. 즉, ①특지(特旨)로 하부(下付)한 죄인의 심판 사건, ②칙·주임관 체포 및 심판 사건, ③국사범 심판 사건 등은 재판장이 법부대신에게 보고하고 지령을 기다려서 처리하도록 규정하였다(제25조). 주요 정치사범 및 고위 관료가 연루된 재판에 대한 법부의 간섭을 용인한 것이었다. 1898년에 독립협회가 군주권을 제한하는 입헌군주제 운동을 전개하였고, 박영효 등 친일 세력들이 고종을 위협하는 각종 역모 사건들을 일으키면서 고종으로서는 정국의 안정을 해치는 정적(政敵)들을 제압할 필요성을 강하게 느끼고 있었다. 최고 권력자의 의도로부터 독립된 사법부는 위험하였다.

이외에도 「재판소구성법」은 종전의 관행을 그대로 용인하였다. 즉, 당분간은 「재판소구성법」상의 지방재판소를 따로 설치하지 아니하고 각 관찰부에 권설하도록 하였으며 지방재판소 판사는 관찰사가 겸임하되 주사 1명을 우선 임명토록 하였다(제59조). 또한 각개항시장재판소는 각항시서(各

---

56) 1895년 재판소구성법 제27조에서는 재판장은 법부대신으로 충원하고 판사 중 1인은 중추원 의관, 3인은 고등재판소 판사, 한성재판소 판사 또는 법부 칙·주임관 중에서 법부대신의 주천(奏薦)에 의하여 국왕이 임시로 임명하였다.

港市署)에 겸설(兼設)하고 판사는 감리가 겸임하였다(제60조). 전임 사법관 임용에 관련해서도 당분간은 시험규정에 의하지 아니하고도 판사와 검사를 임용할 수 있도록 하였다(제62조). 1899년 「재판소구성법」에서도 법부, 평리원, 한성(부)재판소를 제외하고 각 지방재판소, 개항시장재판소의 판사는 여전히 관찰사, 감리가 겸직하는 상황을 용인하였다. 각급 재판소에는 관제상 검사를 두도록 하였으나 이들 재판소에 검사가 별도로 임명된 사례는 보이지 않는다. 지방에서는 관찰사, 감리 또는 군수 1인이 재판을 전적으로 담당하는 체제가 여전히 유지되었던 것이다.[57]

2) 「법부관제」의 개정

한국정부는 같은 날에 「법부관제」를 개정하여 재판에 관한 법부의 권한을 더욱 강화하였다. 법부대신은 사법행정과 은사특사에 관한 사무를 관리하고 검찰사무를 지휘하며 특별법원, 평리원 이하 각 재판소를 감독할 수 있었다.[58] 특히, 법부대신은 특별법원과 평리원에서 모반대역(謀反大逆)의 범인을 조사한 안건을 질보(質報)한 때에 의심스러운 점이 있는 경우에는 직접 심판할 수 있었다. 여기에서 더 나아가 1900년 5월 1일자 관보에 "평리원 및 각 재판소 민·형사 소송에 호원(呼冤)이 발생할 때는 법부 칙·주임관을 파견 심사하거나 해당 서류 일체를 법부로 가져와 사열하여 바로잡을 수 있다."는 규정을 싣는 형식으로 「법부관제」가 개정되었다.[59] 이는 법부가 재판권을 직접 행사하는 최고 재판기관으로 전환되었음을 보여준다. 이 규정에 따라서 인민들은 원억(冤抑)하다고 스스로 판단하면 거의 모든 소

---

57) 도면회, 『한국근대형사재판제도사』, 푸른역사, 2014, 331쪽.
58) 「法部官制改正(칙령 제26호, 1899.5.30.)」『구한국관보』, 1899년 6월 5일.
59) 도면회, 『한국근대형사재판제도사』, 푸른역사, 2014, 313-314쪽.

송을 직접 법부로 끌고 갈 수 있게 되었다. 이 개정은 갑오개혁기 도입된 소송체계를 근본적으로 뒤흔드는 것이다.

　이 규정에 의해서 평리원은 최종심 재판소로서의 기능과 권한을 부정당하였다. 「재판소구성법」과 「민형소송규정」상의 상소절차와는 또 다른 상소절차가 만들어졌기 때문이다. 1900년 「법부관제」 개정을 건의하였던 권재형 법부대신은 전국의 모든 민·형사 사건에서 법부가 재판권을 행사하여야 하는 이유가 각급 재판소에서 자행되는 불공정한 재판 때문이라고 주장하였다.

　평리원(平理院)의 관제(官制)가 새로 반포된 이후 법규와 제도가 또 바뀌었는데, 법부에 와서 억울한 사정을 호소하는 백성들이 매우 많습니다. 이에 법부에서 평리원에 신칙하면 평리원 관리들이 사체(事體)가 무너지는 것도 생각지 않고 걸핏하면 관제를 들고 나와 항거합니다. 이로 인하여 억울한 사정이 있는 백성들이 이를 해결하지 못하여 결국 법부로 그 원망을 돌리고 있으니, 이는 우리 조정의 옛 제도로 보면 모든 사송(詞訟)에 관련된 일을 형부(刑部)에서 처리하였기 때문입니다. (중략) 평생토록 법률을 알지 못하던 자가 한번 평리원으로 들어오게 되면 법률에 대해 능숙하게 말하기를 한결같이 평소 전공한 사람처럼 말하고 있습니다. 또 청사(廳舍)에 나아가 재판을 할 때면 법관과 피고, 원고만이 참석하고 옆에 참관하는 사람이 아무도 없습니다. 이 때문에 청탁이 사방에서 밀려들고 이해관계에 따른 재판이 공공연히 행해져 질타하고 강제로 억압하는 사이에 시비와 판결이 뒤바뀌니, 오늘날 정사의 폐단에 대해 논하자면 단연코 이 문제가 첫 번째에 해당할 것입니다. 이 때문에 신이 일찍이 연석에서 이러한 상황을 아뢰었던 것이며, 의정부의 의견을 모아 관제 가운데에 54자를 부표하여 삽입하는 일까지 있었습니다. 이 문제는 법률의 인혁(因革)과 관계된 일인 만큼 그 권한이 법부대신에게 있으며, 소속 관청과 아래 관리들은 이대로 따라서 봉행할 뿐입니다.60)

법부대신 권재형은 첫째, 평리원의 판결이 부당하다고 법부에 호소하는 인민들이 매우 많다고 지적하였다. 평리원에서 재판할 때에 법관, 원고, 피고만이 참석하고 일반인들의 방청이 허용되지 않기 때문에 청탁이 사방에서 밀려들고 사적인 이해관계에 따라서 재판이 이루어져 시비와 판결이 뒤바뀐다고 비판하였다. 법부는 많은 보고서들을 통해서 각급 재판소의 불법과 비리가 매우 심각하다는 점을 알고 있었다. 그래서 각급 재판소와 판사의 권한을 축소하고 법부가 직접 재판을 처리하면 각급 재판소의 불공정 시비를 없앨 수 있다고 판단한 것이다. 하급 재판소의 비리가 근절되지 않는 상황에서 재판소(혹은 판사)의 독립성을 강화하자는 주장은 불법 재판을 옹호하는 것으로 이해될 수도 있었기 때문이다. 법부대신의 설명은 나름 이해될 수도 있다.

둘째, 판·검사들이 법률을 능숙히 이해하고 있는 자가 드물다고 비판하였다. 소송법규와 법률에 무지한 평리원 판·검사들로 인해서 공정한 재판이 이루어지지 않는다는 것이다. 하지만 더 큰 문제는 법률에 무지한 자가 판·검사로 임용될 수 있는 대한제국의 공직 인사시스템에 있었다. 당시에는 법관양성소 졸업생 뿐만 아니라 국내사립 법률학교와 일본의 법률학교를 졸업한 자도 있었다. 만약, 판·검사의 전문성이 문제가 된다면 기존 사법관들을 대상으로 법률 교육을 강화하거나 법률 전문가들을 신규 임용하여야 하는데 법부는 이 같은 조치를 취하지 않았다.

법부의 조치는 재판을 일시적으로 개선하는 효과가 있었으나 전반적으로는 명백히 실패하였다. 전국의 340곳이 넘는 재판기관의 민·형사 사건을 법부가 직접 교정한다는 발상 자체가 넌센스였다. 뿐만 아니라 재판을 부당하게 처리하는 수령, 관찰사, 각급 재판소의 판·검사를 그대로 둔채, 법

---

60) 『승정원일기』, 1900년 9월 5일.

부가 지시와 감독을 강화한다고 해서 재판이 개선될 리도 없었다. 특히, 법부가 직접 재판을 하는 제도는 권력자의 재판 농단으로부터 인민들을 보호하기 위해서 만들어졌으나 실제로는 권력자가 자신의 이익을 취하는 수단으로 변질되었다.

권재형의 상소문은 법부와 재판소와의 관계를 이해하는 전통적 시각을 보여준다. 즉, 평리원을 비롯한 모든 재판소는 법부의 소속관청으로서 법률의 인혁(因革)에 관해서는 법부대신이 권한을 행사하는 것이 당연하기 때문에 그 소속기관과 관리들은 모두 이를 따라야 한다는 것이다. 이 관념 속에는 재판의 독립은 애초부터 들어설 자리가 없었다. 아무튼, 「법부관제」 개정 이후 많은 인민들이 법부로 직접 소송을 제기하면서 평리원은 최고 재판소의 지위와 권한이 상실되었다. 법부와 직접 연관성이 없는 일부 분쟁의 경우에는 하급 재판기관의 부조리를 교정할 수 있었을 것이지만, 반대로 최고 권력자가 연루된 사건의 경우에는 오히려 법부 지시로 하급 재판소의 판결을 뒤집는 수단으로 활용할 수도 있었다. 아래는 법부대신의 개입으로 상소심 판결이 변경된 사례들이다.

① 권력자가 법부를 동원하여 하급심 판결을 뒤집은 사례

1897년부터 1907년 사이에 있었던 이윤용과 평안남도 강서군 농민들 사이의 토지 분쟁은 법부의 간섭과 지시에 의해서 평리원 판결이 어떻게 왜곡되는지를 여실히 보여준다. 이 사건은 당시 유력한 권력자였던 이윤용[61]

---

61) 이윤용은 1854년에 이호준(鎬俊)의 서자로 출생했다. 본관은 우봉(牛峯). 자는 경중(景中)이다. 1867년에 먼 친척뻘인 이완용이 이호준의 양자로 들어왔다. 이윤용은 1869년(고종 6)에 돈녕부참봉이 되었다. 흥선대원군에게 재주를 인정받아 대원군의 사위가 되었으나 아내가 죽은 후 김기태(金箕台)의 딸과 재혼했다. 대원군이 몰락한 후에는 민비(閔妃)의 총애를 받았다. 양덕현감·병조참판·한성부 판윤 등을 거쳐

과 평안남도 강서군에 거주하는 농민들 간의 토지 소유권 및 도조 지급에 관한 소송이다. 이 사건을 이해하려면 해당 분쟁의 연원을 살펴볼 필요가 있다. 이윤용과 농민들의 분쟁이 발생한 토지는 대동강 안쪽에 있는 합도 (蛤島)에 소재하고 있었다. 1804년에 큰 홍수가 난 후에 강 안에 육지가 생기면서 마침내 노전(蘆田)을 이루게 되었다. 이 토지는 용동궁의 장토가 되었는데 그 후에 부근의 농민들이 용동궁의 허가를 얻어 각종 비용과 노동력을 투여하여 개간하였다.[62] 총 경지면적이 1,620여 두락에 달하였고 관여하고 있는 주민은 120여 호에 이르렀다. 용동궁에서는 작답하는 과정에서 기여한 농민의 노력을 인정하여 1두락당 5두 5승씩의 정조만을 납부하도록 하였다. 농민들은 경제적 가치가 적은 토지를 스스로 작답하여 고효율의 경작지로 변경하였으므로, 자신이 보유한 권리를 토지소유권과 같다고 생각하여 임의로 그 도지권을 매매하였다. 도지권의 매매가격도 거의 토지소유권의 매매가격과 다를 것이 없었다.[63]

그 후에 용동궁은 해당 토지의 전부를 조동윤에게 하사하였는데, 이후에도 작인들은 조동윤에게 매년 5두 5승만을 지불하고 경작, 수익하였을 뿐만 아니라, 임의로 도지권을 매매할 수 있었다. 그러나 1897년에 이윤용이

1894년 형조판서로 좌·우포도대장을 겸했다 경상도관찰사·중추원의관·군제의정관·군부대신·평리원재판장 등을 거쳐 1907년 궁내부대신이 되었다. 그해 7월 헤이그 밀사사건으로 고종이 퇴위를 강요당하자 양위(讓位)여부를 결정하는 회의에서 양위에 찬성했다. 이윤용의 집안에 대해서는 다음의 저서 참조 김윤희,『이완용 평전 : 극단의 시대, 합리성에 포획된 근대적 인간』, 한겨레출판, 2011.; 윤덕한,『이완용 평전 : 애국과 매국의 두 얼굴』, 중심, 1999.

62) 19세기 합도(蛤島)의 개간과정에 대해서는 다음의 논문을 참고할 수 있다. 염정섭, 「조선후기 대동강 하류 하중도(河中島)의 개간과 궁방전의 성립 및 변천」,『奎章閣』 37, 2010.
63) 朝鮮總督府 中樞院,『小作に關する慣習調査書』, 1930, 96쪽.

해당 토지를 매수하면서 토지의 권리관계를 둘러싸고 분쟁이 발생하였다. 즉, 이윤용은 해당 토지의 도조가 지나치게 저율이라는 이유로, 정관조를 관리자로 삼아서 타조법으로 바꾸려고 하였다.64) 농민들은 해당 토지가 용동궁의 허가를 얻어 본인들이 직접 출자, 개간하였고, 궁가로부터 정조로 영구히 경작권을 부여받은 것이기 때문에, 수확을 절반으로 하는 일은 부당하다고 주장하였다.

당시 이윤용은 육군 부장의 요직에 있었는데, 자신의 부하인 평양대대장 구연항을 시켜서 농민들을 위협하고 강제적으로 타작을 결행하였다. 그 후 농민들이 이 사정을 평양부에 호소하였는데, 오히려 농민이 감옥에 갇히게 되자 어쩔 수 없이 타작을 하였다. 아마도 제1심 재판기관이었던 평양부에 소송을 제기하였다가 패소하였던 것으로 보인다. 그런데 1901년에 토지 관리자인 정관조가 다시 농민들을 불러놓고 도지액을 증액하여 정도(定賭)로 한다고 통고하였다.65) 농민들은 어쩔 수 없이 요구받은 대로 지정표66)를 작성하여 이윤용측에 송부하였으며, 그 후에는 이 지정표에 의해 정해진 도조를 지불하고 경작해왔다.67) 그러다가 1904년에 이러한 행위가 부당하다고 생각한 작인 한진규(원고) 등이 정관조(피고)와 이윤용(피고)을 상대로 평리원에 소송을 제기한 것이다.

1905년 5월 11일 판결에서 평리원은 작인들이 요구한 사항을 모두 수용하였다. 재판부는 작인들이 오랫동안 용동궁에 5두 5승씩 납부하였고 조동

64) 「濫稅還吐」 『황성신문』, 1905년 5월 13일.
65) 「廣告」 『황성신문』, 1905년 5월 18일.
66) 지정표(支定票)는 작인이 지주에게 교부하는 증서인데, 指定票, 賭支(只)票 등으로도 표기되었다. 지정표에는 대체로 소작지의 소재, 지목, 면적, 소작료액, 소작료의 납기, 작인의 이름 등이 기록되어 있다. 朝鮮總督府, 『朝鮮ノ小作慣行(下)』, 1932, 4-5쪽.
67) 朝鮮總督府 中樞院, 『小作に關する慣習調査書』, 1930, 95-98쪽.

윤에게로 이속된 이후에도 그러하였다는 점을 인정하여, 이윤용 등이 부당하게 빼앗은 차지료 일체를 작인들(원고)에게 반환하고 이후에는 두락당 5두 5승을 영구히 거둘 것을 명하였다.[68] 평리원의 판결이 내려졌음에도 불구하고 이윤용은 우월한 정치적, 사회적 지위를 이용하여, 판결서 및 기타 증거서류를 탈취하였고, 반환을 요구하여도 돌려주지 않았을 뿐만 아니라 판결을 이행하지도 않았다.

그런데 이 분쟁에서 영향을 미칠 수 있는 사건이 있었다. 1905년 12월 9일에 이윤용이 평리원 재판장에 임명되는 등 한국 사법부의 고위직에 선임된 것이다.[69] 이윤용은 평리원장의 직위에 있으면서 한태동, 김치모, 김석기 등을 상대로 토지소유권의 확인 및 도조액에 대한 소송을 평리원에 또 다시 제기하였다. 이윤용은 불공정한 재판이라고 비난할까 두려워서 평리원 재판장임시서리로 법부협판 이원긍으로 재판장을 변경하였다. 그리고 이 재판에서 이윤용은 직접 원고의 자격으로 참여하였다.

이윤용은 이전 평리원 판결이 부당하다고 법부에 호소하였는데 법부는 다시 심사하라는 훈령을 내렸다. 법부의 훈령에 따라서 1907년 1월 16일 평리원에서는 원·피고 양측의 진술을 모두 듣고 각자가 제출한 증거서류를 검토한 후에 이윤용에게 승소 판결을 내렸다. 평리원은 "피고들은 원고가 매득한 토지소유권을 침해해서는 안 된다. 그리고 도조(賭租)는 여러 소작인들의 지정표에 의거하여 어김없이 지급하되, 몇 해에 걸친 잔여분 78석과 작년과 금년의 2년 치 1,560석을 합한 1,638석을 마련해 주어야 한다."고 판시하였다.[70]

---

68) 「1905년 5월 11일 평리원 판결」(朝鮮總督府 中樞院, 『小作に關する慣習調査書』, 1930, 99쪽.)

69) 「宮廷錄事」『大韓每日申報』, 1905년 12월 19일.

70) 「제6호 평리원 판결서(1907.1.16.)」.

이윤용은 자신이 일으킨 소송 사건을 10년 간이나 끌면서 법부와 평리원을 동원하여 결국은 자신의 승소로 이끌어 냈다. 원칙상, 1905년 5월 11일 평리원 판결로써 농민들의 승리로 종결되어야 했으나, 이윤용은 법부에 원억을 호소하는 절차를 이용해서 판결을 뒤집은 것이다.

② 법부가 판결의 내용을 구체적으로 지시한 사례

1901년에 있었던 이만동(원고)-여남식(피고)의 위답 및 비용 청구에 관한 소송은 법부의 지시가 어떻게 평리원 판결에 반영되는지를 여실히 보여준다. 원고 이만동은, "자신의 소유인 광주부(廣州府) 소재 위답 60두락을 김영만(신 묘지기)에게 맡겨서 절사(節祀)를 맡겼는데, 해당 토지의 구 묘지기인 김용식이 여남식에게 몰래 도매(盜賣)하였다."고 여남식을 상대로 소송을 제기하였다. 한성재판소는 1901년 5월 18일에 피고 여남식의 주장이 옳다고 보아서 여남식의 승소를 선언하였다.[71] 한성재판소 판결서가 매우 소략하여 어떠한 근거로 여남식의 주장을 채택하였는지는 알 수 없으나, 아마도 한성재판소는 여남식은 선의(善意)의 구매자로서 60두락을 적법한 절차에 따라서 취득하였다고 판단한 것으로 생각된다.

그러자 이만동은 여남식과 위답을 도매(盜賣)한 구 묘지기 김용식을 공동 피고로 하여 평리원에 상소하였다. 피고 여남식(대언인 한창회)은 "1900년 음력 11월에 광주부 소재 전답 60두락을 5,000냥에 신구문권을 넘겨 받아서 적법하게 구매하였는데 원고 이만동이 자기 문중의 위토라고 소송을 제기하였다."고 주장하였다. 피고 김용식은 "해당 전답이 대대로 전해오는 자신의 소유지이며 이를 여남식에게 방매하였다."고 주장하였다. 그러나 원고 이만동은 "자신이 대구에 거주하고 있는데 선산이 경기도 광주에 있

---

71) 「제 호 한성재판소 판결서(1901.5.18.)」.

어서 김용식을 묘지기로 삼아서 관리하도록 하였다. 문중의 후손들이 멀리 떨어져 거주하였기 때문에 해당 문권을 묘지기 집에 맡겨 두었다. 지난 1894년도에 김용식이 일을 잘하지 못하여 묘지기를 김영만으로 교체하였는데 이 때 김용식이가 문권을 훔쳐가서 몰래 투매(偸賣)하였다."고 주장하였다. 평리원에서는 양측의 진술을 모두 듣고, 관련 증거서류를 검토한 후에 구권(舊券)에 비자전 30두락은 있으나 패자전 30두락은 기재되어 있지 않다는 이유로 원고와 피고가 각각 절반씩 나누어 가지도록 판결하였다.

그러나 이만동이 이 판결에도 불복하여 법부에 원억(冤抑)함을 호소하였다. 법부는 소송 서류 일체를 넘겨 받아서 검토한 후에 '이 사건은 김용식이 묘지기에서 쫓겨난 후에 전담 소유자인 이만동 몰래 문권을 훔쳐서 여남식에게 방매하고 각종 문권을 넘겨 주었다.'고 사실관계를 다시 확정하였고 원고 전부 승소의 취지의 훈령을 평리원에 보냈다. 그러자 평리원은 1901년 7월 19일에 이만동 전부 승소의 취지로 판결을 다시 내렸다. 아래는 그 판결의 일부이다.

양측의 문권을 참조해보니, 김용식이 팔아버린 구권(舊券)에 비자전 30두락은 있지만, 패자전 30두락은 애초에 없기 때문에 절반으로 나누도록 판결하였다. 그런데 법부로 해당 서류를 올려 보내어, 이를 조사하여 바로잡은 후에 (발송한) 훈령(訓令) 제198호 내용에 '각인들의 진술을 조사해보니, 김용식이 이만동의 토지를 도매(盜賣)하였다는 사실은 다시 논의할 필요가 없다. 토지는 이태종[72]에게 귀속시키고 값은 즉시 김용식에게 추심하여 여남식에게 내어주어 소송을 마무리하도록 하라.'고 하였다. 두 피고가 억지를 부리면서 빼앗으려고 하였으므로 정당하다고 할 수 없다. 따

---

72) 원고 이만동의 친척으로 보인다.

라서 원고의 청구는 이유가 있다.[73]

  법부는 이 매매를 불법적인 도매(盜賣)라고 규정하고, 김용식이 도매(盜賣)한 이만동(李萬東)의 토지는 이태종(李泰宗)에게 귀속시키고 5천냥은 즉시 김용식으로부터 받아서 여남식에게 주고 소송을 마무리하라고 훈령을 내렸다. 누구의 주장이 사실에 부합하는지는 알 수 없으나 평리원은 해당 사안의 사실관계를 재조사하지 않은 채 법부의 지시를 곧바로 판결에 반영하였다.

  이렇듯 1900년에 「법부관제」가 개정된 이후, 법부가 평리원의 판결을 뒤집는 사례가 다수 나타나면서 평리원은 최종심 재판소로서의 위상과 기능을 상실하였다. 1899년 이후에는 법부는 조선시대의 형조로 돌아갔다. 대한제국의 법부가 과거 형조로 되돌아 간 이유에 대해서 도면회의 설명이 설득력이 있다. 도면회는 법부대신 및 협판에 임용된 인물들의 성향이 사법의 퇴행에 그대로 반영되어 있다고 평가한 바 있다. 그는 1895년부터 1905년까지 재직한 법부대신과 협판을 분석하였는데, 황제 측근파로 신기선, 조병식, 이근택, 이근호, 이기동을 분류하였고, 황실계 인물이 이지용, 이재극, 이재곤 등으로 분류하였으며, 경찰 및 군부 출신으로 김영준, 구영조, 김정근, 신태휴 등을 분류하였다.[74]

---

73) 「판결서 제55호 평리원 판결서(1901.7.19.)」.
74) 도면회, 『한국 근대형사재판제도사』, 푸른역사, 2014, 313쪽.

〈표 6〉 1899~1905년 법부 주요 관원 명단

	대신	협판
1895	서광범, 張博	이재정
1896	조병직, 이범진, 한규설, 조병식	정인흥, 권재형
1897	한규설, 조병식	이유인
1898	이유인, 조병직, 신기선, 서정순, 한규설	주석면, 이인우, 이기동, 이만교, 윤웅렬, 이근호
1899	조병식, 권재형	李載崑, 이근호, 구영조, 조민희
1900	신기선, 권재형, 민종묵, 김영준	김정근
1899	조병식*, 권재형	李載崑, 이근호, 구영조, 조민희
1900	신기선, 권재형, 민종묵*, 김영준*	김정근
1901	조병식, 신기선, 김현근*	李載崑
1902	이근택*, 한규설, 이지용*, 성기운*, 이재극, 이기동*, 이재극	이기동
1903	이한영*	이영한
1904	이지용, 이재극*, 박재순, 김가진, 권중현(권재형의 개명)	윤택영, 신태휴, 심상익, 김규희
1905	박제순, 이지용, 이근호, 박재순, 민영기, 이근택, 권중현, 박용대, 이하영	이근호, 고영희, 이준영, 이상설

출처 : 도면회, 『한국 근대 형사재판제도사』, 푸른역사, 2014, 179쪽, 312쪽.
참고 : 한해에 두차례 임명된 경우는 한번으로 처리하였고, 임시서리로 임명된 것은 이름 옆에 *표를 붙였다.

위의 표에서 볼 수 있듯이, 법부대신이나 협판의 경우 황제 측근파와 경찰 및 군부 출신, 황실계 인물들이 임용되고 있었다.[75] 이들은 서구 법학의 이념을 이해하지도 못하였고 일관된 의지를 가지고 사법개혁을 추진할 능력도 갖추지 못한 인물들이었다. 특히, 이유인은 공직자로서의 기본적인 자질도 갖추지 못한 인물이었다. 법부의 고위 관료들은 재판의 독립성과 전문성 확보를 통해서 재판소를 개혁한다는 사고보다는 비용의 절감을 통

_____

75) 도면회, 『한국근대형사재판제도사』, 푸른역사, 2014, 313쪽.

해서 행정의 효율성을 높여야 한다는 의식만 있었을 뿐이다.

무엇보다도, 1899~1905년 사이에 법부대신이 31명이나 임용되는 등 법부대신이 너무 자주 바뀌었다. 법부대신의 임기가 수개월밖에 되지 않는 상황에서는, 사법개혁의 프로그램을 짜고 해당 프로그램을 일관성 있게 추진하는 것은 불가능하다. 법부대신들은 사법개혁의 과제에 충실하기보다는 황제의 권한을 사법적으로 보호하는데 열중하였고 지배층의 권력 강화에 이용하는데 앞장섰다.

평리원 판·검사들은 1900년 5월 1일에 개정된 「법부관제」에 강력히 반대하는 의사 표시로 출근을 거부하기도 하였다.[76] 1900년 5월 16일에는 평리원 재판장 조윤승, 판사 이인영, 검사 장봉환 등이 「법부관제개정안」을 규탄하면서 사직 상소를 올리는 등 법부의 조치에 저항하였다.[77] 평리원과 법부의 갈등으로 인한 피해는 인민들에게 돌아갔다. 평리원이 재판업무를 정지하면서 소송 당사자들은 정소할 곳도 없게 된 것이다. 평리원에 정소하면 법부로 가라 하고 법부에 정소하면 평리원으로 가서 정소하라고 하는 현상까지 발생하였다.[78] 이후 새롭게 임용된 홍종우 평리원장 등을 비롯한 평리원 판사들도 일제히 반발하는 등 법부관제 제10조의 "호원"제도를 둘러싸고 평리원과 법부가 갈등을 빚었다.[79] 결국, 1900년 9월 5일에 권재형은 사직상소를 올렸으나[80] 평리원의 의견은 반영되지 않았다.

이제, 평리원은 각급 재판소에 대한 사소한 업무상의 지시를 하는 것도 어려웠다. 1901년에 평리원이 각급 재판소에 훈령을 내려 무더위로 인하여

76) 「법부에서 평리원 민형소송수에 딕ᄒᆞ야」『제국신문』, 1900년 5월 4일.

77) 『승정원일기』, 1900년 5월 16일.

78) 「院官辭疏」『황성신문』, 1900년 5월 5일.; 「民無訟處」『황성신문』, 1900년 5월 10일.

79) 「洪氏辭疏」『황성신문』, 1900년 6월 7일.

80) 문준영, 『법원과 검찰의 탄생』, 역사비평사, 2010, 273-274쪽.

소송을 잠시 중단할 것을 지시하였으나 법부가 이에 대해 월권(越權)이라고 제지하면서 해당 재판장을 견책에 처한다는 기사가 나오기도 하였다.

> 평리원에서 각도 재판소에 훈령하여 더위에 민송을 정지하라는 말은 이왕 기재하였거니와 법부에서 말하기를 평리원에서는 맡은 직책이 재판의 결처할 따름이거늘 사법아문은 치지하고 월권하여 자하로 정송하라고 훈령하는 것이 온당치 아니하다 하고 재판장 구영조씨를 견책에 처한다더라.[81]

위에서 알 수 있듯이, 각급 재판소에 대한 평리원의 권한은 매우 축소되었다. 법부는 평리원을 하급심 판결에 대한 상소심 재판기관으로만 취급하였다. 따라서 각급 재판소의 난맥상을 교정하기 위한 어떠한 조치도 평리원은 취할 수 없었다. 그렇다고 하여 법부가 모든 재판소의 문제점을 바로잡을 수도 없었다. 이 문제들은 각 지방에 독립 재판소를 설치하고 윤리의식을 갖춘 법조인으로 사법관들을 교체하지 않으면 해결될 수 없었다.

더 나아가 1904년에는 평리원장을 법부대신 혹은 법부협판이 겸임하는 조치가 취해졌다. 이와 함께 판사 4인 중에서 1인은 법부의 칙·주임관 중에서 겸임하도록 개악하였다.[82] 1905년 「형법대전」 제114조에서는 "평리원과 각 재판소에서 공사죄를 물론하고 법률 적용상 의의가 생길 때는 각 해당 안건 일체의 문안을 첨부하여 법부대신에게 질품하여 지령을 기다려서 처결"하도록 하였다.[83] 뿐만 아니라 "평리원과 각 재판소에 있는 역형

---

81) 『제국신문』, 1901년 6월 29일.
82) 「平理院官制 中 改正件(법률 제1호, 1904.1.13.)」 『구한국관보』, 1904년 1월 21일.; 「奏本 平理院裁判長을 法部大臣 혹은 協辦으로 任命하고 表勳院을 政府에 惠民院을 內部에 地契衙門을 度支部에 所屬시키고 法規校正所總裁以下를 減下하는 件」 『고종실록』, 1904년 1월 11일.
83) 「형법대전」, 제114조.

종신 이상의 형율에 해당할만한 죄인은 선고하고 신소기한이 경과한 후에 법부대신에게 질품하여 지령을 기다려서 집형"하도록 하였다.[84] 평리원은 법부의 하위 재판기관에 불과하였으며 모든 재판에 대해서 법부대신은 일일이 간섭할 수 있었다.

5. 전임 사법관 임용제도의 형해화(形骸化)

「재판소구성법」에서는 원칙상 판·검사는 사법관시험에 합격한 자를 임용하도록 하였으나 대한제국 정부는 각종 예외 규정을 설치하여 사법관시험을 치르지 않은 자도 판·검사를 임용하였다. 원래, 이 조치는 법관양성소에서 법률가를 양성하여 사법관에 임용할 때까지 한시적으로만 시행하려고 하였다. 그러나 이 계획도 정국이 보수화되면서 점차 변질되어 젊고 새로운 법률가를 판·검사에 임용하기보다는 현직의 관료 중에서 사법실무에 경험이 있는 자를 임용하려는 추세가 강화되었다. 한성재판소와 고등재판소에는 법률 전문가가 일부 배치되었으나 법관양성소 출신들이 졸업 직후에 판·검사로 임용된 사례는 거의 없다.

이 같은 경향은 사법관 인사제도에서 단적으로 나타난다. 한국정부는 1898년에 「주판임관시험 및 임명규칙」을 제정하였는데, 제6조에서 "사법관 임명은 법률학 졸업인 중에서 법부 시험을 거친 후에 곧바로 임명"하도록 하였다. 그러나 이 규정도 사실상 사문화되었다. 사법관 임용을 위한 법부 시험이 시행되지 않았기 때문이다. 법관양성소, 사립 법률학교, 일본 법률학교의 졸업생들이 점차 배출되고 있었음에도 불구하고 이들에게 사법관 임용의 기회는 좀처럼 주어지지 않았다.[85]

---

84)「형법대전」, 제115조.

〈표 7〉 1900년 7월 26일 임용된 사법관[86]

평리원판사	평리원판사 : 金敎鴻(법부 주사)	
한성재판소 판사시보	한성재판소 판사시보 : 趙命熙	
각 지방 검사시보 (24인)	한성재판소 검사시보 : <u>柳學根</u>(6품)	황해도재판소 검사시보 : 丁明燮(한성재판소 주사),
	경기재판소 검사시보 : 李鍾應	강원도재판소 검사시보 : 趙鍾贊(9품),
	전라북도재판소 검사시보 : 金基肇(平理院 判事),	인천항재판소 검사시보 : 尹炳一(평리원 주사),
	전라남도재판소 검사시보 : 宋寅會(9품),	무안항재판소 검사시보 : 金鍾應(한성부재판소 주사)
	경상북도재판소 검사시보 : 李徽善(평리원 판사),	창원항재판소 검사시보 : 權用奎(법부 주사),
	<u>경상남도재판소 검사시보 : 李麟相</u>(평리원 주사),	성진항재판소 검사시보 : 朴有觀(법부 주사),
	<u>충청북도재판소 검사시보 : 洪龍杓</u>(평리원 주사)	<u>부산항재판소 검사시보 : 黃鎭菊</u>(한성부재판소 주사),
	<u>충청남도재판소 검사시보 : 李源國</u>(법부 주사),	원산항재판소 검사시보 : 吳德默(궁내부 회계원 주사),
	<u>평안북도재판소 검사시보 : 柳得茂</u>(6품),	삼화항재판소 검사시보 : 李章爀(6품)
	평안남도재판소 검사시보 : 徐廷佐(평리원 주사),	경흥항재판소검사시보 : 陳洪九(정3품),
	함경북도재판소 검사시보 : 李完榮,	<u>제주목재판소 검사시보 : 高翊相</u>(前주사)
	함경남도재판소 검사시보 : 鄭彦朝(평리원 주사),	옥구항재판소 검사시보 : 閔載珪(9품)

출처 : 「敍任及辭令」『구한국관보』, 1900년 7월 31일.
비고 : ( )는 전직표기이고 밑줄 표기는 법관양성소 졸업생 출신이다.

_____

85) 사립 법률학교의 교육 및 배출은 1896년부터 시작하였다. 이에 대해서는 다음의 기
사 참조「사립 법률학교 졸업ᄒ 방이 이둘 이십일 낫ᄂ듸」『독립신문』, 1896년 5
월 26일.;「윤돈구 일홈 곳친 윤영구란 사름」『독립신문』, 1896년 4월 23일.;「法學
小學」『황성신문』, 1901년 7월 11일.

86) 「敍任及辭令」『구한국관보』, 1900년 7월 31일.

이 같은 상황에서 황제가 1899년 7월 18일 법규교정소로 하여금 「주판 임관시험 및 임명규칙」의 제5조, 제6조만 제외하고 나머지를 모두 개정하라는 조칙을 내렸다. 이에 1900년 3월 27일에 칙령 제12호 「무관 및 사법관 임명규칙」을 새롭게 반포하였다.[87] 이 규칙 제2조에서는 "사법관 임명은 법률학 졸업인 중에서 법부 시험을 거친 후에 임명"하도록 하였으나 제3조에서 "군무 및 사법 사무에 능숙한 자는 졸업증서가 없어도 바로 임명"할 수 있는 규정을 설치하였다. 이는 법률 전문가를 임용하여 사법개혁을 추진한다는 계획을 사실상 포기한 것이었다. 한국정부는 법률학교를 갓 졸업한 자보다는 사법 실무에 종사하면서 법률 지식과 경험을 충분히 쌓은 자를 더 선호하였다. 1900년 7월 26일에 단행된 사법관 임용 사례를 보면 그것을 잘 알 수 있다.

당시, 법부대신서리 민종묵은 고종에게 상주하여 평리원, 한성재판소, 각지방재판소의 사법관으로 모두 26명을 임용하였다. 이들 중에서 법관양성소 졸업생은 모두 7명(유학근, 이인상, 홍용표, 이원국, 서정좌, 황진국, 고익상)이었다. 그러나 이들은 이미 평리원이나 법부에서 주사로 근무하고 있던 실무자들이었다. 이들을 포함하여 사법관에 임용된 자의 대부분은 법부, 한성재판소, 평리원 등에서 판사나 주사로 근무하면서 사법실무를 익힌 자들이었다.

이 인사에 대해서 법부 민사국장 서상룡, 평리원장 홍종우, 법관양성소 졸업생들이 크게 반발하였다. 법부 법무국장이었던 서상룡은 검사시보는 법관양성소 졸업생에게 시험을 치르게 하여 우수한 자를 선발하는 것이 옳은

---

87) 「조칙 주판임관시험 및 임명규칙을 교정소로 하여금 개정케 하는 건(1899.7.18.)」, 『구한국관보』, 1899년 7월 20일.; 「무관 및 사법관 임명규칙(칙령 제12호, 1900. 3.27.)」 『구한국관보』, 1900년 3월 27일.

데도 민종묵이 자기와 친한 인물만 서임하여 공평하지 못하다고 항의하였다. 법관양성소 졸업생 구건서 등 16명은 당초 장정에 법관양성소 학도를 경외 판·검사시보로 선임한다고 하여 5~6년을 기다렸건만 이번에 임용된 법관양성소 졸업생은 몇 명에 불과하니 억울하다고 호소하였다.[88] 평리원장 홍종우도 민종묵의 처사를 불공정한 인사라고 비판하였는데 이는 평리원 판사 2명, 주사 5명 등 7명이 한꺼번에 검사시보로 전출되었기 때문이다.[89]

법관양성소 졸업생들은 이번 기회에 사법관 임용을 관철시키기 위해서 실력 행사에 돌입하였다. 이들은 7월 30일 오전 12시 훈련원 앞에서 모여 민종묵의 위법 행위를 의정부에 호소하였다.[90] 이렇게 되자, 민종묵에 의해 검사시보로 임명된 사람들도 대신에게 면직을 청하였고[91] 민종묵도 사직상소를 올리고 8월 4일자로 면관되었다. 이에 따라서 각 재판소 검사시보 임용이 모두 철회되었으나 법관양성소 졸업생들이 사법관에 임명된 것은 아니었다. 1900년 11월 15일에는 법관양성소 학도 고익상 등이 각도 재판소에 검사시보를 법관양성소 학도로 조속히 임용할 것을 법부에 청원하였다.[92] 그러나 이들은 1905년말까지 판·검사는 물론 시보직에도 임명되지 못하였다.[93] 이처럼 법관양성소의 졸업생들에게 판·검사 등의 주요 직

---

88) 「額外檢事」『황성신문』, 1900년 7월 28일.

89) 「院長駁詰」『황성신문』, 1900년 7월 30일.

90) 민종묵의 부정행위를 고발하는 탄핵상소를 올린 법관양성소 졸업생들은 다음과 같다. 具健書, 金内濟, 李行善, 任允宰, 洪鍾翰, 尹衡重 金敦熙 金永洙 李容福 元容离 李東鎭 林炳璿 金翼熙 趙漢緯 孔晃周 尹秉純 李兢洙 吳世俊 李康浩 鄭雲倬 鄭永澤 韓成潤 尹馹榮 李憲儀 尹相直 鄭雲哲 李晃容 許 植 李徹承 權興洙 權鳳洙 柳台永 徐相喜 延 浚 金永默 尹榮馹 高殷相 朴廷煥 洪鐘駿 崔昌來 鄭樂憲 權在政 李 俸 朴斌秉 李用晃 鄭燮朝 韓 헌(日+憲)(「廣告」『황성신문』, 1900년 7월 30일.).

91) 「獻議請願上疏」『황성신문(1900.7.31.)』.

92) 「법률양성소 학도 고익상졔씨가 쏘법부에」『제국신문(1900.11.15.)』.

93) 도면회, 『한국근대형사재판제도사』, 푸른역사, 2014, 339-340쪽.

위를 개방하지 않은 폐쇄적 관료체제가 그대로 용인됨으로써 젊고 유능한 사법 관료들이 판검사로 활약하지 못하였다. 법률가 집단의 형성을 방해한 것이다.

특히, 사법개혁에서 무엇보다 중요한 것은 유능하고 윤리적인 법률가를 양성하는 점에 있었는데 1903년에 가서야 법관양성소를 다시 운영하는데 그쳤다.

<표 8> 제2기 법관양성소의 졸업생

제3회 졸업생 (1903.3~1904.7.21.)	尹泰榮 任晃淳 金鍾濩 安廷襲 尹光普, 尹憲求 洪晃憙 洪祐襲 沈鍾大 盧鍾彬 具升會 成襲永 朴準性 柳龍均 尹達永 裴瑛均 李漢吉 權泰珽 申正植 鄭雨興 南輔元 金正學 趙東肅 權重瑾 李漢求 등 25인
제4회 졸업생 (1904.9~1906.1.6.)	金近鉉 金洛純 尹忠秀 權赫采 沈學根 沈在根 丁奎昇 卜榮晩 具滋景 宋泰顯 趙箕衍 洪淳瑢 睦源容 宋錫會 金奭鎬 南晟祐 李文世 李源禧 徐丙高 李載榮 등 20인
	李鍾岳 金文泳 李鳴世 등 3인 추가
제5회 졸업생 (1908.1.4.)	李基燦 李弼殷 金基賢 韓相羲 金應燮, 安肯洙 李敬儀 李根國 南廷圭 金元培 閔衡基 趙良元 鄭奭朝 林正奎 柳海昌 南春熙 宋柱學 趙台煥 權泰亨 金鍾協 李鍾淵 洪鍾國 등 22인. 成法學士 수여
제6회 졸업생 (1909.1.25.)	李豊求 金洪正 盧興鉉 李煥奎 金思溁金大經 李愚正 李祖遠 李敦性 沈相直盧載昇 李漢麟 申錫定 金亨淑 金贊泳文澤圭 李奭鎬 張錫驥 姜世馨 柳定烈李春燮 安承馥 洪淳喆 金炳稙 李中璜 柳國鉉 曹德承 洪明厚 洪淳頊 吳熙鑼李圭南 宋熹用 鄭志衍 權寧普 黃芘周金鍾惠 朴容九 趙建鎬 金珏善 蘇東植吉昇淵 安鍾洵 金鳳欽 卜榮鎬 柳根穆趙載璿 兪爰濬 金永旭 朴容瑾 趙鍾哲柳志衡 權轍相 安晩洙 趙世熙 등 54인

법관양성소 졸업생들의 청원은 1903년에 부분적으로나마 수용되었다. 1903년 1월 22일에 개정된 법관양성소규정은 과거 참서관이었던 법관양성소장의 지위를 칙임관 또는 주임관으로 격상하고 법부 칙·주임관이나 각

부·부·원(府部院) 칙·주임관 중 법률에 밝은 인물이 겸임하도록 하였으며, 수업 연한도 3년으로 연장하여 법률교육의 충실을 기하도록 하였다. 같은 해 9월 4일에는 교수를 교관으로 개칭하고 법률에 밝은 주임관 판임관을 각각 3인, 9인 임명한다고 하고 교관 아래 박사 4인을 두도록 하였다. 박사는 법관양성소 졸업생으로 순서에 따라 서임하였다가 차후 사법관으로 수용한다고 함으로써 졸업생들의 불만을 어느 정도 무마할 수 있었다.[94]

1904년 7월 4일에는 동소의 지위를 한층 격상시키고 직원도 늘리는 조치가 취해졌다. 소장은 칙임 1등관 또는 2등관이나 전임 법관 중 1인을 임명하고 부장을 새로 두어 칙임 3등관 이상 또는 전임 법관 중 1인을 임명하고 부장을 새로 두어 칙임 3등관 이상 또는 전임 법관 중 1인을 임명하는 것으로 하였다. 그 밖에 교관의 수도 주임관 5인, 판임관 12인 총 17명으로, 박사도 8명을 크게 늘렸다. 위 교관과 박사는 본소 졸업생이나 법률에 밝은 인물로 임명한다고 하였다. 이 개정에서 주목할 점은 수업 연한을 3개년에서 다시 6개월로 단축하고 졸업생을 사법관으로 채용하되 소장과 부장이 협의한 후 법부대신에게 보고하여 순차적으로 자리가 날 때마다 임명한다는 것이다. 이는 그만큼 전문 법률인력이 시급히 요청되고 있었음을 의미한다.[95]

법관양성소 규정은 1904년 10월 10일과 1905년 2월 26일 두 차례나 개정되었다. 1905년에는 1895년 단계의 지위로 격하되었다. 우선 부장과 박사 직제가 삭제되었고 소장의 지위도 격하되어 법부 참서관 중에서 겸임하며 교관도 6명(주임관 1인, 판임관 5인)으로 크게 줄었다. 그리고 수업연한은 다시 3년으로 증가되었다. 1906년초까지 고은상, 공면주, 구건서, 권봉수,

---

94) 도면회, 『한국근대형사재판제도사』, 푸른역사, 2014, 336쪽.
95) 도면회, 『한국근대형사재판제도사』, 푸른역사, 2014, 336-337쪽.

김익희, 박빈병, 원용설, 윤병순, 윤일영, 윤형중, 이면용, 이봉, 이철승, 이행선, 정낙헌, 정섭조, 정영택, 최창래, 허식, 홍종준 등 20여명의 졸업생이 법관양성소 박사로 임명되었다.[96]

　이상에서 알 수 있듯이, 한국정부는 1895년 8월부터 1902년까지 법관양성소의 신규 입학을 중단하였을 뿐만 아니라 법관양성소 졸업생들에게 판·검사 임용의 기회도 제공하지 않았다. 법부관제 개정은 불공정한 각급 재판소를 교정하기 위해서 단행되었다기보다는 고종에게 도전하고 있던 반고종 정치세력들을 제압하기 위해서, 사법권을 고종과 법부가 장악하고자 하는 의도에서 비롯되었다고 보아야 한다. 갑오개혁기 사법개혁의 목표였던 사법의 독립은 무산되었다. 이에 따른 당연한 귀결로써 전임 사법관 제도도 형해화되었다.

---

96) 도면회, 『한국근대형사재판제도사』, 푸른역사, 2014, 340쪽.

제2절 신식 소송제도와 전통 관행의 혼효(混淆)

1. 확정판결 제도와 남소(濫訴)

근대 소송에서는 판결이 일단 선고되면, 판결을 내린 법원 자신도 이에 구속되며 스스로 판결을 철회하거나 변경하는 것이 허용되지 않는다. 이를 판결의 기속력(羈束力) 혹은 자박성(自縛性)이라고 부른다. 소송 당사자에게 는 형식상 판결이 확정된다. 판결이 확정되었다는 것은, 법원의 판결이 해 당 절차에서는 더 이상 불복할 방법이 남아 있지 않아서 그 절차 안에서는 취소, 변경될 가능성이 없는 상태를 말한다. 이미 내린 판결을 다시 변경하 게 되면 법적 안정성을 해치고 재판의 신용에도 악영향을 주기 때문이다.[97]

갑오개혁기에는 사법부도 재판실무에서 확정판결 제도를 정착시키기 위 한 노력을 다양하게 펼쳤다. 소송이 끝내 종결되지 않으면 승소자(권리자) 의 권리 회복이 늦어질 수 있기 때문이다. 「재판소구성법」, 「민형소송규정」 에서는 원고 또는 피고가 원심에 불복하는 경우에 상소하는 절차를 마련하 여 공정한 판결을 보장하되, 소송 당사자가 오결(誤決)을 이유로 판사 또는 재판소를 바꾸어 가면서 계속하여 소송하는 것을 원칙상 인정하지 않았다.

그러나 확정판결은 제도로서 정착하는데 어려움을 겪었다. 그 이유는 첫 째, 조선후기 이래의 전통 소송상의 의식과 관행이 군건히 유지되고 있었 기 때문이다. 조선왕조의 인민들은 판결이 내려진 후에 송관이 바뀌기를 기다렸다가 신임 송관에게 똑같은 소송 안건을 제기하는 경우가 허다하였 다. 송관은 자신에게 접수된 소송 안건이 전임 송관이 이미 판결하였음을

---

97) 이시윤, 『新訂版 民事訴訟法』, 博英社, 1994, 661-662쪽.; 호문혁, 『민사소송법원론』, 법문사, 2012, 363쪽.

알고서도 이를 거절하지 아니하고 수용하였다. 새로운 민사소송제도는 이
같은 소송의 남발을 방지하기 위하여 도입되었으나, 재판실무에서는 구식
판사들이 조선후기의 관행을 따라서 판결을 쉽게 번복하였다. 특정 분쟁에
서 사실관계가 새롭게 확인되거나 혹은 법률 적용상의 문제가 있었다면 상
급 재판기관에서 바로 잡아야 하였다. 그러나 동일 심급의 재판기관이 같
은 안건을 접수·번복하면서 재판의 신뢰를 떨어뜨리는 결과를 초래하였다.
아래의 인용문은 1898년 8월 13일에 의정부 참정 이호준이 법부대신 신기
선에게 제출한 공문서인데 당시 재판의 번복 현상이 어느 정도로 심각한지
를 설명하고 있다.

> 경장 이래로 법률이 아직 제정되지 않았고 법관이 자주 교체되고 있으
> 며, 과거 법관이 판결한 안건을 현재의 법관이 안건을 번복하는 경우가 많
> 다. 이는 一國의 司法이 아니라 법관 1인의 법이다. 무릇 고등재판소에서
> 판결한 것은 절대 변경하지 못하는 안건으로 편성하여 영구히 고치지 말
> 아야 한다. 설혹 법관이 誤決이 있으면 마땅히 법관에게 죄를 물으면 되
> 지 그 성안을 번복해서는 안된다. 그러한 이후에야 백성이 비로소 법을 신
> 뢰하고 법이 시행될 수 있다.[98]

이호준은 확정판결을 독려하는 훈령을 수차례 공포하였음에도 불구하
고, 갑오개혁 이래로 법관이 자주 교체되고 있으며 과거 법관이 내린 판결
을 신임 법관이 번복하는 경우가 많다고 지적하였다. 이는 국가의 사법이
아니라 법관 개인의 법이라고 비판하면서 재판소가 판결을 스스로 번복하
면 인민들이 판결과 법을 신뢰하지 않을 것이라고 우려하였다. 이호준은

---

98) 「法律을 參酌改正ᄒ며 裁判長을 特設ᄒ며 外國律士를 聘用에 關ᄒ 別請議書
　　(1898.8.31.)」『各部請議書存案』.

고등재판소 판결은 절대로 번복하지 말아야 하며 만약, 법관이 잘못된 판
결을 내리더라도 법관을 징계해야 하지 판결을 뒤집어서는 안된다고 주장
하였다. 이 같은 현상은 1907년까지도 지속되었는데, 1907년 9월 30일의 평
리원 판결서에 잘 드러나 있다.

> 제1심 판결과 1904년 5월 7일에 나온 본 평리원 판결서는 모두 폐기한
> 다. 피고는 원고의 청구에 응하여, 곳간[庫間] 3칸을 돌려주고 해당 곳간
> 의 세(貰)를 1904년 음력 12월부터 1907년 음력 8월까지 도합 34개월간
> 매일 쌀 3승(升)씩 도합 3,060승을 물어 주어야 한다. 소송비용은 피고가
> 부담한다.99)

위 판결서에서 다루고 있는 분쟁은 김주현과 김화경 사이에서 하미전(下
米廛) 3칸의 소유권을 둘러싼 분쟁으로 1904년 4월 22일에 한성재판소의
제1심 판결이 있었다. 이 재판에서는 원고 김주현이 승소하여, 피고 김화경
이 3칸 창고는 (원고에게) 내주고 해당 창고값 2,400냥은 해당 가게의 도승
(都中)에게 추징하라고 판결하였다.100) 그러나 김화경이 이에 불복하여 평
리원에 상소하였는데 1904년 5월 7일 평리원 재판에서는 김화경이 승소하
였다.101) 그러자 김주현이 이에 또 불복하여 김화경의 아들 김동혁을 상대
로 평리원에 다시 소송을 제기하였다. 1907년 9월 30일의 재판에서 평리원
장은 1904년 5월 7일에 있었던 평리원 판결을 스스로 폐기하고 기존의 판
결을 번복하였다.102)

둘째, 소송 관계인들이 친분, 권세를 배경으로 청탁을 하거나 뇌물을 제

---

99)「융희원년 제31호 평리원 판결서(1907.9.30.)」.
100)「제252호 한성재판소 판결서(1904.4.22.)」.
101)「제14호 평리원 판결서(1904.5.7.)」.
102)「융희원년 제31호 평리원 판결서(1907.9.30.)」.

공하고 판결을 번복하게 만드는 경우가 있었다. 『독립신문』을 비롯한 여러
신문에는 군수, 관찰사, 판·검사가 청탁이나 뇌물을 받았다고 고발하는 기
사가 자주 등장한다. 돈과 사적 친분을 매개로 한 재판 거래는 한국 재판
소의 신뢰를 해치는 주요 원인이었다. 아래의 인용문에서는 판결을 번복한
이유가 청탁에 있다는 점을 군수가 스스로 고백하고 있다.

> 近畿一郡民이 田畓 訟事에 寃痛ᄒᆞᆫ 原情을 該郡에 呼訴ᄒᆞ얏더니 該郡
> 守가 題判ᄒᆞ기를 痛悉其寃ᄒᆞ니 依訴推給이라고 公決ᄒᆞ얏다가 其後에 更
> 히 該狀民을 捉囚ᄒᆞ고 聲言ᄒᆞ야 曰有力ᄒᆞᆫ 某僉書와 某大官의 請札이 緊
> 切ᄒᆞ니 訟理曲直은 不計ᄒᆞ고 不可不請囑을 施行ᄒᆞ깃다ᄒᆞ면서 該訟을
> 翻案ᄒᆞ얏다더라.[103]

위 인용문은 근기 지역 군민의 전답 소송에 대해서 군수가 소장에 따라
서 공정한 판결을 내렸는데 나중에 참서(僉書)와 고위 관료의 청탁 편지를
받고서 소송 안건을 번복하였다는 기사이다. 이 사례는 이미 판결을 내린
사건을 상소심 기관에서 번복한 것이 아니라 고위 관료의 청탁 편지를 받
고 스스로 번복하였다는 점에서 「재판소구성법」과 「민형소송규정」을 위
반한 것이다.

셋째, 한국 소송체계의 구조적 문제도 있었다. 즉, 법부의 지시와 간섭이
제도적으로 보장되면서 각급 재판소의 판결을 인민들이 가볍게 여기기 시
작하였다. 판결을 공식적으로 번복할 수 있는 수단이 자꾸 생기면서 인민
들 사이에서 또 다른 재판기관으로 자신의 소송을 끌고 가려는 인식이 확
산되었다. 특히, 1900년에 「법부관제」가 개정되면서 확정판결 제도는 더욱
훼손되었다. 1900년 「법부관제」에서 하급심 판결은 물론이고 평리원 판결

---

103) 「請札翻訟」, 『황성신문』, 1902년 6월 5일.

에 대해서도 인민이 직접 법부로 정소할 수 있는 길을 열어 두면서 고등재
판소(평리원) 판결을 더 이상 번복하지 말아야 한다는 기존 훈령들은 모두
휴지조각이 되었다. 아래의 1899년의 법부고시는 1900년 5월 1일에 「법부
관제」가 개정되기 이전부터 판결을 번복할 수 있었다는 것을 잘 보여준다.

> 무릇 송사의 판결서는 곧 후일까지 빙준하여 어김이 없이 하라는 신적
> 이어늘 지금은 그렇지 아니하여 송관이 한 번 갈리면 판결한 것은 돌아보
> 지 않고 문득 그 송사를 번복하여 분분하기를 마지 아니하며 옳고 그른
> 것이 혼잡하니 진실로 이 같으면 그것이 어찌 송체라고 이르리오. 판결서
> 대로만 일준 시행하되 만일 혹 크게 백성의 원통한데 관계가 되어 부득이
> 번안을 하려즉 종실히 법부에 보하여 지령을 기다려 처판하고 기시에 그
> 릇 판결한 송관은 가히 논죄 함이 없지 못할지니 이제 이 훈칙은 뒤에 만
> 일 다시 잘못 하면 그 송관은 중감을 면하기 어려울지라 만일 피척이 번
> 안을 하려거든 해 송관이 전일에 판결하던 문적을 첩련하여 법부로 바로
> 정하라고 법부에서 고시하였다더라.[104]

위 고시는 송관이 교체되면 전임 송관이 판결한 안건을 번복하지 말 것
을 단단히 타이르면서도 인민들이 해당 판결에 크게 원통하다고 여겨서 번
복을 하려면 각 재판소가 법부의 지령을 받아서 다시 처리하라고 지시하였
다. 만약, 소송 당사자가 판결을 번복하려면 송관이 이전에 내린 판결서류
를 모아서 직접 법부로 소송을 제기하라고 안내하는 것이다. 이는 인민들
에게 하급 판결은 물론이고 평리원 판결도 무시하고 법부로 직접 소송을
제기하여도 좋다는 신호였다. 위 법부 고시는 「재판소구성법」의 심급제도
와 확정판결 제도를 사실상 무력화하는 것이다.

소송 당사자가 평리원의 판결이 하나의 절차에 불과하고 더 상위기관인

---

104) 「법부 고시」, 『독립신문』, 1899년 9월 8일.

법부의 지시가 평리원 판결을 뒤집을 수 있는 힘을 가지고 있다고 생각한다면, 패소자들은 각급 재판소의 판결에 쉽게 승복하지 않을 것이다. 법부의 조치는 불공정한 오결을 바로잡다는 명목으로 취해졌으나 최종심 재판기관의 권위와 신뢰를 훼손하는 결과를 초래하였다.

2. 심급제도와 월소(越訴)

1895년 「민형소송규정」에서는 재판소를 시심재판소와 상소심 재판소로 나누었다. 시심재판소는 제1심 재판소로서 한성재판소, 지방재판소이고 상소심 재판소는 고등재판소와 순회재판소이다. 순회재판소는 설치된 적이 없었기 때문에 고등재판소가 유일한 상소심 재판소이자 최고 재판소 역할을 하였다. 추후에는 지방의 형편에 따라서 군수가 제1심 재판을 관장하고 군수 재판에 불복하는 자는 개항장재판소 또는 지방재판소로 상소하도록 변경하였다.[105]

그러나 재판실무에서는 「재판소구성법」상의 심급제도가 제대로 준수되지 않았다. 인민들은 판결에 불복하는 경우에 군 → 도 → 고등재판소(평리원) 등의 단계를 거쳐야 함에도 불구하고, 중간 단계를 거치지 않고 고등재판소(평리원)로 직접 호소하는 경우가 많았다. 고등재판소의 판결이 부당하다고 생각하면, 인민들은 그 상급기관(법부, 국왕)에 호소하는 것도 불사하였다.

법부는 1896년 12월 26일에 각 12도 4항 1목의 재판소 및 한성재판소에

---

105) 「各郡郡守로 該官內訴訟을 聽理케 하는 件(칙령 제5호, 1896.1.11.)」, 『구한국관보』, 1896년 1월 15일; 「各部觀察使·參書官·郡守가 判檢事務를 執行하는 件(법부훈령 제2호, 1895.6.1.)」, 『구한국관보』, 1895년 6월 11일; 「各府觀察使參書官郡守가 判檢事務를 執行하는 件(법부훈령 제2호, 1895.6.1.)」.

훈령을 보내어 군과 도의 재판을 거치지 아니하고 고등재판소에 곧바로 상소하지 못하도록 지시하였다.106) 법부는 첫째, 각도 및 각군의 관리가 청탁과 뇌물을 받고서 판결을 왜곡하면 해당 판사와 군수는 경중을 가려서 엄히 처단하고 둘째, 송민이 비리건송하여 규례를 어기고 번갈아 가면서 상소하는 자는 '비리호송율'로 처단할 것이라고 밝혔다.107) 이와 함께 군과 도의 판결을 거치지 아니하고 고등재판소로 직소하는 것은 결단코 수리하지 않겠다고 밝혔다. 법부는 월소를 제기하는 이유로, 부정한 청탁과 뇌물로 인한 판결의 왜곡을 들면서도, 인민이 소송을 일삼아 제기하는 관행도 일부 문제가 있다고 본 것이다. 그러나 고등재판소는 월소에 대해서 법부와는 다른 시각을 가지고 있었다.

지방재판소에서 불복한 소장을 고등재판소에서 심리함은 법률이 자재하거늘 요사이 소지 정하는 인민들이 혹 본군으로 말미암지 않고 바로 해도에 정하며 혹 해도에 말미암지 않고 고등재판소에 정하니 민슴이 어리석고 완특함은 차치하고 군과 도에서 청리하는 것이 한갖 미루기를 일삼아 송안을 적체하게 하여 해가 지내도록 소지질들을 하게 함은 송체로 규정 할진대 어찌 이럴 이치가 있으리오.108)

---

106) 「郡과 道의 裁判을 거치지 아니하고 高等裁判所에 直訴함을 禁止하는 件(법부훈령, 1896.12.26.)」 『韓末近代法令資料集(Ⅱ)』, 199-200쪽.

107) 월소율(越訴律)은 『대명률직해(大明律直解)』 형률(刑律) 소송(訴訟)의 월소조(越訴條)를 말한다. "무릇 군민(軍民)이 소송할 때에는 반드시 하급관청(下級官廳)을 거쳐서 상급관청(上級官廳)으로 진고(陳告)해야 하며 곧바로 상급관청(上級官廳)으로 제소(提訴)하면 태형(笞刑) 50도(度)에 처한다. 또 임금의 가마앞(駕前)에서 호소하거나 등문고(登聞鼓)(신문고)를 쳐서 신소(申訴)하는 경우, 그 내용이 거짓(不實)이면 장(杖) 100에 처하고 그것이 진실이면 죄를 면(免)한다."

108) 「고등 지판쇼 훈령을 드듸여 한셩 지판쇼에서」 『독립신문』, 1897년 7월 15일.

고등재판소에서는 군과 도를 경유하지 않고 곧바로 고등재판소로 소송을 제기하는 사례가 많은 이유를 군과 도에서 소송을 신속히 처리하지 않고 송안을 적체하다보니 이 같은 권리 유보 상태를 인민들이 참지 못하고 고등재판소로 곧장 소송을 제기한다고 판단하였다. 1895년 「민형소송규정」에서는 판결은 결심(結審)한 후에 곧바로 행하거나 결심한 날부터 7일을 경과하지 못하도록 하였다.[109] 「재판소세칙」에서는 "민·형사 소송안은 접수한 날짜로부터 30일 기한 이내에 판결하되, 만일 관계된 사안들로 인해 미결 건이 발생할 경우 매월 말에 사유를 구비하고 주석으로 명시하여 보고"하도록 하였다.[110] 고등재판소는 월소(越訴)가 일어나는 원인이 인민들이 소송절차를 일부러 어겨서가 아니라 하급 재판기관에서 신속하고 공정하게 처리하지 못하는데 있다고 판단하였다.

사실, 인민들이 자신의 거주지와 가까운 재판소를 제쳐두고 많은 시간과 비용이 들어가는 한성재판소나 고등재판소에 호소하는 특별한 이유가 있었다. 그것은 인민들이 당대의 상식과 도리에 비추어 보았을 때 지방관의 판결이 부당하다고 느꼈기 때문이고 더 나아가 자신이 속한 군과 도의 재판소에 대한 신뢰가 없었기 때문이다. 아래의 『독립신문』 기사는 그 같은 사실을 잘 대변해 준다.

> 만일 정부 관원들이 내외직 간에 장정과 규칙과 법률을 밝게 시행하고 생명 재산을 다른 나라처럼 보호하여 주었더면, 이 사람들이 무엇이 두려워 서울 관인에게와 붙으려 하며, 참봉, 주사원, 차함을 돈을 들여 맛보기나 하며, 선영 유업을 버리고 타국에 가 입적하리오[111]

---

109) 「민형소송규정」, 제13조.
110) 「재판소세칙(법부 훈령, 1896.12.26.)」『起案存檔』(奎 17277의 12)』.
111) 『독립신문』, 1898년 10월 17일.

『독립신문』은 재판소가 법률을 공정하게 시행하고 인민의 재산과 생명을 보호하여 준다면 무엇이 두려워서 서울까지 가서 소송하고, 또 뇌물까지 동원하겠는가 묻고 있다. 매우 극단적인 기사이기는 하지만 이 당시 월소는 군과 관찰부에서 공정한 판결을 기대하기 어렵다고 생각한 인민들의 자구책의 성격도 있었다.

한편으로, 하급 재판기관이 「민형소송규정」에 따라서 판결서를 작성하지 않는 잘못된 관행도 결과적으로 월소를 만드는 하나의 원인이었다. 1898년에 고등재판소는 각 지방재판소, 개항장 및 제주목 재판소에 '민소(民訴)에 대하여 해당 재판소가 발급한 판결서를 첨부하지 않으면 수리(受理)하지 않겠다'고 훈령을 발(發)하였다.112) 각군 및 각도의 민·형사 소송에 판결서를 반드시 작성할 것을 지시하는 고등재판소의 훈령이 공포되었음에도 불구하고, 고등재판소에 접수된 소송 서류에 하급 재판소의 판결서가 없는 것이 부지기수였다. 오히려 인민들은 각군 및 각도 재판소에서 판결서를 작성하여 주시 않는다고 호소할 징도였다.113) 『매일신문』에는 '『법규유편(法規類編)』에 민·형사 판결서의 형식이 소상하게 기록되어 있음에도 불구하고 판결서를 만들지 아니하고 과거의 제사(題辭)만 작성하여 준다'고 비판하였다. 그래서 이 제사(題辭)만을 가지고 상소하면 고등재판소가 각하한다는 것이다.114)

이 같은 지적은 1901년 평리원 보고서에도 드러난다. 평리원에서는 모든 소송사건은 각군 → 도재판소를 거쳐서 평리원으로 상소하도록 되어 있는데, 최근에는 지방관과 지방재판소 판사가 애초부터 재판도 하지 않고 '상

대방을 데려와 변론하여, 사실을 조사하고 바로잡으라는 등의 어구(只以率來對卞査實歸正等句語)'만 제급(題給)하여 줄 뿐, 부(府)·군(郡)의 판결서를 첨부하여 상소하는 소장은 거의 없다는 것이다. 앞으로는 각군을 경유하지 아니하고 도재판소로 소송하거나 도재판소를 경유하지 아니하고 평리원으로 상소하는 송민(訟民)은 월소율(越訴律)로 다스리며, 특히 군 판결서도 없이 수리한 도재판소 판사와 도재판소 판결서도 없이 수리한 평리원의 법관을 징계하겠다고 다짐하였다.[115]

법부도 "각 지방관과 각 판사가 재판에 승소한 백성에게 판결서를 만들어주지 않고, 패소하여 불복하는 백성에게도 판결 이유를 써주지 않아 상소할 때 판결서 첨부한 것이 10개 중 2~3개도 안된다. 그러니 재판 법규에 어찌 흠결이 아니겠는가."라고 소송의 상황을 깊이 우려하였다. 이를 해결하기 위하여, ① 민사판결서와 형사선고서는 재판소구성법에 따라 피차 곡직을 상세히 설명할 것, ②각 군수와 각 판사가 민·형사에 사사로움에 얽매이거나 뇌물 청탁으로 소장을 퇴각시키거나 재판을 지체하여 형사에 원래 기한을 넘기고 민사를 어지럽게 만들어 판결서와 선고서를 즉시 만들어 주지 않다가 민소로 인하여 발각되면 체포하여 엄벌할 것, ③소송인이 본군을 거치지 않고 곧장 지방재판소에 고소하거나 지방재판소를 거치지 않고 곧장 평리원에 고소할 때는 월소율(越訴律)로 처벌할 것[116] 등을 다짐하였다.

그러나 법부와 평리원이 월소에 대해서 강력히 처벌할 것을 공언한 것은 모순적 태도였다. 1896년의 칙령에서 월소(越訴)를 허용하는 규정을 이

---

115) 「報告書 第百六十九號(1901.8.12.)」『司法稟報(乙)』.

116) 「訓令 各道各港市件(1901.8.24.)」. (도면회, 『한국근대형사재판제도사』, 푸른역사, 2014, 379-380쪽 재인용).

미 설치하였고 1900년 「법부관제」에서는 민·형사 사건에서 원억하다고 판단하면 법부로 직접 호소하는 것을 허용하였기 때문이다. 제한적이기는 하였으나 일정한 요건을 충족한 월소(越訴)는 법에 의해서 보장된 절차이기도 하였다. 아무튼 월소를 처벌한다는 고등재판소와 법부의 훈령은 기존의 월소를 용인한 칙령 및 법부관제와 충돌하였다.

3. 강제집행제도와 고음(侤音)

1895년에 도입된 강제집행제도는 민사 분쟁에서 승소자의 권리를 보호하기 위하여 도입되었다. 그러나 각 지방재판소의 재판실무에서는 강제집행제도가 잘 활용되지 않았다. 물론, 강제집행은 승소자의 청구가 있어야 개시되지만, 이 제도가 갖는 중요성을 인지하였다면 각급 재판소에서 적극적으로 활용할 필요가 있었다.

1895년부터 1906년까지의 구한말(舊韓末) 민사판결문을 살펴보면 집행명령서가 부착된 판결서가 거의 보이지 않는다. 저자가 조사한 바에 따르면 1895년(개국 504년) 11월 1일의 판결서에서 집행명령서가 1건 발급된 이래로, 1906년도까지 판결서에 집행명령서가 발부된 사례는 거의 보이지 않는다. 그러다가 1907년에 들어서면 비로소 30여건의 집행명령서가 판결서에 부착되어 있다는 것을 확인할 수 있다. 사법개혁이 시작된 지 10년이 넘는 기간 동안에 집행명령서가 부착된 판결서가 1건에 불과한 것은 실제 소송의 현장에서는 집행명령서가 적극적으로 활용되지 않은 것이 아닌가 생각된다. 물론, 집행명령서가 발부는 되었으나 판결서에 부착하지 않은 경우도 많이 있었을 것이다. 그러나 이 시기 재판실무에서는 강제집행제도가 잘 활용되지 못하였다. 다음의 기사가 잘 보여준다.

새문 밖 경구다리 이덕삼이가 논 문서를 위조하여 가지고 광통교 한영필이를 속여서 주고 돈 팔천여냥을 도적질하여 먹은 죄로 한영필이가 작년에 한성재판소에 정소하였더니 한성 재판소에서 공평히 재판하여 그 돈을 받아 주기로 판결이 되었는데 지금까지 이가가 그 돈을 내지 안한 고로 금년 유월 이십오 일 한성 재판소에서 또 이가를 잡아다 가두었으되 이가가 다만 집뿐 아니라 백미 일백 삼십 석과 돈 이천 일백 냥을 동사하는 사람 임주현에게 맡겨 두었으니 그 돈 별턱이 분명히 있는데 아니내고 임주현을 시켜 사면으로 청촉을 하고 갇혀 있고 나가기만 기다리되 한성재판소 민사 맡은 관원이 이덕삼이 일로 제경궁 앞 오경문의 청촉을 듣는 단 말이 있더라.[117]

위 사건은 이덕삼이 논 문서를 위조하여 한영필에게서 8천여냥을 가로채자, 뒤늦게 이 사실을 알고서 한영필이 이덕삼을 상대로 한성재판소에 소송을 제기하였다. 한성재판소는 이덕삼에게 패소 판결을 내렸는데 이덕삼이 손해금에 대한 변제를 하지 않았다. 한성재판소는 1895년 법령에 따라서 집행명령서를 발부하여 강제집행에 나서지 아니하고, 1896년 6월 25일에 이덕삼을 잡아 가두었다. 이덕삼은 가옥 뿐만 아니라 백미 130석과 2,100냥을 동업하는 임주현에게 맡겨두었기 때문에 채무를 변제할 능력이 충분히 있었다. 그러나 한성재판소는 이덕삼의 또 다른 재산을 집행해서 변제하려는 자세를 보이지 않았다.

1906년 6월 12일 평리원 판결에서도 과거의 관행대로 처리하는 태도가 유지되고 있다. 이 소송은 경기도 양주군에 거주하는 이상익(원고)이 수원군에 거주하는 오직선(피고)을 상대로 제기한 산송 분쟁이다. 이 사건은 다음과 같다. 이상익의 증조부의 무덤이 수원군 태촌면에 있었는데 이상익

---

117) 「새문 밧 경구다리 리덕삼이가 논 문서를 위죠ᄒᆞ여 가지고」, 『독립신문』, 1896년 8월 22일.

집안에서 해당 무덤이 소재한 산지를 김실달로부터 구매하고 70여년간 수호(守護)해 왔다. 그런데 뜻하지 않게 1905년 10월에 오직선이 이상익 증조부의 무덤에서 15보반(步半)의 거리에 있는 땅에 자신의 모친을 몰래 매장하였다. 이에 이상익이 수원군에 소송을 제기하여 승소 판결을 받았으며 오직선은 1906년 4월에 파내겠다는 뜻으로 관에 고음을 바쳤다. 그러나 제1차 소송에서 패소한 오직선이 기한 내에 무덤을 파내겠다는 고음을 제출하였음에도 불구하고 수원군의 판결과 본인이 제출한 고음을 이행하지 아니하자 이상익이 평리원에 재차 소송을 제기하였다. 원래는 패소자가 판결에 불복하여 경기재판소 혹은 평리원에 상소하여야 하는 것이 옳음에도 불구하고 판결이 제대로 이행되지 아니하자 승소자인 이상익이 권리회복을 위하여 평리원에 다시 소송을 제기한 것이다. 평리원도 "피고는 원고에 대하여 이치에 맞지 않게 입장(入葬)한 모총(母塚)을 즉시 굴이(掘移)"하라고 판결하였다.118)

당시 「재판소구성법」 및 「민형소송규정」상에서 제1심 재판에서 패소자가 상소를 제기하지 않거나 혹은 평리원에서 판결이 내려졌으면 일반적으로는 확정판결임을 의미하는데 제1심 재판에서는 패소자의 고음을 받아내는 것으로 그쳤다. 평리원의 판결에서조차 관굴(官掘) 여부나 혹은 투장(偸葬)으로 인한 피해에 대한 민사적인 조치 등 강제적 수단은 전혀 동원하지 않은채 패소자인 오직선에게 굴이(掘移)하라는 취지의 판결을 하였다. 이 모습은 19세기 투장(偸葬) 사건에서 자주 볼 수 있다.

한편, 1905년에 제정된 「형법대전」 제281조에는 "산송에서 패소하여 굴이(掘移)하기로 납고(納侤)한 후에 도닉(逃匿)한 자는 태 100에 처하고 해당 무덤은 관에서 굴이(掘移)"하도록 하였다.119) 이 규정은 판결 직후에 분묘

---

118) 「제47호 평리원 판결서(1906.6.13.)」.

를 파내기로 고음기(侤音記)를 제출하고 도피한 경우에 태 100에 처하고 관에서 직접 파내도록 하였다는 점에서 종전에 비해서 신속한 처리가 가능하였다.[120] 「형법대전」에서는 관이 강제적 조치를 일부 취하도록 함으로써 승소자의 권리를 구제하려고 노력하였다. 형법대전 제170조에는 "사채를 물론하고 갚아야 할 자가 기한을 넘기거나 혹은 도피한 때는 그 가산을 집행"하도록 하였다.[121] 민사집행은 판결하는 날에 즉시 시행하도록 하였다(제22조). 다만, 징상(徵償)하는 기한은 재판비용이나 손해배상이나 장물이나 공사(公私) 채전(債錢)을 각각 판결 후 30일 이내로 정하되 만약 기한 내에 처리하기 어려운 경우에는 해당 범인이 청원하면 3차례 기한을 연장함을 허락하되 모두 90일을 초과할 수 없도록 하였다(제28조). 이와 함께 "민사소송에서 패소하여 납고(納侤)하고 도피(逃避)한 자는 태 100에 처"하도록 하였다(제282조).[122] 1905년 「형법대전」에서는 집행을 강화한 규정이 설치되었음을 알 수 있다.

다른 한편으로 패소자가 아니라 승소자가 고음(侤音)을 제출하는 경우도 있는데 이를 통해 고음(侤音)의 의미를 더 살펴보자. 대표적인 사례가 1895년 임조이-김명순 간의 분쟁이다. 이 안건은 한성부 중부 상사동에 거주하

---

119) 「刑法大全(법률 제3호, 1905.4.29.)」, 제281조.

120) 「1906년 9월 17일 충청남도재판소 판결」. 이용욱과 이숙, 이학승 간의 투장(偸葬) 사건이다. 이 사건은 이용욱이 피고들의 무덤 가까이에 부모를 장사지내자 피고들이 여러 차례 소송을 제기하여 굴이 판결을 받고 피고들과 향장, 순교가 함께 관굴(官掘)한 사건이다. 이 사건은 피고들이 사굴죄로 처벌받지 아니하고 굴이가 정당하다는 판결을 받았다.

121) 「刑法大全(법률 제3호, 1905.4.29.)」, 제170조. 「형법대전」 제57조에서 "집행은 公有나 私有재산에 干犯이나 應償할 의무가 있는 사람의 재산을 押收하는 것"을 의미하였다.

122) 「형법대전」, 제282조.

는 임조이(원고)와 중부 승동 의전(衣廛)의 상인 김명순(피고) 간의 집값 분쟁이다. 해당 판결서가 소략하여 사실관계를 잘 알 수는 없으나 피고 김명순이 원고 임조이에게서 집을 구매하고서 집값을 나누어 치르겠다고 하였으나 집값을 완전히 청산하지 않자 임조이가 소송을 제기하였다. 1895년 10월 7일에 한성재판소는 피고 김명순이 원고 임조이에게 집값으로 치르고 남은 돈 180냥을 갚을 것을 선고하였다. 그런데 해당 판결서 끝장에 다음과 같은 고음기(侤音記)를 풀로 덧붙여 놓았다. 즉, "1896년 1월 7일 원고 임조이는 피고 김명순에게서 받을 돈 당오전 900냥을 이미 해당 액수대로 받았으므로 다시는 소송을 제기하지 않겠다는 뜻으로 고음(侤音)을 바친다."는 내용이다.[123] 이 고음(侤音)은 판결이 내려진지 3개월 후에 패소자가 판결을 그대로 이행하였고, 그 사실을 증거로 남기기 위해 판결서 뒷장에 승소자가 작성하여 붙여 놓은 것이다.

이 같은 사례가 1896년 한성재판소 재판에도 나타난다. 즉, 이 안건은 한성부 중부 종로에 거주하는 장준원(원고)과 한성부 서부 남송현에 거주하는 김창식(피고) 간의 채무소송으로 김창식이 장준원으로부터 목미가(木米價) 430냥을 빌려 썼는데 갚지 않자, 장준원이 소송을 제기한 것이다. 한성재판소는 7월 14일에 김창식이 430냥을 장준원에게 갚을 것을 판결하였는데 판결서 다음 장에 "7월 17일. 피고 김창식에게서 받을 돈은 이미 밖에서 타결하였으므로 다시는 소송을 제기하지 않겠다는 뜻으로 다짐을 바친다"는 고음기(侤音記)가 붙어 있다.[124] 판결이 선고된 지 3일 후에 소송 당사자들이 만나서 채무관계를 청산한 후에 원고가 이 사실을 확인하고 다시는 소송을 제기하지 않겠다는 의미로 제출한 것이다.

---

123) 「제206호 한성재판소 판결서(1895.10.7.)」.

124) 「제168호 한성재판소 판결서(1896.7.14.)」.

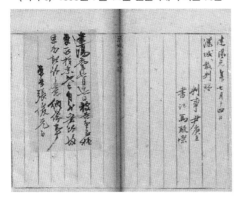

〈서식 9〉 1896년 7월 14일 판결서에 부착된 侤音

전통시대 소송에서 작성된 고음(侤音)들은 판결 후에 패소자가 해당 판결을 성실히 이행할 것을 다짐하는 것이 다수이지만 이 고음(侤音)은 해당 판결을 모두 이행하였음을 승소자가 패소자에게 증빙하여 주기 위하여 제출되었다. 따라서 승소자의 고음 제출은 판결의 집행력 강화의 결과이면서도 신식 재판소 설치 이후에도 여전히 관행되고 있던 전통시대의 흔적이기도 하다.

1907년에야 들어서면서 강제집행제도가 활성화되기 시작하는데 이는 1907년 1~2월 사이에 일본인 법무보좌관이 각 지방재판소에 배치된 사정과 관련이 있다. 다음의 소송 사례를 통해서 확인할 수 있다. 1907년에 한성에 거주하는 미상(米商) 한순명이 국상(麴商) 서치호, 참가인 평민 이성칠을 상대로 한성재판소에 소송을 제기하였다. 이에 재판부는 "피고는 원고 청구에 따라 보리와 쌀값을 가져갈 때의 시가에 따라 액수대로 내어 주고, 참가인은 피고에게 갚아야 할 금액 9,600냥을 계약한 이자와 함께 즉시 갚아야 한다."고 1907년 7월 5일에 판결하였다. 당시 재판에 관여한 자는 수반판사 이병화, 판사 윤방현, 이원국, 주사 이교홍이었으며 판결서는 국한문으로 작성되어 있다. 그런데 이 판결서 후면에 붉은 글씨로 "光武十一年 七月 十六日 平理院ニ於テ原判決ヲ妥當トス. 隆熙元年 八月 三十一日 原告ノ請求ニ因リノ執行命令書ヲ出給ス"라고 기록되어 있으며 안주시태랑(安住時太郎)의 인장(印章)이 찍혀 있다. 이는 한국인 재판관이 판결을 선고한 것을

일본인 법무보좌관이 개입하면서 8월 31일에 집행명령서를 발급하였던 것으로 생각된다.

〈서식 10〉 집행 명령

1907년 이종하와 조협승 간의 채송(債訟) 사건도 흥미롭다. 이 재판에서 재판부는 "피고는 원고의 청구에 응하여, 보증 서고 빌린 돈 당계(當計) 10,000냥을 이식조례(利息條例)[125]의 계약상 이자에 따라, 1905년 음력 6월부터 올해 음력 6월까지 4푼의 이자를 더해 원금과 아울러 20,000냥을 갚아야 한다."고 11월 1일에 판결하였다.[126] 11월 5일에는 각 당사자들에게 판결을 선시[127]히였는데 피고 조협승이 이에

불복한다고 의사표시를 하였다. 대한제국기 판결문을 보면 소송에서 패소한 자는 불복이라고 표기하거나 혹은 날인을 거부함으로써 재판에 대한 불만을 표시하기도 하였다. 다만, 11월 14일 집행 명령서가 발급된 것을 미루어 보면 조협승은 더 이상 상소 절차에 돌입하지 않은 것으로 보인다. 이로써 소송의 목적을 달성하고 판결의 확정성을 높이는 효과를 일부 기대할

---

125) 1906년 9월 24일 법률 제5호로 제정된 이식규례(利息規例)의 오기이다.
126) 「제377호 한성재판소 판결서(1907.11.1.)」.
127) 판결의 선시는 판사의 선고와 같은 의미로 사용되었으며 1907년 「민사형사 소송에 관한 건(법률 제1호, 1907.6.27.)」에 의해서 시작되었다. 이에 의하면 민사에 관하여 판결선시하기 전에는 소송관계인을 구류하지 못하였다. 또한 승소한 당사자는 판결선시를 통해 강제집행을 신청할 수 있었다. 손경찬, 「開化期 民事訴訟制度에 관한 硏究」, 서울대 박사학위논문, 2015, 204-207쪽.

〈서식 11〉 강제집행의 실제 사례128)

公告

京城地方裁判所의셔爲호確定判決
與執行命令을基호고債權者命韻培
의申請에依호야隆熙二年十月三十
日에債務者趙泰鎬不在호中部鍾路
布木店舖의셔債務者動産을押收호
얏스니本執行에對호야異議가有호
者는來十一月七日內로申出호되
隆熙二年十一月一日
執行官吏警視廳警部鈴木兵作

수 있게 되었다.

대한제국기에 발부된 집행명령서의 구체적인 집행 사례에 대해서는 아쉽게도 사료상 확인할 수 없다. 다만, 1908년 「민형소송규칙」에 따른 집행 실태는 김운배(원고)-조태호(피고)의 채송(債訟) 사건을 통해서 확인할 수 있는데, 1908년 8월 29일에 경성지방재판소는 "피고는 원고에 대하여 일금 6백엔을 1908년 음력 6월 1일부터 본건 판결 집행 완제일까지 매월 2푼의 이자를 더하여 함께 갚아야" 한다고 판결하였다.129) 〈서식 11〉은 경성지방재판소의 확정판결과 집행명령서에 기초하여 1908년 10월 30일 채무자 조태호(趙泰鎬)의 포목점포에서 동산을 압수하였음을 알리는 공고문이다. 집행 관리는 경시청 경부(警部) 영목병작(鈴木兵作)이다. 집행 관리의 차이는 있었겠으나 1907년에도 이와 유사한 절차를 거쳤다.130)

더 나아가 승소자의 권리 회복을 위해서 경매가 도입되었다. 예컨대, 1907년 10월 14일 한성재판소 판결은 종전과는 다른 모습을 보여주고 있다. 이 재판은 한성부 동부 전농에 거주하는 박원묵(원고)이 호뫼동에 거주하는 노태평(피고)을 상대로 제기한 채송(債訟) 사건이다. 이 사건은 노태

---

128) 「광고」, 『대한매일신보』, 1908년 11월 3일.
129) 「융희(隆熙)2년 민80호, 경성지방재판소 판결서(1908.8.29.)」.
130) 1895년 집행처분규칙에 따른 집행관리는 재판소 정리이고, 1908년 「민형소송규칙」에서의 집행관리는, 동산은 그 동산의 소재지를 관할하는 부윤, 군수 혹은 경찰관서의 경시경부, 부동산은 그 부동산의 소재지를 관할하는 부윤, 군수이다.

평이 1905년 7월에 신축한 자신의 가옥의 문권[立旨]을 박원묵에게 전당잡
히고 2,000냥을 5%의 이자로 빌려 썼는데 불과 두달치 이자만 갚고 원금과
나머지 이자를 갚지 않으면서 소송 사건으로 발전하였다. 재판부는 아래와
같이 판결하였다.

> 피고는 원고 청구에 응하여, 문권을 전당잡히고 빌려 쓴 2,000냥을
> 1905년 9월부터 4푼의 이자로 계산하여 전당잡힌 해당 가옥을 경매하여
> 갚게 해야 한다. 소송비용은 피고가 부담한다.[131]

이 판결문은 전통 재판의 분쟁 해결과는 큰 차이가 있다. 노태평이 채무
를 갚지 못하는 상황에서 채무 상환에 대한 구체적인 방법까지 판결하고
있기 때문이다. 즉, 전당잡힌 토지를 경매에 부쳐 채무를 다 갚도록 하되,
청산일까지 4% 이자를 지급할 것을 판결한 것이다. 그리고 이 재판은 10월
14일 판결, 10월 18일 판결 선시, 10월 21일에 집행명령이 내려진 것을 보
면, 신속히 처리되었다고 생각된다.

강제집행의 방법으로서 경매가 법적으로 인정된 것은 1906년 12월 26일
에 제정된 「토지가옥전당집행규칙」에 따른 것이다.[132] 이 규칙은 토지가
옥증명규칙에 따라서 증명을 받은 전당에 대해서 적용하는 것(제1조)으로,
토지가옥을 목적으로 하는 전당집행에 대해서는 유질계약(流質契約)을 체
결할 수 있었다. 만약 토지가옥을 목적으로 하는 전당에 대해서는 채무자
가 채무이행의 기일을 경과하여도 상환하지 아니할 때는 별단의 계약이 없
으면 채권자는 전당잡은 토지가옥을 경매할 수 있다고 규정한 것이다. 물
론, 토지가옥전당집행규칙에서는 국가에 의한 강제집행은 아니고 채권자

---

131) 「제348호 한성재판소 판결서(1907.10.13.)」.
132) 「土地家屋典當執行規則(칙령 제80호, 1906.12.26.)」.

가 강제집행의 하나로서 경매 처분을 행할 수 있다고 규정한 것이지만 전당물에 대한 경매절차를 개시함으로써 채권자의 권리 구제에서는 진전된 것이었다. 이 규칙에 의해서 채권자가 경매를 개시할 수 있게 되었고 유질계약에 따라서 토지가옥의 소유권을 취득할 수도 있었다. 이로써, 대한제국기 민사재판에서 강제집행의 수단으로 경매가 제도화하였음을 알 수 있다.133)

---

133) 한국에서는 1908년 「민형소송규칙」에 의해서 민사집행제도가 법적으로 확립되었다. 이 규칙은 일본의 민사소송을 모법으로 하여 제정되기는 하였으나 민사집행절차의 부재를 보완하는 의미도 있었다. 이로써 수백년간 소송에서 일정한 역할을 수행하였던 전통의 고음은 소송의 현장에서 점차 퇴장하게 된다. 이에 대해서는 다음의 논문 참조 이승일, 「근대 이행기 소송을 통해 본 전통 민사재판의 성격」, 『고문서연구』 51, 한국고문서학회, 2017.; 손경찬, 「민형소송규칙의 제정과 의의」, 『법사학연구』 30, 2004.; 손경찬, 「開化期 民事訴訟制度에 관한 硏究」, 서울대 박사학위논문, 2015.; 임상혁, 「1908년 민사소송법안의 성립과 그 성격」 『민사소송』 14-1, 2010.

제4장 갑오·대한제국기 재판의 실태

제1절 인민들의 법·재판 인식

1. 판사에 대한 인식

갑오정부는 단기간에 사법제도를 개편하였으나, 새로운 사법제도의 운영에 필수적인 여러 조건(독립 재판소나 법률가의 임용 등)들이 구비되지 못하면서 제도를 정착시키는데 어려움을 겪었다. 이 조건들은 한순간에 갖추어지는게 아니라 많은 시간이 필요하였다. 다만, 지방재판에 대한 인민들의 불만이 컸기 때문에 이 조건들이 성숙되기를 마냥 기다릴 수는 없었다. 무엇인가를 해야 했다. 먼저, 현직의 송관들이 새로운 소송제도에 녹아 있는 법 이념과 제도상의 특징을 잘 이해하고 이를 재판 실무에서 적용하려는 노력이 필요하였다. 그리고 소송을 진행하는 자가 공정하고 사사로움을 배격할 수 있는 높은 수준의 직업 윤리를 함양하여야 하였다. 그래야 그 제도를 이용하는 인민들이 재판에 승복한다. 그러나 갑오개혁 이후에도 재판을 처리하는 사법관들이 거의 바뀌지 않으면서 판결에 승복하지 않는 경우가 빈번하게 일어났다. 전문 재판소였던 한성재판소와 평리원의 판·검사들조차도 법학을 전문적으로 교육받은 자가 소수였으며, 지방에서는 군수와 관찰사가 여전히 소송을 관장하였다. 그들은 신식 소송제도를 충분히 이해하지 못하였고 과거의 관행을 버려야 할 필요성도 느끼지 못하였다.

개항을 계기로 외국인들과의 교류가 증가하고 한국의 사회·경제적 환경
도 변화함에 따라서 민사 분쟁의 성격이나 양상도 달라지고 있었다. 외국
인과 한국인 사이의 소송사건도 과거에 비해서 증가하였기 때문에 법학을
끊임없이 연찬하고 판례들을 축적, 분류, 분석하는데 힘써야 했다. 그러나
한국의 사법부에는 새로운 법률 환경에 대응할 전문 인력과 기구가 부재하
였다.

이미 언급하였듯이, 대한제국은 별도의 독립 재판기구를 설치하고 인력
도 새로 채용하는 등 고비용이 뒤따르는 사법개혁보다는 행정관이 사법사
무를 함께 관장하고 그 과정에서 나타나는 하급 재판소의 폐단은 법부가
강력히 통제, 지휘해서 바로 잡는다는 정책을 고수하였다. 이와 같은 고식
적 태도는 1896년 이래로 한국정부가 보수화되고 황제권이 강화되면서 더
욱 심화되었다. 결과적으로 법부의 고위 관료들은 재판소를 황제와 법부의
하위기관으로 전락시켰고 지방관들은 중앙의 보수화 흐름에 편승하여 자
신들이 가진 사법권을 결코 포기하려고 하지 않았다. 재판 실무를 담당하
는 일선 재판소의 개혁이 미루어지면서 인민들의 재판소에 대한 불신과 불
만은 줄지 않았다.

> 인천 이경익의 편지에 말하기를, 법부 법관양성소 일이급 법률 학원 팔
> 십여 명이 이왕 법률을 힘써 배워 졸업까지 하는 뜻은 문명 진보하는 때
> 를 당하여서 졸업한 후에 법관으로 쓰겠다고 내리신 칙령에 의지하여 법
> 관이 되어서 민사와 형사에 재판을 명백히 하려고 하였거늘, 지금 보니까
> 법관들을 내되 법률 알지도 못하는 다른 사람들로만 낸즉 경향간에 불복
> 된 송사가 많다 하였으니 우리 생각에는 법률 졸업한 사람들이 외국 법률
> 학자와 꼭 같다고 말할 수는 없으되 아주 법률 모르는 사람보다는 얼마만
> 큼 나홀 터이니 경향간 법관들 궐 나는데로 법률 졸업생들로 법관을 시키
> 기를 바라노라고 하였더라.[1]

인천에 거주하는 이경익은 근래에 법관에 임용된 자들은 법률을 잘 모르기 때문에 서울과 지방을 가리지 아니하고 소송의 불복이 많다고 분석하였다. 그에 따르면, 한국정부가 법관양성소를 설치한 목적은 서구 법학을 전문적으로 교육받은 자로 하여금 사법관의 직임을 맡겨서 재판을 공정히 처리하는데 있었다. 물론, 6개월의 단기 과정의 법관양성소를 졸업한 사람들이 외국의 법률가보다는 못하겠으나 이른바 법률을 전혀 모르는 군수, 관찰사보다는 더 나은 재판을 할 것이라고 기대하였다.

군수와 관찰사가 법률을 전혀 모른다고 말할 수는 없을 것이다. 그러나 개항 이후 한국 사회가 복잡해지고 이익과 권리를 놓고 치열하게 다투고 있으며 인민들의 권리의식도 빠르게 변화하고 있는 환경에서는 지방관들이 법과 소송절차에 대해서 더 많은 관심을 기울여야 하였다. 조선후기 법제사 연구자인 심재우는 "조선시대 고을에서 벌어지는 분쟁들을 조정해야 하는 목민관에게 풍부한 법 지식은 필수 덕목이었지만 당시 현실은 전혀 그렇지 못했다. 다산의 진단에 따르면 사대부들이 기껏해야 과거시험과 관련한 사부(詞賦)에만 힘쓰고, 한가로이 시간을 보낼 때는 노름의 하나인 마조강패(馬弔江牌) 놀이나 할 뿐 기본법전인 대명률과 속대전, 법의학서인 세원록(洗冤錄)조차 제대로 읽지 않았다."고 조선후기 소송실무를 관장하고 있는 수령의 법에 대한 태도를 소개한 바가 있다.[2] 높은 관직에 나아가는 것을 평생의 목표로 여기고 있었던 조선의 관직자들은 법학 지식을 습득할 특별한 동기가 없었고 필요성도 느끼지 못하였다. 유학에 대한 높은 지식과 교양을 최고의 가치로 여기고 있었던 양반들의 의식과 문화는 대한제국

---

1) 「인천 리경익의 편지에 말 ᄒ기를 법부 법관 양셩쇼 일이 급 법률 학원」, 『독립신문』, 1896년 6월 20일.

2) 심재우, 『백성의 무게를 견뎌라-법학자 정약용의 삶과 흠흠신서 읽기-』, 산처럼, 2018, 65-66쪽.

기에도 여전하였다. 아래의 인용문은 재판소 판사가 소송을 제대로 처리하지 못하는 이유를 설명하고 있다.

한성재판소 민사 맡은 판사들이 송사에 흐린 일들이 많은데 피고를 불러다가 혹 구유하여 둔지 오류 일 십여 일이 되어도 재판을 안하며 초체를 매일 오류 장 십여 장 내보내되 정리방에서 한두 장만 나가지 그 나머지가 혹 닷새 열흘만에도 나가고 두 달 석 달 만에도 나가고 혹 아주 안 나가는 것도 있으며 또 민사 판사들이 송사에 자기 첩의 말과 친한 친고의 말과 편지를 보고 천가지 송사 만가지 송사에 재판을 그릇 결처하고 공변되지 않다고 각 관부와 여항간 풍설이 낭자하되. (하략)3)

『독립신문』은 한성재판소 판사들이 민사소송을 제대로 처리하지 못하는 원인을 세 가지로 파악하였다. 첫째, 민사판사들이 자신과 친분관계에 있는 사람들(첩, 친구)의 말과 청탁편지를 받고서 사사로이 재판을 처리한다는 것이다. 더 큰 문제는 이 같은 불공정한 행실이 관청과 인민들 사이에서 널리 알려져 있다는 것이다. 판사가 청탁과 사사로움으로 재판한다는 소문을 소송 당사자가 들었다면, 누가 그 판결에 승복하겠는가.

둘째, 민사소송임에도 불구하고 구류(拘留) 등의 비인도적인 관행이 개선되지 않았다는 것이다. 1897년 「한성재판소관제」에서 민사판사는 5일째까지는 피고와 증인에 대해서 구류를 할 수 있었고, 5일을 초과하여 구류할 때는 수반판사의 허가를 받도록 규정하였다.4) 그러나 한성재판소 민사판사들이 법규를 무시하고 피고를 무단으로 잡아 가둔 채 10여일이 지나도

---

3) 「한성 지판쇼 민ᄉ 맛흔 판ᄉ들이 송ᄉ에 흐린 일들이 만흔듸」, 『독립신문』, 1896년 11월 17일.
4) 「한성재판소의 관제와 규정에 관한 건(법률 제2호, 1897.9.12.)」, 『구한국관보』, 1897년 11월 1일.

재판을 하지 않는다는 것이다. 민사 관계인을 가두어 놓고 소송을 지연시키는 일은 한성재판소 뿐만 아니라 다른 재판소에서도 볼 수 있는 모습이었다. 『독립신문』은 "고등, 한성 두 재판소에서 민사로 가둔 죄인들을 진작 재판도 아니하고 한 번 잡아 가두면 몇날 몇 달씩을 잊어 버리고들 있는 것이 법률상에도 큰 흠이요 죄인들에게도 큰 학정"이라고 비판할 정도였다.5) 조선시대에는 민사사건이든 형사사건이든 소송 관계인을 구금하는 것이 불법이 아니었으나 갑오개혁을 계기로 민사사건에서 소송 관계인들을 장기간 구금하는 것은 부당하다는 인식이 인민들 사이에서 확산되고 있었다. 그러나 재판소가 이 같은 인권의식의 변화를 따라가지 못하였다.

셋째, 민사소송을 신속히 진행하기 위한 소환장[招帖]의 처리도 제대로 이루어지지 않는다고 지적하였다. 민사판사가 소환장을 발부하여도 정리들이 발부된 소환장을 신속히 처리하지 않기 때문에 재판을 진행할 수 없다는 것이다. 이는 당시 소송제도에 구조적으로 문제가 있었기 때문이다. 1895년 이래로 한성재판소에서 처리해야 하는 소송이 크게 늘었기 때문에 정리(廷吏)와 판·검사 등이 더 충원되어야 했다. 1897년 한성재판소가 독립재판소였을 때는 수반판사 1인, 판사 2인, 부판사 1인, 서기 8인, 정리 8인이었으나 1898년 한성부로 한성재판소가 합설된 후에는 수반판사(한성부 판윤 겸임), 판사 2인(1인은 한성부 소윤 겸임), 검사 1인, 주사 6인, 정리 8인으로 오히려 줄었다. 이후 한성재판소는 재판 인력이 부족하여 법부에 주사 2인의 증원을 요청하였으나 수용되지 못하였다.6) 궁여지책으로 한성재판소는 원격지에 있는 피고는 원고가 직접 법정에 데려오라고 말할 정도였다.7) 이는 명백히 「민형소송규정」과 「집행처분규칙」을 위반하는 것이다.

---

5) 「고동 한성 두 직판쇼에서 민亽로」, 『독립신문』, 1897년 7월 10일.

6) 『제국신문』, 1899년 5월 3일.

무엇보다도 재판소 판사의 전문성과 공정성에 대한 믿음이 크게 흔들렸다.

> 고등재판소 판사 이희익이가 민사 재판에 공평치 못할 뿐더러 신식과 법률에 몽매하고 그 직임을 이기지 못한 고로 벼슬이 갈렸다니 이번은 고등 재판소 민사재판이 차차 공평히 될 듯 하다더라.[8]

고등재판소는 하급심 재판에 대한 상소를 관장하였기 때문에 인민의 권리관계를 최종적으로 확정하는 대단히 중요한 곳이다. 고등재판소 판사들이야 말로 갑오개혁 이후에 제정된 새로운 소송절차와 법률에 해박하여야 했으나 민사 재판을 맡았던 이희익은 법률지식에 대한 이해가 없어서 1896년 2월 23일에 고등재판소 예심판사에 임명되었다가 6개월만에 해임되었다.[9] 『독립신문』은 이희익과 같은 무능한 판사가 교체되면 재판이 공정하게 이루어질 것이라고 생각하였으나 한국 재판소의 문제점은 판사 개인의 무능에서 비롯된 것은 아니었다. 신식제도와 법률에 무지한 사람이 고등재판소 판사에 임용될 수 있었던 대한제국의 공직 인사시스템이 더 큰 문제였다.

한국정부는 1896년부터 법관양성소의 운영을 중단함으로써 법률가들을 체계적으로 양성하지 않았고, 또 소수의 법률가조차도 사법관에 채용하지도 않았다. 다음의 사례는 지방재판소 뿐만 아니라 한성재판소, 고등재판소의 판·검사, 법부 직원들이 총체적으로 문제가 있었음을 보여준다.

---

7) 「必也無訟」 『황성신문』, 1898년 9월 15일.
8) 「고등 직판쇼 판ᄉ 리희익이가 민ᄉ 직판에 공평치 못 홀쌘더러」 『독립신문』, 1896년 8월 6일.
9) 『고종시대사(4)』.

　　법률도 그러하거니와 그 중에 제일 가관의 일 한가지가 있는 것은 서울 법관이라. 하늘로 머리둔 자는 다 법관의 아모는 약시하고 아모는 약시하다 하며 재판소는 법정이 아니라 불법정이라는 여론이 자자하거늘 법관들은 매양 그 사람들 몇몇 사람이 갈렸다 다시 하고 법부 평리원 한성재판소로 왔다 갔다 자기네 놀이장을 장만한 듯 하니 세상에 법관 노릇할 사람이 그 사람밖에 없어서 그러한지 아조 창씨 고씨로 그 사람들만 하게 마련이 되었는가. 그런 것이 아니라 그것이 다 사정이로다. 당초에 그곳에 벼슬을 오래 다녀서 일부 관인이 모두 친근한즉 저의끼리 서로 천거하여 이 사람이 작죄하여 갈리면 저 사람을 천거하고 저 사람이 면관되면 이 사람을 인진하여 (중략) 슬프도다! 어찌하면 나라 일이 취서가 되겠는가? 계책도 없고 기망도 없다는 것이 가하도다. 법률을 개정하면 무엇하리오.[10]

　　위 인용문은 사법개혁이 시작된 지 10년이나 지난 1906년의 신문 기사이다. 위 기사에 따르면, 당시 유일한 독립 재판소였던 한성재판소는 물론이고 상소신 기관이었던 평리원과 법부조차도 법정이 아니라 불법정이라는 여론이 자자하였다. 그 이유에 대해서 『제국신문』은 공직 인사시스템의 문제점을 지적하였다. 즉, 재판 과정에서 불법 및 부정 행위로 인하여 법관이 교체되어도 곧바로 해당 직책으로 복귀하거나 법부, 평리원, 한성재판소로 서로 번갈아 가면서 법관직을 수행하기 때문에 재판이 전혀 개선되지 않는다는 것이다. 또한, 고위 관직에 있는 자들이 상호 추천을 통해서 공직을 주고 받는 폐쇄적 공직 문화가 널리 퍼져 있다고 날카롭게 비판하였다. 아무리 좋은 법률과 제도를 시행한다고 해도 부패한 자가 그대로 법관직에 남아 있다면 공정한 재판은 요원할 것이다. 『제국신문』은 한국정부의 투명한 공직인사시스템의 운영과 사법 인력의 대거 교체를 요구하고

---

10) 「법률이란거슨 마련ᄒᆞᄂᆞᆫ것보다 실시홈이귀홈 속」, 『제국신문』, 1906년 12월 15일.

있다.

한성부 판윤이자 수반판사였던 이채연이 1898년 12월 15일에 올린 사직 상소문에는 한성재판소 판사들의 전문성과 법률지식에 문제가 있음을 토로한 부분이 있다. 그는 "민사(民事)와 형사(刑事)를 재결(裁決)하는 직임은 사무가 매우 번잡하여 진실로 법률에 능숙한 자가 아니면 내국인과 외국인에게 신뢰를 받기가 어렵습니다. 그런데 근래 한성재판소(漢城裁判所)의 재판하는 직임에 오랫동안 근무한 경력을 지닌 자가 거의 없어서 소송 문건은 적체되고 옥에는 죄수가 넘치고 있습니다."라고 보고하였다.[11] 이채연은 한성재판소 판사조차 법률 지식이 부족하고 재판실무의 경험도 풍부하지 않다고 평가하였다. 그 이유는 한성재판소의 판사가 자주 교체되어서 재판실무와 법률지식을 쌓을 수 없었기 때문이었다. 당시에는 '한성부재판소관제'에 의거하여 한성판윤이 수반판사를 겸임하였고 판사 2인 중에서 1인은 한성소윤이 겸임하였다.[12] 이채연은 서구 법률이든 조선 법률이든 법률 전문가가 재판을 담당하여야 인민들의 신뢰를 얻을 수 있다고 생각하였으나 한국의 공직문화와 인사시스템은 법률가가 사법관직에 진입하는 것을 가로 막고 있었다.

〈표 9〉 한성재판소 및 평리원 소속 사법관의 인원 및 재임기간

	사법관 지위	인원수(임명횟수)	평균재임기간
평리원 (1899.6.1.~1905.12.31.)	재판장 (겸임,서리 포함)	29(37)	1.81개월
	일반 사법관	52	9.29개월
	합계	81	

---

11) 『승정원일기』, 1898년 12월 15일.
12) 「한성부재판소의 관제와 규정에 관한 건(칙령 제5호, 1898.2.9.)」 『구한국관보』, 1898년 2월 11일.

한성재판소 (1897.11.1.~1905.12.31.)	수반판사	24(29)	2.96개월
	일반 사법관	41	8.95개월
	합계	65	
합계		146(중복, 23)[13]	

출처 : 박천웅, 「법의 장의 구조 변동 - 광무정권기 한성재판소 및 평리원 사법관 연구」, 『사회와역사』
115, 2017, 145쪽.

위 박천웅의 연구에 따르면 평리원 재판장의 평균 재임기간은 1.8개월에
불과하고 일반 사법관은 10개월이 넘지 못하였다. 한성재판소 수반판사는
3개월도 근무하지 못하였고 일반 사법관도 9개월을 초과하지 못하였다. 서
울의 재판소 판사가 위와 같다면 지방재판은 더 말할 것도 없을 것이다.
그리고 한성재판소와 평리원에 임명된 판사와 검사조차도 서구의 법학 지
식을 갖추지 못하였고 재판장의 대다수가 법률전문가가 아닌 황제의 측근
그룹에서 충원되었다는 사실이 밝혀졌다.[14] 더구나 그들은 매우 짧은 임기
동안만 재직하였으며, 재판소의 일선 판·검사들 중에서 소수만이 상대적으
로 오랜 기간 재직하면서 실무를 통해 재판 숙련도를 쌓아 나갔다고 한다.

〈표 10〉 법관양성소, 국내 사립 법학교 및 외국 법학교 출신 사법관 연도별 임용 횟수

1895	1896	1897	1898	1899	1900	1901
0	2	1	0	0	0	1
1902	1903	1904	1905	1906	1907	1908
1	0	3	2	7	2	21

출처 : 박천웅, 「법의 장의 구조 변동 - 광무정권기 한성재판소 및 평리원 사법관 연구」, 『사회와역사』
115, 2017, 142쪽.

---

13) 중복 인원은 한성재판소 평리원에 임명된 자를 의미한다.
14) 박천웅, 「법의 장의 구조 변동 - 광무정권기 한성재판소 및 평리원 사법관 연구」, 『사
회와역사』 115, 2017.

앞에서 알 수 있듯이, 법관양성소 및 외국 법률학교 졸업생이 사법관에 임용된 경우도 극히 드물었다. 법률학교 졸업생들이 사법관에 임용되기 시작한 시기는 1904년부터이다. 1895년 일본으로 파견된 관비 유학생들은 귀국 후 정부 관료로 임용할 것을 전제로 파견되었으나[15] 이들 대부분은 귀국 직후에 관리로 임용되지 못하였다. 일본으로 파견된 관비 유학생들이 1900년 전후하여 귀국하였음에도 불구하고 이들은 법부나 재판소의 관직에 임명되지 못하고 비유관 부서의 주사로 근무하거나 사립 법학교의 강사로 임용되는 것이 현실이었다. 전통 율학과 함께 서구 법학을 체계적으로 학습한 장도가 대표적이다. 그는 1895년에 일본으로 건너가 도교법학원(현 쥬오대학)을 졸업하고 1899년에 귀국하였다. 이후 1901년 학부 산하의 의학교 교관으로 임명되어 의학서적 번역하는 일을 맡았다. 장도는 1900년 2월부터 사립 광흥학교, 보성전문학교, 양정의숙 등에서 법학통론, 형법, 재판소구성법 등을 강의하였을 뿐, 재판소의 사법관에 임용되지 못하였다. 장도가 평리원 판사로 임명된 것은 1905년 7월이었다. 이면우도 1895년 일본으로 유학하여 1896년 경응의숙 보통과를 졸업하였다. 이후 법학공부에 매진하여 1899년에는 도교법학원 법률과를 졸업하였다. 그러나 그는 1902년 농상공부 주사에 임용되었다. 1904년 6월 18일에야 한성재판소 검사시보로 임용되었다. 그나마 장도와 이면우는 유학을 다녀온 다른 인사들에 비해서 이른 시기에 임용된 편이었고 홍재기, 유문환, 석진형, 박승빈 등은 1905년 12월에 이면우가 법관양성소장으로 임명되어서야 교관에 임명될 수 있었다.[16]

---

15) 박찬승, 「1890년대 이후 관비 유학생의 도일 유학」 『근대교류사와 상호인식 Ⅰ』, 고려대학교 아세아문제연구소, 2001.

16) 박천웅, 「법의 장의 구조 변동 - 광무정권기 한성재판소 및 평리원 사법관 연구」 『사회와역사』 115, 2017, 143-144쪽.

소수이나마 법률가들이 양성되었음에도 불구하고 1903년까지도 법률가들은 재판사무를 담당하지 못하였다. 그 이유는 사법 권력을 행사하는 법부대신이 사법개혁에 대한 의지가 높지 않았고 근대 법학 도입의 필요성도 느끼지 못하였기 때문이다. 그리고 대한제국의 사법관 임용 시스템과 폐쇄적 관료 문화가 법률 전문가의 임용을 가로 막고 있었다.

> 조선에 제일 급한 일은 재판소들을 규칙이 있게 만들어야 할 것이라. 판사 검사들이 협잡을 한다든지 모리를 한다든지 할 지경이면 재판소가 법을 밝히는 데가 아니라 법을 멸하는 데니 재판소가 이렇게 되고야 어찌 나라에 법률이 서며 나라에 법률이 없고야 물론 상하 귀천 하고 전국 인민이 어찌 재산을 보존하고 살리요. (중략) 고등재판소에서 송사를 결처할 때에 청 편지가 내왕을 하고 청전이 여수가 된다니 이런 말을 우리가 곧 이 듣지는 않거니와 민간에 이런 말이 다닐 때에는 고등재판소에서 무슨 일인지 공평되지 아니 한 일들을 하였기에 이런 말이 생기는 것이라. 고등재판소가 허언이더라도 이런 누명을 듣게 된 것은 나라에 한심한 일이요 백성에게 믿음과 점잖함을 잃는 것이니 백성이 고등재판소를 믿지 아니할 지경이면 그 나라 안에 다시 무엇을 믿을 것이 있으리오. 만일 백성이 정부 법관을 믿지 않거드면 그 백성이 정부에서 나리는 명령을 행하지 안 할 터이요. 만일 백성이 정부 명령을 시행하지 아니할 지경이면 국 중에 무슨 변이 어느 때 날는지 모르는지라.[17]

『독립신문』은 가장 시급히 개혁해야 할 국가기관으로 재판소를 지목하였다. 공정의 상징이어야 판사와 검사가 부당한 방법으로 자신의 이익만을 꾀하고 재판 과정에서 협잡을 일삼고 있으며 법을 멸하고 있다고까지 비판하였다. 특히, 고등재판소에서 소송을 처리할 때에 청탁 편지가 왕래하고

---

17) 「죠션에 데일 급흔 일은 지판쇼들을 규칙이 잇게 문드러야」, 『독립신문』, 1897년 6월 15일.

청전(請錢)이 넘쳐 나고 있다는 풍문이 민간에서 무성하게 나오고 있는데, 이것이 고등재판소에 대한 인민들의 신뢰를 떨어뜨리게 될 것이라고 경고하였다. 더 나아가 인민들이 법관을 믿지 않으면 정부의 명령을 따르지 않을 것이고 인민이 정부의 명령을 시행하지 않으면 무슨 변란이 일어날지 모른다고 크게 우려하였다.

민간의 개혁가들은 인민의 생명과 재산의 보호를 위해서 사법제도의 개선을 요구하였으나, 이 요구를 사법부가 수용하지 못하는 상황이 지속되었다. 한국 재판소의 근본적인 문제점은 법학에 무관심하면서도 윤리 의식이 없는 판사가 재판한다는 점에 있었다. 그들은 소송이 개인의 권리 의무관계를 확정하는 매우 중요하다는 점을 이해하지도 못하였다. 러시아 대장성에서 조사한 보고서는 "판사들은 문관이든 무관이든간에 1주일에 도합 몇 시간 동안을 재판 준비에 바친다. 그러나 그들은 자기의 임무를 극히 부주의하게 수행해 버리기 일쑤이다. 심지어 원고의 말도 증인의 말도 듣지 않으며 그렇게 하는 것이 당연한 것처럼 사건 판결을 내리는 것이 비일비재하다. 판사들은 보통 계류된 사건을 심리하고 난 다음에 구체적인 보고서를 제출한(판사에게) 자기의 보좌관들은 완전히 신뢰하였다. 따라서 이 보고서에 기초하여 판사는 흔히 모든 사건의 구체적인 내용에 대해서 주의도 돌리지 않고 판결문을 작성하였다. 심지어 공정에도, 현행 법률에도 위반을 해가면서까지, 그런가 하면 판사의 보좌관들은 자기 상관(판사)의 신임을 악용하여 원고들로부터 보다 큰 대가를 받아낼 수 있도록 하기 위해 언제나 원고 측에 유리하게 보고서를 작성"한다고 기술하였다.[18] 소송 당사자들의 주장과 사실이 복잡하게 얽혀 있고 충돌하는 법정에서, 판사가 사실관계를 확정하기 위해서는 다양한 증거서류의 검토와 소송관계인들에

---

18) 러시아 대장성, 최선 김병인 공역, 『國譯 韓國誌』, 한국정신문화연구원, 1984, 653쪽.

대한 충분한 심리가 필요하다. 따라서 판사가 적극적으로 공판을 주도하여야 하는데 판사들이 자신의 보좌관(형방)의 조사보고서류에 전적으로 의존하여 구체적인 내용에 대한 파악도 없이 판결서를 작성한다고 비판하였다.

이처럼 인민들은 대한제국의 재판소에 대한 불신이 매우 깊었다. 『독립신문』에는 "대한에 요새 알 수 없는 일이 있는데 고등재판소를 평리원이라고 이름을 고치는 것이다. 이름이 재판소이든 평리원이든 오직 공평한 법률만 실시하면 국내에 억울한 백성이 없고 관과 백성들이 서로 한마음이될 것이다. 그런데 청나라 글자로 다섯 자 또는 석자로 현판을 하고 그 안에서 하는 일이 공정하지 못하면 세계적인 수치가 될 것"이라고 비판하였다.[19] 인민들이 대한제국의 최고 재판소를 상대로 법을 준수하고 공정히 재판할 것을 촉구할 정도였다. 대한제국의 사법 권력자는 재판소와 판사의 전면적 개혁과 교체를 위한 결단을 내려야 했다. 그러나 일제에 의해서 식민지로 전락하기 전까지 한국의 보수 기득권층은 끝까지 저항하였다.

2. 법 시행에 대한 인식

재판소와 판사에 대한 불신은 국가 법령에 대한 불신으로 이어졌다. 윤치호는 1894년 갑오개혁 직후의 한국에 대해서 "공공의 생명과 재산을 보호하여야 할 법이 제대로 시행되지 않고 있으며 인민들도 아무도 법정에 가려고 하지 않는다."고 지적하였다. 그 이유는 "느려터진 관리들이 일을 처리하고 있으며 근거없는 법을 집행하는데 걸리는 시간과 돈 그리고 인내심을 낭비할 필요가 없기 때문"이라는 것이다.[20] 그는 개인 상호 간의 권

---

19) 『독립신문』, 1899년 6월 8일.
20) 박정신, 이민원 번역, 『국역 윤치호영문일기(3)』, 국사편찬위원회, 2015, 52-53쪽.

리와 의무가 당사자 간의 계약에 의하여 자율적으로 지켜지지 아니할 때, 권리자와 의무자를 공정하게 판정하고 권리자의 이익을 실현시켜야 하는 사법기관이 제대로 기능하지 못한다고 보았다. 윤치호의 눈에 비친 한국의 재판소는 부정과 비효율로 인하여 인민의 신뢰를 잃은 상태였다.

갑오정부는 사법제도 전반에 걸쳐서 혁신을 단행함으로써 윤치호가 목격한 법과 재판에 대한 불신을 일소하여야 하였다. 이를 위하여 갑오개혁기에 600여건의 각종 법령이 제정되었고, 대한제국기에도 많은 법령들이 공포되었다. 그러나 이 법령들이 그 효력을 발휘하여 국가기관과 인민들의 관행, 의식, 문화 등을 바꾸었는지에 대해서 회의적으로 평가하는 신문들의 논설이 끊이지 않았다.

> 최근 우리 한국의 법령이 아침 저녁으로 공포되어 한성 각 방(坊)의 거리벽에 잔뜩 붙었다. 그 수많은 법령 건들이 백성과 나라에 편리하고 유익하지 않은 것은 아니지만 법령이 하나도 실행되지 않아 인민들이 길거리의 벽을 보면서 웃으면서 지나치며 말하길 "이 법령이 3일이나 행해질까? 공연히 인민들만 어지럽게 한다."고 한다. 이처럼 백성이 법령을 따르지 않는데 거리낌이 없으며 나중에는 마침내 그치고 묻지 않으니 이 어찌 백성의 잘못이겠는가. 실로 법령을 집행하는 자가 신뢰를 받지 못하는 까닭이라.21)

『황성신문』은 갑오개혁 이래로 수많은 법령들이 공포되었으나 제대로 시행되는 것은 얼마되지 않는다고 소개하였다. 법이 나라와 인민들에게 유익함에도 불구하고, 인민들은 그 법이 실행되지 않을 것이라고 믿고 있으

(1895년 8월 5일).

21) 「夫法令이란 者는 制民ᄒᆞ는 大圈이오 保民ᄒᆞ는 正路라」, 『황성신문』, 1899년 3월 31일.

며 정부조차도 실행할 의지가 없다는 것이다. 특히, 법령이 실행되지 않는 것은 인민의 탓이 아니라 법령을 집행하는 자가 인민의 신뢰를 얻지 못하였기 때문이라고 분석하였다. 윤치호가 "조선의 고통은 악법과 잘못된 규칙에서 비롯된 것이 아니라 훌륭한 법과 규칙을 잘못 집행한 데서 비롯"되었다고 기록한 이유이다.[22] 그는 조선의 법과 규칙이 훌륭하다고 생각하지 않았으나, 최소한 이를 공정하게 시행한다면 더 나은 사회가 될 수 있을 것이라고 보았다.

1898년 2월 21일 독립협회 관계자들이 고종에게 올린 상소문에는 당시 법률 운용의 실태가 나타나 있다.[23] 이들은 러시아의 내정간섭과 이권의 침탈이 심해지는 국가적 위기 상황에서 법령의 준수만이 자주와 독립을 유지할 수 있다고 주장하였다. 이 상소문에는 대한제국은 전장(典章)과 법도(法度)가 없으며 구식은 폐지되었다는 이유로 행해지지 않고 신식은 공포되기만 하였을 뿐 실행되지 않는다고 지적하였다. 이들은 나라가 나라다울 수 있기 위해서는 첫째, 자주독립하여야 하고 둘째, 제도를 정비하여 법을 잘 시행하여야 하는데, 법이 제대로 시행되지 않는다는 것이다. 즉, "전장과 법도가 없으면 나라가 아니며, 나라가 이미 나라가 아니면 민심은 자연 다른 나라에 의지하게 될 것이고 다른 나라도 자연스럽게 내정(內政)에 관여"하게 될 것이라고 우려하였다.

사실, 법의 부재는 법을 집행하는 관리들이 자초한 측면이 있었다. 1898년도에 법부대신 이유인이 무단으로 홍재욱의 가옥을 강탈하고 한성재판소 판사를 조종해서 유리한 판결을 이끌어 내려다가 독립협회의 저항으로 좌절된 사건은 법과 재판에 대한 인민들의 불신을 강화하였다. 경무사 신

---

22) 박미경 역, 『국역 윤치호영문일기(4)』, 국사편찬위원회, 2016, 32쪽.(1897년 3월 20일)
23) 『승정원일기』, 1898년 2월 22일.

석희는 최학래의 가산을 불법적으로 몰수하였다가 되돌려 주기도 하였다.
이 사건들은 사법기관의 관리들이 불법적으로 권한을 행사하다가 인민들
의 저항에 부딪힌 사건들이다.

> 근일에 대한에서는 법률이 두 가지가 있으니 한 가지는 지상 공문으로
> 실시는 아니하되 쓸데 없이 반포만 하는 법률이요 한 가지는 세계에서 알
> 지도 못 하고 가만히 감추어 두었다가 사사 이익이 있을 때에 얼른 내어
> 쓰는 법률이라 그 막중 막대한 나라 일을 이렇게 소홀히 하고도 무슨 일
> 이 될는지 참 알 수 없도다.24)

『독립신문』은 대한제국의 법률은 공포만 할 뿐 실행되지도 않는 무용
(無用)의 법에 불과하거나, 평소에는 공개하지 않다가 권력자가 이익이 있
을 때만 사사로이 시행하는 법률이라고 비판하였다. 국가 법령에 대한 불
신이 얼마나 심각한지를 보여주는 논설이다. 개혁가들은 법을 잘 지켜야
한다고 주장하였으나 마냥 법치만을 옹호하였던 것은 아니었다. 독립협회
는 악법을 인정하지도 않았고 구법(舊法)의 부활에도 단호히 반대하였다.
1898년도 '김홍륙 사건' 당시 법부대신을 비롯한 고위 관료들이 연좌율과
노륙법을 부활시키고자 하였을 때에 반대 투쟁을 벌여서 철회시킨 것이 그
사례이다. 『독립신문』은 조선의 옛 법과 문명한 나라의 법을 구분하고 좋
은 법, 개화된 법, 공평한 법을 제정·시행할 것을 주장하였다. 그러나 법부
대신을 비롯한 최고 권력자는 법을 무시하는 태도마저 보였다. 1898년도에
김홍륙 사건을 계기로 악법인 노륙법과 연좌율을 부활시키려고 하는 시도
에 대해서 독립협회가 항의하자 신기선은 "법률을 좀 더 밝히기로 나라 일
이 더 잘될 것이 무엇 있소."라고 반론한 것은 대한제국 고위 관료들의 법

---

24) 「법률의 리히」 『독립신문』, 1899년 3월 3일.

인식이 어떠한가를 단적으로 보여준다. 오히려 신기선을 면담한 총대위원들이 "법률이 밝지 아니하면 나라 일이 어찌 크게 관계가 아니 되겠소. 천하 만사가 모두 법률에 벗어나지 아니하거늘 대신이 어찌 이렇듯이 망령되이 말씀 하시나요."라고 반박하였다. 이에 대해서 다시 신기선은 "덕을 닦아야 하지요"라고 답변하였다.[25] 법과 절차에 따른 집행을 요구하는 독립협회 회원들에게 법부대신이 법치가 아닌 덕치를 주장한 것이다.

> 갑오경장 이후에 각부 관제를 칙령으로 반포한 것이 자세하고 소중치 않은 바 아니로되 정부 당국자들이 문구로만 돌리고 자기들에게 이로운 것은 시행하고 이롭지 못한 일은 자의천편하여 사정쓰기를 주장을 삼으매, 정부 법령이 십리밖에 퍼지지 못하여 전국 인민이 어육이 되고 권리가 여지가 없어서 심지어 남의 나라의 보호를 받는 지경에 이르렀으니 이는 도시 정부 당국자가 칙령 재가한 법률 장정을 터럭만치도 생각지 못하는 연고로다.[26]

위 1906년 『제국신문』 기사는 갑오개혁 이후에 제정된 법령이 자세하고 소중한 것이 있음에도 불구하고 인민 사이에서 널리 시행되지 않고 있는데, 그 이유가 법을 집행하는 자가 자신에게 이로운 것은 시행하고 이롭지 않은 것은 제 마음대로 처리하기 때문이라고 지적하였다. 특히 판사가 재판사무를 사사로운 정으로 처리하기 때문에 인민들이 수탈의 대상이 되고 나라의 주권까지 잃고 보호국으로 전락하였다고 비판하였다. 『제국신문』은 또 다른 논설에서 "나라가 이 지경에 이른 것은 그 법률은 법대로 두고 법관의 사정(私情)이 법률이 되어 자기네의 사대로 죄인의 친소대로 죄가

---

25) 「독립 협회 고발 스건」, 『독립신문』, 1898년 10월 4일.
26) 「장뎡이문구됨」, 『제국신문』, 1906년 5월 5일.

중한 자를 경하게도 하고 경한 자를 중하게도 하여 인민이 그 법을 믿지
않기 때문"이라고 분석하였다.[27] 그리고 인민과 나라가 위태로움에 빠진
근본적 이유도 관료들이 법률과 장정을 가볍게 여기기 때문이라고 설명하
였다. 국가기관보다 민간의 개혁가들이 앞장서서 법치를 요구하는 실정이
었다.

제2절 사법권 남용의 부작용

1. 뇌물과 청탁

법부는 각급 재판소의 불공정한 재판으로 인하여 인민들의 불신이 매우
높다는 것과 불공정 재판의 주요 원인이 뇌물 공여와 청탁 때문이라는 사
실을 알고 있었다. 그래서 1897년 1월 19일에는 뇌물이나 청탁을 받고 재
판하면 엄벌한다는 훈령을 각급 재판소에 내리기도 하였다.[28] 평리원의 보
고서, 법부 공문서, 그리고 각종 신문들에서도 뇌물 수수와 청탁이 재판을
왜곡하고 있으며 조속히 이 관행을 끊어야 한다고 지적하였다.

1902년의 윤치호 일기에는 함경도 관찰사 김종한과 대화한 사실이 기록
되어 있는데, 김종한의 발언을 통해서 공직 사회에 퍼진 뇌물 수수 실태를
알 수 있다. 김종한은 1876년에 문과에 합격하여 홍문관 부교리로 관직에
진출한 이래로 정부의 고위 관직을 두루 역임하였다. 갑오개혁기에는 군국

27) 「법률이란거슨 마련ᄒᆞᄂᆞᆫ 것보다 실시홈이귀홈」, 『제국신문』, 1906년 12월 14일.
28) 「訓令 各道各港濟州牧裁判所件(1897.1.19.)」, 『起案(규 17277-2)』.; 「법부에서 서울
    각 방곡에 고시 ᄒᆞ기를 서울 사름이」, 『독립신문』, 1898년 2월 3일.

기무처 회의원으로 참여하였고 건양협회, 독립협회에도 참여한 인물이기도 하였다. 김종한은 1900년 1월 함경(남)북도관찰사에 제수되어 함경북도 재판소 판사를 겸임했고, 같은 해 3월 함경남도관찰사로 전임해서 1902년 3월까지 재임하면서 함경남도재판소 판사를 겸했다. 윤치호가 덕원감리로 있던 시기에 김종한과 조우한 것으로 보인다.[29] 아래는 1902년 4월 11일 일기의 일부이다.

김종한(함경도 관찰사)은 이렇게 말했다. "지난 2년 동안 나는 폐하께 3만냥(6천달러)을 바쳤소. 이번에 서울에 갈 때 또 3만냥을 바쳐야만 한다오. 새로운 관직을 구하기 위해서가 아니라 특별히 날 내버려둔 처사에 대한 대가로 말이오." 지난 2년간 김종한의 녹봉은 겨우 4천달러였던 것으로 기억한다. 김종한에게서 최대한으로 돈을 끌어간 사람은 황제만이 아니었다. "많은 친구와 친척이 찾아와서 금전적인 지원을 해달라고 귀찮게 굴었소, 내가 우리 아들들을 만나는 즐거움을 느낄 수 없을 정도였다오." 따라서 그는 돈을 벌기 위해 불법적인 방식에 의존하지 않을 수밖에 없었다.[30]

김종한은 또 이렇게 말했다 "지방관들이 일년에 녹봉 3500냥(700달러)을 받으면서 어떻게 정직하게 살 수 있는지 모르겠소, 자신의 개인 경비를 지출하는데도 충분하지 않는 돈을 가지고는 틀림없이 부모, 부인, 자식을 부양할 수 없을 것이고 가난한 친척과 친구를 도와줄 수 없을 것이오. 만약 부모를 공양하지 못하고 친척을 도와줄 수 없다면 그 사람은 자비롭지 못하고 의롭지도 못한 사람이오, 그렇다면 아무리 공적 임무를 정직하게 수행한다고 해도 어쩔 수 없이 나쁜 사람이 될 수밖에 없소." 결국 엄청난 공적 범죄를 숨기기 위해서 가정 내에서 자선을 베푼다는 것이다. 누구라

---

29) 윤치호가 덕원부사 및 원산감리에 착임한 것은 1899년 3월 6일이었다.

30) 박정신 이민원 공역, 『국역 윤치호영문일기(4)』, 국사편찬위원회, 2016, 286-287 쪽.(1902년 4월 11일).

도 쉽게 할 수 있을 것이다. 김종한의 원칙과 논리, 대부분의 조선인이 갖고 있는 그런 원칙과 논리가 공공 미덕을 모두 전복시키는 것이라는 사실을 말이다.[31]

김종한은 이미 중앙정부의 고위직을 역임하였음에도 불구하고 황제에게 막대한 돈을 제공하였다. 그나마 새로운 관직의 임기가 정해져 있지 않았기 때문에 좋은 자리에 오래 머물기 위해서는 정기적으로 뇌물을 제공해야 하였다. 김종한은 2년간 황제에게 6,000달러를 바쳤고 이번에 다시 6,000달러 등 총 12,000달러를 제공해야 한다는 사실을 고백했다. 김종한의 급여는 2년간 4천달러에 불과하였다.

김종한에게는 공양해야 할 부모, 부인, 자식들이 있었고, 이른바 그의 친척, 친구들도 김종한에게 금전적인 지원을 요구하였다. 높은 관직에 있는 공직자일수록 부모, 친척, 친구들에게 자선을 베풀어야 하며, 그렇게 하지 않으면 그는 사회적으로나 윤리적으로 비난받는다고 토로하였다. 김종한은 국가의 공적 업무를 정직하게 수행하는 것보다는, 유학의 '효제(孝悌)'를 충실히 따르고 주변의 지인들에게 자비를 베푸는 것이 더 중요하다고 생각하였다.

김종한이 밝힌 윤리의식은 당시 많은 공직자들이 가지고 있었다. 현대적 기준으로는 엄청난 공적인 범죄를 저지르고 있었음에도 불구하고 가족과 친족에게 자선을 베풀기 위해서 공직자들은 불법적인 방식에 의존하지 않을 수 없었다는 것이다. 관찰사의 급여만으로는 엄청난 금액의 뇌물과 생활비를 조달할 수 없기 때문에 결국은 해당 지역의 인민들과 부호들의 주머니를 쥐어 짜내는 방법 밖에 없다. 친척과 이웃들에 대한 그릇된 책임의

---

31) 박정신 이민원 공역, 『국역 윤치호영문일기(4)』, 국사편찬위원회, 2016, 287쪽.(1902년 4월 11일).

식이 국가를 위한 공직 윤리보다 앞서 있었던 것이다. 김종한은 많은 생활
비용을 조달하기 위해서 자신에게 부여된 권력을 동원하였으며, 이 같은
국가 권력을 동원한 사적 이득의 추구를 부끄럽게 생각하지 않았다. 그러
나 윤치호는 대부분의 한국인이 갖고 있는 그런 원칙과 논리가 공공 미덕
을 모두 전복시킨다고 비난하였다.

　더구나「재판소구성법」에 의해서 김종한은 지방재판소 판사로서 제2심
재판을 관장하였다. 재판 과정에서도 승소를 위해서 뇌물을 제공하는 자에
게 김종한이 어떻게 행동하였을지 쉽게 상상할 수 있다. 아래의 글은 러시
아의 장교 알프탄이 1895년 12월부터 1896년 1월까지 조선의 중북부를 여
행하면서 공직 문화를 관찰한 글이다. 이 글은 관직을 매매하는 중앙정부
의 시각을 보여준다.

> 　조선에서는 관리를 임명할 때 공적이나 능력을 기준으로 하는 것이 아
> 니라 자리에 따른 돈을 내는 사람에게 직책을 주기 때문이었다. 자리 값의
> 범위는 지역에 따라 다르나 어쨌든 대체로 매우 높았고, 내가 알기로는 평
> 균 2만냥 즉 5,000루블이었다. 그들은 자신이 낸 금액을 되찾고 재산을 많
> 이 늘리려는 목적으로 노골적으로 직책을 이용하는 것이 눈에 보였다. 그
> 러나 보통은 이런 직책에 오래 있지 못하였다. 이 때문에 두 가지 양상이
> 나타나고 있었다. 보통 기존의 관리는 자신이 낸 돈을 보다 빨리 회수하려
> 고 하였고, 조정은 그 자리에 다른 사람을 임명하여 새로 돈을 받기 위하
> 여 기존의 관리를 빨리 바꾸려고 하였다. 이로 인하여 이러한 거래들은 종
> 종 기존에 있던 관리의 완전한 파산으로 끝이 났다.32)

　알프탄은 대한제국의 부패와 뇌물의 순환구조를 설명하고 있다. 즉, 관

---

32) 카르네프 외 4인, A.이르게바예브·김정화 옮김,『내가 본 조선, 조선인』, 가야넷,
　　2003, 260쪽.

직을 매수한 자는 그 관직에 언제까지 재직할 수 있을지 알 수 없기 때문에 하루라도 빨리 돈을 회수하려고 하고, 관직을 매매한 조정(중앙정부)은 새로운 돈을 받기 위해 가급적 빨리 해당 관리를 교체하려고 한다는 것이다. 만약에, 뇌물 공여금액을 회수하기도 전에 관직에서 쫓겨나게 되면 그 관리는 파산상태에 놓이게 된다.

헐버트도 알프탄과 똑같은 진술을 하였다. 헐버트는 "관직은 일반 상품과 마찬가지로 사고 팔았다. 모든 관직은 그 가격이 결정되어 있어서 도의 관찰사는 미화로 5만 달러 정도이며, 방백 수령들은 500달러 정도였다. 그 자리가 서울일 수만 있다면 설사 미관말직이라도 상당한 수입이 생겨서 욕심을 채우기에 충분했으며 매관에서 나오는 엄청난 수입을 더욱 증가시키기 위해 재임 기간을 짧게 하여 상납의 횟수를 빈번하게 했다. 물론 각 관찰사나 방백 수령들은 자기의 짧은 재임기간 동안에 자기가 상납한 밑천을 뽑고 또 자기의 안락한 생활을 계속하기 위해서라도 백성들에게 과중하게 과세하지 않을 수 없었기 때문에 매관매직에서 거래되는 돈이란 결국 백성들이 직접 부담한 것이다."라고 기록하였다.[33]

일본인이 1893년도의 조선왕조의 통치행태를 조사한 보고서에는 알프탄과 헐버트가 증언한 지방관직의 거래 현상이 기록되어 있다.

〈표 11〉 지방관직의 거래 금액

	거래 금액
관찰사	20,000~50,000냥
부사	2,000~5,000냥
군수, 현령	1,000~2,000냥

출처 : 伊藤博文 編, 『朝鮮交涉資料 下』, 1936, 203쪽.

---

33) 헐버트, 신복룡 역, 『대한제국 멸망사』, 1906, 75-76쪽.

한국에 들어온 유럽인들은 판사나 아전들에게 돈을 제공하거나 혹은 판사와 개인적으로 친분이 있는 고위 관료, 친척, 첩에 의해서 재판이 왜곡되는 현상이 많이 일어난다고 지적하였다. 이들의 지적은 허위나 과장이 아니었다. 이 같은 모습은 한국의 신문에서도 하루가 멀다고 기사화되고 있었다. 법정에서 뇌물이 성행하게 된 시기와 이유를 1902년도 『제국신문』은 아래와 같이 분석하였다.

> 첫째, 법정에 뇌물이 성행함이니 고금치락은 물론하고 다만 갑오전후로만 보아도 유뢰공행함이 오늘같이 심한 적이 없어 다만 사채 민송이라도 청전없이 몽방되는 자가 적으며 (중략) 망사지죄를 짓고라도 돈만 있으면 곧 놓이고 이미 무죄한 자라도 청전이 없으면 경년열세토록 재판 한번 없이 미결로 버려두어 지금은 법관들도 그 중 한두 죄수의 원굴함을 알고 인후공평한 마음이 생겨 좌단하여 놓아주고자 하여도 만일 법정에 앉아 그 무고함을 설명할진대 동관들로부터 의심하기를 혹 저사람이 얼마나 먹었는가 하나니 누가 공복에 헛누명만 씻고저 하리오.(이하 생략)[34]

『제국신문』은 1899년 「대한국국제」가 선포되고 황제의 권력이 더욱 강화된 1900년 전후에 뇌물 수수가 더 성행하였다고 설명하였다. 소액의 채무사건조차도 청탁으로 바치는 돈이 없으면 석방되는 자가 적으며 사형에 처할만한 죄를 짓고서도 돈만 있으면 풀려난다는 것이다. 더구나 죄수 중에서 억울한 자가 있어서 그를 풀어주려고 하여도 동료 법관들이 뇌물을 받고 놓아주려는 것으로 의심한다고 한탄할 정도였다.

1903년 평리원 재판장에 임명된 이남희는 뇌물수수 행위가 너무 공개적으로 알려져 황제는 그에게 형사재판은 당분간 하지 말고 민사소송 등만

---

34) 『제국신문』, 1902년 9월 30일.

처리하게 한 후 시급한 형사피고에 대해서는 경무청으로 이관시킬 정도였
다.35) 아래의 인용문은 평리원 재판장 이남희가 뇌물을 받고서 불공정하게
재판한다는 것을 고발한 것인데, 8명의 소송관계인들로부터 총 537,000냥
을 받았다는 내용이다.

　　감옥서에 재수한 남명직 이승욱 제씨 등이 법부에 호소하기를 평리원
　　재판장 이남희가 뇌물받기만 위주하여 돈을 바치는 자는 안서하고 바치지
　　않는 자는 늑형한다 하고 그 뇌물 받은 것을 후록하였는데, 새문밖 전당포
　　하던 임주현에게 육만냥, 권상문의 보인 김영두에게 일천냥, 인천 객주 이
　　치성에게 일천냥, 남원 아전 양두식에게 일만냥, 상원 거하는 윤진화에게
　　이십만냥 수원거하는 이종악에게 이십오만냥 연천거하는 이오현에게 일
　　만냥 이규목에게 오천냥 도합 장전이 오십삼만칠천냥이라 하고 종이품 이
　　면주씨 등은 그 일가 이승욱씨를 위하여 상소하였는데 이남희의 장전을
　　남명직 이승욱씨의 말과 같이 말하고 또 갈린 전라관찰사 이완용씨를 탄
　　핵하였는데 근일에 이 재판장이 그 인언을 만나 폐무하였다더라.36)

　　창녕군수 이원희는 이속배에게 뇌물 받은 돈이 오만이천일백팔십냥 이
　　라 하여 일개월 벌봉에 처하고 제주군수 김희주는 민간에 횡렴한 돈이 일
　　만오천삼백삼십냥이라 면본관하고 조율징판한다더라.37)

　　대한제국의 공직 사회가 부패로 물든 원인은 표면상으로는 능력 본위의
과거제도가 폐지되었음에도 불구하고 새로운 관리 임용제도가 안착하지
못하였기 때문이다. 갑오개혁기에 과거제도를 폐지하고 「선거조례(1894.7.
21.)」와 「전고국조례(1894.7.12.)」를 제정하여 각 아문의 대신은 소관 하의

35) 도면회, 「갑오 광무연간의 재판제도」 『역사와현실』 14, 1994, 242쪽.
36) 「被彈廢務」 『제국신문』, 1903년 4월 2일.
37) 「창녕군슈 리원희는 리속빅에게 뢰물밧은」 『제국신문』, 1900년 12월 14일.

주임관과 판임관을 직접 선발할 수 있었다. 이 법령들에 따르면, 각 부·아
문의 대신은 신분이나 관록에 구애됨이 없이 품행이 바르고 재능이 있으며
시무에 능숙한 자를 추천하도록 하였다.[38] 각 아문에서 선발된 임용후보자
들은 전고국에서 보통시험 또는 특별시험을 치르게 하였다. 그러나 「선거
조례」와 「전고국조례」에는 관료 후보자의 구체적인 자격규정이 없고 각
부·아문의 대신이 선취권을 가지기 때문에 기존 질서내에서 연고관계에
의하여 관리가 충원될 수밖에 없었다. 문관은 정1품~종2품까지의 칙임관,
3품~6품까지의 주임관, 7품~9품까지의 판임관으로 이루어졌는데 칙임관은
총리대신이 각 아무대신 및 찬성, 도헌과 회동 협의하여 3명을 임금에게
추천, 하명을 받은 뒤 임금이 점용하였다. 정·종2품 칙임관은 임금의 허락
을 받도록 하였다. 주임관은 해당 각아문대신이 공정히 선발하여 그 사람
의 관직, 성명, 나이, 본관, 학식과 이력을 기록하여 총리대신에게 보내면
총리대신이 도찰원으로 가부를 평가 의논한 뒤에 임금에게 주청하여 시행
하였다. 관찰사, 유수, 군수, 현감, 현령 등 지방 관리의 추천 및 인명은 총
리대신, 각 아문대신, 의정부, 좌우찬성, 의정부 도헌의 합의에 기초하여 결
정하였다.

위에서 소개하였듯이, 인사제도는 일부 바뀌었으나 군수는 여전히 과거
와 같이 막강한 권한을 행사할 수 있었다. 군수는 관할 구역 내에서 일반
행정권, 경찰권, 징세권, 재판권 등을 행사할 수 있었다. 지방관에게 과도하
게 집중된 권력은 지방의 부패를 양산하는 원인이었다. 각종 부패를 감시하
고 교정하는 중앙정부의 기능도 작동하지 않았다. 법부는 훈령을 여러 차례
발(發)하여 뇌물이나 청탁을 받고서 재판하면 엄벌한다고 지속적으로 단속

---

38) 오승은, 「일제시대 조선관리 임용연구」 『일본연구』, 2009, 40호.; 정구선, 『한국근
대관리임용연구』, 국학자료원, 2008.

하였으나 효과는 없었다. 사법제도 전반을 개혁하여야 하였고 인력도 교체하여야 하는데 이에 대해서는 보수 기득권 세력이 반대하였기 때문이다.

　근본적으로는 뇌물 수수나 청탁이 최고 권력자가 연루되어 있었기 때문이다. 고종은 거액의 자금을 구하기 위해 매관매직과 돈을 충당할 수 있는 사람에 의존했으며 불순한 집단의 조력도 꺼리지 않았다. 또한 전국의 관리들은 정규세금 외에 고종을 즐겁게 하기 위해 각종 선물을 바치도록 강요받았다. 이 관행은 결코 중단된 적이 없었다. 지방관리들이 이를 이행하지 않으면 곧바로 관직을 박탈당했다고 한다. 고종을 지근 거리에서 보좌했던 샌즈나 에비슨에 의하면 결국 부정의 상납금은 최종적으로 고종에게 흘러들어갔다.[39]

2. 고문의 남용

　갑오개혁기 사법개혁의 목표 중의 하나는 인권의 보호였다. 군국기무처는 "죄인은 자기 이외에 연좌율을 일체 시행하지 말 것"이라는 의안을 채택하여 연좌법을 폐지하였으며, 각부·각아문·각군문에서 함부로 체포·시형(施刑)하는 것도 금지시켰다. 또한 "무릇 대소 죄인은 진실로 사법관이 재판·명정(明定)하지 않고서는 함부로 죄벌을 가하지 말 것"을 의결하여 재판을 거처 형벌을 가하도록 하였다. 이어서 "신식 법률을 반포하기에 전에는 모든 법관들이 대소 죄인을 심문하는 경우에는 단지, 『대전회통』 형전의 규정대로 시행하고 함부로 고형(栲刑)을 가하지 말 것"이라 하여 고문을 제한하였다.[40]

---

39) 정연태, 「광무연간 서양인의 고종관」, 『한국사연구』 115, 2001, 162쪽.
40) 『구한국관보』, 1894년 7월 9일.

형벌도 크게 완화하였다. 1894년 12월 10일에 절도·투구·간범(干犯)·사위(詐僞) 등의 죄에 한하여 종래 태형·장형·도형·유형으로 처단하던 것을 모두 징역으로 등급을 나누어 처벌하도록 하였다. 1895년 3월 18일에는 모든 사죄(私罪)는 벌금·면직·감금·도배(島配)·징역·사형으로 처리하였다. 사형제도도 개혁하여 능지형(凌遲刑)과 처참형(處斬刑)을 폐지하고 민간인에게는 교수형, 군인에게는 총살형을 실시하였다. 그러나 종래의 형벌이 모두 징역형으로 바뀐 것은 아니었다. 일단, 1895년 4월에 거리를 기준으로 하던 유형제도를 변경하여 유 3천리는 유 종신(流終身)으로, 유 2천 500리는 유 15년으로, 유 2천리는 유 10년으로 환산하도록 하였다. 이어서 법률 제6호 「징역처단례」를 제정하여 도형과 유형을 폐지하고 징역형을 도입하였다. 형벌제도에 대한 개혁은 1896년 4월 4일 반포된 「형률명례」, 6월 17일의 「형률명례 개정」, 그리고 1896년 4월 1일의 「적도처단례」에 의하여 일단 완료되었다. 유형 등급이 3개 등급에서 10개 등급으로, 유형·도형이 징역형으로 바뀌되 5개 등급에서 19개 등급으로 세분화되고, 장형이 태형으로 통폐합되었다. 또, 개혁 이후의 징역형은 「징역처단례」에 명시되었듯이 개혁 이전의 유형·도형을 통합한 형벌이다. 일반인민 범죄자와 사죄를 범한 관리도 모두 유형 아니면 도형을 받아야 하던 것이 징역형으로 환치되었다. 또한 개혁 이후 남은 유형은 개혁 이전의 유형·도형을 통합하되 일반 인민이 아니라 국사범과 황제가 특정한 죄인에게만 적용되었다.[41]

그러나 고문이 완전히 폐지된 것은 아니었다. 자백을 받는 수단으로 제한적이지만 허용되고 있었다. 「형율명례」 제27조에는 편(鞭)·추(箠)는 신문할 때에 잡아떼면서 남에게 미루고 범행을 이실직고하지 않는 자에게 사

---

41) 이 부분은 다음의 저서를 참조하여 기술하였다. 도면회, 『한국근대형사재판제도사』, 푸른역사, 2014.

용하되, 반드시 재판장(지방재판소, 개항장재판소는 수반판사, 경무청은 경무사)의 명령을 받아서 임시로 사용할 수 있었다(제27조). 편·추를 사용할 때에는 ①가벼운 죄는 10대, 중죄는 20대를 초과하지 못하도록 하였고, ②1일 1회를 초과하지 못하였으며, ③1인 3회를 초과하지 못하도록 하였다. ④노약자와 부녀자에게 시행하지 않았다.(제28조). 1896년 4월 4일 「형율명례」에서는 편·추는 민사사건에 대해서 적용한다는 규정은 없었으나 같은 해 6월 17일에 「형율명례」가 개정되어, "민·형사상"이라는 용어가 삽입되면서 민사사건에서도 고문이 시행될 수 있었다.[42] 사법개혁이 거꾸로 가고 있었다.

옥구의 사용도 과거에 비해서 개선하였다. 「형율명례」는 칼(枷), 족쇄(鎖鈦), 편추 등 3종의 형구만을 인정하였다(제25조). 칼(枷), 족쇄(鎖鈦)는 피의자 또는 죄인이 행동이 사납고 성질이 고약하여 도주할 우려가 있는 자에게 채우되, 노약자와 부녀자에게는 시행하지 못하도록 하였다(제26조).

이상에서 알 수 있듯이, 갑오개혁기에는 형구와 옥구의 사용 대상과 도구를 제한하고 그 집행 횟수도 제한하여 인권의 보호조치를 강화하였다. 그러나 사법의 현장에서는 해당 법령을 준수하지 않고 남용하는 경우가 많았다. 1897년 4월의 정기호 사건은 재판소의 고문이 얼마나 가혹했는지를 보여준다.

> 한성재판소는 백성의 시비를 법률을 가지고 재판을 아니하고 백성의 가죽을 벗기는 데니 정부에서 죄 있는 백성을 어떻게 다스리지 못하여 산 사람을 때려 종아리를 안 밖 없이 가죽을 벗겨 가죽과 살이 다 없어지고 뼈가 드러나도록 때려 감옥소에 가두어 놓고 가죽도 살도 없는 사람을 또 잡아 올려 더 때려 주려고 하다가 외국 사람들이 마침 감옥서에서 이 죽

---

42) 「형률명례 개정(법률 제5호)」, 『구한국관보』, 1896년 6월 19일.

어 가는 사람을 약으로 구완하다가 또 잡아 오란 말을 듣고 잡혀 보내지
는 아니하였으나 정부에서 재판소를 배설하여 놓고 산 사람의 가죽을 매
로 벗길 지경이면 차라리 소 잡는 백정을 갖다가 재판관을 시켰으면 가죽
벗기는 일을 더 잘 할지라.[43)]

위 사건은 1897년에 정기호가 자기의 선산에 다른 사람이 몰래 매장한
것을 알고 무덤을 파냈다가 발생한 것이다. 분쟁 과정에서 정기호는 비도
(匪徒)였다고 고발당하여 한성재판소에 형사 피의자로 체포되어 신문을 받
으면서 자백을 하지 않는다고 고문을 받은 것이다.[44)] 한성재판소는 「형율
명례」 제27조에 근거하여 고문을 가하였는데 그 규정에 따르면 경죄 10대,
중죄 20대, 1일 1회, 1인 3회를 초과하지 못하였다. 그런데 이 규정을 어기
고 뼈가 드러나도록 매질을 가한 것이다.

수일 전에 경무청에 가서 보니 사람이 잡혀 온 중에 혹 싸우다가 칼에
상한 자도 있고 감옥시에 있는 죄인 중에 강도 죄인 둘이 가평서 잡히기
전에 정강이를 맞아 살이 모두 부수어지고 그 상한 자리가 썩어 악취가
옥중에 가득 하여 다른 죄인들까지라도 그 냄새로 하여금 병들이 날 터이
요. (중략) 개화한 사람의 생각은 사람이 죄가 있어 법률로 재판한 후에
죄가 있으면 형벌을 그 죄에 마땅하게 마련하고 한 번 형벌을 정한 후에
는 그대로만 형벌을 주는 것이 옳고 그 외에 형벌을 더 한다든지 고생을
더 시킨다든지 또 덜 한다든지 하는 것은 법률을 어기는 것이니 이 죄는
법률 맡은 관원이 입어야 옳은지라.[45)]

---

43) 「한성 지판쇼는 빅셩의 시비를 법률을 가지고 지판을 아니」 『독립신문』, 1897년
   4월 27일.
44) 도면회, 『한국근대형사재판제도사』, 푸른역사, 2014, 215-216쪽.
45) 「슈일전에 경무청에 가서 보니 사름이 잡혀 온 즁에 혹 싸호다가 칼에 샹흔쟈도」
   『독립신문』, 1896년 8월 25일.

경무청에서도 「형율명례」 제27조 규정에 따라서 경무사의 명령을 받아서 고문할 수 있었다. 『독립신문』은 강도 죄인 두명이 정강이를 맞아서 살이 모두 부수어지고 살이 썩어 악취가 옥 중에 가득하다고 고발하였다. 피의자는 법률에 따라서 재판한 후에 형벌을 가하는 것이 옳은데 수사기관인 경무청에서 사람의 인신을 가혹하게 다루는 것은 부당하다는 주장이다. 서울의 한성재판소와 경무청 뿐만 아니라 지방의 군수와 관찰사 고문의 관행도 매우 심하였다. 각종 신문에는 지방관들의 악형을 고발하는 기사가 많이 실렸는데 이 중에서 일부만을 소개하면 다음과 같다.[46]

우리나라나 청국에서는 어떤 사람이 범죄의 확증도 없이 익명으로 타인을 모함해도 덮어놓고 체포해서 여러 가지 형벌로 문초한다. 형벌에 못이겨 없는 죄도 있다고 자백하면 형이나 귀양을 보내니 직접 당한 사람의 마음이 어떠할 것인지.[47]

시흥 군수 문봉오씨는 백성들이 부르기를 백정이라 하고 또 홀치라 하니 백정이라 하는 뜻은 날마다 순교와 사령을 촌려에 내보내어 백성의 없는 죄를 얽어 보하라 하여 죄지 유무와 경중은 의논하지 않고 태장 삼사 십도에 유혈이 성천하여 매 맞은 사람이 병객이 되기로 원을 백정이라 하고 태장으로 사람을 친 후에 몽둥이로 훑어 가죽을 벗기는 고로 홀치라 하는지라.[48]

지금 우리나라에서 악형하는 것을 보면 눈으로 참아 보고 귀로 참아 듣지 못할 일을 행하매, 칠십여수지라고 자랑하는 형구를 가지고 몇 가지 쓰

---

46) 「악형륵탈」, 『독립신문』, 1899년 10월 24일.; 「연안유싱편」, 『독립신문』, 1899년 11월 20일.; 「訴推勒奪」, 『황성신문』, 1901년 5월 3일.
47) 『제국신문』, 1898년 12월 9일.
48) 「시흥 군슈 문봉오씨는 빅셩들이 불으기를 빅졍이라」, 『독립신문』, 1897년 8월 10일.

는 것을 말할진대, 참 남이 부끄러워 못할지라. 그 모양을 외국인들은 모두 사진에 백여서로 돌리며 우리가 그 사람이 되고 보면 우리를 무엇이라 하겠나뇨. 갑오 이전에는 악형쓰는 것도 방한이 있었거늘 지금은 한도 없고 마련도 없이 생각나는대로 뼈를 부러치며 살에 채를 치니 그 당한 자의 아프고 저린 것과 행하는 자의 인정있고 없는 것은 다 물론하고 우리 나라에 어찌 흠절이 아니리오.[49])

위 인용문들은 지방재판소에서 행해지는 악형과 고문이 얼마나 심각하였는가를 잘 보여준다. 사법절차를 준수해야 하는 사법기관이 범죄의 증거도 없이 피의자를 체포하여 형벌로 문초하는 것이 일상화되었다. 1902년 『제국신문』 기사에서는 갑오개혁 이전보다도 1900년을 전후하여 악형이 심해졌다고 소개한 바가 있다. 이 같은 비인도적인 고문은 개선되지 않은 채 1905년 「형법대전」에서도 그대로 유지되었다. 「형법대전」에 따르면, 편추는 민·형사상 신문하는 마당에 잡아떼면서 남에게 미루고 범행을 이실직고하지 않는 자에게 시행하되, "1차에 30대를 초과하거나, 하루에 1차례를 초과"하는 경우에는 남형으로 처벌하였다.[50]) 「형율명례」에서는 피의자에 대해서 최대 3회를 초과할 수 없었으나 형법대전에는 이 조항이 빠지게 됨으로써 훨씬 더 가혹하게 고문할 수 있게 되었다. 1905년 「형법대전」의 위 조항들은 수사 및 재판과정에 널리 관행되고 있던 사실을 정당화한 것이었다. 이처럼 오히려 인권 보호의 조치들이 후퇴하면서 더욱 잔인한 방법으로 죄인에게 고통을 가할 수 있게 되었다.

한편, 1907년 1월 31일 경기재판소 판결문에는 민사판결임에도 불구하고 태형을 가했다는 서술이 있다. 소송 당사자인 박인우(원고)와 박수준(피고)

---

49) 「악형은 사름의 못홀일」, 『제국신문』, 1902년 3월 31일.
50) 『형법대전』 제121조

는 5촌 숙질(叔姪) 사이인데, 박수준의 부(父)가 매득한 산판과 송추(松楸)의 값을 둘러싸고 재판이 벌어졌다. 이 재판에서 양측의 증거서류 및 증인들의 변론을 듣고서 판사는 원고는 송추값을 추징할 수 없다고 박인우에게 패소 판결을 내렸다.

　　원고는 이치가 아닌 것으로 소송을 일으킨 것이 여지없이 드러났을 뿐만 아니라 원고는 피고와 5촌 숙질 사이이다. 만일 있지도 않은 돈과 재산으로 숙부를 거소한 것이라면 실로 풍속을 해친 패악한 습속이 되니 패소시키는 것에서 그치지 않을 뿐만 아니라, 엄히 징계하는 것이 마땅하다. 그러므로 엄한 태형(笞刑)으로 깨우치게 하며 이에 판결한다.51)

　이 사건은 산판의 문권(文券)의 반환과 송추값의 추징을 둘러싼 분쟁인데 피고의 승소를 선언하는데 그치지 아니하고 박인우의 패악한 버릇을 바로잡는다는 이유로 엄한 태형을 부가한 것이다. 1905년 「형법대전」에서도 민사사건에서 태형을 가하라는 법 규정이 없음에도 불구하고 법에도 없는 형벌을 가한 것이다. 1908년 1월 25일의 평리원 판결서에서도 태형이 등장한다. 피고의 변론 중에서 '현인학이 애초 근거로 삼을 만한 증서가 없었고 김성여는 태형(笞刑)을 실시하며 신문하였는데도 한결같이 불복하였습니다.'라는 내용이 있다.52)

　대한제국기 고문과 형벌의 부과는 남용되는 경우가 일쑤였다. 이에 대해서 서양인들은 매우 비판적으로 기록하고 있다.

　　이북에서 있었던 어느 살인 사건의 공판정에서 영국인 금광 기사는 범

---

51) 「제56호 경기재판소 판결서(1907.1.31.)」.
52) 「융희2년 제18호 평리원 판결서(1908.1.25.)」.

인을 찾아내라고 심한 강요를 받았다. 증인들 중의 어느 한 사람은 그의 증언보다 더 많은 내막을 알고 있으면서도 전모를 진술하지 않았다는 혐의를 받고 땅에 꿇어앉혀 단단한 기둥에 묶였다. 그의 무릎과 발목에 심한 매를 가한 다음에 장딴지 사이에 두 개의 몽둥이를 끼워 넣어 마치 지렛대처럼 장치한 다음에 뼈가 부러지지는 않고 휘어질 정도로 짓눌렀다. (중략) 그가 반쯤 죽게 되자 형리들은 운이 나쁘다는 듯이 고문을 그만두고 방면했다. 그가 엉금엉금 기어서 자기의 쓸쓸한 오두막집으로 돌아갔을 때, 그는 정의란 과연 어떤 것인지를 분명히 알았을 것임이 틀림없다. 결국 그는 그 사건에 관해서 더 이상 아는 것이 없다는 점을 증명했지만 자기가 겪었던 그 지긋지긋한 고통을 자기의 머리 속에서 지워버릴 수는 없었다.[53)]

위 글은 살인사건에서 피의자로부터 자백을 받아 내기 위해서 정강이를 때리는 고신(拷訊)과 주리틀기를 정확히 묘사하고 있다. 주리틀기는「형율명례」와「형법대전」에도 없는 고문 방법이었으나 사법의 현장에서 불법적으로 자행되었다. 위 사건의 증인은 피의자도 아니었음에도 불구하고 가혹한 고문을 당했다. 그는 가혹한 고문을 이겨내고 자신이 살인사건과 관계가 없다는 점을 증명하였으나 신체에 가해진 고통의 흔적을 지울 수는 없었다.

피고에게 녹초가 되도록까지 혹독한 고문을 가하는 방법으로 자백을 강요하였다. 예심판사나 판사 할 것없이 어느 누구 한사람도 심문할 때의 고문으로 피고가 사망하더라도 이에 책임을 지지 않았다. 이렇듯 고문으로 피고가 사망하는 일은 극히 빈번하게 일어났는 바, 왜냐하면 그것은 어떤 피고들은 2개월간, 어떤 경우에는 6개월간이나 하루 건너서 고문을 받았기 때문이다.[54)]

---

53) 헐버트, 신복룡 역,『대한제국 멸망사』, 1906, 92쪽.

위 인용문에서 피고들은 판결이 확정되지 않은 상태에서 수개월간 구금된 상태에서 고문을 받았음을 보여준다. 「형율명례」가 적용되던 시점이기 때문에 1인에 대해서 3회를 초과해서 고문을 가하면 안되지만, 위 인용문에서는 이를 지키지 않았을 뿐만 아니라 사망에 이르는 경우가 빈번했다는 것이다.

> 모든 죄인을 다루는 데에 우선 매질을 하는 것이 근본적인 절차로 되어 있다. 어떠한 죄를 저지른 죄인일지라도 거의 죽도록 매를 맞은 후에야 형이 집행된다. 형이 집행되기 전에 죄인들은 심한 매를 맞아서 자기가 저지른 모든 죄를 고백하고 자기에게 내려진 형벌의 정당성을 인정해야 한다고 한국인들은 믿고 있다. 서양 사회에서는 이러한 제도가 없어서 죄수들은 자기에 대한 선고가 억울할 경우에는 끝까지 무죄를 항변하면서 죽어간다. 그러나 동양에서는 그렇지 않다. 죄수들을 형틀에 매달아 놓고 하지도 않은 짓을 고백할 때까지 때린다.[55]

위 인용문은 서양과 동양의 사법절차의 차이를 설명하고 있다. 서양에서는 죄인의 자백이 없더라도 법관이 사형을 선고하면 그대로 집행되지만 동양에서는 아무리 증거가 많아도 죄인이 스스로 자백하지 않으면 죄가 확정되지도, 집행되지도 않는다는 것이다. 따라서 죄수들을 자백할 때까지 형틀에 매달아 두고 가혹하게 고문을 가한다는 것이다. 아래는 사형 집행 장면을 기술한 것이다.

> 기절한 죄수는 한참 후 의식을 회복해 힘없이 고개를 좌우로 흔들면서 신음소리를 토하며 땅바닥에 누워 있었다. 집행인들은 죄수의 팔뼈와 갈

---

54) 러시아 대장성, 최선 김병인 공역, 『國譯 韓國誌』, 한국정신문화연구원, 1984, 654쪽.
55) 헐버트, 신복룡 역, 『대한제국 멸망사』, 1906, 91쪽.

비뼈 사이에 대막대기를 집어 넣어 이 뼈들을 차례차례로 부러뜨린 다음, 마지막으로 비단끈을 사용하여 죄수의 목을 졸라 죽여 시체를 질질 끌고 다녔다. (중략) 그러나 그(간수장)는 나에게 하나의 의문을 던져주었다. 이 나라에 기독교가 포교된 지도 벌써 몇 년이 지났고, 서양의 문화 대국들이 이 나라의 행정 각 부분을 돌본 지도 하루 이틀이 아닐진대, 어째서 아직도 이런 가장 야비한 고문이 계속하여 행해지고 있는 것일까. 엠버얼리씨의 말대로 옥담 너머에서 일어나고 있는 일에 대한 산 증거가 미비하다는 이유 뿐일까? 아니면 또 다른 이유가 있단 말인가. 이유가 어떻든 간에 이런 상황이 아직도 지구 어딘가에서 계속되고 있다는 것은 인간 존재 자체에 대한 도전이었다.[56]

이 끔찍한 사형 장면은 스웨덴 기자 아손이 1904년 12월 24일 부산항에 도착한 이후부터 1905년 초까지 한국을 여행한 기간에 목격한 것이다. 어느 장소인지는 명확하지 않으나 서울 근교에 있는 감옥에서 일어났던 일이다. 이 때는 한국에서 「재판소구성법」이 시행된 지 10년이 지난 시점이었다. 아손은 인간으로서의 존엄이 가혹한 고문으로 무참히 짓밟히고 있다고 고발한 것이다. 이러한 비인도적인 고문에 대해서는 서양인 뿐만 아니라 한국인들도 적극적으로 부당함을 고발하고 교정할 것을 요구하고 있었다.

그러나 사법관들은 기존의 관행에서 탈피하지 못하였다. 전국의 법정에서 자백을 받아내기 위해서 광범위하게 비인도적 고문이 저질러지고 있었는데도 사법관들은 이를 개선하려고 하지 않았다. 러시아 대장성에서는 대한제국의 소송과 형벌 부과의 현실을 다음과 같이 기록하였다. 즉, "한국의 소송절차와 형벌에 관한 모든 것은 최근의 정보자료에 의거하여 평가한다면 아직도 그것의 반 이상은 공문(空文)에 불과한 것이다. 재판사업 분야에

---

56) 아손 그렙스트, 김상열 옮김, 『스웨덴 기자 아손, 100년전 한국을 걷다』. 책과함께, 2005, 286-287쪽.

서 이를 개정하는 법률이 공포되었음에도 불구하고 현재 이루어지고 있는
모든 재판은 아직도 개혁 전의 조선에 존재하였던 제도와 방법에 의존하고
있었다. 이와 같은 현상은 한국에서 최근에 채택된 새로운 규칙들을 실효
성 있는 것이 되게 하고 형사사건 분야에서 이루어진 인도주의적 입법조치
들을 실현에 옮기기에는 이에 부응할 만큼의 법률 지식을 갖는 인물들이
무엇보다도 부족한 데서 비롯된 것이라고 할 수 있다."고 보고한 것이다.[57]
대한제국기에 접어 들면서 오히려 한국의 사법기관의 사업분야에서는 옛
왕조시대의 법률로 복귀하고 있는 경향을 보이고 있다는 것이다.

---

57) 러시아 대장성, 최선 김병인 공역, 『國譯 韓國誌』, 한국정신문화연구원, 1984,
651-652쪽.

제2부

인민, 대한제국의 정의를 묻다

제5장 자유주의 개혁가들의 사법개혁론

제1절 자유주의 개혁가들의 법 사상

1. 자유주의 정치개혁 운동과 한국 내셔널리즘

1) 독립협회와 자유주의 정치개혁 운동

19세기 내내 수많은 민란과 동학농민전쟁으로 원억을 폭발시킨 인민들은 1895년도에 사법제도가 정비되자 재판소로 몰려 가서 인권의 개선과 재산의 보호를 요구하는 재판 투쟁을 벌였다. 그러나 갑오정부가 1896년 2월에 붕괴되고 국왕이 권력을 도로 장악하면서, 사법개혁은 전 부문에서 중단되거나 후퇴하였다. 이는 고종과 법부대신이 사법권을 인민의 권리 보호보다는 국왕권의 강화와 유지를 위해 이용하였기 때문이다. 국가 최고위층의 개혁 의지가 약해지자 각 지방재판소의 사법관들도 굳이 신식 제도를 시행하려고 하지 않았다. 전통 재판이든 신식 재판이든 인민들이 정부에 기대하였던 것은 공정의 실현이었으나 갑오·대한제국기에 시행된 이른바 신식 재판은 껍데기에 불과하였고 그 실질은 세도정치기의 재판과 별반 다를 바가 없었다.

인민들의 요구를 국가의 사법시스템이 제대로 수용하지 못하자, 민간의 개혁가들이 공정의 실현과 인권의 보호를 목표로 내걸면서 재판 인력의 교체와 재판소 개혁을 요구하였다. 갑오개혁기에 새롭게 등장한 개혁가들은 개인의 자유와 권리의 보호를 가장 중요한 가치로 여기고 법과 정치를 통하여 이를 실현하려고 하였다. 이들은 인민들의 권리 투쟁이 정당하며 권력자가 도처에서 저지르는 불공정과 반인권적 관행을 교정하기 위해서는 사법개혁을 넘어서 국가를 개조하는 정치개혁으로 나아가야 한다고 주장하였다. 법과 재판의 문제는 단순히 사법의 영역에 국한되는 것이 아니라 정치의 문제이기 때문이다.

초창기 자유주의 개혁가였던 서재필과 윤치호는 일본이나 중국과의 교류를 통해서 서구 문명을 습득한 개화파 관료들과는 달리 서구 문명의 중심지인 미국에서 민주주의 사상과 근대 산업화를 직접 경험하였다. 1884년에 소수 엘리트가 일으킨 갑신정변에 참여하여 조선왕조를 개혁하고자 하였던 서재필은, 미국식 민주주의를 직접 겪은 후에는 교육과 계몽을 통해서 인민 대중을 변화시키지 않고서는 정치개혁이 가능하지 않다는 점을 깨달았다. 서구의 민주주의는 그 제도를 스스로 움직여야 하는 다수 인민들이 중세의 노비의식과 사대주의 사상에 머물러 있는 한 제대로 운영될 수 없기 때문이다.

서재필을 중심으로 하는 개혁가들의 주장에는 18세기 서구 계몽주의와 자유주의 정치사상의 영향이 짙게 배어 있다. 이들은 인간 이성에 대한 신뢰를 기초로 하여, 비판적·반성적 사유를 통해서 수백년간 켜켜이 쌓인 조선왕조의 구제도, 유학사상, 전통, 관습을 낡고 불합리한 것으로 규정하고 서구식 합리주의가 지배하는 사회로 한국을 변화시키려고 하였다. 서구 계몽주의 사상가들이 인간은 모두 흰 종이 상태(tabula rasa)로 태어나고 사회적 관계에서 인격을 형성하기 때문에, 사회관계를 합리화하면 인간 본성을 훌륭하게 가꾸어 나갈 수 있다고 믿었듯이,[1] 한국의 개혁가들도 교육과 계몽을 통해서 인민들을 변화시키고 더 나아가 조선왕조의 특권적 신분제도,

---

1) 서울대학교 역사학연구소, 『역사용어사전』, 서울대학교 출판문화원, 2015.

전근대적 속박, 반인권적 관행을 혁파하여 개인의 자유와 권리를 최고의
가치로 두는 평등한 정치사회로 나아갈 수 있다고 믿었다. 이들은 천부인
권 사상, 자연법 사상, 사회계약설, 사회진화론, 법치주의에 기초하여 새로
운 인간관·사회관·국가관·세계관을 전파하였다.

　인민들의 정치의식을 성장시키기 위해서, 서재필은 1896년 4월 7일에 한
글 전용의 『독립신문』을 발행하여 다수 대중들을 계몽하는데 주력하였다.
이제, 한글 신문은 소수 특권층의 낡은 주장과 사상을 일방적으로 전파하
던 한문 권력을 넘어서서 새로운 사상을 소개하고 인민들을 조직하는 대안
권력으로 성장할 수 있었다. 한글 신문의 배포망을 중심으로 양반관료들의
지식독점이 깨져 버렸다. 일반 인민들도 세계의 지식과 정보에 정확하고
빠르게 접할 수 있게 되면서 주체적으로 국가와 세계를 사유할 수 있는 객
관적 조건이 마련되었다.

　한국 최초의 자유주의 시민운동 단체인 독립협회(1896.7.2.~1898.12.25)는
강연회, 토론회, 독서회 등을 개최하고 대중적 시민운동을 전개하였다. 강
연은 탁월한 연설가였던 서재필이 주로 담당하였는데, 그는 미국 독립선언
서에서 발췌한 '인간의 권리와 의무', '정부의 기원과 본질' 등을 중심으로
민주주의 이념을 인민들에게 전파하였다. 이 외에도 제퍼슨, 로크, 루소, 몽
테스키외 등과 같은 서구 정치사상가의 사상을 알기 쉽게 소개하였다.2) 각
종 연설과 강연회에서 서재필은 개인의 자유와 권리를 보장하는 정치제도
를 도입하는 것이 곧 나라를 발전시키고 자주독립도 달성하는 지름길이라
고 주장하였다. 독립협회는 인민의 계몽에 그치지 아니하고 공공의 여론을

---

2) 국사편찬위원회, 『한국사(41)』, 2003, 308쪽.; 신용하, 『신판 독립협회 연구(상)』, 일
　조각, 2006, 224-225쪽.; 「法學에 各派」 『대조선독립협회회보』 제2호, 1896년 12월
　15일. 1896년 독립협회에서 발행한 회보에서는 루소, 몽테스키외, 아렌스, 칸트, 오
　스진 등을 소개하고 있다.

국가 정책에 반영하는 파이프라인 역할을 자임하였다.

1890년대의 한성은 계몽주의자들이 자유주의적 시민운동을 전개할 수 있는 토대가 형성되고 있었다. 이 무렵부터 한성을 중심으로 이른바 자유와 권리를 자각한 '계몽 인민3)'들이 조금씩 형성되었다. 배재학당·이화학당·정신여학교 등 서양인 선교사들이 설립한 미션스쿨의 학생들, 정부에서 설립한 각종의 관립학교 학생들, 각 지방의 유지들이 설립한 사립학교의 학생들, 일본에서 유학하고 돌아온 유학생들, 그리고 중국의 캉유웨이, 량치차오, 옌푸4) 등의 저술을 공부하면서 새로운 사상을 접하였던 개신 유학자들이 '계몽 인민'의 중핵을 구성하였다.5)

---

3) '계몽 인민'은 송호근 교수의 '문해 인민', '자각 인민' 등의 개념을 참고하여 저자가 새롭게 만든 용어이다. 송호근 교수에 따르면, 15세기부터 훈민정음 창제를 계기로 한글을 습득하여 사회와 세계를 이해하기 시작한 '문해 인민'이 출현하였고, 19세기 유교가 지배담론으로서의 지위가 약화되면서 본격적으로 형성되었다. '문해 인민'들은 동학사상을 만나 주체의식을 형성하고 존재론적 자각을 획득하면서 '자각 인민'으로 진화하였고 이들이 평민 공론장을 형성하였다는 것이다. 이 책에서 '계몽 인민'은 전통 유학의 수직적 차별적 인간관에서 벗어나서 자유와 권리를 평등하게 가진 개인으로 인간을 이해하면서 새로운 사회와 국가 창설을 위해 노력하였던 사람들로 규정한다. 이른바 '계몽 인민'은 독립협회 운동에 적극 참여하였고 1900년대 접어들면서 헌정연구회, 대한자강회, 대한협회, 신민회 등에서 활약하였다.

4) 옌푸는 복주선정학당을 졸업하고 영국 유학을 떠난 최초의 중국인이다. 그는 영국 해군학교 유학시의 동창들이 청일전쟁에서 전원 수몰되는 충격을 바탕으로 강렬한 망국의 위기의식에서 민도론(民度論)을 전개하고 유교사상을 날카롭게 비판했다. 그는 패전의 원인을 "중국의 民度 즉 民力, 民智, 民德의 부족"에서 찾았고 중국의 민도가 쇠한 원인이 유교에 있다고 보았기 때문에, 중국이 부강으로 나아가는 진화의 도상에서 최대의 적은 서양 열강의 침략이 아니라 유교의 가르침이라고 주장하였다. 신우철, 「근대 입헌주의 성립사 연구-청말 입헌운동을 중심으로」『법사학연구』 35, 2007, 276쪽.

5) 이후에도 사립학교들은 계속 증가하여, 1907년에서 1909년 사이에 전국 각지에 무려 3,000여교의 학교가 설립되었다. 1908년말 현재 전국의 학교 총수는 약 5,500교

　이들은 기성의 권위와 전통에 맹목적으로 복종하는 것이 아니라 비판적 사유와 검증을 선언하였다. 그리고 인민들을 억누르며 불행하게 만드는 각종의 차별, 특권, 편견, 압제를 정당화하는 기존 제도를 회의(懷疑)하였다. 이에 따라서 국왕과 국가도 하늘에 의해 선험적으로 주어진 것이 아니라 어떤 특수한 목적과 의도에 의해서 형성된 인위적 정치체로 이해하기 시작하였다. 이러한 국가관은 인민들로 하여금 개인의 자유의지에 따라서 정치체제의 변경이 가능하고 국가의 정책도 바꿀 수 있다는 희망을 갖게 만들었다. 더 나아가 한성부 인민들은 바람직한 국가는 개인의 자유, 생명, 신체, 재산을 보호하여야 하고, 개인 상호간의 평등을 증진시키는 역할에 충실해야 한다고 주장하였다.

　인간, 사회, 국가에 대한 새로운 이해는 '현실'의 대한제국을 비판적으로 사유하게 만들었다. 대한제국의 관리들은 인민의 정당한 재산, 권리, 생명, 건강을 사법권과 징세권을 가지고 심각할 정도로 침해하였기 때문이다. 특히, 아관파천 이후 나라의 각종 이권을 외국에 빼앗기고 국권 침탈에 대한 위기감이 고조되고 있는 상황에서 한국정부는 독립과 부강을 위한 적절한 대책을 세우지도 못하였다. 독립협회는 관리들 사이에서 널리 퍼져 있던 낡은 왕조의식, 사대주의 그리고 특권의식의 청산을 위해 치열하게 투쟁하였다. 이들은 인간, 사회, 국가에 대한 새로운 이해를 바탕으로, 정치의 주체로서 인민을 승인할 것, 국왕에게 집중된 통치 권력을 분할할 것, 분할된 권력에 인민들이 참여할 수 있도록 민주적 정치제도를 도입할 것 등을 주장하였다.

　1898년 한성부 인민들이 조직한 만민공동회, 관민공동회 등의 반정부 투

　였고, 이 중 사립학교는 약 3,000교였으며 당시 학생 총수는 약 20여만명에 달하였다. 유영렬, 『한국근대사의 탐구』, 경인문화사, 2006, 363쪽.

쟁은 경제적 고통을 감내하지 못해서가 아니라 대한제국의 불공정과 부정
의(injustice)를 참지 못해서 일으킨 것이다. 독립협회는 인민의 기본권 보
장, 법치주의의 실현, 폭력을 배제한 개혁, 형벌의 부과는 법률에 의해야
한다는 죄형법정주의, 모든 국민은 권력, 지위, 재산, 지식을 막론하고 법
앞에 평등하다는 주장을 펼쳤다. 그리고 신분의 차별이 없이 실용 학문을
가르쳐야 한다는 교육의 기회 균등을 주장했으며 양반과 상민의 차별없이
실력과 능력에 따라서 공직을 분담해야 한다는 공무담당의 균등도 주장하
였다.6) 한성에서는 자유주의 정치사상의 영향을 받은 이른바 '계몽 인민'
들이 고종과 권력자들의 부정의한 통치를 부정하고 새로운 정의의 원칙을
수립하고자 하였다. 조선왕조 하에서의 정치는 지배층 내부의 투쟁이었다.
그러나 이제는 민중도 정치에 참여하는 인민주권의 시대가 도래한 것이다.

2) 한국 내셔널리즘의 형성

한국의 자유주의 개혁가들은 인간은 누구나 자유롭고 평등하게 태어났
다는 천부인권론을 기반으로 하여 전통 유학의 도덕 윤리인 삼강오륜이 정
당화하고 있던 인간에 대한 차별을 근본적으로 부정하고 남녀노소, 신분,
권력, 재산을 불문하고 모두 똑같은 권리가 있다는 평등사상을 전파하였
다. 서구 자유주의 정치사상에 따르면, 인간은 자유롭고 평등한 주체이며
'정치사회'의 성립 이전부터 자연적 권리를 지닌 존재로 이해된다. 설령,
개인들이 신체, 지성, 재능 등 자연적 능력에서 차이가 있더라도 이들의 도
덕적 지위는 평등하며, 능력의 사소한 차이가 타인을 지배하고 종속시키는
권리를 정당화하는 것은 아니다.7) '자연상태'에서의 인간은 어느 누구도

---

6) 『독립신문』, 1896년 12월 22일.
7) 폴 켈리, 『로크의 통치론 입문』, 서광사, 2018, 12쪽.

다른 사람의 생명, 건강, 자유, 소유물에 위해를 가해서는 안된다는 자연법의 지배를 받고 있다고 이해된다.[8] 요컨대, 인간은 태어날 때부터 하늘로부터 부여받은 자유권, 생명권, 재산권 등의 자연권이 있으며,[9] 이 권리들은 절대로 손상해서는 안된다는 의무 규칙이 존재한다.[10]

더 나아가, 국가는 자유롭고 평등한 인민 상호 간의 자율적 계약에 의해서 성립하며 국가는 인민의 기본권을 보장하는 방향으로 운영되어야 한다고 주장하였다. 임술민란의 농민들(1862)과 동학농민군(1894)들은 지방관에 의한 불법적 수탈을 중단하고 불공정한 조세 부과를 교정해 줄 것을 통치자들에게 호소하였으나, 자유주의 개혁가들은 이 같은 온건한 주장을 넘어서 한국이 진보하고 발전하기 위해서는 인민이 정치의 주체가 되어야 한다고 주장하였다. 정치는 소수의 세습적 특권층이 독점하는 것이 아니며 통치권은 인민으로부터 근원한다는 점을 명백히 주장하였다. 『독립신문』에는 자연권, 천부인권, 자유와 권리의 보장, 법치주의, 제한정부론 등으로 나타났다.

서구의 자유주의 정치사상은 한국의 젊고 애국적인 개혁가들을 사로잡았다. 1880~90년대 한국의 개혁가들은 높은 신분과 권력을 가진 기득권층의 자제들이 다수였으나 새로운 사상은 그들로 하여금 기득권을 과감히 포기하고 '조국애' 혹은 '애국'이라는 새로운 덕성을 발견하도록 이끌었다.

---

8) 폴 켈리, 『로크의 통치론 입문』, 서광사, 2018, 64-65쪽. "여기에서 말하는 자연 상태는 만인에 대한 만인의 전쟁 상태가 아니라 법의 지배를 받는 상태"이며 법은 의무와 권리의 근원이다.

9) 브리태니커 편찬위원회, 『근대의 탄생』, 아고라, 2017, 231쪽.; 폴 켈리, 『로크의 통치론 입문』, 서광사, 2018, 77쪽.

10) 박성호, 「로크의 정치철학」 『철학논총』 74, 2013. 로크는 "자연상태에서 인간은 모두 평등하고 독립된 존재이므로 어느 누구도 다른 사람의 생명, 건강, 또는 소유물에 위해를 가해서는 안된다는 자연법이 지배하고 있다."고 보았다.

이들은 '충군(忠君)'이라는 중세적 도덕 감정의 너머에 있는 '조국'이라는 새로운 정치결사체를 발견하였으며 인민들에게 '충(忠)'의 덕목 대신에 '애국심'을 계몽(啓蒙)하고 싶어 하였다.[11] 독립협회가 강령으로 내건 '충군'과 '애국'은 국왕 혹은 국가에 대한 맹목적 복종을 뛰어 넘어서, 자유롭고 평등한 정치공동체를 지향하는 인민들의 집단 감정으로 발전하였다. 윤치호는 '충(忠)'과 '애국'을 다음과 같이 설명한 바가 있다.

제 정신 박힌 애국심은 조선의 관료들에게는 익숙하지 않은 자질인 것 같다. 유학자들 사이에서는 국왕에 대한 충성심이 효도에 버금가는 덕이다. 그러나 대부분의 조선 관료들이 지니고 있는 가장 높은 충성심은 그들의 군주가 위험에 처하게 될 때 그들 스스로 목을 매거나 물에 빠져 죽는 것이다.[12]

유학자들이 가지고 있는 충성심은 군주가 위험에 처했을 때 스스로 목을 매거나 물에 빠져 죽는 것으로 나타나는, 개인과 개인 상호 간의 신의(信義)에 해당하는 사적 덕목이다. 임진왜란이나 병자호란 등 왕조의 위기에 전국적으로 거병한 의병도 위험에 빠진 국왕과 종묘사직을 구원하기 위한 충성심의 발로라는 점에서 개인의 자결(自決) 행위와 근본적으로 다르지 않다. 조선왕조와 중화사상(中華思想)을 지킬 것을 목표로 등장한 개항

11) 『독립신문』에서는 고종을 어버이로, 백성을 적자(赤子)로 규정하기도 하였다. 그러나 그 역할은 단순히 백성에게 어버이로서의 자애를 베푸는데 그치는 것이 아니라 갑오개혁과 같은 정치개혁을 단행해서 실질적인 위민 정책을 실시하고 백성들의 조언에 귀를 귀울여 따를 것을 권하였다. 김성혜, 「독립신문에 드러난 군주의 표상과 고종의 실체」, 『대동문화연구』 78, 2012, 181-182쪽.

12) 박정신 이민원 편역, 『국역 윤치호영문일기(2)』, 국사편찬위원회, 2014, 366쪽.(1894년 9월 18일 양력).

전후의 위정척사 사상도 서양과 일본에 대해서 매우 배타적인 자주의식을 드러냈으나 이 사상을 내셔널리즘으로 규정할 수는 없다. 이 사상에 따라서 전개된 반외세 투쟁이 1876년 개항 반대 운동, 1881년 개화시책 반대 운동, 1895년 반일 의병운동, 1905~1908년의 의병전쟁 등이었다. 그러나 이 운동을 주도한 위정척사파 유생들이 지키려고 한 세계는 중화(中華)와 소화(小華)를 포괄하는 화(華)의 세계였을 뿐, 근대 민족을 단위로 하는 한국 사회는 아니기 때문이다.13) 유학자들의 사고 속에서는 '한국 주민 집단'이라는 정치 단위는 존재하지 않으며, 평등한 개인들로 구성된 공동체에 대한 사랑이나 귀속 의식도 존재하지 않았다.14) 윤치호가 애국심이 조선의 관료들에게는 낯선 감정이라고 말한 이유이다.15)

개혁가들에게 있어서 애국은 낡은 왕정체제와 차별적 신분제도를 부정하고 평등한 자유인들의 공동체, 즉 개혁정부를 지향하는 정치적이고 공익적 신념의 표현이다. 몽테스키외가 국가에 대한 사랑은 민주정체에 대한 사랑이고 민주정체에 대한 사랑은 평등에 대한 사랑이라고 규정하였듯이,16) 개혁가들이 추구하였던 애국은 자유인임을 스스로 자각한 개인들이 민주적이고 독립적인 정치결사체를 구성하고 보호하기 위하여 투쟁하는 열정이었다.17) 이 같은 인식의 연장선에서 한말 장지연은 "국민의 애국사

---

13) 정창렬, 「개화사의 반성과 정향」『정창렬 저작집 Ⅲ』, 선인, 2014, 38쪽.

14) 신채호는 군주나 황실을 위해 헌신한 사람은 충신이 될 수 없으며, 민족과 국가를 위한 희생이라야 眞忠 大忠이라고 말할 수 있다고 규정하였다. 박정심, 「신채호의 근대적 도덕에 관한 연구」『동양철학연구』 87, 2016, 108쪽.

15) 1908년 국망의 위기 앞에서 의병을 일으키고 서울진공작전을 추진하던 와중에 이인영 총대장이 부친상(父親喪)을 당하자 13도 창의대장에서 물러나서 문경의 본가로 낙향한 사건은 유학자들의 윤리규범을 이해할 수 있게 해준다.

16) 몽테스키외, 하재홍 옮김, 『법의 정신』, 동서문화사, 2007, 66쪽.

17) 이승만도 새로운 시각에서 '忠'을 해석하였다. 1904년도 저술한 책에서 이승만은

상은 독립협회로부터 비로소 발현”되었다고 주장하였다.[18] 윤효정도 ‘애국 정신’을 ‘국민의 정치적 사상’이라고 명확히 규정한 바가 있다.[19] 한말 지식인들이 독립협회에서 비로소 발현되었다고 믿은 ‘애국정신’은, 주권자로서 자각한 ‘국민[20]’과 그 국민들이 자신의 정부(국민의 정부=민주정부)를 수립하기 위하여 투쟁하는 ‘정치 사상’의 결합물이다. 따라서 애국심과 충성은 국왕에게 바쳐야 하는게 아니라 자유롭고 평등한 정치공동체로서의 한국 민족에게 바쳐져야 하는 것이었다.

한말 지식인들이 인민들에게 호소하였던 ‘애국심’은 차별적 신분관계에 묶여 있는 예속민과 그 예속민을 지배하는 특권층 간에는 쉽게 공유할 수 없는 감정이다. 윤효정이 ‘전제정치는 국가조직의 원리상 군민동체, 상하일치의 큰 정신을 진작시키지 못하고 강건하고 불굴의 애국심을 발생시키지 못하는 근본적인 한계가 있다’고 언급한 이유이다.[21] 특정 물건에 대한 강렬한 애정과 소유욕은 그 물건이 다른 사람의 것이 아니라 바로 나의 것

“우리나라 사람들은 임금의 뜻에 무조건 손종하는 것을 참된 충성이라고 생각”한 다고 비판하면서 “충성된 신하는 임금의 겉모습을 섬기지 아니하고 뜻으로 섬긴다. 왕명을 거역해서라도 백성을 행복하게 하고 나라를 태평하게 하면 자연히 임금도 편안하게 된다. 이것이 올바른 신하의 도리이다.”라고 표현한 바가 있다. 이승만이 서구 문명국의 임금이 존경받고 환영받는 이유는 “신하들이 참된 충성의 근본을 알고, 제대로 된 정치제도를 만들어 놓았기 때문”이라고 평가하였다. 이승만,『독립정신』, 동서문화사, 2010, 40-43쪽.

18) 장지연,「過去의 狀況」『대한자강회월보』제11호, 1907.

19) 윤효정,「國民의 政治思想」『대한자강회월보』제6호, 1906.

20) ‘국민’이라는 용어는 1900년 전후에 간혹 등장하다가 1905년을 거치면서 각종 언론과 저작물에서 보편화, 일반화되었다. 그 이전까지는 인민, 민인, 민, 신민, 백성 등이 주로 사용되었으나 1905년 국권 침탈을 전후하여 국민 혹은 민족이라는 용어가 새로운 의미를 지니게 되었다. 이 때의 국민 혹은 민족은 서구의 nation의 번역어 혹은 독일어의 Volk에 해당하는 단어였다. 박찬승,『민족·민족주의』, 소화, 2016.

21) 윤효정,「專制國民은 無愛國思想論」『대한자강회월보』제5호, 1906.

일 때 생기듯이, 애국심도 국가를 자신의 것임을 자각할 때 생긴다는 논리였다.

> 국민 전체가 이 일대정신(一大精神, 애국심)을 발휘하도록 하려면 다른 방법이 없다. 오직 법제를 확립하고 민권을 공고히 하여 (국민의) 생명, 재산을 안전히 하며, 자치제를 실시하고 선거법을 채용하여 점차 국정 참여의 권리를 부여하면, 군주와 인민이 함께 다스리고 온 나라가 일치하여 국민들이 국사(國事)를 자기 집안의 일처럼 여길 것이다.[22]

윤효정에 따르면, '완전한 정치적 사상을 가진 국민(nation)'이 되려면 국적·영토·언어·인종·종교·습관이 같아야 하지만[23] 그러한 객관적 조건들이 모두 충족되어도 내셔널리즘(애국심, 민족주의, 국민사상, 국가사상, 국가정신 등)이 저절로 생기는 것은 아니다. 내셔널리즘은 누군가에 의해서, 특정한 목적을 가지고, 인위적으로 고취된 집단적 심리상태이다. 따라서 국민들에게 애국심을 불어 넣기 위해서는, 법제를 확립하여야 하고 국민의 자유·권리·재산을 보호하여야 하며 특히 선거법을 시행하여 국민들에게 참정의 권리를 부여하여야 한다고 주장하였다. 그는 일본이 청일전쟁과 러일전쟁에서 승리할 수 있었던 원인에 대해서도 "일본은 입헌정치를 시행하여 임금과 인민이 일체가 되고 상하일치에서 나온 애국심, 즉 소위 국민적 사상이 발휘된 일대 정신이 효력을 나타낸 것이다."라고 주장하였다.[24] 한말의 대표적인 민족주의자 신채호조차도 "국민의 권리가 보장되는 국가에 대하여 발휘하는 충성만이 진실한 애국주의"라고 주장한 이유이다.[25]

---

22) 윤효정, 「國家的 精神을 不可不發揮」 『대한자강회월보』 제8호, 1907.
23) 윤효정, 「國民의 政治思想」 『대한자강회월보』 제6호, 1906.
24) 윤효정, 「專制國民은 無愛國思想論」 『대한자강회월보』 제5호, 1906.
25) 신채호, 「역사와 애국심과의 관계」(안병직, 「단재 신채호의 민족주의」 『한국의 역

한국에서 내셔널리즘이 형성되는데는 중국과 일본으로부터의 영향이 매우 컸다. 한국의 개신 유학자들에게 절대적 영향력을 행사한 량치차오가 "애국은 반드시 민권을 일으키는 일에서부터 시작해야 한다."고 주장하였듯이,26) 한국의 개혁가들도 한반도의 거주민들이 자신과 그 이웃을 국민(nation)으로 자각하고 애국심을 불러일으키게 하려면 개인의 자유와 권리를 보장하는 민주 정체를 속히 도입해야 한다고 믿었다. 한국의 개혁가들은 대한제국 인민들에게는 찾기 힘들었던 내셔널리즘의 감정을 만들어내기 위하여 필사적으로 노력하였다. 내셔널리즘이 없이는 외세의 침략에 맞설 수 있는 주체[민족, 국민]를 집단적으로 형성할 수 없고 또 대한제국을 대체하는 새로운 국민국가를 수립할 수도 없기 때문이었다.

따라서 헌정연구회, 대한자강회, 대한협회 계열의 지식인들은 민권옹호와 입헌정체 수립만이 애국심을 고양시킬 수 있는 지름길이라고 주장하였다. 예컨대, 김성희는 애국심은 민족의 강권(强權)에서 만들어지고, 강권은 그 나라의 정체(政體)에서 기인하므로27) 나라를 위하는 길은 토시의 그기, 인구의 많음, 군대의 강약, 재곡(財穀)의 다소로 말할 수 없고, 오직 헌정기관이 완비되어야 밖으로 국가의 주권이 다른 나라와 견주어 뒤떨어지지 않을 것이라고 주장하였던 것이다.28) 한국의 개혁가들에게 있어서 조국은 초역사적인 국가라기보다는 자유롭고 평등한 개인들이 주권자로서 참여하는 미래의 입헌국가를 의미하였다. 한국에서는 '외세의 침략'과 '민주정치 이

사인식 下』, 465쪽, 재인용)

26) 량치차오, 「애국론」 『청의보』(이혜경, 『천하관과 근대화론 : 양계초를 중심으로』, 문학과지성사, 2002, 207쪽.)

27) 김성희, 「民族國家說」 『夜雷』 2.(김도형, 『대한제국기 정치사상 연구』, 지식산업사, 1994, 97쪽.)

28) 김성희, 「國家意義(續)」 『대한자강회월보』 13.

넘'이 오랫동안 잠들어 있었던 내셔널리즘을 깨운 결정적인 계기였다. 요 컨대, 내셔널리즘과 내이션은 근대 국민국가 수립이라는 정치적 요구에 편 승하여 나타난 역사적 현상이다.[29]

2. 법·권리의 새로운 이해

　1896년 『독립신문』의 발행과 독립협회의 창설은 한국 내셔널리즘의 역 사에서 중요한 의미를 갖는다. 한문과 유학사상만으로 세계를 사고하던 양 반에 대항하여 한글과 천부인권·인민주권 사상으로 무장한 국민을 형성할 수 있는 계기가 마련되었기 때문이다. 한국의 개혁가들은 서구 정치사상가 들과 마찬가지로 모든 인간은 평등하고 자유로운 존재로 이 세상에 태어났 다는 인간관을 적극적으로 전파하였다. 인간을 이해하는 관점을 바꾸지 않 고서는 새로운 국가와 사회를 건립할 수 없으며, 새로운 국가를 만들지 못하면 그 구성원들로부터 애국심을 이끌어 낼 수 없기 때문이다. 그들은 『독립신문』을 통해서, "인민들에게는 하나님께서 부여하신 권리가 있으며 그 권리는 아무도 빼앗지 못한다.", "천생 권리와 사람마다 가진 자유권", "사람이 사람된 권리를 빼앗지 않고 사람을 동등으로 대접하자"는 등의 천 부인권 사상을 소개하였다.[30] 『제국신문』도 "사람은 각기 하늘이 주신 자

---

29) 신채호, 박은식, 주시경 등도 입헌정체 수립을 전제하면서, 한 번도 본적도 없고 사 상의 교류도 없었던 원격지의 한국인들이 서로를 동류(同類), 동족(同族), 동포(同 胞), 동배(同輩)로 묶을 수 있는 접착제 역할을 공통의 역사, 언어, 혈연, 전통, 문화, 습관 등이 수행할 수 있다고 믿었다. 이들은 깊이 잠들어 있는 '한국인의 정신'을 한국사와 한글에서 발견한 것이다.

30) 「나라이 진보 되야 가는지 안 가는지 첫지 보이는거슨 그」, 『독립신문』, 1897년 3 월 9일.; 「나라에 법률과 규칙과 쟝정을 믄든 본의는 첫지는 사름의」, 『독립신문』, 1897년 3월 18일.; 「나라 마다 승벽 잇는 쟉란들이 잇서」, 『독립신문』, 1897년 2월

유와 권리를 가지고 탄생"하였으며,[31] "자유의 권리는 하나님께서 똑같이 주신 것"이라고 주장하였다.[32] 특히, "개명한 지방에서는 목숨보다 더 중히 여기는 것은 자유권이며, 하늘이 사람을 내실 때에 각기 평등권을 부여하였다."고 주장하였다.[33] 이제, 인민은 하늘이 똑같이 나누어 주신 능력에 따라서 행동하는 개별적 존재로 이해된다.

> 一人은 一人之權이 有ᄒ고 一國은 一國之權이 有ᄒᄂ니 만일 一國이 一國之權을 自主치 못ᄒ즉 萬國이 國으로 同稱ᄒ지 아니ᄒ고 一人이 一人之權을 自由치 못ᄒ즉 世人이 人으로 待遇ᄒ지 아니ᄒᄂ지라 (중략) 夫自由權이란 者ᄂ 上天이 均賦ᄒ시고 人人이 共得ᄒᆫ비라 人의 權를 奪ᄒᄂ 者ᄂ 天을 逆홈이오 其權를 人에게 讓ᄒᄂ 者ᄂ 天을 忘홈이니 實로 大戒愼大恐懼홀 비로다.[34]

개혁가들은 이른바 '천생권(天生權)'을 자유권, 생명권, 재산권으로 규정하고 이 권리들은 양도 불가능한 절대적 권리에 속하므로, 정부조차도 침해할 수 없다는 새로운 주장을 전개하였다. 이 같은 자연권 사상, 천부인권 사상은 대한제국의 정치와 실정법을 비판하고 개혁하는 강력한 이론적 무기였다. 조선왕조의 낡고 특권적인 양반신분제도와 성리학의 차별적 명분

20일.;「제손씨편지(전호련속)」『독립신문』, 1898년 11월 17일.;「엇던 유 지각ᄒ 친구가 이 론셜을 지여」『독립신문』, 1897년 10월 16일.

31)「므릇 세샹에 사름으로 탄싱ᄒ엿스면 다」『제국신문』, 1900년 8월 1일.;「민권이 즉 국권이라 ᄒᄂ말이 춤 학문」『제국신문』, 1898년 10월 6일.

32)「인싱이 금슈만 못홈」『제국신문』, 1902년 12월 17일.

33)「ᄌ유 권리의 일흔 근원」『제국신문』, 1902년 8월 2일.;「법률쟝뎡을 마련ᄒ야ᄂ 기가 어려온것이」『제국신문』, 1903년 11월 20일.

34)「一人은 一人之權이 有ᄒ고 一國은 一國之權이 有ᄒᄂ니」『황성신문』, 1899년 2월 17일.

론(名分論)을 부정하고 양반 관료들의 재산 수탈과 비인도적 관행을 거부할 수 있는 사상을 가지게 된 것이다. 이는 『독립신문』에 "조선 인민의 목숨과 재산과 자유권과 조선 정부의 지체와 명예와 영광과 위엄이 세계에 빛나고 튼튼하게 보존하기를 죽는 날까지라도 보존"해야 한다는 주장으로 나타났다.35) 이 같은 주장은 여전히 유학사상이 지배하고 있던 당시로서는 매우 혁명적인 사상이었다.

> 나라가 진보되어 가는지 안 가는지 첫째 보이는 것은 그 나라 사람들이 자기들의 백성된 권리를 찾으려고 하는 것이라. 우리가 백성이라고 말 하는 것은 다만 벼슬 아니하는 사람만 가지고 말하는 것이 아니라 누구든지 그 나라에 사는 사람은 모두 그 나라 백성이라. 백성 마다 얼마큼 하나님이 주신 권리가 있는데 그 권리는 아무라도 뺏지 못 하는 권리요. 그 권리를 가지고 백성이 백성 노릇을 잘 하여야 그 나라 임금의 권리가 높아지고 전국 지체가 높아지는 법이라. 조선 백성들은 몇 백 년을 자기 나라 사람들에게 압제를 받아 백성의 권리라 하는 것은 당초에 다 잊어 버렸고 또 무슨 뜻인지도 모르는지라. 그런고로 나라 지체가 나자저 오늘날 외국에 견모를 하고 수치를 받으며 이렇게 망신을 하면서도 분해하는 사람들도 없는지라.36)

서구의 천부인권 사상에서의 인간은, 전통 유학에서 말하는 바의 성인 군자의 보살핌과 도덕적 교화가 필요한 불완전한 존재로서의 갓난아이[赤子]가 아니다.37) 조선의 유학자들은 넓은 의미에서 민을 인간 그 자체로 이

---

35) 「죠선 인민이 독립이란 거시 무어신지 모로더니 근일에」, 『독립신문』, 1897년 1월 19일.
36) 「나라이 진보 되야 가는지 안 가는지 첫직 보이는거슨 그」, 『독립신문』, 1897년 3월 9일.
37) '赤子入井'이라는 표현은 인간의 본성인 측은지심을 설명하기 위해 맹자가 들었던

해하였다. 태조의 즉위 교서에 '천생증민(天生烝民)'이라는 용어가 나오는
데 이 표현은《시경》증민편(烝民篇)에서 인용한 것으로 민의 출생이 천(天)
에서 기인하였다는 유교의 오랜 관념을 그대로 반영한 것이다. 다만, 천
(天)에 의해 출생한 모든 사람을 의미하는 민은 관념적으로만 사용되었을
뿐, 현실적으로 조선시대 민본사상에서의 민은 이미 특정 위치에 있는 인
간, 즉 관료층을 제외한 양인을 의미하였다. 민 가운데 절대 다수는 양인이
었고 또 그 중 대부분은 농업에 종사하였지만 원칙적으로 여기에는 양인이
든 천인이든 농민이든 상인이든 관계없었고 또는 무슨 역(役)에 종사하는
지도 문제가 되지 않았다. 민은 단지 관료에 의해 통치되는 대상으로만 인
식된 존재였다.[38]

　　이에 반해서, 조선시대 사대부[관료]는 이치를 아는 '식리(識理)'의 존재
로 파악되었다. 여기에서의 '식리(識理)'는 유교에서 말하는 '천리(天理)' 또
는 '도리(道理)'를 깨우쳐 안다는 의미이다. 그러나 민은 이를 모르기 때문
에 무지지민(無知之民) 혹은 우민(愚民)으로 표현되었다. 관료와 민의 차이
는 유교적 이치의 당연함을 아는지의 여부에 있었다. 민은 무지한 존재일
뿐만 아니라 인욕(人欲)을 억제하지 못하고 욕망에 따라서만 행동하는 존
재이다. 민이 유교적 덕목과 사리에 따라서 자신의 욕망을 자제할 수 있는
능력이 없다는 것은 도덕적 능력이 열등함을 의미한다. 관료층이 민의 도
덕적 능력을 부정적으로 인식했다는 사실은 정치사상에서 매우 중요한 의

　　비유였다. 벌거벗은 어린아이가 위험한 줄도 모르고 깊은 우물에 들어가는 것을 보
　　는 순간 사람이라면 측은지심이 발동하여 아이를 구하게 된다는 비유의 차용을 통
　　해서, 군은 인간의 본성대로 실천하는 군자로 표방되지만 민은 사물을 분간하지 못
　　하는 피동적 존재로 이해하게 한다. 김윤희, 「근대 국가구성원으로서의 인민 개념
　　형성(1876~1894)」『역사문제연구』 21, 2009, 299쪽.
38) 이석규, 「조선초기 관인층의 민에 대한 인식」『역사학보』 151, 1996, 39-40쪽. 47쪽.

미를 지닌다. 왜냐하면 그것은 바로 관료층이 민을 통제, 지배, 강제할 수 있는 명분론의 근거가 되기 때문이다. 한마디로 민은 관료층에 의해 지배될 수밖에 없는 타율적 존재였던 것이다. 국가를 유지하기 위해서는 민의 욕망을 억제해야 하는데 민은 도덕적 능력이 하열(下劣)하여 스스로 이를 자제할 수 없으므로 관료층이 명분을 통해 민의 욕망을 억제시켜야 한다는 것이다.39)

율곡 이이는 임금은 부모, 신하는 맏아들, 백성은 보살핌을 받아야 하는 자식으로 비유했다. 따라서 인민은 통치권력에 의해서 피조되는 대상 또는 통치 권력을 정당화할 때 필요한 객체에 불과하였다. 그리고 군주의 통치권은 인민으로부터 오는게 아니라 하늘로부터 부여받은 선천(先天)의 것이다. 만약 위민과 애민을 통해서 통치의 정당성과 군주의 도덕성이 보장된다면 인민은 군주의 통치에 저항할 수 없다.40) 서구 자유주의 정치사상을 비판한 유인석의 글을 통해서 자유와 평등에 대한 유학자들의 이해를 알 수 있다.

저들은 平等과 自由를 주장한다. 君臣이 평등하고, 父子가 평등하고, 夫婦도 평등하다는 것이니, 古今天下에 어찌 이러한 이치가 있겠는가? 천지만물은 본래 '존비의 구별'과 '대소의 나뉨'이 있으니, 어찌 평등할 수 있겠는가? 臣이 君으로부터 자유롭고, 자식이 부모로부터 자유롭고, 아내가 남편으로부터 자유롭다는 것이니, 고금천하에 어찌 이러한 일이 있겠는가? 천지만물은 본래 '서로 제어하는 의리'와 '서로 필요로 하는 도리'가 있으니, 어찌 자유로울 수 있겠는가? 평등을 추구하면 질서가 없게 되고 자유를 추구하면 禮讓이 없게 된다. 질서가 없고 禮讓이 없으면, 사람들은 혼란과 싸움에 빠지게 되고, 거리낌없는 방종에 빠지게 되니, 말하자

---

39) 이석규, 「조선초기 관인층의 민에 대한 인식」, 『역사학보』 151, 1996, 53-56쪽.
40) 송호근, 『인민의 탄생』, 민음사, 2011, 49쪽.

면 '極惡'한 것이다.[41]

위 인용문에서 알 수 있듯이, 전통 유학에서 예(禮)라는 것은 본디 상하(上下)의 차례를 나누고 윗사람과 타인을 공경하는데 있으니, 지위·나이·명망 등으로 끊임없이 나눔으로써 공동체의 질서를 확보하고자 한다.[42] 전통 사상에서는 평등하고 주체적인 개인은 존재하지 않는다. 각자의 분수와 명분에 따른 계서적이고 차별적인 인간들로 구성되어 있다.

왕과 양반관료들이 가지고 있었던 적자(赤子)로서의 인민은 1894년 갑오개혁 이후에 '통치객체로서의 인민(subject)'에서 '자유와 권리를 갖춘 인민(people)'으로 서서히 전환되기 시작한다.[43] 조선에서 교화와 통치의 대상이었던 인민이 그 중세적 억압을 벗어던지고 권리 의무의 주체인 '개인'으로 인식되기 시작하였다.[44] 새로운 인간관은 신분적 예속관계로 묶여 있으며 도덕적으로도 결함이 있는 불완전한 존재로서 인간을 이해하는 것이 아니라, 모든 개인을 온전한 인격의 보유자이면서 정치·경제·사회적 권리관계를 스스로 형성할 수 있는 자율적이고 평등한 존재로 이해한다.

이러한 인간관에서는 인민의 생명, 재산, 자유는 절대적으로 보호되어야 하며, 인간으로서의 권리(존엄)를 해치는 불법적인 구금, 고문, 처벌은 금지되어야 한다는 사상이 당연시되었다. 이러한 사상에 따라서 『독립신문』은 한국정부로 하여금, ① 인민의 생명과 재산에 관한 일은 어디까지나 보호할 것, ② 무단으로 사람을 잡거나 구류하지 못하며, 만약 사람을 잡으려

---

41) 『毅菴集』 권53, 항75.(이상익, 「정의관의 충돌과 변용」 『정치사상연구』, 제12집 제2호, 2006, 44쪽, 재인용).

42) 금장태, 『한국유학의 탐구』, 서울대 출판부, 2014, 10쪽.

43) 송호근, 『인민의 탄생』, 민음사, 2011, 66쪽.

44) 송호근, 『시민의 탄생』, 민음사, 2013, 387쪽.

면 반드시 그 사람의 죄목을 분명히 공문에 써서 그 사람에게 보이고 체포할 것, ③ 체포한 후에도 재판을 통해서 죄가 드러나기 전에는 죄인으로 다스리지 말 것, ④ 체포 후 24시간 이내에 법관에게 넘겨서 재판을 청구할 것, ⑤ 누구든지 체포되면 그 당사자나 그 자의 친척이나 친구가 즉시 법관에게 말하여 재판을 청할 것을 주장하였다.45) 이 주장은 인민의 권리는 원칙상 제한할 수 없으며, 만약 이를 제한하려면 반드시 사전에 정해 놓은 '좋은 법'과 '공정한 재판절차'에 의거하지 않으면 안된다는 사상을 전개한 것이다. 이제, 법과 재판은 인간의 나쁜 품성과 행동을 처벌하고 교정하기 위해서 존재하는 것이 아니라 개인의 권리를 발견·확인·보호하기 위해 존재하는 것이다.

다만, 서구 정치사상에서의 자유와 권리는 무제한으로 향유하는 것이 아니라 법에 의해서 보호받는 '정당한' 이익이다. 한국의 개혁가들도 개인의 권리는 자유롭게 행사되고 향유되는 절대적 이익이지만, 신분이나 지위, 형세의 우열, 외모 등을 불문하고 타인의 정당한 권리를 침해할 수 없다고 인식하였다.

> 지체도 상관이 없고 형세도 상관이 없고 얼굴도 상관이 없고 누구든지 남의 권리를 침범하지 말고 내 권리를 남에게 뺏기지 않고 내가 내 마음 대로 자유를 하되 만일 그 하고 싶은 일이 법률에 어기면 못하는 법이요 만일 법률에 어기지 않고 남의 권리에 상관이 없으면 자기 마음대로 할 말도 하고 할 일도 하는 것이 옳고 (이하 생략)46)

만일 在我之權을 我自用之하미 無忌無憚하고 恣意縱欲이라 하야 美

---

45) 「협회에서 홀 일」『독립신문』, 1898년 8월 4일.
46) 「세계에 졈잔흔 사람과 쳔흔 사람을 우리가 긔지 ᄒ야」『독립신문』, 1897년 2월 18일.

酒에 大醉하야 他人의 衣冠을 裂破하며 他人의 名譽를 侮辱하고 乃曰
是我自由之權이라 하며 狂心이 忽發하야 自己의 家産을 蕩散하며 自己
의 身分을 自戕하고 乃曰 是我自由之權이라 하면 世人이 엇지 人으로 待
遇하리오 一身之權도 各有分限하니 (중략) 每事를 天人之理와 物我之際
를 斟酌折衷하야 得其正中이라야 方可謂之自由라 할지로다.47)

서구 정치사상에서 자연권으로서의 자유는 "사람들이 타인의 허락을 구
하거나 그의 의지에 구애받지 않고 자연법의 테두리 안에서 스스로 적당하
다고 생각하는 바에 따라서 자신의 행동을 규율하고 자신의 소유물과 인신
을 처분할 수 있음"을 의미한다. 따라서 '자연상태' 하에서 인간의 자유는
자기가 하고 싶은 대로 행동하는 방종의 상태가 아니라 자연법의 보호 하
에서 이성에 의해 질서가 잡힌 상태로 이해되었다.48) 『독립신문』도 자유
의 권리는 무제한으로 행사하는 것이 아니라 법률의 제한 속에서 주어지는
것이고 권리는 법에 의해서 보장된 개인의 정당한 이익임을 분명히 하였
다. 이 주장에 따르면 법은 곧 권리이고 권리는 곧 법이다. 다음의 언설은
법률에 보호할 권리를 구체적으로 정하고 이를 국가(재판소)가 보호한다는
의미이다.

사람의 생명과 신체와 명예와 자유와 재산은 다 법률의 보호함을 힘입
어 비로소 온전함을 얻나니 나라 백성되는 자가 그 나라 법률의 범위(範
圍)에 벗어나지 못함은 천지간 만물이 물리상에 법칙을 떠나지 못함과 어
찌 다름이 있으리오49)

---

47) 「一人은 一人之權이 有ᄒ고 一國은 一國之權이 有ᄒᄂ니」, 『황성신문』, 1899년 2월
   17일.
48) 존 로크, 강정인 문지영 옮김, 『통치론』, 까치, 2018, 13쪽.; 문지영, 「자유주의와 근
   대 민주주의 국가 : 명예혁명의 정치사상」, 『한국정치학회보』 45-1, 2011, 50-51쪽.;
   문지영, 「자유의 자유주의적 맥락」, 『정치사상연구』 10, 2004, 181-182쪽.

서구에서 자유는 원하는 모든 것을 행할 수 있는 것이 아니고 법이 허용하는 모든 것을 행할 수 있는 권리이다.[50] 『독립신문』은 인민의 생명, 재산, 명예는 법률로 보호받을 때 온전할 수 있다고 밝힘으로써,[51] 권리·의무관계의 사회적 표현으로서 법을 이해하였다. 이 같은 법·권리 관념은 전통시대 법, 형과는 매우 다르다. 전통시대 동양에서의 법은 상벌(賞罰)이었고 상(賞)은 부차적이었고 형벌을 주로 의미하였다. 법은 교화를 끝내 수용하지 아니한 자에게 최후의 수단으로 가하는 처벌의 의미가 강했다. 동양에서 법이 무슨 의미로 이해되었는지에 대해서는 다음의 사례가 참고가 된다. 진(晉)의 부현(傅玄)은 "선(善)을 세워서 악(惡)을 막는 것을 예(禮)라고 하고 잘못된 것을 금지하여 옳은 것을 세우는 것을 법(法)이라고 한다. 그래서 법은 법을 어기는 것을 벌하는 것이다. 법령을 분명히 하고 금지하는 바를 기록한 것을 법이라고 하고, 죽이고 엄하게 벌하는 것을 형이라고 한다."고 했다. 여기서 부현이 말한 법과 형은 같은 의미이다. 남송의 양만리(楊萬里)는 "법은 사용하지 않으면 법이 되고, 사용하면 형이 된다. 백성이 어기지 않으면 법이 되고, 백성이 그를 어기면 형이 되는 것이다."라고 했다. 명 나라의 대사상가 구릉(丘濤)은 "법이란 벌의 체(體)이고 벌은 법의 용(用)으로서 사실 이 두 가지는 같은 것일 뿐"이라고 말하였다.[52]

전통 시대 조선에서도 법을 형(刑)과 벌(罰)로 이해하였다. 유학사상에서 인간의 권리의 보호는 법의 시행을 통해서가 아니라 교화와 예치를 통해서 달성하는 것이 바람직하다. 정약용도 『경세유표』의 서문에서 "천리에 비

---

49) 「법률론」, 『독립신문』, 1898년 11월 30일.
50) 몽테스키외, 하재홍 옮김, 『법의 정신』, 동서문화사, 2007, 178쪽.
51) 「근일에 정부 대신이 만히 갈니고 새로 정부가 죠직이 되」, 『독립신문』, 1898년 4월 28일
52) 范忠信·鄭定·詹學農, 李仁哲 역, 『中國法律文化探究』. 일조각, 1996, 14-17쪽.

추어서 합당하고 인정에 시행해도 화합한 것을 예라 하고, 위엄으로 겁나게 하고 협박으로 시름하게 하여 이 백성을 벌벌 떨게 하며 감히 범하지 못하도록 하는 것을 법"이라고 규정하였다. 그리고 "선왕은 예로써 법을 삼았고 후왕은 법으로써 법을 삼았다."고 하면서 자신이 논한 법이 후왕의 법이 아니라 선왕의 예를 본받은 것임을 밝히고 있다.53) 정도전은 『조선경국전』의 「헌전(憲典)」에서 "성인이 형벌을 만든 것은 형벌에만 의지하여 정치를 하려는 것이 아니라 오직 형벌로써 정치를 도우려는 것 뿐이다. 형벌을 씀으로써 형벌을 쓰지 않게 하고, 형벌을 씀에 형벌이 없어지기를 기약하는 것이다. 만약 우리의 정치가 이미 이루어지게 된다면 형벌은 방치되어 쓰이지 않게 될 것"이라고 하여 법과 보조적 역할을 분명히 하였다. 그는 공자의 예법관을 인용하면서 예가 본(本)이고 법이 말(末)이라는 본말관(本末觀)을 견지하였다.54)

   그러나 서구 정치사상에서 법은 비윤리적 행위에 대한 처벌이나 교화가 목적이 아니라 개인의 재산과 권리를 보호하고 구제하는 것이다. 『독립신문』은 국가가 "법률과 규칙을 만든 본의는 사람의 권리를 정해 놓고 사람마다 가진 권리를 남에게 뺏기지 않게 하는 것이고 또 남의 권리를 아무나 뺏지 못하게 하는데 있다."고 소개하였다.55) 『황성신문』에 따르면, '권리'라는 말은 영어의 'right'를 한문으로 번역한 것인데, 천생권(天生權)과 인제권(人制權)으로 나눌 수 있다고 소개하였다.56) 『황성신문』의 기사는 '자연

53) 『經世遺表』「邦禮艸本引」.(이원택, 「개화기 근대법에 대한 인식과 근대적 사법체제의 형성」『한국동양정치사상사연구』6(2), 2007, 243쪽.).

54) 『조선경국전』「憲典」(한상권, 「조선시대의 교화와 형정」『역사와현실』79, 2011, 276쪽.).

55) 「나라에 법률과 규칙과 쟝정을 믄든 본의는 첫지는 사름의」『독립신문』, 1897년 3월 18일.

56) 「解權利說」『황성신문』, 1900년 5월 7일.

법에서 보호하는 권리'와 '실정법에서 보호하는 권리'가 각각 있다는 것을 설명하는 것으로 서양 자유주의 법·권리 개념을 그대로 수용하고 있다. 그리고 '법률'과 '예'는 입법자가 만든 행위규칙이라는 점에서 유사하지만, 예는 상하귀천의 분별을 엄정(嚴正)하는 것을 목표로 하고 법률은 인민의 자유와 평등을 보장하는 것을 목적으로 삼는다는 점에서 차이가 있다고 소개하였다. 특히, 『황성신문』에서는 법률에서 보장하는 권리 중에서 가장 중요한 것은 생명, 신체, 재산, 명예, 자유의 권리이며, 국가가 융성하고 진보하기 위해서는 국민들 사이에서 권리 사상이 충만하여야 한다고 주장하였다.57) 법과 권리에 대한 새로운 발상을 소개하는 것이다.

> 법률을 알지 못하는 것은 곧 자기의 생명과 신체와 재산이 어찌하여 이렇게 편안하고 온전한지 알지 못하는 자라고 이르지 아니하지 못할 것이요 또한 법률을 알지 못하는 까닭에 당연히 가히 이길 만한 송사를 져서 내가 가질만한 이익을 잃는 자가 적지 아니 하니 그런즉 법률을 알지 못하는 것은 자기의 살아 있는 것을 알지 못 하는 것과 같으며 자기의 편안하고 온전함을 돌아보지 아니 하는 자라고 이르지 아니하지 못 하리로다.58)

위 인용문은 개인의 재산, 신체, 생명은 법률의 보호로 인하여 온전할 수 있으며, 법률을 제대로 알지 못하면 송사에서 패소하여 자신의 이익을 잃을 수 있다고 주장하였다. 더 나아가 사회적으로 법률은 산업 발전을 진흥하는 성질을 가졌다고 보았다. 『독립신문』은 "어떤 사람은 법률은 사람이 하는 실업과 서로 상관이 없는 것이라 말하나, 만일 법률을 벗어나서 장사와 농사와 장색(匠色)59)의 업을 능히 못할 것"이라고 주장하였다.60)

---

57) 「國民不可不知法律」, 『황성신문』, 1903년 4월 9일.

58) 「법률론」, 『독립신문』, 1898년 11월 30일.

59) 수공업으로 물품을 제작하는 것을 말한다.

따라서 실업(實業)하는 자는 그 생업에 관계되는 법률을 반드시 알아야 한다는 것이다. 예컨대, "회사를 설시하여 영업하는 자들은 그 회사의 법을 알아야 할 것이요 전답을 둔 자들은 토지에 관계되는 법률"을 알아야 한다. 만일, "무슨 물건을 사서 내가 가질 권리가 있음을 알지 못하며 혼인하여 부부 간에 하는 의무를 알지 못하고 그 외에 무슨 행위를 하되 그 무슨 행위하는 법의 성질과 및 그 법을 효험과 힘을 알지 못하면 어찌 능히 보통 생활(普通生活)의 안전함을 얻으리요."라고 말하였다.61) 이는 사회 생활을 영위하기 위해서는 반드시 법을 알아야 하고, 개인의 권리관계를 법률에 따라서 세부적으로 규정해야 한다는 주장이다. 민법의 출현을 사상적으로 요구하고 있는 것이다.

3. 인민주권론·사회계약론의 이해

1890년대 인간, 권리, 법 등에 대한 새로운 사상은 한국의 개혁가들로 하여금 사회, 국가의 구성과 그 정당성에 대해서도 새로운 이해를 이끌어 냈다. 서구 정치사상에 따르면, 이른바 자연법이 지배하는 '자연 상태'는 자유롭고 평화롭지만, 옳고 그름을 구별하는 구체적인 법이 없고, 분쟁을 해결해 주는 재판관도 없으며, 법을 집행하는 합법적인 권력도 존재하지 않는다. 그래서 모두가 스스로 옳다고 판단하는 자연 상태는 불안정하다. 이러한 불안정한 상태를 예방하고 자유와 평등을 안전하게 보장받기 위해 사회 구성원들은 계약을 통해서 국가를 구성하며, 국가의 보호 속에서 자유와 평등을 안전하게 누릴 수 있게 된다.62) 그리고 인간이 제정하는 '실정

---

60) 「법률론」, 『독립신문』, 1898년 11월 30일.
61) 「법률론」, 『독립신문』, 1898년 11월 30일.

법'은 사회를 운영하는 기본 원리이자 개인의 자유와 권리를 보호하는 가장 중요한 수단이 된다.

또한, 자유주의 정치사상에서 개인이 누군가의 지배를 받아들이고 그 명령에 복종하는 유일한 계기는 그 자신이 자발적으로 동의하거나 계약을 체결하였을 때이다. 사회 계약에 참여해서 어떤 정치 사회의 구성원이 된 사람은 '자연상태'에서 자신이 가졌던 (자연법 위반 행위에 대한) 재판권과 처벌권을 계약과 함께 공동체에 양도하였다고 보기 때문이다. 따라서 공동체가 행하는 재판은 사실상 그 자신이 행하는 재판이고, 재판의 결과를 집행하기 위해 공동체가 사용하는 권력도 그가 공동체에 내어준 그 자신의 힘이다. 이 공동체는 홉스의 '리바이어던'처럼 계약과 무관한 제3자가 아니라 계약 당사자 그 자신들의 집단이다.63) 이러한 사상을 수용한다면, 개인들이 법과 재판에 복종하는 것은 너무나 자연스럽다. 인간의 권리를 규정하고 보호하는 '법'은 인민이 스스로 제정하기 때문이다. 서구 시민사회에서 법치(法治), 준법(遵法), 공정한 재판에의 승복이 보편적으로 수용되는 이유이다.

『독립신문』의 여러 논설들은 서구의 '사회계약설'과 '인민주권론'에 큰 영향을 받았다. 우선, 개혁가들은 국왕과 관료들이 행사하는 권력은 하늘이 부여한 것이 아니라 인민들이 위임한 것으로 해석하였다. 따라서 국가는 계약의 취지에 맞는 선한 정치를 할 책무가 있고 통치자가 신탁계약을 위반하였을 때에는 인민이 통치자를 갈아치울 수 있는 권리가 있다고 주장하였다. 아래 서재필의 편지는 사회계약설과 인민주권론에 입각하여 한국

---

62) 존 로크, 강정인 문지영 옮김, 『통치론』, 까치, 2018, 119-123쪽.

63) 문지영, 「자유주의와 근대 민주주의 국가 : 명예혁명의 정치사상」, 『한국정치학회보』 45-1, 2011, 50쪽.

의 정치를 비판하고 있다.

> 몇 백 년을 두고 대한 인민이 소위 관인이라 하는 사람들을 모두 성인
> 군자로 믿고 자기들의 목숨과 재산과 부모 형제 처자의 목숨과 재산을
> 관인들에게 부탁하여 매년에 세전을 내어 정부 부비를 쓰게 하여 가면서
> 인민의 일을 보아 달라 하고 인민이 나라 주인이언마는 주인인체 아니하
> 고 이 월급 주어 둔 관인들로 하여 주인의 일을 보아 달라 하였더니 이
> 고입한 사환들이 차차 변하여 사환으로 상전이 되고 정작 주인은 노예가
> 되어 자기들의 생명과 재산을 본래 고입하였던 사환들에게 무리하게 잃
> 어 버리니.[64]

서재필에 따르면, 국왕과 그 대리인[관료]이 인민을 통치할 수 있는 권한
은 하늘로부터 부여받은 것이 아니다. 인민이 자신, 부모, 형제의 생명과
재산의 보호를 관료들에게 위임하였고 매년 세금을 내서 인민의 사무를 대
신 처리해 달라고 부탁한 것이다. 특히, 국가의 주인은 인민이며 관료들은
인민으로부터 급여를 받는 '사환(使喚)'으로 규정하였다. 인민이 나라의 주
인이라는 것은 국가의 최고 의사와 정책을 결정하는 주권자가 인민이라는
의미이며 관료를 인민이 고용한 사환이라고 표현한 것은 국가의 사무를 인
민들이 관료에게 위임하였다는 뜻이다. 인민과 관리는 특정 목적에 따라
인민의 사무를 관리·처분하는 계약관계를 형성하고 있으며, 따라서 통치
권은 인민의 생명, 자유, 재산을 보호하는 쪽으로 행사되어야 한다고 주장
한다.

> 國家의 國民治平하는 義務는 國民의 權利를 均一히 保護하는데 在홀
> 것이오 國民의 國權服從하는 義務는 國家의 保護를 平等히 均受하는데

---

64) 「제손씨편지」, 『독립신문』, 1898년 11월 16일.

在홀지니 相當호 學識을 牖明호야 天賦의 氣風을 培養호고 公共事業에
各得其職호야 國民分義에 相應호 權利를 扶植호기를 期望호노라.65)

한편, 『독립신문』은 과거에는 조선의 인민들이 무식하고 자손들을 제대
로 교육시키지 않아서 주인된 권리를 행사하지 못하고 오히려 노예가 되었
으며, 이로 인하여 자신들의 생명과 재산을 사환[관료]들에게 잃어버렸다
고 비판하였다. 즉, "조선은 3천년 이래로 전국의 권리를 정부가 주장하여
인민들은 그 같은 권리를 모르게 되었고, 또 동양이 전제정치를 운영하여
나라의 흥망이 정부의 손에 있었기 때문에 인민이 그 권리를 알 수도 없었
고 행사할 수도 없었다."고 비판하고 인민이 자신의 권리를 자각하여 국정
에 참여할 것을 주장하였다.66) 따라서 "하루 빨리 사환들을 단단히 단속해
서 인민에게 유익하고 국가에 도움이 되는 사업을 하도록 해야 한다."고
주장하였다.67)

이제, 인민은 통치 대상이 아니며 나라의 주인으로서 관료들이 국가의
사무를 제대로 이행하는지 여부를 단단히 단속해야 하는 정치의 주체로 재
인식되었다. 특히, 홉스가 인민들이 자율적 계약에 의해서 스스로 모든 권
리를 군주에게 양도한 것으로 이해하였듯이, 『독립신문』도 "여러 사람들
이 정부가 없이 살 수가 없는 고로 정부를 배설하고 정부와 백성을 모두
거느리는 직무는 임금께 드린다.68)"고 이해하였다. 인민들이 자신의 필요
에 따라서 정부를 구성한 후에는 그 정부와 백성을 통솔하는 직무를 자발적

---

65) 「國民의 平等權利」, 『황성신문』, 1900년 1월 19일.
66) 「민권론」, 『독립신문』, 1898년 12월 15일.
67) 「계손씨편지」, 『독립신문』, 1898년 11월 16일.
68) 「나라라 호는거슨 크던지 젹던지 호 디면에 여러 사름이」, 『독립신문』, 1897년 4월
    17일.

으로 군주에게 위임하였다고 설명한 것이다. 정부와 인민을 통치하는 권한
이 인민들의 위임 또는 신탁에 의해서 발생한다는 사상을 피력한 것이다.

『독립신문』은 국가와 군주를 일치시키는 주장에도 동의하지 않았다. 나
라는 "임금과 정부와 백성이 동심 합력"하여 세웠으며 "백성의 권리에 의
해서 나라가 구성"되는 것으로[69] 이해하였다. 이는 국가가 군주의 사유물
이 아님을 표현한 것이다. 그리고 "당초에 나라가 생긴 본의는 여러 사람
이 의논하여 전국에 있는 인민을 위하여 각색 일을 마련한 것이요 각색 관
원도 백성을 위하여 만든 것이며 백성이 정부에 세 바치는 것도 백성들이
자기 일을 위하여 바치는 것"이라고 주장하였다.[70] 정부는 전국의 인민들
이 해야 할 일을 대신 처리하는 대의기구로 정의되었다.

이에 따라서 개혁가들은 한국에도 의회를 설치해야 하며 지방관은 지방
민의 선거로 선출하자고 주장하였다.[71] 이 같은 사상은 더욱 발전해서
1907년 『제국신문』에서도 "인민이 일찍 꿈을 깨어 정신을 차렸으면 정부
에서 대신 노릇하는 사람도 그 중에서 나길 것이요. 지방에서 관찰사 군수
노릇할 사람도 그 중에서 생길 것"이라고 주장하였다.[72] 조선시대 민본사
상에서는 유학의 도리를 아는 자(통치자, 양반)와 알지 못하는 자(피치자,
양인)는 엄격히 구분된 존재였고 유학의 도리를 아는 자만이 통치할 자격
이 있었다. 그러나 『제국신문』은 이 같은 차별적 명분론에서 벗어나서 일
반 인민 중에서 고위 관료와 지방관이 나와야 한다고 주장하였다.

---

69) 「민권론」, 『독립신문』, 1898년 12월 15일.
70) 「나라라 ᄒᆞᆫ는거슨 크던지 젹던지 흔 디면에 여러 사ᄅᆞᆷ이」, 『독립신문』, 1897년 4월
   17일.
71) 「정치학이라 ᄒᆞᆫ는학문은 문명기화흔 나라에서들 여러 천년을 두고」, 『독립신문』,
   1896년 4월 14일.
72) 「디방관의급급히시힝홀일」, 『제국신문』, 1907년 4월 5일.

나라에서 사람들을 벼슬시킬 때에는 한 달에 월급 얼만큼씩 줄 것이니 그 대신 나라와 백성을 위하여 그 직무를 하라 하심이요 수칙한 후에 행공하는 날은 그 사람이 나라에 약조하기를 그 월급을 받고 하라신 직무를 자기 생각대로 백성에게 제일 유조하고 나라에 제일 효험이 있도록 자기 권리에 있는 데로는 일을 행하는 것이 다만 임금에게 옳은 신하가 될 뿐만 아니라 약조를 지키는 사람이요.[73]

관료도 더 이상 국왕의 대리인으로서 군주의 명령을 일방적으로 실행하는 존재가 아니다. 관료는 국가와의 계약에 따라서, 직권의 범위 내에서, 인민과 국가를 위해서 직무를 수행하여야 한다. 특히, 관료들도 마땅히 법에 따라서 직무를 수행해야 한다는 법의 통치가 강조되었다. 따라서 "각 관인들과 정부에 속한 사람들이 어떻게 하여야 자기 직분들을 잘 하는지 그것을 결정하기는 나라 법률 책과 규칙과 장정을 가지고 재판하는 것이라. 그런 고로 재판소가 생겼고 법부가 생겼으며 각부 각서에 규칙과 장정이 있어 그걸 인연하여 가지고 누가 사무를 맡든지 일을 조하고 결정하는 것"이라고 주장하였다.[74] 이 관념 하에서 『독립신문』은 법률과 장정을 나라의 뿌리요 주춧돌이라고 비유하였다. 『독립신문』에서는 "나라 법률을 지키는 것이 충신이요 법률을 지키지 아니하는 것이 역적이라. 정부가 법률을 만들고 대군주 폐하께 재가를 물은 후에는 상하귀천 무론하고 그 법률을 순종하는 것이 곧 자기 몸을 보호하는 것이요 임금과 정부를 사랑하는 것"이라고 법의 지배를 주장하였다.[75] 따라서 "누구든지 법률을 지키지

---

73) 「일전에도 말 ᄒ엿거니와 만일 너부 위싱국과 경무쳥에서 빅셩의 위싱을」, 『독립신문』, 1896년 6월 27일.

74) 「나라라 ᄒᄂ거슨 크던지 젹던지 ᄒ 디면에 여러 사ᄅᆷ이」, 『독립신문』, 1897년 4월 17일.

75) 「죠션 인민들이 츙신과 역젹이라 ᄒᄂ 거슬 분명히 몰오ᄂ고로」, 『독립신문』,

않는 사람은 나라의 원수요 세계에서 가장 천한 사람"이라고까지 비판하였다. 만약 법률이 잘못되었으면 고치는 것은 당연하지만 고치기 전에는 이를 시행하는 것이 옳다고 보았다.[76]

법의 지배에서 군주도 예외는 아니다.

> 정부와 그 백성들이 모두 합심하여 자기들을 통할한 임금을 법률과 장정과 규칙을 가지고 섬기는 것이 나라를 보존하자는 정부요 백성이라 누구든지 관인이고 백성이고 이 대체를 모르고 하루라도 있는 것은 그 나라에 조금치 유조한 관인도 아니요 백성도 아니라.[77]

위 인용문은 인민들이 임금에게 무조건적으로 충성을 바치는 것이 아니라 법과 장정에 따라서 섬기는 것이 국가를 보존하는 길이라고 주장하였다. 임금이라도 법을 위반해서는 안된다는 법의 지배, 법치주의를 선언한 것이다. 『독립신문』이 준법과 법치를 강조한 이유는, 법치가 개인의 생명과 재산을 보호하는데 그치는 것이 아니라 나라를 발전시키고 사회를 진보시키는데 중요한 역할을 수행한다고 보았기 때문이다. 현재 한국이 쇠퇴하고 인민들이 고통받고 있는 이유는 "법률이 글러서 그런 것도 아니요, 장정 규칙이 글러서 그런 것이 아니라. 그 법률과 그 장정을 시행하지 아니" 하였기 때문이라고 주장하였다. 따라서 정부는 제정된 법률이라도 잘 시행하여야 하는 것이 중요하다고 주장하였다.[78]

1896년 4월 11일.

76) 「나라에 법률과 규칙과 장정을 믄든 본의는 첫지는 사름의」, 『독립신문』, 1897년 3월 18일.

77) 「나라라 ᄒᆞ는거슨 크던지 젹던지 ᄒᆞᆫ 디면에 여러 사름이」, 『독립신문』, 1897년 4월 17일.

78) 「근일에 정부 대신이 만히 갈니고 새로 정부가 죠직이 되」, 『독립신문』, 1898년 4월

구미 각국에 흥한 바를 보면 양법미규를 지키는데 있고 동양 제국이 쇠하는 바를 보면 법률 장정을 지키지 못하는데 있으니 이리 보면 권도 이 자가 나라를 망하게 하는 기틀이라. (중략) 대신이 되어 의례히 대황제 폐하께옵서와 정부가 정하신 장정 법률이 자재하여 지키면 나라가 흥하고 어기면 백성이 해를 받을 것이로되 잠깐 장정을 어기고 보면 돈도 생기고 벼슬도 굿고 권세도 더 할 듯하여 그른 줄을 알고서도 권도를 행하여 처음에는 조고마한 일이 차차 권도쓰기를 점점 넓게 하여 마침내 장정 법률이 지상 허문이 되고 마니 권도쓰는 해가 환연한 것을 가히 알겠도다 이 몇 가지로만 보더라도 대한이 오늘날 잔약한 지경에 이른 것은 무비 권도를 숭상하여 잠깐 편한 계교로 규칙 장정 지키지 못하는 연고라.[79]

『독립신문』은 근래에 동양이 몰락하고 서양이 부강하게 된 이유도 법치에 있다고 보았다. 즉, 서양은 양법미규를 잘 지켜서 흥하였으나 동양의 여러 나라들은 법률과 장정을 잘 지키지 않아서 쇠퇴하였다고 보았다. 대한제국은 정부의 대신이 법률과 장정을 어기고서도 돈, 벼슬, 권세를 얻게 되어 그른 줄을 알고서도 권도를 행사하는데, 이는 곧 법률과 장정을 허문으로 만든다고 비판하였다. 그래서 인민들은 "정부 법령을 시행할 뿐이 아니라 정부에서 옳은 법령을 만드는지 아니 만드는지 살펴야 할 터이요."라고 주장하였다.[80] 인민들은 정부의 법령을 수동적으로 복종하는 것이 아니라 법이 올바른지 여부를 파악하고 악법은 개정해야 한다고 주장하는 것이다.

따라서 법은 누가 제정하고 또 어떠한 내용을 담아야 하는가의 문제로 연결될 수밖에 없다. 『독립신문』은 전통시대의 법은 군주에 의해서 제정되지만, 문명개화된 법은 공동의 이익을 보전하기 위하여 정부와 백성이 서

28일.
79) 「나라를 망 ᄒᆞᄂᆞ 권도」 『독립신문』, 1898년 8월 22일.
80) 「대한인민의 직무」 『독립신문』, 1898년 3월 3일.

로 교섭하여 체결한 계약으로 이해하였다. 입법 절차에서도 일방적으로 정부가 법을 선포하는 것이 아니라 정부와 백성이 서로 토의하여 결정하고 해당 결정안을 군주에게 상주하여 재가하여 반포해야 한다고 보았다. 정부와 백성 상호 간에 체결한 계약을 곧 법률이라고 주장하였다.

> 정부와 백성 사이에 교섭하기를 위하여 한 약조를 정하나니 이 약조의 목적은 민국 간에 공동한 이익을 보전하며 영원히 치평하게 함을 위함이라 그런 고로 이 약조를 정할 때에 정부와 백성이 난상 공의하여 서로 다른 의견이 없으면 그 결정한 의안을 상주하여 재가하신 천하에 반포하는 것이니 이 약조 이름은 법률이라 이 법률을 의지하여 백성의 생명, 재산을 보호하며 정부에서는 나라 기초를 안전히 하는 것인즉 그 소중함이 다시 말할 것 없거니와.81)

서재필과 독립협회는 인민이 참여하는 의회를 설립하고 전제군주제를 입헌군주제로 개혁하려고 하였다. 독립협회 지도자들은 1898년 4월 3일 독립협회 토론회의 주제를 "의회원을 설립하는 것이 정치상에 제일 긴요함"으로 정하고 회원과 서울의 시민들에게 의회 설립이 긴급함을 널리 알렸다.82) 이로부터 20여일 후인 4월 30일에는 『독립신문』의 기사에서 의회의 필요성과 장점을 구체적으로 설명하였다. 즉, "세계 개화 각국이 정부를 조직하였는데 각색 일을 생각하여 외사와 경영과 방책을 생각하여 내는 관원들이 있고 그 생각을 시행하여 세상에 드러나게 하는 관원들이 있는지라. 생각하고 방책내는 마을을 외국서는 말하되 의회원이라 하며 의회원에서 작정한 방책과 의사를 시행하는 마을을 내각이라 하는 것이라. (중략) 일국

---

81) 「법률의 리히」, 『독립신문』, 1899년 3월 3일.
82) 신용하, 『한국 개화사상과 개화운동의 지성사』, 지식산업사, 2010, 380쪽.

사무를 행정관이 의정관의 직무를 하며 의정관이 행정관의 직무를 하려고 하여서는 의정도 아니되고 행정도 아니될 터"이라고 주장하였다.[83] 한국도 의회를 별도로 구성하여 지식과 학문이 있고 지혜가 있는 사람들을 선출하여 그 사람에게 행정권은 부여하지 말고 토론하고 안건을 만드는 권리(늑 입법권)만을 주어 황제에게 재가를 물은 후에 내각으로 넘겨서 그 내각으로 하여금 시행하도록 하여야 한다고 주장하였다. 이와 같이 국가권력을 입법권과 행정권으로 분리하면 국가에 도움이 될 뿐만 아니라 황제, 내각 대신, 인민들에게 모두 편리하고 직무를 수행하기에도 좋고 대외적으로도 외국이 감히 한국을 능멸할 수 없고 침범할 수도 없다고 보았다. 자주독립을 위해서도 권력기관의 분할과 분할된 권력기관에 인민이 참여하는 것이 필요하다고 주장한 것이다.[84]

다만, 한국의 형편에서는 "갑자기 백성에게 권리를 모두 주어 나라 일을 하라 한 것도 아니요, 관민이 합심하여 정부와 백성의 권리가 상반된 후에야 대한이 만억년 무강"하다고 주장하였다.[85] 이는 국정에 관한 모든 권한을 인민이 행사하는 것이 아니고 정부와 인민의 권리가 서로 엇비슷해지면 한국이 영원히 번영할 수 있다고 본 것이다. 뿐만 아니라 『독립신문』에는 구태를 벗지 못하는 양반이나 학문과 배움이 없어서 무식한 자에게는 참정

---

83) 「하느님이 사람을 맏들 째에 그 사름이 세상에서 그중에」, 『독립신문』, 1898년 4월 30일.
84) 유길준 박영효 등이 생각한 군민공치는 기본적으로 의회의 개설과 군주권의 제한을 전제한 것이었으나 조선과 같이 "인민의 지식이 부족한 나라는 갑자기 인민에게 국정 참여의 권리를 허락하는 것은 불가하다."고 하며 군민공치로 나아가는 것은 시기상조라고 말하였다. 독립협회는 군민공치에서 더 나아가 민권론에 기초한 의회 설립을 주장하는 입헌군주제를 지향하였다. 윤대원, 「한말 입헌정체 논의와 민주공화의 의미」, 『한국문화』 88, 2019, 190쪽.
85) 「민권론」, 『독립신문』, 1898년 12월 15일.

권을 부여할 수 없다는 사상이 깃들어 있다. 양반들은 "세계 학문을 배우지 아니하고 자신의 문벌과 유명한 조상에게만 의지하고 옛 학문(사서삼경)만 공부하는 세상의 무용지물"이라고까지 비난하였다. 이 같은 인식에 기초하여, 앞으로는 "젊은 사람들을 학교에 보내어 세계 학문을 배우게 하고 외국어와 외국 학문을 익힌 후에는 외국으로 유학을 보내야 한다."고 주장하였다.[86]

개혁가들은 입법부에 참여할 수 있는 자는 서구의 학문을 배운 '교양인' 혹은 '계몽 인민'이어야 한다고 생각하였다. 이 같은 이해는 한국 계몽주의자들에게 영향을 미친 서구 자유주의자들도 마찬가지였다. 로크가 옹호하였던 민주주의의 입법을 위한 다수의 동의는 당시에 참정권이 제한되고 영국 사회의 작은 부분이었던(인구의 3% 정도로만 평가되었던) 재산 보유자의 동의를 의미하였다. 로크는 재산을 가진 사람만이 시민사회의 완전한 구성원이자 다수의 구성원이라고 가정하였다.[87] 『독립신문』에서 말하는 참정권의 현실적인 모태가 되었던 것은 주민의 1.14%만이 선거권을 가진 동시대 일본이었다.[88]

> 하의원이라 하는 것은 백성에게 정권를 주는 것이라. 정권을 가지는 사람은 한 사람이던지 몇 만 명이던지 지식과 학문이 있어서 다만 내 권리만 알 뿐 아니라 남의 권리를 손상하지 아니하며 사사를 잊어 버리고 공무를 먼저하며 작은 혐의를 보지 않고 큰 의리를 숭상하여야 민국에 유익한 정치를 시행할지니 무식하면 한 사람이 다스리나 여러 사람이 다스리

---

86) 「죠션은 아직 신지도 빅셩들이 디체 죠흔 냥반들을 더 놉히 보고」, 『독립신문』, 1896년 12월 22일.

87) Brian Z. Tamanaha, 이헌환역, 『법치주의란 무엇인가』, 박영사, 2014, 99-100쪽.

88) 박노자, 「개화기의 국민 담론과 그 속의 타자들」, 이화여대 한국문화연구원편, 『근대 계몽기 지식 개념의 수용과 변용』, 소명출판, 2004, 238쪽.

나 국정이 그르기는 마찬가지요, 무식한 세계에는 군주국이 도로 민주국
보다 견고함은 고금 사기와 구미 각국 정형을 보아도 알지라. 그런 고로
어느 나라이든지 하의원을 설시하려면 먼저 백성을 흡족히 교육하여 무슨
일이든지 총명하게 의논하며 대소 사무에 나라 일을 자기 일같이 재미를
들이게 하여야 낭패가 없거늘.[89]

위 기사에서 볼 수 있듯이, 『독립신문』의 발간자들은 단순히 재산 보유
자를 정치 참여계층으로 생각하지 않았다. 『독립신문』은 깨어 있으며 사익
이 아니라 공익을 추구하는 윤리의식을 갖추고 있는 '교양인≒계몽 인민'
이 참정권을 행사하여야 한다고 보았다. '교양인'은 서구의 지식을 습득한
자만을 의미하는 것이 아니라 사익보다는 공익을 위해 헌신할 줄 아는 자
를 의미하였다.[90] 당시 개혁가들이 '계몽 인민' '지식인' '자산가'들이 정치
에 참여할 자격이 있다고 주장한 이유는 민주정체의 운영 원리와 연관이
있다. 몽테스키외는 민주정체가 잘 운영되기 위해서는 무엇보다도 그 제도
를 운영하는 주체인 시민들에게 '덕성'이 필요하다고 보았는데,[91] 그 덕성
은 사익이 아니라 조국에 더 큰 봉사를 해야 한다는 공익 정신을 의미하였
다.[92] 그리고 사익보다 공익을 우선하는 덕성은 저절로 생기는 것이 아니
라 교육과 계몽을 통해서 함양하는 것이다.

그러나 전통시대 동양의 국가에서는 덕성을 가진 자(군주 혹은 사대부)

---

89) 「하의원은 급지 안타」, 『독립신문』, 1898년 7월 27일.
90) 송호근에 따르면 교양시민은 개인의 권리 의식에 투철하고 공공선에 대한 책임의
식을 겸비한 시민을 의미한다. 구체적으로 서구의 시민은 상공업을 통해 경제적인
부를 축적하였을 뿐만 아니라, 계몽 사상이나 사회 계약설 등의 이론을 받아들여
절대 군주에 대항할 수 있다는 의식을 가지고 있었던 '부르주아'들을 의미한다. 송
호근, 『시민의 탄생』, 민음사, 2013.
91) 몽테스키외, 하재홍 역, 『법의 정신』, 동서문화사, 2007, 43쪽, 49쪽.
92) 몽테스키외, 하재홍 역, 『법의 정신』, 동서문화사, 2007, 65쪽, 66쪽.

만이 정치와 교화를 할 수 있었다. 일반 인민들은 덕성이 원천적으로 결여
되어 있거나 혹은 충분히 발휘할 수 없는 존재로서, 공공 정신을 갖추어야
할 특별한 이유도 없었고 훈련도 쌓을 수도 없었다. 그러나 민주정치 사상
에서는 정치의 주체가 모든 인민이라는 점에서 시민적 덕성, 즉 애국심 혹
은 공익성은 필수였다. 『독립신문』은 교육을 받지 못한 인민들은 자신의
이익과 권리만을 추구할 뿐, 타인의 권리를 존중하고 사사(私事)보다 공무
(公務)를 우선시하는 유익한 정치를 하는 덕성, 즉, 공익을 추구하는 윤리
의식이 부재하다고 주장하였다. 윤치호가 자신의 일기에서 "인민은 무식
하고 어리석으며 질서정연한 거사를 일으키거나 유지할 능력이 없다."고
기록한 이유이다.[93] 윤치호를 비롯한 많은 계몽주의자들은 그 당시의 인
민들이 자치능력과 자치의식이 없으며 중세적 노예의식에 물들어 있다고
비판하였다.

> 타국 사람들은 정사의 선악을 자기의 일 같이 여기어 세 한 푼을 명색
> 없이 물던지 사람 하나를 경계 없이 다스리면 사람마다 그 일을 내 몸이
> 당한 것 같이 시비를 하며 운동하여 아무쪼록 민간의 공익을 도모하거니
> 와 대한 사람들은 그렇지 못하여 제 몸이 당하지 않는 일이면 국사가 어
> 찌 잘못 되든지 괘렴아니 하는 고로 정치상 득실을 평론하면 정부만 실례
> 할 뿐 이외라.[94]

『독립신문』도 윤치호도 서구인들은 국가와 사회에 대한 헌신과 봉사의
정신이 충만해 있으며 공적 윤리를 자발적으로 실천하는 문명인으로 파악
하면서도 한국인은 공적 윤리라고는 눈꼽만큼도 찾아볼 수 없다고 비판하

---

93) 박미경 역, 『국역 윤치호영문일기(4)』, 국사편찬위원회, 2016, 150쪽.(1898년 5월 1일).
94) 「붓그러온 일」 『독립신문』, 1899년 1월 28일.

였다. 서양인들은 나라의 사무를 자신의 일 같이 여기어서 정치를 제대로 하지 못하면 자기 자신이 피해를 입은 것처럼 토론을 하고 개혁운동을 전개해서 민간의 공익을 도모하지만, 한국 인민은 자신의 일이 아니면 국사(國事)가 어찌되든지 관심을 가지지 않는다고 비난하였다. 조선왕조에서 공(公)은 모든 공직자들의 필수 덕목이었으나,95) 그것은 통치자의 덕목이었을 뿐 일반 인민들에게 요구되는 덕목은 아니었다. 그러나 민주정치 하에서 통치자는 인민 그 자신이기 때문에 공(公)의 덕목이 절대적으로 필요하였던 것이다.

일부에서는 『독립신문』이나 윤치호의 입장을 우민관으로 해석하면서 인민들을 정치의 주체가 아니라 동원의 대상으로 취급하였을 뿐이라고 주장한다. 이 주장은 일부 일리가 있지만 서구 민주주의 이념에 대한 오해에서 비롯된 측면도 있다. 한국의 개혁가들이 교육과 계몽을 각별히 강조한 것은 인민들을 동원의 대상으로만 인식해서가 아니다. 오히려 그 반대이다. 민주정체는 인민들이 정치의 주체임을 스스로 자각하여야 운영되는 정치제도이기 때문에 인민은 동원의 대상이 아니라 참여의 주체가 되어야 한

---

95) 이승환, 「한국 및 동양의 公私觀과 근대적 변용」 『정치사상연구』 6, 2002. 이승환에 따르면, 조선조의 지배 이념으로 지위를 군혁온 성리학의 사유구조 속에는 지배권력을 의미하던 '公'이 공정성·공평성을 갖추어야 한다는 도의적 요청이 강하게 반영되어 있다. 이와 함께 전통 동양에서 '公'은 지배권력, 보편적 윤리원칙의 의미뿐만 아니라 "함께, 공동의, 다수"를 의미하는 '共'의 의미로 사용되기도 하였다. 특히 조선 중기부터 전개된 사림정치의 구도 속에서 정치권력이 갖추어야 할 도의성과 윤리성에 대한 강조는 중국이나 일본의 경우보다 훨씬 강렬하게 표출되었다. 조선시대의 공 개념에서는 공의 세측면(지배영역, 보편적 윤리원칙, '더불어 함께'의 의미로서의 '共')이 고루 간직되어 있다. 지배권력(公)은 '다수의 의견(公論)을 존중하고, 윤리적·도의적으로도 '공정(公正)'한 것이 되어야 한다는 조선 성리학의 '공' 개념은 한말 실학자인 이기에 의해 계승되어 발전한다. 이승환, 「한국 및 동양의 公私觀과 근대적 변용」 『정치사상연구』 6, 2002, 53쪽, 55쪽, 56쪽.

다. 개혁가들에 따르면, 인민들이 중세적 노비의식, 사대주의, 의뢰심에 물들어 있는 한, 입헌정체가 도입된다고 해서 그 제도가 저절로 운영되지는 않는다. 시민의식을 갖춘 자만이 민주정을 제대로 운영할 수 있다. 『독립신문』이나 윤치호의 글에서 보이는 인민들에 대한 불신과 비난은 민주정체의 주체인 인민들로 하여금 자치의식과 참여의식을 가지고 국가 경영에 적극 나설 것을 촉구하는 것이다. 이 책에서는 시민적 덕성을 갖춘, 공동체에 대한 애국심으로 가득 차 있는, 시민의 형성을 촉구하는 것으로 이해한다. 윤치호나 서재필이 희망한 것은 교화능력이 원천적으로 없는 부덕(不德)한 백성들에게 끊임없이 유학적 소양을 가르쳐야 한다는 의미가 아니라, 시민교육을 통해서 자신들이 속해 있는 공동체에 대한 사랑, 공익에 대한 존중, 공공정신 등을 함양할 것을 촉구하는 것으로 해석되어야 한다.[96]

한국의 지식인들에게 많은 영향을 끼친 중국의 량치차오도 『신민설』에서 근대 국민국가에 걸맞는 신민(新民) 즉 국민을 어떻게 창출할 것인가를 고민하였다. 그는 ('봉건'적-저자) 노예의식에 찌든 백성이 아니라 애국심에 충만한 국민이 어떻게 자치능력을 키우고 국민사상을 양성할 것인지에 대해서 구체적으로 고민한 것이다. 근대 국민국가가 전제하는 국민의 관념은 한스 콘(Hans Kohn)이 말했듯이 결코 자연스레 생겨나지 않는다. 국민

---

96) 김신재에 따르면, 전통시대의 민은 유교의 천리를 모르기 때문에 愚民으로 표현되었다. 이런 우민관을 전통적 우민관으로 부를 수 있다. 『독립신문』에서 민의 정치적 능력을 불신한 것을 흔히 우민관으로 지칭하지만, 이는 전통적 우민관과는 다르다. 전통적 우민관에서 민은 정치적 주체가 될 수 없으나, 개화론자들은 기본적으로는 국민을 정치적 주체로 인정하였다. 다만, 정치적 주체로서 권리의 행사를 위해서는 계몽과 교육이 필요하다는 주장을 전개하였다. 김신재, 「독립신문에 나타난 우민관」 『동학연구』 25집, 2008.

의식 혹은 애국심은 가족이나 향리에 품는 자연적인 애정의 단순한 확대가 아니다. 향리나 가족에 대한 사랑은 일상생활에서 구체적으로 경험할 수 있으나 국가 또는 국민에 대한 의식은 한층 차원 높은 추상의 개념이기 때문이다.[97] 량치차오의 국민 만들기는 인민이 '노예 의식'의 상태에서 벗어나는 것인데, 이는 민지가 계발될 때 가능하다.[98]

윤치호도 량치차오와 비슷한 맥락 속에서 시민, 국민 형성의 필요성을 절실히 느꼈을 것이다. 그는 자신의 일기에서 "만약 내가 조선에서 대의제 설립이 가능하다고 생각한 적이 있다면(결코 그런 생각을 한 적은 없지만), 지금 당장 그 생각을 포기한다. 그토록 공공의식이 없는 사람들, 매일 밤 강도를 당하는 이웃을 돕기 위해 손가락 하나 까딱하지 않고 지켜보기만 하는 사람들에게 국가의 중요한 안건을 맡길 수 있단 말인가?"라고 실망하기도 하였다.[99] 윤치호의 이 같은 서술을, 한국인에 대한 무시와 멸시, 우민관으로 가득차 있는 편견의 소산이라고만 치부할 수는 없다. 자주독립과 민권운동을 전개하고 있던 1898년의 현실 속에서 대한제국의 개혁에 필수적인 덕성인 다수 대중의 성숙한 시민의식을 갈구하는 것으로 이해할 필요가 있다.

그래서 윤치호는 한국의 정치개혁을 완수하는데 가장 시급한 문제는 인민들이 공공 의식 혹은 공익을 추구하는 시민적 덕성을 함양하는 것에 있다고 보았다. 윤치호는 인민들의 공공의식 부재에 매우 실망하면서도 조선에서 유일한 희망은 청년들이 사회단체 활동이나 신문 발간 계획 등의 활동에 점점 더 많이 뛰어드는 것에 있다고 기록하였다.[100] 윤치호에 따르면,

---

97) 松本三之介, 『學問と知識人』, 岩波書店, 1990, 424-425쪽.(조경란, 『20세기 중국 지식의 탄생』, 책세상, 2015, 88쪽. 재인용).

98) 조경란, 『20세기 중국 지식의 탄생』, 책세상, 104쪽.

99) 박미경 역, 『국역 윤치호영문일기(4)』, 국사편찬위원회, 2016, 151쪽.(1898년 5월 2일).

젊은이들의 활동은 민간의 공익을 위한 애국심의 발로이면서 공공성을 다름 사람에게 전파하는 역할을 수행한다는 점에서 대한제국의 희망이기도 하다.101) 개혁가들이 신문, 연설, 토론과 같은 인민의 공론을 형성할 수 있는 공론장을 형성하면서 시민적 운동을 전개한 이유이다.102)

제2절 법·권리를 위한 투쟁

1. 공정 재판을 위한 투쟁

1890년대 후반 서구 자유주의 정치사상의 보급은 인민들로 하여금 실정법과 재판소에 대한 비판을 넘어서 그 법과 제도를 설계한 대한제국의 본질을 재인식하는 계기가 되었다. 전통 시대 인민들은 국왕과 그의 통치의 정당성에 대해서 의문을 품지 않았다. 그러나 인민주권론과 사회계약론은 인민들에게 정부의 기원, 통치의 주체, 통치의 정당성 여부를 다시 사고할 것을 알려주었다. 이에 더하여 하나님으로부터 부여받은 자유, 재산, 생명, 신체, 건강의 권리는 그 누구라도 이를 침해할 수 없다는 사상을 갖게 됨으로써, 일반 인민들은 통치자들과 다를 바 없는 평등한 인간이라는 것을

---

100) 박미경 역, 『국역 윤치호영문일기(4)』, 국사편찬위원회, 2016, 151쪽.(1898년 5월 2일).

101) 김소영, 「윤치호의 소사이어티(society) 개념 수용과 활동」『한국사학보』72, 2018, 176쪽.

102) 량치차오도 중국 위기의 근본 원인은 단순히 제도의 결함이나 군사력의 부족 때문이 아니라, 공공 도덕이 부족하고 지식이 열리지 않은 정신 상황에서 구하고 있다. 그는 덕육과 지육이라는 방안을 제시하였다. 조경란, 『20세기 중국 지식의 탄생』, 책세상, 2015, 102쪽.

자각하게 하였다. 『독립신문』을 필두로 한 근대 신문들은 나라의 자주독립과 부강조차도 그 나라를 구성하는 각 개인이 자유롭고 평등한 존재임을 자각해야 가능하다고 주장하였다.

이에 따라서, 개혁가들은 전근대적 수탈과 불공정한 통치를 자행하는 보수적 정부와 부패한 관리들을 비판하고 이들을 상대로 각종 고소와 고발을 제기하였다. 한국정부는 갑오개혁 이후에 신식 재판소를 설치하여 부정의를 교정하려고 하였으나 사법개혁이 중단되고 전문인력으로의 교체에도 실패하면서 일반 인민들의 신체, 생명, 재산에 대한 침해는 근절되지 않았다. 당시까지만 해도 수사 및 재판과정에서의 인권유린은 허다하였고 권세가는 권력을 이용해서 사유재산을 침탈하는 경우도 있었다. 『독립신문』은 당시 재판소의 현실에 대해서 다음과 같이 언급하였다.

조선서는 물론 누구든지 法司에 잡히게 되면 재판도 받기 전에 벌써 죄인으로 다스려 재판하기 전에 칼을 쓰인다, 착고를 채운다, 못된 음식을 준다, 처소를 겨울에는 춥고 여름에는 덥게 해 주니, 이것은 백성을 사랑하는 것이 아니요 재판이 무엇인 줄도 모르는 것이다. (중략) 재판하는 주의는 재판관이 그 사람의 죄가 있고 없는 것을 명백히 査實하여 확실한 증거가 있으면 그 죄에 마땅한 형벌을 법률 책에 있는 대로 마련하자고 재판하는 것이다.[103]

『독립신문』은 조선에서는 범죄 혐의자가 사법기관에 잡히면 재판을 받기도 전에 죄인으로 다스려지고 각종 형구와 옥구로 고통을 당하는 등 부당한 대우를 받는다고 비판하였다. 감옥도 인간으로서는 견디기 힘든 열악

---

103) 「나라히 기화 되고 안된거슬 알야거드면 우희 사름이 아래」, 『독립신문』, 1896년 9월 29일.

한 환경을 구비하고 있는데 이는 인민들을 사랑하는 바가 아니고 재판이 무엇인지도 모르는 조치라고 비판하였다. 『독립신문』은 재판소가 죄형법정주의, 증거재판주의, 공개재판, 피고 변호권 등을 충실히 실현하는 인권보호기관이어야 한다는 점을 명백히 하였다. 심지어 범죄를 저지른 죄인조차도 생명, 신체, 인권은 보호받아야 한다고 주장하였다. 과거 조선에서는 피의자는 참혹한 고문과 형벌을 감수하지 않으면 안 되었고 죄인의 재산을 몰수하는 경우도 있었다. 그러나 이제 이 같은 행위를 저지르는 자는 탄핵당하기에 이르렀다. 사법개혁에 관한 독립협회의 주장을 살펴보면, 급진적인 제도 개혁을 요구한 것은 아니라 갑오개혁기 이래로 제정된 신식 사법절차와 법을 공정하게 시행할 것을 정부에 요구하였을 뿐이었다.

갑오개혁기에 공포된 각종 법령과 제도의 도입, 그리고 근대 신문의 보급으로 인하여 인민들의 법과 인권 의식은 고양되어 있었으나 정작 사법권을 행사하는 대한제국의 사법기관은 전근대적 관행에서 벗어나지 못하고 있었다. 득히, 1898년에 고등재판소장, 법부대신, 한성재판소 판사 등을 비롯한 고위 관료들의 부패사건이 잇달아 신문을 통해서 알려지면서 인민들의 재판에 대한 불신은 더욱 커졌다.

1) 고등재판소장의 홍재욱 가옥 강탈 사건

1898년 5월에 법부대신 겸 고등재판소장인 이유인이 독립협회 회원인 홍재욱의 가옥을 강탈한 일이 있었다. 이 사건은 이유인이 자신의 동생인 이유직(대언인 김창회)을 내세워 홍재욱의 가옥을 강탈하려고 한성재판소에 소송을 제기하면서 세상에 알려졌다. 그런데, 이유인은 한성재판소의 판결이 아직 내려지지 않았음에도 불구하고 유원오를 다시 원고로 내세워 고등재판소에 소송을 제기하였다. 이유인이 해당 사건을 한성재판소에서 고등재판소로 이송한 이유는 고등재판소장인 자신의 지위를 이용해서 신속히 사건을 종결시키려고 하였기 때문이다.

당시 소송절차상에서는 제1심 재판기관의 판결이 없이는 고등재판소로 상소할 수가 없었다. 그러나 고등재판소 판사 마준영은 제1심 판결서가 없었음에도 불구하고 곧바로 소장을 접수하였다. 더 문제인 것은 고등재판소가 판결을 내리기도 전에 해당 가옥을 집행하여 홍재욱의 가옥을 못으로 봉하고 사람들의 출입을 금지시켰다.[104] 「민형소송규정」 및 「집행규칙」에 따르면, 가옥의 집행은 확정판결 이후에 시행하는 승소자의 권리 보호 절차였는데 이 같은 법적 절차도 무시하고 불법적으로 가옥을 집행해 버린 것이다. 이는 개인의 정당한 재산권을 최고 재판소가 침해한 것이다.

독립협회는 1898년 5월 30일에 고등재판소 앞 과일 가게 도가[105](都家)에서 특별회를 개최하고 3명의 대표를 재판소에 보내 공개 재판을 요구하여 이를 관철시켰다. 그러나 판사 마준영이 홍재욱 등 소송 제기자들을 위협하고 변론을 억압하면서도, 이유인의 소송 대리인에 대해서는 일방적으로 비호하자 독립협회 회원들이 일제히 재판소에서 퇴장하였다. 이튿날 독립협회는 공함을 이유인에게 발송하여 첫째, 재판의 원칙은 소송 당사자 및 참고인의 변론을 모두 듣고 해당 발언을 서기로 하여금 기록하게 하여 원·피고 앞에서 낭독한 후 소송 당사자가 서명하고 날인한 후에야 재판장이 판결할 권리가 있다고 주장하였다. 둘째, 한성재판소가 판결하지 않은 사건을 고등재판소에서 심리하는 것은 부당하며, 더 나아가 최종 판결 이전에 인민의 가옥을 널빤지로 막고 못을 박은 것은 불법행위라고 항의하

---

104) 「이돌 류일 독립 협회 총딕 위원 홍긍섭 리슈연 최정식」, 『독립신문』, 1898년 6월 9일.
105) 시전의 사무회의 및 공사처리를 위한 사무소를 말한다.

였다.106)

독립협회 회원들의 항의에 대해서 법부는 별다른 조치를 취하지 않았다. 그러자 6월 6일 독립협회는 마준영 판사의 부당한 행위를 낱낱이 지적하고 고등재판소에 마준영을 고발하였다. 그리고 독립협회의 대표들이 고등재판소로 가서 이유인을 면담하고 항의하였다. 궁지에 몰린 이유인은 자기의 불법 처사를 사과하였고 정부는 6월 10일자로 이유인을 면직시켰다. 독립협회는 여기에 그치지 않고 인민의 재산을 침탈하는 데 동조하고 불공정하게 재판을 진행한 판사 마준영의 파면을 요구하는 청원서를 고등재판소에 발송하여, 정부로 하여금 6월 26일자로 마준영을 면직시키도록 하는 데 성공하였다.107) 이 사건에 대해서 독립협회는 "법률은 국민을 보호하는 하나의 정직한 큰 도라. 그런고로 백성이 법을 범하면 벌을 주고 관인이 법을 잃어도 또한 이 같이 하는 것"이어야 한다고 주장하였다.108) 독립협회는 법치주의의 입장에서 마준영과 이유인을 탄핵한 것이었다.

2) 경무사의 최학래 가옥 불법 몰수사건

1898년 6월에 경무사 신석희는 최학래가 사사로이 동전을 주조하는 기계를 가지고 있다는 이유로 그의 집 재산을 몰수하였다. 당시 소송제도에 따르면, 경무사는 불법 행위를 조사할 수는 있으나 범죄를 확정하고 형벌을 부과할 수는 없었다. 신석희는 해당 사건을 재판에 넘기지도 않고서 최학래를 불법적으로 구금하였다가 이에 항의하자 석방하였다. 그러나 문제

---

106) 정교, 조광 김우철 역, 『대한계년사(3)』, 66-72쪽.

107) 최형익, 「한국에서 근대 민주주의의 기원」, 『정신문화연구』 27(3), 2004.

108) 「독립협회에서 총대위원 홍긍섭 라슈연 최정식 김두현 림병선」, 『미일신문』, 1898년 6월 18일.

가 되었던 몰수 재산은 돌려주지 않았다. 이는 대한제국 법률에도 어긋나는 불법 행위였기 때문에 독립협회는 6월 20일에 총대위원 윤효정 등을 시켜서 경무청이 무슨 근거로 개인의 재산을 몰수하였는지를 조회하는 공함(公函)을 보냈다.

이에 대해 신석희는 "화폐를 사사로이 주조한 범인의 기계와 재산을 몰수하여 국가의 소유로 하는 것은 본래 행해온 경무청의 관례이지, 제가 처음 시작한 일이 아니다."라고 주장하였다.[109] 신석희의 행위는 첫째, 최학래가 재판을 통해서 범죄 사실과 형벌이 확정되지 않았다는 점에서 중대한 불법이었다. 둘째, 재판소의 판결에 의해서 확정되지 않는 자의 재산을 사법기관의 장이 몰수한 것도 불법이었다. 더구나 개인의 사유물을 몰수하는 행위를 경무청의 관행을 따른 것이라고 주장한 것도 법적 근거가 없었다. 6월 23일 신석희의 답변을 들은 독립협회는 다음과 같이 비판하였다.

> 최학래에게 죄가 있는지 없는지, 기계가 장물(臟物)이었는지의 여부에 대해서는 본회가 아는 바가 아닙니다. 집 재산을 몰수한 것을 지금 경무청의 관례라고 하는 부분에 이르러서는, 이전의 포도청(捕盜廳)에서 유래한 해묵은 폐단인 것입니다. '처음 시작한 것이 아니다'라고 하는 것은 옛적의 잘못을 그대로 따르는 것입니다. 다만 옛적의 잘못된 경무청의 관례는 따르고 일정하게 정해진 법률을 따르지 않을 경우, 반드시 막을 방도가 없을 것입니다. 어찌 몰수 사건에서 그치겠습니까? 그렇게 되면 법률과 규칙은 인민이 의지할 도리가 없게 될 것입니다.[110]

독립협회는 최학래의 유죄 여부와 사주전(私鑄錢) 기계의 장물 여부를 문의한 것이 아니라 개인 가옥을 몰수한 조치의 적법성 여부를 문의한 것

---

109) 정교, 조광 김우철 역, 『대한계년사(3)』, 76-77쪽.
110) 정교, 조광 김우철 역, 『대한계년사(3)』, 77쪽.

이라고 주장하였다. 그러면서 이 행위가 국법에 따른 것이 아니라 경무청의 오랜 관례에 따른 것이라고 변명하는 것은 조선시대의 포도청에서 유래한 해묵은 폐단이라고 비판하였다. 오히려 경무청이 잘못된 관행은 따르면서 신법(新法)을 따르지 않으면 폐단을 막을 수 없다고 주장하면서, 신석희가 국법을 위반하였다고 비판하였다.111)

독립협회는 나라의 법률은 인민의 생명과 재산을 편안히 보호하는데 목적이 있다고 주장하면서, 사유재산을 침해하지 말 것을 요구하였다. 결국 신석희는 독립협회의 압력에 굴복하여 최학래의 재산을 돌려주었다. 그리고 7월 8일 신석희도 경무사에서 해임되었다. 이같이 독립협회는 권세있는 양반과 관료들이 인민들의 생명, 재산, 자유권을 침해하는 행위를 상대로 투쟁하였다.

3) 법부대신 및 국왕의 불법 재판 : 김홍륙 사건

독립협회는 재산권 수호와 더불어 인민의 자유, 생명, 신체의 권리의 수호를 위하여 투쟁하였다. 대표적인 사례가 김홍륙(金鴻陸) 사건이다. 김홍륙과 그 관계자들이 처리되는 과정을 보면 대한제국의 사법권이 얼마나 초법적, 불법적으로 운영되었는가를 알 수 있다. 함경도 출신의 천인으로 알려진 김홍륙은 러시아어를 구사할 수 있다는 이유만으로 일약 정부에서 커다란 권력을 얻었다. 그러나 러시아의 비호 하에서 김홍륙은 무소불위의 권력을 휘두르고 각종 이권을 챙기다가 러시아와의 통상에서 거액을 착복한 사실이 드러나서 흑산도로 유배되었다.112)

김홍륙은 고위 관료였기 때문에 「재판소구성법」에 따라서 평리원에서

---

111) 정교, 조광 김우철 역, 『대한계년사(3)』, 77쪽.
112) 『승정원일기』, 1898년 8월 23일.

재판을 하여야 하였으나 1898년 8월 23일에 고종은 "교활한 성품으로 속임
수가 버릇이 되어 공무(公務)를 빙자하여 사욕을 채우는 데에 온갖 짓을 다
하였으니, 백성들의 마음에 울분이 오래도록 그치지 않고 있다. 이처럼 재
직 중에 탐묵(貪墨)한 자는 규례대로 판결하는 것만으로 그쳐서는 안 된다.
법부(法部)로 하여금 의율(擬律)하여 유배"를 보내도록 지시하였다[113]. 그
러자 법부대신 신기선이 8월 25일에 태 100에 종신 유형에 처할 것을 상주
하여 허락을 받았다.[114] 이 조치는 국왕과 법부대신이 국가의 사법절차를
무시하고 불법적으로 형벌을 부과한 것이었다.

이를 두고 독립협회는 "재판권리는 대소 죄인에게 다 허락하는 것이 국
법에 마땅하고 인민·생명·재산보호에 관계가 큰 일이라, 김홍륙이라도 재
판 없이 유배되지 아니하리라고 하였노라."고 지적하면서[115] 김홍륙을 재
판도 없이 종신유배형에 처한 법관들을 통렬하게 규탄하고 즉각 공개 재판
을 열 것을 주장했다. 또한 이 사건을 처리하는 과정에서 경무사 민영기(閔
泳綺)가 형벌을 남용하여 다리가 부러진 사람이 있었고 김홍륙의 아내 역
시 가혹한 형벌을 받았다.[116]「형율명례」에 따르면 고신은 1인에게 3회를
초과할 수 없었으며 최대 30대를 넘지 못하도록 규정하였으나 수사 과정에
서 초법적인 고문이 이루어진 것이다. 독립협회는 비록 김홍륙이 중대 범
죄인이라고 하더라도 법률에 의해서만 처벌되어야 하고 사건 관계자에 대
한 고문도 용납될 수 없다고 비판하면서 공개 재판을 요구하였다.

한편, 이 사건과 관련해서 9월 23일에 중추원 회의가 열렸을 때 서상우

---

113) 『고종실록』, 1898년 8월 23일.
114) 『고종실록』, 1898년 8월 25일.
115) 「법관 실수」『독립신문』, 1898년 8월 29일.
116) 정교, 조광 김우철 역, 『대한계년사(3)』, 158쪽.;「중추원 첫 정사」『독립신문』,
    1898년 9월 26일.

등이 법률을 개정하여 노륙법과 연좌법을 부활시킬 것을 요청하였다. 연좌법은 죄인의 가족에게 중형을 내리는 법이었고, 노륙법은 죄인의 스승, 아들, 남편, 아비를 죽이는 법으로 문명 개화된 형벌이 아니라는 이유로 갑오개혁기에 폐지되었다. 보수 유생들이 두 법의 부활을 주장하자 법부대신 겸 중추원의장 신기선 이하 의관 34명이 동조하여 정부에 정식으로 이를 요구하였다. 인권 보호에 앞장서야 할 법부대신이 앞장서서 전통적인 악습인 노륙법과 연좌법을 부활하자고 주장한 것이다. 이에 독립협회는 9월 25일에 통상회를 개최하여 피의자들을 악형으로 고문한 사실과 노륙법 및 연좌법의 부활 기도는 생명권, 재산권을 침해하는 것이라고 의결하고 이에 대한 진상조사와 반대투쟁을 전개하기로 의결하였다. 9월 26일에는 총대위원 김구현 등 세 사람을 시켜서 중추원 의장이자 법부대신인 신기선에게 공함을 보내 아래와 같이 항의하였다.

> 국가의 표준은 법률에 있으며 법률이 공평해야 백성들이 믿고 의지하여 그들의 생명을 보전할 수 있습니다. 만약 세계 여러 나라에서 널리 실행되고 있는 명백한 법률과 다르면 국제법에서는 나라로 부르지 아니하며, 세계 여러 나라들로부터 평등한 대우를 받을 수 없습니다. 이 때문에 오직 우리 대황제께서는 자주독립의 권리를 잡으시고 모든 것을 품어 안는 크고 넓은 덕을 베푸시어 개국 503년 6월 28일 연좌법을 일체 시행치 말라는 재가를 내리셨습니다. 이해 12월 12일에는 종묘와 사직에 맹세해 고하신 홍범의 제13번째 조목에 이르기를 '민법과 형법을 엄격하고 명백히 제정해 함부로 감금하거나 징벌하지 못하게 하여 백성들의 생명과 재산을 보호한다' 하셨습니다."라고 하였다.[117]

독립협회의 요구는 법률적 근거가 명료하였고 근대 사법이념에도 부합

---

117) 정교, 조광 김우철 역, 『대한계년사(3)』, 158-159쪽.

하는 것이었다. 그러나 신기선은 9월 27일에 "중죄인의 가족을 능지처참하는 형벌은 오늘날엔 시행할 수 없을 줄을 일찍부터 알고 있습니다. 다만, 대역죄인을 베어 죽이는 형벌은 다시 시행하지 않을 수 없습니다."라고 답장을 보내어 참형을 부활할 것임을 예고하였다.[118]

그러자 독립협회는 신기선을 고등재판소에 고발하였다. 10월 3일에 고등재판소 검사 함태영[119]은 법부대신과 협판은 칙임관이므로 그의 구금을 위해서는 법부대신이 황제에게 상주한 후에야 구금할 수 있는데 법부대신 신기선이 피고이므로 상주할 사람이 없어서 기술적으로 이를 처리하기 어렵다고 밝혔다.[120] 이에 협회는 10월 6일에 고등재판소 앞에서 다시 민중대회를 개최하여 황제에게 직접 상소하기로 하고 7일에 1만명이 모인 상황에서 정교가 지은 상소문을 제출하였다. 그러나 황제는 법률은 조정에서 때에 알맞게 제정하는 것이니 아래에서 함부로 논의할 바가 못된다는 비답을 내렸다.[121]

결국, 10월 10일에 고등재판소 선고서에 의해서 김홍륙, 공홍식, 김종화는 사형이 확정되었다.[122] 김홍륙의 처인 김씨는 3년 유배형에 처해졌다.[123] 김홍륙과 그 공모자들을 처리하는 과정에서 대한제국의 사법부는

---

118) 정교, 조광 김우철 역, 『대한계년사(3)』, 159쪽.

119) 함태영은 법관양성소 제1회 졸업생이었다. 황제와 법부대신이 연계되어 있는 사건은 상부의 지시에 따르지 않을 수 없었을 것이다. 이는 곧 사법개혁은 사법권력자의 의지가 필요함을 보여준다.

120) 정교, 조광 김우철 역, 『대한계년사(3)』, 166쪽.

121) 정교, 조광 김우철 역, 『대한계년사(3)』, 171-174쪽.

122) 『고종실록』, 1898년 10월 10일.; 『독립신문』, 1898년 10월 14일.

123) 조재곤, 「세치 혀의 출세와 비참한 최후, 한말 러시아어 통역관 김홍륙」 『내일을 여는역사』 32, 2008.; 장경호, 「아관파천 직후 정치권력 변화와 김홍륙 독차사건 재검토」 『한국근현대사연구』 81, 2017, 107쪽.

이미 공포된 법률과 사법절차를 무시하는 초법적 태도로 일관하였다.

이 사건에 대한 서양 외교관들의 태도를 살펴볼 필요가 있다. 당시 미국 공사 알렌은 외부에 조회하여, "무릇 고문을 해 억지로 복종을 받는 것은 오늘날 세계에서 공통적으로 사용하는 규례에 적합하지 않을 뿐 아닙니다. 귀 정부에서 만약 이미 폐지한 형벌을 다시 허용한다면, 본 공사로서는 장차 문제삼지 않을 수 없습니다."라고 경고하였다. 더 나아가 프랑스 공사 플랑시는 "사변을 주모한 피고는 김홍륙이라고 합니다. 그런데 공홍식과 김홍륙의 아내 및 기타 죄인들에게 고문을 가했습니다. 만일 이러한 경우에는 비록 진술을 받았다 해도 그 말에 무게를 둘 수 없습니다. 귀 대신께서 만약 명확한 답장을 보내주지 않는다면 본 공사는 마땅히 인류의 보편적 권리를 대변하여 귀국에서 시행하는 형법을 거부하겠습니다."라고 주장하였다.124)

미국과 프랑스 공사는 사건의 진실에 대한 문제보다는 피의자에 대한 사법절차의 비인도성과 부당성을 지적한 것이다. 결국, 고종은 신기선, 이인우 등의 책임을 물어서 면직시켰다.125) 이는 황제 스스로가 국법을 어겼음을 자인하는 것이었다. 고종은 김홍륙 등을 죽이는 동시에 신기선을 파면시켜 민심을 달래려 하였다. 그러나 곧바로 독립협회는 고종에게 7명의 대신은 물론 노륙과 연좌의 부활을 주장한 중추원 의관들을 파면하라는 상소를 올렸다. 한성에서의 시위는 잦아들지 않았으며 소학교 학생들까지 시위에 참여하였다. 결국 고종은 7명의 대신을 모두 해임하였다. 대신 박정양이 이끄는 내각이 수립되었다. 미국공사가 이렇게 내각이 교체된 것을 평화적 혁명이라고 평가하였듯이, 김홍륙 사건을 계기로 일어난 독립협회의 투쟁은 인권의 보호를 위한 평화적 개혁운동이었다.126)

---

124) 정교, 조광 김우철 역, 『대한계년사(3)』, 192-193쪽.
125) 정교, 조광 김우철 역, 『대한계년사(3)』, 197쪽.

2. 전통 법률의 비판

『독립신문』에 따르면, 좋은 법은 개인의 자유와 권리를 보호하는 법이
다. 특히, 사유재산을 안전하게 보호하고 정당한 이익 추구의 욕구를 인정
하는 법이다. 이 같은 법 이해에 기초하여, 『독립신문』은 한국이 부강한
나라가 되지 못하고 외국의 침략을 받는 처지로 전락한 것은 법률에 큰 결
함이 있기 때문이라고 주장하였다. 즉, 한국인들이 세계에서 가장 잔약하
고 가난한 나라가 된 것은 인민들이 부를 축적할 수 있도록 정부와 관료들
이 보호하지 않고 오히려 부자들의 재산을 빼앗았기 때문이라고 비판하였
다. 『독립신문』은 재산과 재물을 모으려는 부자들의 욕구가 정당하며, 오
히려 이익 추구의 욕구를 빼앗는 관리의 행위를 수탈로 규정하였다.[127]

이 같은 인식은 정부가 개인의 재산과 자유, 생명권을 침해한다면 그
정부는 비판받아야 하고 또 정부의 부당한 행위는 반드시 교정되어야 한
다는 변혁사상으로 발전할 수 있었다. 『독립신문』은 군수, 관찰사, 정부
관료가 인민에게 불법적인 행위를 하면, 첫째는 나의 재산과 인명을 아끼
고 둘째는 나라를 위하여 국중(國中)에 무법한 일이 없도록 준비하여야 하
며, 만약 인민이 고을의 수령에게 재산이나 권리를 빼앗기면, 이를 개인의
문제가 아니라 그 마을 전체의 문제로 삼아서 교정을 요구해야 한다고 주
장하였다.[128]

다만, 개혁가들은 부당하고 불공정한 통치는 좋은 법과 공정한 사법절차

---

126) 김정인, 『민주주의를 향한 역사』, 책과함께, 2015, 308쪽.
127) 「죠션 사름들이 세계에 남만 못 ᄒ지 안흔 인죵이언마는」 『독립신문』, 1896년
    12월 8일.
128) 「사름ᄆ다 남의 물건을 무리 ᄒ게 취 ᄒ기를 얼ᄆ큼 죠하」 『독립신문』, 1897년
    8월 12일.

에 의거하여 교정해야 한다고 생각하였다. 타인 혹은 정부로부터 자신의 권리를 보호하는 수단은 폭력이 아니라 '법'이고, '법'은 재판소에서 공정하게 확인되어야 한다는 사상을 가지고 있었기 때문이다. 예컨대, "못된 관인을 방어하는 도리는 전국 인민이 일심으로 법률과 의리를 밝혀 시시비비 의논하면 그것이 총보다도 더 무섭고 일도 마음과 같이 될"것이라고 주장하였다.129) 개혁가들은 개인의 권리 구제 수단으로서 법을 이해하였으나 대한제국의 관리들은 개혁가들의 법 인식을 따라가지 못하였다.

> 대한 정부에서 四五년 전부터 옛 법의 좋지 못한 것을 폐지하고 문명한 나라의 좋은 법을 취해 쓴다 하되 법률을 자주 변경만 하며 장정 규칙이 실시됨을 듣지 못하고 소문을 들은즉 민법을 물론하고 재판 선고할 때에 흔히 대명률을 좇아 결처함이 많다 하니 우리는 한문에 무식한 고로 대명률 편집에 마련한 조목을 알지 못 하거니와 그 책에 기록한 법은 개화 세계에 통상한 나라 법률이 아니요 문을 닫고 혼자 살아 집안 식구에게 쓰던 옛 법이라.130)

위 글은 한국정부가 옛 법 중에서 나쁜 것은 폐지하고 문명한 나라의 법을 제정하기로 하였으나 현실에서는 법을 자주 변경하기만 하고 제대로 시행하지 않는다고 비판하는 것이다. 그리고 민사재판에서 판사가 판결할 때에 여전히 「대명률」을 따르고 있는 것에 대해서도 비판하였다. 그 이유는 「대명률」이 한문으로 쓰여져 있어서 인민들이 내용을 잘 알지 못할 뿐만 아니라 그 내용도 교역과 통상의 시대에는 적합하지 않기 때문이다. 즉, 전통의 법률은 자본주의 시장경제를 촉진하고 발전시키는 과정에서 발생하

---

129) 「사름마다 남의 물건을 무리 흐게 취 흐기를 얼마큼 조하」, 『독립신문』, 1897년 8월 12일.

130) 「민법론(전호 련쇽)」 『독립신문』, 1899년 8월 14일.

는 새로운 유형의 분쟁을 해결하지 못하며, 각종 산업을 진흥시키는 기능
도 수행할 수 없다고 보았다.

대한제국기 각종 민·형사 사건을 해결하는 기본법은 「대명률」, 「대전회
통」 등 전통시대의 법전이었다. 「대명률」이나 「대전회통」에 특정 분쟁에
관한 규정이 있으면, 그 규정에 따르나 해당 법전에 규정이 없으면 예(禮),
리(理), 정(情) 등을 종합적으로 고려하여 처리할 수밖에 없었다. 이와 더불
어 갑오개혁 전후에 제정된 「형률명례」, 「전당포규칙」 등의 몇 종의 단행
법령들이 기존 전통 법전의 미비점을 보완하고 있는 실정이었다.

> 나라에 법률은 있고도 그 법률이 능히 백성을 보호하지 못하면 법률 있
> 는 본의가 무엇이며 나라가 어찌 될수 있으리오. 설령 대명률과 대전회통
> 을 실상으로 시행한다 하더라도 이 세계에서는 그 법률로 내 백성을 보
> 호할 수는 없는 것이 이때 세계 각국이 통상하고 지내고 모든 독립국들
> 은 다 같은 권리가 있어 통동한 율법을 가지고 서로 그 백성들을 보호하
> 는지라.131)

> 외국의 무법한 백성들이 대한 신민을 무리히 대접함은 오히려 고사하
> 고 무례히 때리기도 하며 간간 사람을 살해하는 폐단이 있으되 우리 나라
> 관원의 손으로 치죄하는 권이 없으니 어찌 분하지 않으리오. 이것을 보면
> 우리나라에는 법이 있어도 그 백성을 보호하지 못할 일을 깨달을지라. 대
> 명률과 대전회통이 우리 생각에는 아무리 공평하고 문명한 법률인 듯 하
> 나 지금 세상에는 이것을 가지고 국민을 보호하며 동등권을 찾을 수는 없
> 으니 (중략) 불가불 법률을 바삐 고쳐야 할지니.132)

---

131) 「근일에 정치를 의론 ᄒᆞᄂᆞᆫ 사ᄅᆞᆷ들이 흔히 말ᄒᆞ기를 우리 나라에」, 『ᄆᆡ일신문』,
　　　1898년 5월 9일.
132) 「근일에 정치를 의론 ᄒᆞᄂᆞᆫ 사ᄅᆞᆷ들이 흔히 말ᄒᆞ기를 우리 나라에」, 『ᄆᆡ일신문』,
　　　1898년 5월 9일.

위 『매일신문』의 기사는 개혁가들의 법 의식을 알 수 있는 중요한 논설로서, 법의 목적과 그 기능에 대한 새로운 견해를 담고 있다. 전통시대 동양의 사회규범은 예와 법 두 종류이다. 예는 도덕적인 의미를 갖는 규범으로서 사람들을 선행으로 인도하고 요, 순, 우, 백이, 숙재와 같은 성현을 본받도록 하는 것을 목표로 한다. 법은 금지와 징벌의 규범으로서 사람들이 예의 요구에 따라 행동하지 않을 경우 중형을 받게 됨을 규정한 것이다. "예는 사리를 잘 분간하는 사람들을 위해 만든 것이며 형(刑)은 무지한 사람들을 위해 만든 것이므로 예에서 벗어나면 형을 받게 된다."거나 "예로써 규제할 수 없는 사람은 형의 적용을 받게 된다. 이는 서로 표리를 이루는 것"을 의미한다. 옛 사람들의 생각으로는 형(법)은 혼자서 존재할 수 없으며 반드시 예의 실현을 위해 존재하는 것이다. 형은 예의 도구에 불과한 것이다. 이것은 이른바 "덕과 예가 정치와 교화의 근본이며 형벌은 정치와 교화를 위한 수단'라는 의미이다.133)

그러나 『매일신문』에 따르면, 현대의 법은 인민의 권리를 보호하는 역할을 충실히 해야 한다. 따라서 『매일신문』의 기사는 첫째, 나라에 법률이 있어도 그 법률이 인민의 재산, 이익, 권리를 보호하지 못하면 법률로서의 의미가 없다고 단언하였다.134) 둘째, 현대는 모든 독립국들이 동등한 주권을 가지고 있어서 자국의 법률로써 인민을 보호하지만, 한국에서는 외국인들이 우리 인민들을 상대로 범죄를 지지르더라도 이들을 한국 법률로는 처벌할 수 없는 한계가 있다고 주장하였다. 이 논설은 한국 인민을 부당하게 침해하는 외국인의 범죄를 처벌할 수 있도록 한국의 사법체계와 법률을 조

---

133) 范忠信, 鄭定, 詹學農, 李仁哲譯, 『中國法律文化探究』, 일조각, 1996.
134) 전통시대의 법은 교화를 수용하지 못하는 패악한 인민들을 깨우치게 하는 채찍같은 것이다.

속히 개혁하여야 하며, 궁극적으로는 치외법권을 철폐해야 한다고 주장하
였다.

　그러나 법부를 비롯한 국정 최고위직에 있던 관료들은 서양 법률을 도
입하는 것에 소극적이었고 치외법권 철폐에 대한 의지도 없었다.135) 고위
관료들은 전통 법률을 공정히 잘 시행하면 사회의 기강을 바로 잡을 수 있
고 또 문명 부강하는데 전혀 문제가 없을 것이라고 생각하였다. 아래의 인
용문에는 법제개혁에 소극적인 관료의 모습이 잘 나타나 있다.

　　근일에 정치를 의론하는 사람들이 흔히 말하기를 우리나라에서 구태여
　서양 법률을 쓸 것이 아니라 대명률과 대전회통만 실상으로 시행하여 기
　강을 밝게 세우면 상하귀천이 다 규율에 짜여서 문명부강하기에 어려울
　것이 없다고들 하니 이는 시세의 변함을 알지 못하는 고로 어찌하여서 서
　양 법률을 써야 하겠다는 까닭을 생각하지 못함이라.136)

　위 인용문은 개혁가들이 지향하는 입법의 방향과 정부가 추진하는 입법
의 방향이 서로 다르다는 점을 보여준다. 개혁가들은 개인의 권리 보호가
곧 국가의 발전과 직결되어 있으며 이는 서양식의 법률을 제정함으로써 가
능하다고 주장하였다. 이에 따라서 "나라의 부강은 그 나라의 정치에 달려
있고 정치의 근본은 생존 필수에 있다."는 주장으로 연결되었다. 그리고
"생존 필수는 생명권, 자유권, 명예권, 재산권의 보호"에 달려 있으며 이 권

---

135) 한국정부는 1894년부터 지속적으로 민법, 형법 제정의 필요성을 언급한 바가 있었
　　다. 고종도 홍범 14조를 통해서 민법 등을 제정할 것을 다짐하기도 하였다. 그러
　　나 정부 차원에서는 구체적으로 민법 등 실체법 제정의 성과는 없었다.
136) 「근일에 정치를 의론 ᄒᆞᄂᆞᆫ 사름들이 흔히 말ᄒᆞ기를 우리 나라에」, 『ᄆᆞ일신문』,
　　1898년 5월 9일.; 「나라에서 법률을ᄆᆞᄃᆞ리 경향간에 지판쇼」, 『제국신문』, 1901년
　　4월 25일.

리들을 잘 보호하지 못하면 나라도 진보할 수 없다고 보았다.[137]

그러나 『제국신문』에서는 정부가 인민들의 권리를 보호하려는 생각이 절실하지 못할 뿐만 아니라 공법(公法)과 조약 등을 모르고 예전의 법률만으로 외국인을 상대하기 때문에 인민의 권리와 이익을 제대로 보호하지 못한다고 주장하였다[138]. 더구나 한국의 법률은 내용이 소상하지 않고 사람들이 학문이 없어서 개인의 재산과 권리를 제대로 보호하지 못한다는 것이다.[139] 개혁가들은 문명 개화한 나라의 법률은 유럽의 민법과 형법이라는 인식 하에서, 1905년에 제정된 「형법대전」에 대해서도 긍정적으로 평가하지 않았다. 예컨대, "작년에야 비로소 형법대전이라고 반포되었으나 대저 법률이란 것은 민법, 형법, 상법 세 가지가 구비한 후에야 법률이 구비하였다 할터인데 다만 형법만 반포되고 민법이나 상법이란 것이 없을 뿐더러 또 형법이 아름답지 못하다는 여론이 자자한 중 그것도 또한 시행이 되지 않는 것을 근심한다."고 비판하였다.[140] 「형법대전」이 대한제국에 의해서 공포되었음에도 불구하고 그 내용이 문명 개화된 세상을 규율하기에는 역부족이며 또한 민법과 상법도 제정되지 않는 등 법률의 미비 상태라고 주장하였다. 1909년 『대한매일신보』는 전통 시대의 「대명률」, 「대전회통」, 「대전통편」은 완전하지 못한 법전이고 인민을 압제하는 법전이기 때문에 법률이 없는 것이나 마찬가지라고 혹평하기도 하였다.[141] 민간에서는 새로운 법률

---

137) 「나라집을 부강케ᄒ고져 ᄒᄂᆞ쟈ᄂᆞ 불가불」, 『제국신문』, 1901년 3월 4일.

138) 「국권을 보호홀 방칙」, 『제국신문』, 1903년 1월 19일.

139) 「셰계 인민 즁에 뎨일 불샹흔 빅셩은 죠션 빅셩인듸」, 『독립신문』, 1897년 6월 10일.

140) 「법률이란거슨 마련ᄒᄂᆞᆫ 것보다 실시홈이귀홈」, 『제국신문』, 1906년 12월 14일.

141) 「인민은 법률을 알아서 권리를 보호홀 일」, 『대한매일신보』, 1909년 3월 21일. "몇백년 이래로 악한 정부가 오늘날 한국을 부패케 함은 사람마다 아는 바라. 다시 의론할 것이 없거니와 저 악한 정부가 무슨 꾀로 능히 국가를 부패케 하였는가. 그것은 법률이 없기 때문이다. 한국에는 어찌 법률이 없었는가. 저 대전회통, 대전

의 출현을 고대하고 있었다.

3. 민법 제정의 요구

조선왕조는 신분적인 차별을 정당화하는 이념인 삼강오륜으로 인민을 규율하였다. 부자, 군신, 부부, 장유, 붕우의 사회적 관계에 필요한 충(忠), 효(孝), 열(烈), 제(悌), 신(信)의 덕목을 규정한 오륜과 그 가운데서도 특히 군신, 부자, 부부의 관계를 상하 주종 존비 관계로 강조한 삼강은 어떤 시기 어떤 상황에서도 변하지 않는 진리, 즉 하늘의 이치인 천리를 구현한 것이다. 현실 사회에서의 차별적인 인간관계를 천리로 합리화한 삼강오륜을 준수하도록 요구하는 것이 강상론(綱常論), 명분론(名分論)이었다.142) 전통시대 조선에서 법은 이 같은 예(禮)의 또 다른 표현이었다.

그러나 서구 근대 사회에서 "가장 현명한 법이란 사회의 이익을 자연스럽게 분배하는 종류의 법이다. 이러한 법은 특권적인 소수의 손에 권력과 행복을 집중시키고, 그 밖의 대다수 인간들을 무력하고 비참하게 만드는 힘에 저항"하기 때문이다.143) 한국 개혁가들도 소수 특권 세력에게 이익과 기회를 많이 배분하는 사회 원칙에 반대하고 사회의 부와 이익을 공평히 분배하는 새로운 사회 원칙을 수립할 것을 요구하였다.

통편, 대명률은 법률이 아니고 무엇인가. 슬프다. 이것이 모두 완전치 못한 법전일 뿐더러 진실로 법전이나 있으면 법률이 있음인가. 당시의 정부는 인민을 압제하는 꾀로 인민의 지식을 어리석게 하였고 인민을 어리석게 하는 꾀로 법률의 공포를 금하여 소위 법전이라 하는 것은 명문대가에 심심장지하여 일자 반구라도 인민이 알까 염려하였으니 (중략) 이것이 법률이 없는 것이 아니고 무엇인가."

142) 한상권, 「조선시대의 교화와 형정」 『역사와현실』 79, 2011, 278쪽.
143) 체사레 벡카리아, 한인섭 역, 『범죄와 형벌』, 박영사, 2010, 7쪽.

　　나라에서 법률을 만들어 경향간에 재판소를 설치한 뜻은 전국 인민을 위하여 서로 다투고 칭원하는 폐가 없도록 함이라. 만일 인민들이 무슨 시비가 있는 것을 재판소에서 공결하여 주는 법이 없으면 잔약한 부인들과 세력업는 사람들은 강하고 세력있는 사람들에게 무리한 일을 받아 목숨과 재산을 보전할 수 없을터이니.[144)

　　좋은 법률을 장정이 있어서 범백사를 경위대로 이치대로 사람마다 하늘이 평균하게 주신 권리를 지키어 아무리 강한 자라도 경위 없고 이치 없는 일에는 감히 무례함으로 약한 사람을 침노치 못하고 아무리 약한 사람이라도 경위 없고 이치 없는 일에는 결단코 무례함을 강한 자에게 받지 아니하게 마련한 처지에 당하여 경위와 이치는 간 곳 없고 강한 놈이 약한 자의 고기를 먹고 큰 놈이 적은 자를 아울러 가지되 잔약한 자가 그런 좋은 법률 장정의 효력이 있는 줄도 모르고 하늘이 평등권리 주신 것을 찾을 줄도 모르고 의례히 수모와 압제를 당할 것인 줄로 알게 되면 그 사람은 몰라서 그러하거니와 (중략)[145)

　　自主之國은 全國人民의 生命 財産之權을 保護ᄒ기 爲ᄒ야 法律章程이 自在ᄒ고 自由之人은 耳目手足의 視聽運動之權을 保養ᄒ기 爲ᄒ야 聖訓賢箴이 自在ᄒ지라 惟我大韓同胞ᄂᆞᆫ 各其 一人의 自由之權을 保養ᄒ야 一國의 自主之權을 保護ᄒ기를 深望ᄒ노라.[146)

　위 논설들은 개혁가들이 생각하는 법의 목적과 그 기능을 잘 설명하고 있다. 근대 사회에서 법을 제정하고 재판소를 설치하는 근본 이유는 잔약

---

144) 「나라에서 법률을 만드러 경향간에 직판쇼를 설치ᄒᆞᆫ 뜻은」, 『ᄆᆡ일신문』, 1898년 6월 1일.

145) 「법률쟝뎡을 마련ᄒᆞ야ᄂᆞᆫ기가 어려온것이」, 『제국신문』, 1900년 11월 20일.

146) 「一人은 一人之權이 有ᄒᆞ고 一國은 一國之權이 有ᄒᆞᄂᆞ니」, 『황성신문』, 1899년 2월 17일.

한 부인들과 세력이 없는 사람들을 강하고 세력이 있는 사람들로부터 보호하기 위해서이다. 만약, 동포 형제가 강하고 권세가 있는 자에게 잡혀가 이치에 맞지 않게 욕을 당하고 매를 맞고 재산을 빼앗겨도 남의 일로만 여겨서 가만히 있다가는 결국은 자신에게도 그 같은 화(禍)가 닥칠 것이라고 경고하였다.[147] 타인의 재산, 생명, 자유의 보호가 곧 자신에 대한 보호와 동일하다는 주장이다. 이 같은 이해 속에서 법은 하나님이 인민들에게 주신 평등한 권리를 지키도록 하여야 하고 강한 자라도 이치에 맞지 않게 약한 사람을 침탈하지 못하게 막아야 한다고 보았다.

『독립신문』은 세력이 있고 지체가 높다고 해서 무법한 일을 하여도 처벌받지 않으면, 그 법률은 지체가 낮고 세력 없는 사람에게만 편벽되게 시행되는 것이고, 법률을 편벽되게 시행하면 나라를 지탱할 수 없다고 비판하였다.[148] 법은 부와 권력의 크기에 상관없이 모든 사람에게 공평히 적용되어야 한다는 주장이다.[149] 법은 사람의 혈맥과도 같아서 혈맥이 고르게 통하지 않으면 목숨을 잃듯이 법을 공평히 시행하지 않으면 나라도 망하기 때문이다.[150]

다만, 『독립신문』은 모든 사람들에게 공평하게 법을 시행하기 위해서는 사전에 성문법으로 제정해 두어야 한다고 생각하였다. 즉, "이미 정해 놓은 법률과 규칙과 장정이 없으면 사람의 소견대로 공사를 결처할 터이니 만일

---

147) 「나라에서 법률을 만드러 경향간에 직판쇼를 설치흔 뜻은」, 『미일신문』, 1898년 6월 1일.

148) 「근일에 드르니 엇더흔 양반들이 다시 구습을 시쟉ᄒ야」, 『독립신문』, 1897년 12월 11일.

149) 「법률이라 ᄒᄂ거슨 샹하 귀쳔 빈부 유무셰를 샹관치 아니ᄒ고」, 『독립신문』, 1896년 7월 14일.

150) 「나라에서 법률을 만드러 경향간에 직판쇼를 설치흔 뜻은」, 『미일신문』, 1898년 6월 1일.

그 사람이 마침 옳은 소견과 좋은 학문이 있을 것 같으면 그 일이 결정이 잘 되려니와 만일 그게 없을 것 같으면 일이 조처가 잘못"된다고 보았다.151) 『독립신문』은 재판관의 선한 품성과 지식에만 기대는 것이 위험하다고 보았다. 재판은 개인의 품성에 따라서 진행하는 것이 아니라 사전에 정해 놓은 성문화(成文化)된 룰(민법, 형법, 소송법 등)에 따라서 판결해야 공정한 결과를 가져올 수 있다고 주장하였다. 『독립신문』에 나타난 한국인들의 법·권리 의식은 정부가 무시할 수 없을 정도로 높았음을 알 수 있다. 그러나 한국정부의 법과 사법체계는 인민들의 높은 권리의식의 수준에 도달하지 못하고 있었다. 독립협회는 법과 재판에 대한 새로운 인식을 기초로 대한제국을 '새로운 법'이 지배하는 나라로 바꾸고자 하였다.

『독립신문』은 서양 법률을 잘 헤아려서 국내의 법률을 새롭게 제정해야 한다고 주장하였다. 『독립신문』은 서양의 민법을 개인의 권리와 의무에 관계하는 것으로 이해하고 정부와 인민이 해당 법률을 서로 준수하여야 국제가 존중되고 민업(民業)노 상대해져서 나라가 부강해진다고 보았다. 『제국신문』도 문명 개화국에는 모두 일정한 법률이 있으며, 그 법률은 형법과 민법으로 구성되어 있다고 소개하였다. 특히, 민법은 법관이 판결을 할 때 귀천상하를 불문하고 적용되기 때문에 문명한 나라의 재판소는 청탁이나 사정(私情)이 조금도 개입할 여지가 없다고 보았다. 형사사건에서도 형법이 제대로 구비되어 있으면 죄인을 고문하지 아니하고 질문과 증거를 토대로 공정히 판결한다는 것이다. 그리고 재판관은 법률에 능통할 뿐만 아니라 총명하고 언변과 재능이 있어야 그 직임을 감당할 수 있다고 보았다. 법률 전문가로서 재판관의 능력과 소양을 갖출 것을 요구하고 있는 것이다.

---

151) 「나라라 ᄒᆞᄂᆞᆫ거슨 크던지 젹던지 ᄒᆞᆫ 디면에 여러 사ᄅᆞᆷ이」, 『독립신문』, 1897년 4월 17일.

개명한 나라에는 법률이 공평하여 풍속을 침작하고 시세를 순종하여 정부와 백성 사이에는 형법과 민법을 시행하나니, 형법이란 것은 일개인이 국가 권리에 관계된 의무요, 민법이란 것은 일개인 끼리 서로 권리에 관계된 의무라. 이로 말미암아 국중에 제반 사무를 일정한 규례와 합당한 조약으로 정부와 인민이 서로 믿고 지켜 천의를 순종하고 인도를 준행한즉 자연 국체가 존중하고 민업이 광대 하여 천백 년 무궁한 기초를 세우려니와 (후략)[152]

동서양을 물론하고 이 세계의 문명한 나라들은 각각 일정한 법률이 있고 그 법률 중에 두 가지 부분이 있으니 가로되 형법과 민법이라. 그 법률을 쓸 때에 재판관이 귀천상하를 물계하고 오직 적당한 법률을 행하나니 어찌 청촉과 사정을 일호반점인들 그 중에 섞어 쓰리오 그러나 재판하는 마당에 있는 죄를 없다 하여 항복하지 아는 자 있으면 재판관이 모든 악형으로 죄인을 몹시하여 억지로 항복받는 것이 아니라 여러 가지 말로 반복 질문하다가 증거를 얻은 후에 그 일을 공평히 처결하나니, 재판관은 불가불 법률에 밝으며 총명특달하고 언변과 재능이 있어야 능히 그 소임을 감당할지라.[153]

『독립신문』에 따르면, 유럽의 민사 법률은 로마식과 독일식으로 분류되는데, 현대에는 로마식보다는 독일식 민법을 채택하는 나라가 많다. 로마식 민법은 인사법, 물건법, 상속법, 소송법으로 구분하나, 사회(社會)가 점점 진보함에 따라서 현재는 민법의 편제를 모두 변경하여 모든 나라들이 독일식을 채택하였다는 것이다.[154] 독일식 민법은 총칙, 물권법, 채권법, 친족법, 상속법 등 모두 5편으로 나뉘어 있는데 독일 민법이 가장 소명하

---

152) 「학문과 법률」, 『독립신문』, 1899년 4월 12일.
153) 「동서양을 물론ᄒ고 이세계의문명ᄒ나라들」, 『제국신문』, 1901년 3월 13일.
154) 「민법론」, 『독립신문』, 1899년 8월 12일.

고 편리하여 세계 각국이 모두 로마법을 버리고 독일 민법을 채택하였다고 소개하였다.155) 『독립신문』이나 『제국신문』의 관계자들이 유럽의 법학에 대한 높은 수준의 이해와 지식을 갖추었다고 보기는 힘들지만, 향후 한국의 법률은 유럽의 민법, 상법, 형법을 참고하여 제정해야 한다는 사고는 분명하였다.

1890년대까지만 하여도 한국의 개혁가들 중에서는 법률학교를 졸업한 자가 드물었기 때문에 사법개혁이나 법제개혁에 대한 높은 수준의 이론을 전개하지는 못하였다. 그럼에도 불구하고 개혁가들은 개인의 권리 보호의 수단으로서 서양식의 법과 재판의 제정을 기대하였다.

---

155) 「민법론(전호 련속)」 『독립신문』, 1899년 8월 14일.

제6장 입헌주의 개혁가의 사법개혁론

제1절 입헌주의 개혁 운동과 입헌 개혁(안)의 입안

1. 입헌주의 개혁 운동의 등장

한국 최초의 자유주의 정치개혁 운동은 1898년 12월말에 고종이 무력을 동원하여 독립협회를 강제 해산시킴으로써 일단 좌절되었다. 고종을 중심으로 하는 수구파 정부는 독립협회와 만민공동회의 주요 회원 430여 명을 체포하고, 이들 중에서 민주주의·공화주의 사상을 가졌다는 이유로 최정식에게는 사형을, 이승만에게는 무기징역을 선고하였다. 이와 동시에 일본과 연결되어 있던 반정부 쿠데타 세력들을 일일이 적발해서 처벌하였다. 1899년에는 「대한국국제」를 공포하여 황제의 권력을 공고히 하였다.

1900년 5월 17일에는 독립협회 초대 회장 안경수와 회원 권형진에게 고종황제 양위운동을 모의했다는 혐의로 사형을 선고하고, 같은 날에 사형을 집행해 버렸다. 이 조치는 황제와 그 측근들의 지시에 따른 것이었는데 여론이 악화되자 고종은 5월 28일에 황제의 재가를 받지 않고 사형을 집행했다는 이유로 법부대신과 경무사를 해임하고 담당 판사는 3년 유배형에 처하였다. 그러나 5일 뒤인 6월 1일에는 유배된 법부대신을 특별 사면하는 등 관련자를 모두 방면하였다.[1] 1900년 9월 29일에는 「형율명례」를 개악하여 황실범, 국사범에 대해서는 참형과 재산을 몰수할 수 있도록 규정하

---

1) 신용하, 『한국 개화사상과 개화운동의 지성사』, 지식산업사, 2010, 508-509쪽.

였고[2] 1901년 6월 22일에는 경부대신 서리 경부협판 이근택이 한성의 각 방곡(坊曲)에서 누구를 막론하고 3~4명씩 머리를 맞대고 속닥이면 그 사람들을 잡아 들이고 좌우에서 방청하는 사람들도 모두 엄벌할 것이라는 경고문을 게시하는 등 계엄 상황을 방불케 하였다.[3] 고종은 사법권과 군사권을 발동하여 정부에 비판적인 자유민권운동 세력을 탄압하는 등 압제와 공포통치를 지속하였다.

고종과 수구파 정권은 1902년 5월 7일에는 불경스러운 기사를 실었다는 이유로 『황성신문』 사장 남궁억과 총무 나수연을 체포 구금하여 3개월 동안이나 감옥에 가두었다가 8월 3일 보석으로 석방하였다. 1902년 6월 16일에는 황제의 결사체 조직 금지의 칙령을 어기고 개혁당이라는 비밀결사를 결성한 혐의가 있다고 전 독립협회 부회장 이상재를 비롯하여 이원긍, 홍재기, 김정식, 이승린, 이기순, 나현태, 이찬영 등 8명을 구속하였다. 더 나아가 개혁파 지식인들인 남궁억, 이준, 이상설, 이동휘, 양기탁 등을 이상재의 개혁당의 연루지로 몰아 대기 검속하였다가 나중에 방면하였다.[4] 대한제국의 독재와 불법통치에 맞서 투쟁하였던 개혁가들은 일본으로 망명하거나 정치활동을 중단할 수밖에 없었다.

그러나 1904년에 러일전쟁이 발발하고 일본군이 한국을 강제 점령하면서 고종의 전제권력이 크게 약화되었다. 일제는 1905년에 황제와 각부 대신들을 강박하여 을사늑약을 체결하고 통감부를 설치하였다. 이토 통감은 외교권 강탈에 만족하지 아니하고 한국대신들이 참여하는 시정개선협의회를 설치하여 광범위하게 한국 내정에 간여하였다. 1907년에는 고종을 강제

---

 2) 『구한국관보』, 1900년 10월 3일.
 3) 도면회, 「총론 : 정치사적 측면에서 본 대한제국의 역사적 성격」 『역사와현실』 19, 1996, 31-32쪽.
 4) 신용하, 『한국 개화사상과 개화운동의 지성사』, 지식산업사, 2010, 509-510쪽.

로 퇴위시키고 일본인들을 한국정부의 주요 관리로 대거 임명하여 대한제
국을 사실상의 식민지로 만들었다. 이 같은 상황은 한국의 개혁가들로 하
여금 나라가 멸망할 수 있다는 위기 의식을 크게 고조시켰다. 국망의 위기
앞에서 대한제국의 관료들은 무기력하였으나 민간의 계몽운동가들은 다시
공론의 장을 복원하고 국권회복을 위한 정치개혁 투쟁에 돌입하였다. 통감
부는 이 단체들이 고종을 비판하는 것을 교묘히 부추기면서 다른 한편으로
는 이 단체들을 국권 침탈에 이용하였다. 통감부는 개혁가들이 고종과 대
한제국을 비판하는 것은 용인하였으나 통감통치를 비판하는 것은 용납하
지 않았다. 1907년에는 신문지법, 보안법 등을 제정하여 자유민권 운동을
탄압하고 새로운 압제자로 등장하였다.

개혁가들은 국망이 현실로 다가오자 종전 개혁운동의 이념이었던 '동도
서기론'이나 '구본신참' 이념만으로는 부국강병도 자주독립도 불가능하다
고 깨달았다. 서양과 일본이 강한 것은 단순히 무기, 군대, 과학기술, 산업
의 발달 때문만이 아니라 입헌정치와 민주주의 제도 등 우월한 정치제도의
힘 때문이라고 생각하였다. 예컨대, 한국의 산업이 부진하고 국가가 빈약
한 이유는 수백 년간의 압제정치와 가렴주구, 전제국가의 중사주의(重士主
義=선비존중주의)와 관존민비의 폐습으로 인하여 국민들의 근로의욕이 상
실되고 산업 기술이 크게 부족한 탓이라고 주장하였다. 따라서 그들은 대
한제국의 정치제도를 근본적으로 개혁하여 국민의 자유·평등의 권리를 보
장하는 민주정부(≒국민의 정부)를 수립하고 국가의 자주독립과 부강을 동
시에 실현해야 한다고 주장하였다.[5)]

국권과 강토 보전할 방책이 아무 다른 수 없고 다만 백성을 세워서 중

---

5) 유영렬, 『한국 근대사의 탐구』, 경인문화사, 2006, 165쪽.

임을 맡게 하고 정부는 백성을 의지하는 도리 외에는 아무 수 없도다. 지금 구라파주 열강국 중에 끼어 있는 스위스, 네덜란드 등이 다 대한의 삼분지 일 밖에 못되는 나라이되, 능히 자주독립을 보전하며 타국이 털끝만큼도 손해치 못하나니. 이는 그 나라에 군함이 능히 영국, 독일, 러시아와 상대할만하여 그런 것이 아니오, 그 정부 대신에게 능히 외국의 능멸과 행패를 막아 그런 것도 아니라. 다만 그 백성에게 국권을 맡기는 연고라. (중략) 정부에서 권리를 혼자 차지하려는 것은 실상 그 권리를 잃는 법이오, 백성과 함께 담당하는 것은 참 국권을 세우는 기초라.6)

1890년대 독립협회 관계자들은 고종의 존재와 인민들이 충분히 계몽되지 않은 현실을 고려하여 군민공치 혹은 제한적 군주정을 목표로 하고 있었다. 그러나 1905년 전후가 되면서 개혁가들은 헌법의 제정, 삼권분립의 실현, 국민의 자유와 권리 보호 등 입헌주의 운동을 전개하기 시작하였다. 개혁가들이 입헌사상을 전면적으로 주장할 수 있었던 지적 배경으로는 중국과 일본으로부터 새로운 사상을 접할 수 있었기 때문이다. 한국의 계몽운동가들에게 절대적인 영향을 미쳤던 캉유웨이(康有爲), 량치차오(梁啓超), 옌푸(嚴復) 등의 저술이 널리 읽혔다. 『공자개제고(1897)』, 『대동서(1901~02)』, 『음빙실자유서(1903)7)』, 『신민설(1902~1906)』, 『천연론(1898)』, 『법의 정신(1904)』, 『자유론(1903)』, 『국부론(1901)』 등이 각종 신문·잡지에 실리거나 소개되면서 개신유학자 계통의 인물들도 신사상을 본격적으로 접할 수 있게 되었다.8) 특히 1906년도에 청이 '청국입헌예비(淸國立憲豫備)'

---

6) 「국권보호홀방칙」, 『제국신문』, 1902년 3월 14일.

7) 『음빙실자유서』 번역본은 1908년도에 발행되었는데 한국의 자강론자들에게 막대한 영향을 미쳤다. 신일철, 『신채호의 역사사상 연구』, 고려대출판부, 1980.

8) 「調査憲法」, 『황성신문』, 1905년 4월 25일. "淸廷에서 立憲政治를 創設ᄒ랴는 議가 有홈은 已報ᄒ얏거니와 目下 淸廷에서 各國憲法을 調査ᄒᆫ다더라."

라는 칙유를 통해서 입헌국가로의 전환을 선포하고 1908년도에는 흠정헌
법대강(欽定憲法大綱)을 제정하여 예비입헌 기간을 9년으로 정하고 9년 후
에는 국회를 개원하여 헌정을 실시하기로 결정하였다는 소식이 들리면서
한국의 개혁가들도 본격적으로 입헌주의 운동을 전개하였다.[9]

　이와 함께, 일본에서 법학, 정치학, 경제학 등 서구 사회과학을 교육받은
자들이 입국하면서 이들을 통해서도 서구의 입헌주의 사상이 소개되었
다.[10] 일본에서 유학하였거나 일찍부터 언론활동에 종사하면서 외국의 정
세에 밝았던 인물들은 정치개혁 운동에 동참하기 시작하였다. 이 책에서는
1904년 이후 입헌을 통해서 국민국가의 수립을 정치적 목표로 투쟁하였던
일련의 사람들을 '입헌 개혁가'라고 규정한다.[11] 이들은 주로 헌정연구

---

9) 김소영, 「한말 지식인들의 입헌론과 근대국가 건설」, 『한국학연구』 43, 2012, 360쪽.
10) 1910년 일본 유학생의 전공조사의 결과를 보면 전체 504명 중에서 정치, 경제, 법률
　　전공자가 90명으로 가장 많다. 또 한국 유학생들이 가장 많이 다녔던 메이지 대학
　　과 와세다 대학은 이 같은 경향이 더욱 두드러진다. 즉 1881~1919년까지 전공인원
　　별 비율에서 메이지 대학이 85%(입학생 기준, 법학 79%, 정경과 6%), 와세다 대학
　　83%(입학생 기준, 법학 12%, 정경과 71%)로 조사되었다. 이태훈, 「한말 일본 유학
　　지식인의 근대 사회과학 수용과정과 특징」, 『이화사학연구』 44, 2012, 64-67쪽.
11) 1905년 전후의 애국계몽운동세력에 대해서, 月脚達彦는 국권회복의 방법론을 기준
　　으로 '입헌 개혁파'와 '개신 유교파'로 구분하고 있다.(쓰키아시 다쓰히코, 최덕수
　　옮김, 『조선의 개화사상과 내셔널리즘』, 열린책들, 2014, 409-426쪽.). 이에 반해서
　　박찬승은 1905~1910년 간의 국권회복 운동을 '자강운동'으로 개념화하고 자강운동
　　을 전개한 정치세력을 더 세분화하여 설명하였다. 첫째, 대한자강회와 대합협회의
　　주도세력으로서 보호정치 하에서의 실력양성을 주장하고 정치권력에 참여할 것을
　　목표하였던 세력, 둘째, 유교개혁을 주장하면서 점진적인 문명개화를 통한 실력양
　　성을 주장하던 황성신문 계열, 셋째, 실력양성만이 아니라 민족의식의 고취, 독립전
　　쟁의 모색 등을 주장하던 대한매일신보 계열, 넷째, 실력양성을 통한 국권회복 운동
　　과 민족 각 개인의 인격 수양과 단체생활의 훈련을 주장한 청년학우회 계열 등이다
　　(박찬승, 『한국 근대정치사상사 연구』, 역사비평사, 1992.). 그러나 '개신 유교파'들
　　도 헌법제정, 삼권분립, 국민주권 등에 동의하였다는 점에서 양자가 본질적으로 차

회,12) 대한자강회, 대한협회, 신민회 등에서 활약하였다. 이외에도 전국 각지에 많은 학회들이 설립되면서 입헌주의 사상이 널리 확산되었다. 서울에 본부를 둔 대표적인 학회로는 평안도와 황해도 지역의 서우학회(1906.10), 함경도 지역의 함북흥학회(1906.10), 두 학회를 통합한 서북학회(1908.1), 전라도 지역의 호남학회(1907.7), 경기 충청도 지역의 교남교육회(1908.3), 그리고 강원도 지역의 관동학회(1908.3) 등이 있었다. 이들 단체의 명칭은 학회였으나 실제로는 정치사회 단체와 마찬가지로 국권을 회복할 목적으로 정치와 교육을 결합시킨 구국운동단체였다.

2. 입헌주의 개혁(안)의 입안

입헌 개혁가들이 구상하였던 국가체제는 1904년 3월 19일에 장도, 장지연, 김상연이 중추원에 제출한 '정치경장에 관한 주요 사항'13)에 잘 드러나 있다. 이 개혁(안)은 근대 입헌주의 정신이 녹아 있는 한국 최초의 문서이다. 이 개혁(안)을 헌법이라고 규정하지 아니하고 입헌 개혁(안)이라고 부르는 이유는 국가기관에 의해서 제정된 것이 아니라 향후에 제정될 헌법의 주요 원칙과 내용을 정한 강령이기 때문이다.14) 입헌주의 헌법은 개인주

이가 있을지 의문이다. 굳이 구분이 필요하다면, 자유주의적 개혁파와 개신 유교적 개혁파 정도가 더 적합하지 않을까 생각된다. 이 책에서는 국권회복 운동을 전개하는 세력들의 자강운동의 방법과 이념, 일제에 대한 인식, 유학에 대한 인식 등 많은 차이에도 불구하고, 여러 정치세력들 상호 간에는 국민국가 수립, 입헌질서의 도입이라는 교집합을 형성하고 있었다는 점에서 입헌 개혁가로 통칭한다.

12) 「憲政硏究會」, 『황성신문』, 1905년 5월 16일. 헌정연구회는 "議會準備에 當흔 諸 般之方針을 硏究홀 事."라고 하여, 국회 준비에 관한 연구를 세목으로 설정하였다.
13) 「樞院獻議」 『황성신문』 1904년 3월 19일.
14) 신우철, 「청말 입헌군주제 헌법 소고」 『법사학연구』 44, 2010, 92쪽.

의, 자유주의, 법치주의, 의회주의 등과 같은 일정한 이데올로기를 그 기초
로 하면서 개인의 자유와 권리를 보장하고, 권력 분립에 의하여 국가의 권
력 남용을 억제할 것을 내용으로 하는 헌법을 말한다.[15] 1789년 프랑스 인
간과 시민의 권리선언 제16조는 "권리의 보장이 확보되지 아니하고서, 권
력의 분립이 규정되지 아니한 사회는 헌법을 가진 것이라 할 수 없다."라
고 규정함으로써, 근대 입헌주의 헌법이 어떠한 것인가를 설명한 바가 있
다. 입헌주의는 의회정치 외에 국민의 기본권 보장, 권력 분립, 법의 지배
(법치주의) 등을 내용으로 한다.

이 개혁(안)을 작성하는데 주도적 역할을 맡은 장도는 1895년도에 정부
파견 일본유학생에 선정되어 경응의숙 보통과에서 수학하고 1896년 9월에
동경 법학원(현 中央大學) 법률과에 입학하였다. 이후 동경 법학원을 1899
년 7월에 졸업하고[16] 곧바로 대심원 동경공소원, 동경지방재판소, 동경구
재판소 및 각 검사국 실지사무 견습을 3개월간 수료하였다. 장도는 그해
11월에 귀국하였다. 장도는 당시로서는 최고의 법률가였으나 한국정부에
서는 능력을 발휘할 기회를 좀처럼 잡지 못하였다. 장도는 1905년 7월 22
일에야 비로소 평리원 검사에 임명되었다.

김상연은 1874년에 한성부에서 출생하였으며 1895년 4월에 농상공부 견
습생 신분으로 일본에서 열린 제4회 권업박람회를 시찰하였다. 1898년 6월
에는 일본에 건너가서 동경 와세다 대학 정치경제과를 1902년도 7월에 졸
업하였다. 1903년 2월에 귀국한 김상연은 이후 농상공학교 교관, 황성신문
부사장, 법관양성소 교관 등을 거쳤다. 김상연은 블룬칠리의 저작을 『국가
학』으로 번역하기도 하였고 1908년에 『헌법』[17]을 저술하는 등 정치학, 법

---

15) 권영성, 『헌법학원론』, 법문사, 1981, 5-6쪽.
16) 이 중에는 장도, 유창희, 유치학, 이면우 등 4명의 한국 유학생도 있었다.

학, 헌법학에 대한 이해가 높았다.[18]

장지연은 일본에서 유학한 경험은 없었으나, 일찍부터 언론활동에 종사하면서 청과 일본의 신사상을 습득하고 자주독립과 자강개혁 운동에 매진한 애국 지사였다. 그는 1894년에 식년시(式年試)에 합격하였고 1897년 사례소(史禮所) 직원으로 《대한예전(大韓禮典)》 편찬에 참여하였다. 1898년에 내부주사가 되었으나 곧바로 사직하고, 이승만, 남궁억(南宮檍), 양홍묵(梁興黙) 등과 함께 만민공동회를 개최하는 등 독립협회 운동에 뛰어들었다. 1902년에는 남궁억의 후임으로 『황성신문』 사장이 되었다. 1905년에 일본의 강압으로 을사늑약이 체결되자 장지연은 11월 20일자 『황성신문』에 '시일야방성대곡'이라는 사설을 써서 일본의 흉계를 통박하고 그 사실을 널리 알렸다. 이 일로 장지연은 3개월간 투옥되었다가 석방되었다. 그는 1906년 5월 대한자강회를 발기할 때에 이미 『음빙실문집』 등을 읽고서 구국적 민족운동의 방략으로서 자강론을 제기하였다.[19]

힌편, 강도 등이 제안한 '개혁(안)'에는 서구의 입헌수의적 요소들이 풍부히 담겨 있다.[20] 무엇보다도, 국가권력도 침해하지 못하는 인민의 기본권이 성문(成文)의 형식으로 선언되었다는 점, 황제권력의 제한을 내용으로

---

17) 이 책은 동경전문학교의 헌법과 행정법 강사이며 김상연의 입학 보증인이었던 소에지마 기이치(副島義一)의 『日本帝国憲法論』(1905)을 요약, 강술한 것이다. 김효전, 『근대 한국의 국가 사상-국권회복과 민권수호-』, 철학과현실사, 2000, 749쪽.

18) 김상연은 대한제국의 홍주군수, 용천부윤, 용천군수 등을 지냈다. 친일반민족행위진상규명위원회가 발표한 친일반민족행위 705인 명단에 포함되었다.

19) 신일철, 『신채호의 역사사상 연구』, 고려대학교 출판부, 1980, 68쪽.

20) 이 개혁안에 대해서 북한에서 간행한 〈조선전사〉에서는 반일투쟁의 요구를 전면에 제기하지 못한 당시 애국적 지식인들 자체의 소극성과 나약성을 반영하면서도, 본질적으로는 외국의 간섭을 물리치고 봉건제도를 개혁하여 부르주아적 입헌군주제도를 수립하려는 것이었다고 평가하였다. 김도형, 『대한제국기의 정치사상 연구』, 지식산업사, 1994, 96쪽.

하는 권력분립 사상을 전면적으로 제기하였다는 점, 사법부의 독립성과 재판의 공정성을 확보하는 방안을 제시하였다는 점, 지방자치제도를 요구하였다는 점 등에서 역사적 의의가 있다. 이 개혁(안)을 크게 6개의 영역으로 구분하여 설명하기로 한다.

① 황제권 및 통치 일반에 관한 사항

一. 大韓帝國은 一系의 皇統으로 萬歲에 無替할 事.

二. 皇室의 規範을 特定하야 皇位繼承의 順序及格禮를 明確히 할 事.

三. 大皇帝陛下끠서난 固有하신 主權으로 萬機를 親裁하야 帝國을 統治하실 事.

四. 帝國의 立法은 由來의 朝憲을 依하야 大皇帝陛下게옵서 專裁로 制定하시며 行政及司法에 關하야난 各其 相當한 權限을 該當 官府에 委任하야 行케하실 事.

우선, 이 개혁(안)은 황제가 주권을 가지고 모든 정무를 친재(親裁)하여 국가를 통치하는 것을 인정하였다. 다만, 입법권은 고종이 전재(專裁)로 행사하되, 행정권 및 사법권에 관해서는 별도의 국가기관이 행사할 수 있도록 규정하였다. 즉, 국가기관을 입법기관, 행정기관, 사법기관으로 각각 분할하고 분할된 기관 상호 간의 견제와 균형을 통해서 황제의 독단적 통치를 제한하려는 의지가 표명되어 있다. 비록, 서구의 입헌군주제와 같이 군주를 명목상의 지위로 전환하고 인민의 대표로 구성된 의회를 설치하자고 주장하지는 못하였으나 전제정체로부터 입헌정체로의 전환을 표방하였다.

② 행정부의 구성 및 권한에 관한 사항

五. 國務大臣은 大皇帝 陛下를 輔弼하야 其諸般施政에關한 責任을 負擔할 事.

六. 議政府난 議政大臣과 各部大臣으로 組織하야 施政百務를 處理하되 國法上 責任과 職權上 責任의 性質을 從하야 國務大臣의 國法上責任은 連帶로 負擔하고 職權上責任은 各其專擔케할 事.

七. 國家에 緊重한 關係가 有한 事項은特히 御前會議로 請待하야 裁定할 事.

八. 摠히 法律 勅令及國政에 關한 詔勅은 國務大臣이 聯名副署함을 要하며 其他 各官府의 行政事項에 關하야난 議政과 該管主務大臣이 副署함을 要하되 以上 要件을 經由치 아니한 者난 其 效力이 無할 事.

국가사무를 관장하는 중앙기구로 의정부를 설치하고 여기에서 최고 의사결정을 하도록 하였다. 각부의 국무대신들은 황제를 보필하여 시정에 관한 책임을 각각 부담하였다. 의정부는 의정대신과 각부의 대신으로 조직하여 국가사무 선반을 처리하되, 국법상의 책임과 직권상의 책임에 따라서 국가사무를 각각 관장하도록 하였다. 다만, 국가의 긴급하고 중요한 사항은 특별히 어전회의에서 결정하도록 하였다.

특히, 주목할 점은 황제가 입법권을 독단적으로 행사하지 못하도록 견제 절차를 마련하였다는 것이다. 즉, 법률, 칙령, 국정에 관한 조칙은 반드시 국무대신들이 연명 부서하고, 각 부서의 행정 사항에 관해서는 의정대신과 해당 주무대신이 부서(副署)하여 집행하도록 하였다. 만약, 이 같은 요건을 거치지 않으면 그 국정행위는 효력을 상실한다는 점을 분명히 하였다. 이는 각부 대신들의 동의가 없으면, 황제라도 법률, 칙령, 조칙 등을 마음대로 제정, 개정, 폐지하지 못한다는 규정이다. 개혁(안) 제8항에서는 황제의 권한을 입법권만으로 축소하였고, 입법권을 황제가 행사하기 위해서는 각부 대신의 동의를 받도록 함으로써 황제가 자의적으로 입법하는 것을 견제하였다.

③ 사법부 독립에 관한 사항

九. 司法權限을 特立케하고 裁判所의 階級制度에 關한 格式과 司法官의 依法公
　　決에 關하 擔保를 確立하야 法律의 適用을 均平케 하되 裁判官의 自由心證
　　으로 擬律宣告를 行하기 以前에난 赦典及減刑을 越施함을 得지못할 事.

十. 死刑의 執行과 赦典及減刑에 關하야 法部大臣이 裁可을 奏請할 事.

十一. 地方官吏의 裁判權限을 分離하야 各府郡及港市에 裁判所를 特設할 事.

十二. 法律上의 制限을 設定하야 民刑訴訟을 公開審判하며 濫酷의 刑具로 拷問
　　　納供하난 弊를 漸次除廢할 事.

十三. 受贖의 制度를 全廢하고 處役하난 者에 對하야난 名譽上의 公權을 剝奪或
　　　停止케할 事.

十四. 行政各官廳의 處決에 不服이난 訴訟을 受理審判케하기 爲하야 京城에 行
　　　政裁判所를 特設할 事.

廿四. 京鄕各地方의 監獄制度을 急速히 改良ᄒ야 刑罰의 執行을 完全케ᄒ며 囚
　　　徒의 衛生을 保維케ᄒ고 其各署內에 工塲을設置ᄒ야 已決囚의 服役에 供
　　　ᄒᆯ 事.

卅三. 觀察使及郡守ᄂ 府郡의 敎育과 衛生及勸業等普通行政에 關ᄒᆫ 職務만 行
　　　ᄒ고 裁判及徵稅의 權限에 干預지못ᄒ되 各府郡에 鄕民의 集議ᄒᆫ 機關을
　　　法律로 制定ᄒ야 民志의 趣向을 一致게ᄒ며 地方의 基礎를 鞏固히ᄒᆯ 事.

四十六. 現行ᄒᄂ 法律 規則과 其他 諸般 法規를 調査 改正ᄒ야 完全ᄒᆫ 法典을
　　　　編纂케ᄒ되 刑律과 民刑訴訟及裁判所의 構成에 關ᄒᆫ 法律을 迅速히 改
　　　　正實施ᄒᆯ 事.

이 개혁(안)은 사법부의 독립에 관하여 상세히 규정하였다. 총 55개 조항
중에서 사법권의 독립과 재판에 관한 사항이 가장 많다. 주요 사항을 소개

하면, 첫째, 사법권을 특별히 독립시키고 재판소의 계급 및 제도에 관한 사항을 별도로 규정하도록 하였다. 이와 함께 사법관이 법률에 따라서 공정히 판결할 수 있도록 관련 제도를 정비하도록 하였다. 특히, 재판관이 자유심증에 따라서 선고하기 이전에는 은사 및 감형을 시행하지 못하도록 하였다.

둘째, 지방관으로부터 재판권을 분리해서 각 부군(府郡), 각 항시(港市)에 독립 재판소를 설치하도록 하였다. 이 조항은 아관파천 이후에 사실상 포기된 지방재판소를 전국에 설치하여 수령과 관찰사의 재판권을 회수할 것을 분명히 한 것이다. 이에 따라서 군수와 관찰사는 관할구역의 교육 및 보통행정에 관한 사무만 행하고 재판과 징세에 대한 사무 권한을 폐지하도록 하였다.

셋째, 현행 법률과 규칙을 전부 조사하여 완전한 법전을 편찬할 것을 제안하였다. 이 중에서도 형법, 민형소송법, 재판소구성법 등에 관한 법률을 신속히 개정하도록 하였다. 당시 대한제국은 갑오개혁 이후에 공포된 소수의 단행 법령만이 존재하고 있었다. 그 외에는 「대명률」과 「대전회통」 등 전통 법전으로 규율하고 있던 실정이었다. 그러나 개혁(안)은 현행 법률과 전통 법전을 모두 조사하고 완전히 새로운 서구식의 법전을 제정할 것을 목표로 하였다.

넷째, 모든 소송을 공개 심판하고 가혹한 형구로 고문하여 자백하는 폐해를 점진적으로 폐지하도록 하였다. 당시까지 한국의 재판소는 민사든 형사든 구별하지 아니하고 사건 관계자에게 혹독한 고문을 가하는 관행이 근절되지 않고 있었다. 이는 개인의 자유와 권리를 최상의 가치로 생각하고 있던 한국의 자유주의 개혁가들로서는 도저히 용납할 수 없는 것이었다. 따라서 고문을 점진적으로 폐지하여 인권을 개선하도록 요구한 것이다.

다섯째, 감옥제도를 신속히 개량하여 형벌을 온전히 집행하며 죄수의 위생을 보유(保維)케 하고 기결수(既決囚)의 복역에 필요한 각종의 공장을 설치하도록 규정하였다.

여섯째, 각 관청의 행정 처결에 불복하는 소송을 수리 심판하기 위하여 경성에 '행정재판소'를 특설하도록 하였다. 이 조항이 별도로 설치된 이유는 대한제국의 정부에서 자행하는 불공정한 행정조치들을 신속히 바로잡고 인민들의 권리를 보호하기 위해서였다.

④ 인민의 권리 의무에 관한 사항

四十. 大韓臣民은 法律及命令으로 定ᄒᄂᆫ 資格에 應ᄒ야 族籍階級을 不拘ᄒ고 一體로 文武官에 被任ᄒ며其他의 諸般公務에 就任홈을 得홀 事.

四十一. 大韓臣民은 法律에 由치아니ᄒ면 逮捕監禁及審問處罰을 受하거나 所有財產의 權利를 侵害됨이無홀 事.

四十二. 大韓臣民은 法律에 定ᄒᄂᆫ 要件을 遵ᄒ야 言論著作及集會結社와 信敎의 自由를 享有홀 事.

四十三. 大韓臣民은 法律에 定ᄒᄂᆫ 要件을 從ᄒ야 納稅及兵役의 義務를 負擔홀 事.

四十四. 國是를 礎守ᄒ며 輿論을 一致케ᄒ기로 中樞院官制를 改正組織ᄒ야 政府의 施政事項을 審査討論ᄒ며 國民一般의 獻議 事項을 採納케ᄒ되 該議員은 院內에서 自由言論홈을 特認홀 事.

四十五. 公直의 聲望과 時務의 學識이 具有ᄒ者ᄂᆫ 救時情況에 應ᄒ야 門地를 不拘ᄒ며ㅁ階을 不踐ᄒ고 拔擢登用케홀 事.

卅三. 觀察使及郡守ᄂᆫ 府郡의 敎育과 衛生及勸業等 普通行政에 關ᄒ 職務만 行ᄒ고 裁判及徵稅의 權限에 干預지못ᄒ되 各府郡에 鄕民의 集議ᄒ 機關을 法律로 制定ᄒ야 民志의 趣向을 一致게ᄒ며 地方의 基礎를 鞏固히홀 事.

한국 역사상 최초로 일반 인민의 권리와 의무에 관한 사항이 법제화되었다. 첫째, 모든 인민은 법률 및 명령에 따라서 신분 및 계급에 상관없이 동등하게 관료로 임용될 수 있는 권리, 즉 공무 담임권이 선언되었다. 이는 곧 인민이 주권자 혹은 통치자임을 선언하는 것이었다.

둘째, 모든 인민은 법률에 의거하지 아니하고서 체포·감금 및 심문·처벌받거나 소유 재산의 권리를 침해할 수 없다는 점이 선언되었다. 이는 적법한 절차에 따르지 아니하고서는 개인의 자유, 생명, 건강, 재산은 그 누구도 침해할 수 없다는 자연법 사상이 실정화된 형태로 나타난 것이다.

셋째, 모든 인민은 법률에서 정하는 요건에 따라서 언론 저작 및 집회 결사, 종교의 자유를 향유할 수 있게 되었다. 사상의 자유, 언론의 자유, 비판의 자유를 전면 허용한 것이다. 이로써, 인민들이 중심이 되어 각종 정치 활동(정당 결성 포함)을 전개하는 것이 인민의 당연한 권리로서 인정된 것이다.

넷째, 반드시 법률에 따라서 납세 및 병역의 의무를 부과하도록 하였다. 정부 혹은 황제의 필요에 따라서 자의적으로 조세를 부과할 수 없도록 하였다는 점에서 획기적이다.

다섯째, 중추원 관제를 개정해서, 정부의 시정 사항을 심사·토론하고 인민 일반의 헌의 사항을 채납(採納)하도록 하였다. 특히 중요한 점은 중추원 의원의 원내에서의 발언을 자유롭게 특허하였다는 점이다. 중추원 의원은 인민의 대표로서 원내에서 행한 발언은 정치적, 사법적 책임을 지지 않는다는 것을 의미한다. 현대적 의미의 불체포 특권까지도 예정하고 있었던 것으로 보인다. 물론, 중추원을 의회로 개조하자는 주장은 아니지만 인민들의 의사가 중추원을 통해서 실현될 수 있도록 규정한 것이다.

여섯째, 각 지방마다 향민(鄕民)으로 구성하는 기관(지방 의회)을 법률로 제정하여 설치하도록 하였다. 이는 지방자치제도를 본격적으로 시행할 것을 주장하는 것이다. 종전까지 지방관이 모든 권력을 행사하여 일으키는 폐단을 방지할 수 있게 되었다.

⑤ 외교에 관한 사항

卅五. 政治上에 關흔 重大事項은 韓日間協定條約의 趣意를 依흐야 措置흐되 該協約의 効力에 關흔 期限及其他의 □悉條欵을 擧흐야 協定追加홀 事.

卅六. 本邦에 駐箚흐난 外國의 使節及其他官吏와 紳士及豪商에게 陛見을 許施흐난 規式을 嚴格히 特定홀事.

卅七. 外國人은 外交上의 名譽官職 以外에 一切 任官홀을 得치못흐며 諸般 政治上에 關흐야 各其被雇흔 事務에 關흐야난 贊佐의 職責을 行홀지라도 施政上에 侵越干涉홈을 得치못홈 事.

卅八. 更張事項의 必要에 應흐야 顧問及敎師技帥等으로 外國人을 雇傭 홀時 互相間에 便益되난 關係를 爲흐야 日本國人士를 多數聘用흔 事.

卅九. 外國人을 雇傭홈 境遇에 其俸額은 我政府官吏의 高等俸給과 比較上에 超過치못홀 數額을 一定흐고 其範圍以內□每常合約上에 適用흐되 本位 貨幣로 支給홀事.

외교에 관해서는 첫째, 정치상 중대한 사항은 대한제국과 일본 간에 체결된 기존의 조약에 따라서 조치하도록 하였다. 다만, 해당 협약의 효력의 기한 등을 구체적으로 규정하는 협정을 추가할 것을 요구하였다. 이는 러일전쟁 도중에 일방적으로 강요하여 맺은 한일의정서 등을 폐지하거나 개정할 수 있는 방안을 마련한 것이다.

둘째, 외국정부가 한국 내정에 간섭하는 것을 배제하기 위하여, 외국인은 원칙상 명예관직 이외에는 일체 임관할 수 없도록 하였다. 다만, 외국의 사절단, 외교관, 민간의 유력자들이 황제를 접견할 수 있도록 특별한 절차를 만들도록 하였다.

셋째, 정치개혁의 필요에 의해서 고문, 교사, 기수 등을 고용할 때에는 상호간의 편익을 고려하여 일본인을 다수 용빙하도록 하였다. 다만, 외국인을 고용할 경우에 한국정부의 고등관의 봉급을 초과하지 못하도록 하였다.

이외에도, 재정의 일원화, 징세제도의 개혁, 회계검사제도의 시행, 중앙은행의 설치, 은본위화폐제도 시행, 백동화 폐지, 근대 국군의 편성, 의무교육제도의 시행 등이 규정되어 있다. 이 문서는 대한제국 정부에 제출한 정치개혁(안)이었기 때문에 군주제 폐지 혹은 국회의 설치와 같은 급진적인 내용은 담고 있지 않으나 사실상 「대한국국제」를 부정하고 새로운 국민국가로 재편할 것을 요구하는 것이었다. 이 개혁(안)은 이후 헌정연구회, 대한자강회, 대한협회 등에 의해서 입헌국가론으로 더욱 발전되었다.

제2절 전제정치 비판과 입헌국가론

1. 사회진화론 수용과 전제정치의 비판

1905년 을사늑약의 체결은 자주독립과 부국강병을 추진하던 한국의 개혁가들에게는 큰 충격이었다. 막연하게 느끼고 있었던 국망이 현실로 다가온 것이다. 장지연은 『황성신문』에 기고한 논설에서 "소위 우리 정부의 대신이라는 자는 각자의 영리만을 생각하고, 위협에 벌벌 떨면서 나라를 팔아먹는 도적이 되어, 사천년 역사의 강토와 오백년 사직을 남에게 바치고, 이천만의 영혼을 모두 타인의 노예"로 만들었다고 을사오적의 매국 행위를 성토하였다.21) 신채호도 을사늑약으로 인하여 사천년의 조국이 구허(丘墟)에 떨어지고 이천만 형제가 고해(苦海)에 빠졌다고 한탄하면서 이제 모든 한국인들이 노예가 되었고 가옥과 전답도 빼앗기게 되었으며 상업, 공업, 화폐권도 모두 빼앗기게 되었다고 절규하였다.22)

嗚呼 今日 我大韓에 何가 有한가 國家난 有하건마난 國權이 無혼 國이며 人民은 有하건마난 自由가 無한 民이며 貨幣난 有하건마난 鑄造權이 無有하며 法律은 有하건마난 司法權이 無有며 森林이 有하건마난 我의 有가 아니며 鑛山이 有하건마난 我의 有가 아니며 郵電이 有하건마난 我의 有가 아니며 鐵道가 有하건마난 我의 有가 아니니.23)

개혁가들은 을사늑약을 계기로 대거 정치개혁 운동에 돌입하였다. 이들은 1905년 일제에 의해서 외교권을 박탈당하고 내정간섭을 받게 된 상황을 국가와 민족의 절대절명의 위기로 절감하고 조속히 "교육과 산업을 연구하고 실시함으로써 자국의 부강을 기도하여 훗날 독립의 기초로 삼아야 한다."고 주장하였다.24)

1905년 전후에 정치개혁 운동이 크게 대두하게 된 데에는 당시 지식인들 사이에서 널리 수용되고 있었던 사회진화론의 영향이 컸다. 1900년 전후에 본격적으로 한국에 소개된 사회진화론에 따르면, 현실의 국제질서는 우등한 나라가 열등한 민족과 나라를 약탈하고 핍박하는 약육강식의 야만적 질서이다. 박은식은 "생존경쟁을 자연의 진화라 논하며 약육강식을 공례(公例)라고 일컫는 시대"라고 말하였고25) 윤효정도 "우승열패와 약육강

21) 「시일야방성대곡」, 『황성신문』, 1905년 11월 20일.
22) 「是日에 又放聲大哭」, 『대한매일신보』, 1905년 12월 28일.
23) 신채호, 「大韓의 希望」, 『대한협회회보』 제1호, 1908.
24) 윤효정, 「本會會報」, 『대한자강회월보』 제1호, 1906.

식은 현대 인간사의 상례'라고 규정하고, "국가와 개인을 불문하고 생존경
쟁을 아는 자는 생존의 안락함을 얻으나 모르는 자는 멸망의 참상"을 겪게
된다고 역설하였다.[26] 사회진화론은 제국주의 국가의 침략을 경쟁의 결과
로서 정당화하면서도, 다른 한편으로는 한국이 조속히 자강하지 않으면 열
패(劣敗)와 멸망의 길로 들어설 수 있다는 위기감을 동시에 고조시켰다.

　박은식에 따르면, 한국은 산업이 매우 졸렬하고 인민의 지식이 어두워서
주변 국가들에 의해서 끊임없이 자주권을 침해받은 약한 나라이다. 그는
"우리 2천만 동포도 머리 속에 대한정신을 품고 있음은 다른 나라의 민족
과 다름이 없거늘 무슨 이유로 오늘에 이르러 국가의 권력을 보존하지 못
할 뿐 아니라 개인의 생명을 자유로이 못하고 재산을 스스로 보호하지 못
하여 노예의 모욕을 감수하고 어육(魚肉)의 참극을 면치 못하는 지경에 다
다랐는가."라고 한탄하면서 속히 교육으로 지식을 계발하고 식산으로 세력
을 증진할 것을 주장하였다.[27] 대한자강회도 국가간 경쟁의 시대에서 나라
의 독립은 오직 자강 여하에 달려 있는데 한국이 '자강지술(自强之術)'을 강
구하지 않아서 일본의 보호국으로 전락하였다고 분석하였다.[28] 장지연은
우리나라가 국권을 상실한 것은 단지 러일전쟁이나 을사늑약 때문만이 아
니라 개항 이래로 자강을 도모하고 독립사상을 고취하지 못하였기 때문이
라고 분석하였다.[29] 개혁가들은 서구 열강 특히 일제의 침략을 비판하면서
도 다른 한편으로는 한국이 개혁을 게을리하였다는 자성론에 빠져 있었다.

　한편, 개혁가들은 서구의 각종 제도를 도입하고 산업을 발달시키기 위해

25) 박은식, 「自强能否의 問答」 『대한자강회월보』 제4호, 1906.
26) 윤효정, 「生存의 競爭」 『대한자강회월보』 제11호, 1907.
27) 박은식, 「大韓精神」 『대한자강회월보』 제1호, 1906.
28) 「大韓自强會 趣旨書」 『대한자강회월보』 제1호, 1906.
29) 장지연, 「過去의 狀況」 『대한자강회월보』 제11호, 1907.

서는 당분간 일제의 지도와 보호가 불가피하다고 생각하였다. 헌정연구회, 대한자강회, 대한협회 등에서 중요한 역할을 맡았던 윤효정은 1908년에 "선진 문명국(일본-저자)의 지도에 따라서 인문을 장려하고 국민이 협동 일치하여 문명을 흡수하고 시정을 개선하여 부국부강을 증진"하여야 한다고 주장하였다.30) 오세창은 일본이 서양 세력의 침략을 막고 동양의 미몽을 깨우치는 문명의 선도자로서의 역할을 충실히 하고 있다고까지 주장하였다.31) 일부 지도급 인사들을 포함한 상당수의 입헌 개혁가들은 제국주의 일본을 우자승의 위치에 있는 강자로 인정하고 일본의 보호와 간섭이 한국의 부강과 제도 개혁에 도움을 주는 조력 행위로 이해하였다. 일제의 보호와 간섭이 결국에는 조국을 식민지로 전락시키고 한국인을 정치적 노예로 만들 것이라고는 예상하지 못하였던 것이다.

따라서 입헌 개혁가들은 통감통치에 대한 비판보다는 대한제국의 전제 정치를 비판하는데 몰두하였다. 남궁식은 대한제국이 보호국으로 전락하고 국권을 침탈당한 원인은 오랜 세월동안 전제정치 아래서 민력(民力)이 부패하여 충성과 애국사상을 전혀 기르지 않았기 때문이라고 보았다.32) 장지연은 세계의 여러 국가들 중에서 우리나라가 가장 빈약한데, 그 이유는 토지가 불모(不毛)하여 오곡이 자라지 않는 것도 아니고 기후가 온난하지 않아서 삼림이 우거지지 못한 탓도 아니며 혹은 산악과 하해(河海)에서 나는 광물이나 해산물의 이익이 풍부하지 않아서도 아니라고 단언하였다. 즉, 우리나라가 빈약한 이유는 '정치의 잘못'에 있으며 정치가 잘못되었기 때문에 대한제국의 관리들이 인민을 압제하고 그 재산을 빼앗아 자신의 지

---

30) 윤효정, 「大韓協會의 本領」『대한협회회보』 제1호, 1908.
31) 오세창, 「對照的의 觀念」『대한협회회보』 제5호, 1908.
32) 남궁식, 「自由論」『대한자강회월보』 9호, 1907.

위를 공고히 할 뿐 인민들을 보호하지 않기 때문이라고 주장하였다.33) 즉, 대한제국이 자강에 실패하고 국권을 상실한 근본 원인은 '낡고 후진적인 정치제도≒전제정치'에 있다고 비판하였다.

특히, 입헌 개혁가들은 국가를 군주의 사유물로 보는 '중세적 국가관'과 군주 1인이 마음대로 국정을 좌우하는 '전제정치'가 나라를 망치는 주범이라고 지목하였다. 이들은 "국가는 국민 모두의 공동체이니 군주 1인의 사유물이 아니"며34) "군주는 국가의 통치자라는 말은 가능하지만 국가의 사유자라는 말은 불가하다."고 주장함으로써, 군주와 국가를 동일시하는 전통적인 관념을 정면으로 부정하였다.35) 안명선(후일 안국선으로 개명)은 '전제정체는 독단정부이고 독단정부 하에 있는 인민은 자유를 얻지 못하고 위에 의존'한다고 전제정치의 문제점을 지적하였다.36) 이 같은 인식에 따라서 1899년 「대한국국제」의 국가관과 군주관을 철저히 비판하였다.

이들은 전제국가와 입헌국가의 비교를 통해서도 입헌정체의 우월성을 강조하였다. 한국과 국경을 맞대고 있는 청국과 러시아는 각기 1894년과 1904년에 일본과 전쟁을 치렀으나, 예상과 달리 모두 일본에게 패했다는 사실에 주목하였다. 그리고 일본이 러시아와 청나라를 격퇴한 것은 입헌적 통치로 인민의 권리를 존중하고 개인의 자유를 보호함으로써 애국심이 더욱 단단해졌기 때문이라고 생각하였다. 그들은 "입헌은 문명부강의 핵심[主物]이요 문명부강은 입헌의 부수물[從物]"이라고 이해하는 등 입헌주의 헌법의 도입이 문명과 부강으로 나아가는 지름길이라고 생각하였던 것이

---

33) 장지연, 「國家貧弱之故」, 『대한자강회월보』 제6호, 1906.

34) 海外遊客, 「國家의 本義」, 『대한자강회월보』 제3호, 1906

35) 海外遊客, 「國家及皇室의 分別」, 『대한자강회월보』 제3호, 1906.

36) 안명선, 「政治의 得失」, 『親睦會會報』 제3호, 1896.(이태훈, 「한말 일본 유학지식인의 근대 사회과학 수용과정과 특징」, 『이화사학연구』 44, 2012, 83쪽.).

다.[37] 따라서 20세기의 인민으로서 입헌 사상이 결핍된 국가는 독립을 유지하기 어렵고 추락한 국권을 회복하기도 어려우며 장래 세계 무대에서도 활동하기 어렵다고 단언하였다.[38]

2. 국민국가론의 대두

입헌 개혁가들이 수립하고자 하였던 국가는 천부인권론, 국민주권론, 사회계약설에 기초한 국민국가였다. 이들은 "국가와 인간의 대소 강약은 다르나 천부자유지권(天賦自由之權)은 동일"하며 "모든 인간에게는 평등하게 주어진 권리가 있다."는 천부인권론을 지지하였다.[39] 그러나 서구 정치사상에서 천부인권 혹은 자연권은 저절로 보호되는 것도 안전하게 지켜지는 것도 아니다. 설태희[40]는 "천부권(天賦權)은 사람이 태어날 때부터 주어져 고유한 것이나 물과 초야를 쫓아 다니던 시대(이른바 자연상태-저자)에서는 필히 완력에 제한된다는 것은 말할 것도 없다. 천부의 권리가 있다 해도 안전하게 누리지 못하면 어찌 권리라 부를 수 있겠는가. 그러므로 법률이 있은 연후에 비로소 그 권리를 각각 보호할 수 있으니 이른바 천부의 자유이다."라고 소개하였다.[41]

---

37) 김진성, 「立憲世界」 『대한흥학보』 제4호, 1909.
38) 김진성, 「立憲世界」 『대한흥학보』 제4호, 1909.
39) 원영의, 「自助說」 『대한자강회월보』 제13호, 1907.; 설태희, 「抛棄自由者爲世界之罪人」 『대한자강회월보』 제6호.
40) 설태희는 1902년경 메이지 대학 법학부에 외교생으로 입학하였으며 귀국해서 1906년 대한자강회에 참여하였다. 이후 한북흥학회, 서북학회 설립에도 관여하였다. 주로 함경도 지역에서 단체 설립운동, 교육활동을 하였다. 조형렬, 「개신 유학자 설태희(1875-1940)를 통해 본 문화운동의 변화」, 고려대 사학과 석사학위논문, 2004.
41) 설태희, 「法律上 人의 權義」 『대한자강회월보』 제8호, 1907.

설태희에 따르면, '자연상태' 하에서는 개인의 권리를 보호하여 주는 구체적인 실정법이 없으며 공정한 제3자(공권력)도 부재하다. 따라서 인간은 자신의 권리를 보호해 줄 특정한 정치사회를 요청하게 된다. 개인들은 자신의 자유와 권리를 보호하기 위해서 '주권자'로서 사회계약에 자발적으로 참여하여 공권력을 수립하게 된다. 개인의 자유와 권리는 각 개인들이 참여하는 사회계약에 의해서 비로소 보장될 수 있다는 사상을 전개한 것이다.

이와 같은 정치사상은 「대한국국제」가 규정하고 있는 전제정치를 부정하고 국민국가를 수립해야 한다는 생각으로 연결된다. 국민국가론에서의 '국민'은 자유롭고 평등한 정치적 존재로서 국가의 운영을 결정하는 주권자이다. 안국선은 "근대에서 가장 좋은 정부는 통치자의 무력에 의뢰하는 것이 아니라 오로지 피치자의 '자유 동의'에 근거하여 정치기구를 운용하는 정부이고 이러한 정부는 국민 다수의 의사에 근거한 헌법과 법률에 기초를 둔 정부"라고 규정하였다.[42] 그는 충분히 발달한 문명국의 민수정치는 여론정치, 서민참정을 의미한다고 말하면서 다수 대중의 국민의 정부를 바람직한 것으로 평가하였다.[43]

국가와 국민의 관계에 대해서도 "국민은 국가 전체의 주인이고 정부는 국민 의지의 대표"라고 규정하였다. "정부가 국민 의지의 대표"라는 의미는 "주인의 동의를 구하지 아니하고 중요한 계약과 업무를 체결하면 주인이 그 계약을 취소할 수 있고 그 사무도 철폐할 수 있다."는 의미였다.[44] 이와 같은 국민주권론의 관점에서는 "국가는 주권을 총람하는 군주, 주권

---

42) 안국선, 「政府의 性質」 『대한협회회보』 제7호, 1908.
43) 안국선, 「政府의 性質(續)」 『대한협회회보』 제8호, 1908.
44) 김성희, 「論外交上 經驗的 歷史」 『대한협회회보』 제8호, 1908.

의 관할을 받는 인민, 그 중간에 국가의 정무를 처리하는 정치가"로 구성
하되, "국가는 우리들의 국가요, 정치가의 국가가 아니며 정치가는 오직 우
리 나라 인민의 사역자"로서 이해되었다.[45]

이 같은 관점에서, 윤효정은 "정부 당국자의 귀중한 지위와 권한은 인민
에게서 빌린 것이며 후한 봉록은 인민이 공급한 것이요, 국정 전반의 위임
도 인민으로부터 넘겨 받은 것이므로, 그 행정의 잘잘못은 반드시 인민의
감독을 받아야 할 이유가 있다."고 주장하였다.[46] 남궁훈(南宮薰)도 "우리
국민이 이미 (조세 납부의) 의무를 행하여 국가의 안위를 정부에 위임하였
으니 국가 흥망의 책임이 어찌 우리에게 우선적으로 있지 않겠는가? 책임
이 국민에게 먼저 있으니 정부 행정의 잘잘못을 우리 국민의 의무로 보호
하고 감독할 권리가 자연히 있다. 법률의 불공평과 재정의 문란, 군사 행정
의 부진과 경찰의 정밀하지 못함, 실업(實業)의 좌절, 인재 등용의 불공정을
강 너머 불구경하듯 볼 수만은 없으니 전해 내려온 잘못된 정치를 진흥하
는데 힘써 도모하는 것이 오직 우리 2천만 국민의 의무"라고 주장하였
다.[47] 이 주장은 국가는 통치자와 피치자의 합의 또는 계약에 의하여 형성
되었으며 정부권력의 기원은 국민의 동의에 있다는 사회계약설적 국가관
이 담겨 있다. 특히, "2천만 국민의 의무로서 잘못된 정치를 진흥하는데 힘
써야 한다."는 표현은 독립협회 단계보다는 더 많은 사람들이 참정의 권리
를 행사할 수 있다고 본 것이다.[48]

---

45) 卞憙淵, 「國民과 政治의 關係」『대한협회회보』 제7호, 1908.
46) 윤효정, 「政治家의 持心」『대한자강회월보』 제12호, 1907.
47) 南宮薰, 「國民의 義務」『대한자강회월보』 제10호, 1907.
48) 19세기 독일에서는 프랑스 혁명의 이념에 따라서 군주주권을 제한하고 민주적 요
   구를 수용하는 정치개혁으로서의 입헌군주정이 옹호되었다. 이 때 주장된 입헌군주
   정은 군주주권과 인민주권을 동시에 제한하는 새로운 주권이념인 국가주권에 토대
   를 두는 체제이다. 군주는 국가 내에서 헌법 아래서 통치하는 '국가안의 군주'로 제

이들이 제기한 국민국가론은 헌법의 제정, 국회의 설립, 삼권분립론 등으로 구성되었다. 독립협회 운동 단계에서는 재판소의 개혁을 주장하기는 하였으나 사법부의 독립을 명시적으로 주장한 적은 없었다. 그러나 이 단계에 들어오면 삼권분립 사상이 공식화되었다. 김성희는 프랑스 계몽사상가 몽테스키외의 『법의 정신』이 입법, 사법, 행정의 삼권분립을 일반화시킨 헌법의 비조(鼻祖)라고 소개하고 헌법 이전의 국가는 계급적 정부이고 헌법 이후의 국가는 평등적 국가이므로 계급적 정부는 헌법의 죄인일 뿐 아니라 국민의 원수라고 규정하였다. 따라서 국민의 정부는 입헌주의 헌법을 제정하고 권력분립의 이념이 담긴 국가기관을 창설하여 이를 통해서 국민의 자유와 권리를 보호하여야 한다고 주장하였다.49)

헌법정치를 행하는 나라는 반드시 흥하고 헌법정치를 행하지 아니하는 나라는 반드시 쇠락하는 것은 어린 아이라도 다 아는 바이다. (중략) 영국, 독일, 프랑스, 미국 같은 큰 나라들이 날마다 더 강대히여지며 네덜란드, 스위스, 덴마크 같은 작은 나라들도 또한 자주하는 나라를 보전함은 무슨 까닭인가. 이는 헌법을 행하였기 때문이다. 저 청국과 터키 같은 큰 나라도 저렇게 쇠약하여 날마다 다른 나라의 수모를 받음이 매우 심하고 인도, 안남, 미얀마, 폴란드, 이집트 같은 나라들은 대소를 불문하고 모두 멸망한 까닭은 헌법을 행하지 않았기 때문이다.50)

한됨은 물론 인민 역시 '국가안의 국민'으로 제한된다. 블룬칠리는 국가주권은 본질상 전체로서의 국민의 주권이라는 논거를 제시함으로써 국가주권의 주체와 통치권 행사자를 구분한다. 블룬칠리는 나아가 문명화된 국가들이 도달한 정체로서 입헌군주정체를 가진 현대 국가는 국민을 유기적으로 결합한 국가로서 국가주권은 곧 "국민주권"을 의미한다고 주장하였다. 블룬칠리에게 국민주권은 국가주권을 매개로 군주의 통치권과 양립할 수 있는 주권으로 정의되었다. 오향미, 「요한 카스파 블룬칠리의 주권론 : 국민주권으로서의 "국가주권"」 『국제정치논총』 제54-3, 2014.
49) 김성희, 「政黨의 事業은 國民의 責任」 『대한협회회보』 제1호, 1908.

오늘날 이 시대는 동서양 각국이 헌법 정치를 행하여 나라의 힘을 날마다 확장하고 인민의 행복을 날마다 더하는 시대라, 완전치 못하고 아름답지 못한 전제정치를 행하면 그 쇠약하고 패망함은 전보다 더욱 속할지라. 그러므로 헌법을 행하여 인민의 행복과 이익을 확장하여 정부에서 행정을 편리케 하여 임금의 존엄을 영원히 보전케 함이 옳다. 헌법정치가 국가에 관계됨이 이러한 고로 영국과 프랑스가 혁명된 이후도 동서양 각국이 모두 이것을 본받아서 필경에 헌법정치의 세계가 되어 문명부강의 형세가 날마다 진보가 된지라, (중략) 한국동포가 지옥을 면하고 樂土로 향하고자 하면 불가불 헌법정치를 행하여야 한다.[51]

한말 지식인들은 전제정치 하에서는 개인의 자유와 권리의 보호도, 국가의 부강도, 국권의 회복도, 애국심의 고양(高揚)도 모두 불가능하다고 보았다. 서양과 일본이 문명부강한 것은 입헌정치에서 비롯되었으며 입헌정치를 하는 나라치고 흥하지 않는 나라가 없고 전제정치를 하는 나라치고 쇠하지 않는 나라가 없다고 주장하였다.[52] 윤효정은 헌정의 채용은 세계의 대세이고 문명의 정신이며 자연의 귀착이며 진리의 추세이므로 진리와 자연과 문명과 대세에 순응하는 자는 번영하고 융성하나 역행하는 자는 쇠퇴하고 멸망할 것이라고 경고하였다.[53] 이 주장은 전제정체를 고집한 대한제국에 대한 비판이고 더 나아가서 근본적인 정치개혁을 요구하고 있는 것이다.

김성희는 헌법을 제정함으로써 얻는 이익으로서 ①전제에서 벗어나서 민권을 보호할 수 있고 ②인민에게 참정권을 허용하여 사회를 온전히 유지

---

50) 「헌법정치 연구회의 필요」 『대한매일신보』, 1910년 3월 19일.
51) 「헌법정치 연구회의 필요」 『대한매일신보』, 1910년 3월 19일.
52) 「헌법정치 연구회의 필요」 『대한매일신보』, 1910년 3월 19일.
53) 윤효정, 「專制國民은 無愛國思想論」 『대한자강회월보』 제5호, 1906.

할 수 있고 ③민선의원(民選議員)을 두어 정무를 감독할 수 있으며, ④자치
제도를 행하고 단체를 조직할 수 있으며, ⑤군주의 신성한 지위를 높여서
책임지는 일을 없게 할 수 있다고 소개하였다. 무엇보다도 헌정기관이 완
비되면 국가의 주권이 대외적으로 흠결이 없어서 열강과 나란히 할 수 있
을 것이라고 기대하였다.54) 심지어 그는 지방의 폭도나 의병도 전제정치의
폐단으로 야기된 것이라고 지적하고 "지방 소동의 풍조와 불평의 감정은
국회의 의석에서 해소하지 않으면 변화시킬 수 없고 자치의 범위로 옮기지
않으면 억제될 수 없다."고 주장하였다.55)

　한말 지식인들은 대부분 대한제국을 입헌주의에 입각한 국민국가로 개
혁하는 것에 공감했다. 그들이 입헌을 달성하여야 하는 이유는 입헌만이
국가 구성원들로 하여금 국가와 일체감을 갖게 하고 애국심을 형성하여 진
정한 국민으로 거듭날 수 있다고 믿었기 때문이다. 그리고 이러한 애국심
을 가진 국민들로 이루어진 국가만이 날로 치열해 가는 세계 경쟁에서 살
아남아 문명화된 근대국가로 발전할 수 있다고 믿었다.56)

　다만, 이들은 통감통치의 본질을 제대로 인식하지 못하였다. 안국선의
「정당론」에서는 "정치상의 목적을 달성하기 위해 조직한 정당은 질서를
문란하기 전에는 통감부의 권력으로도 방해치 못하며, 정부의 압제로도 해
산치 못할 것"이라고 지나치게 낙관적으로 생각하였다. 『황성신문』도 통
감의 권한에 대해서 "통감은 한국에 대하여 외교를 대행할 권한을 지니고
있고 시정개선에 대한 충고의 의무가 있을 뿐 정치상 간섭 지휘할 권한은
없다."고 주장하였다.57) 이 정당정치론은 기본적으로 일제의 보호정치를

---

54) 김성희, 「國家意義(續)」『대한자강회월보』제13호, 1907.
55) 김성희, 「國民的內治 國民的外交」『대한협회회보』10.(김도형, 『대한제국기의 정
　　치사상 연구』, 지식산업사, 1994, 98쪽)
56) 김소영, 「한말 지식인들의 입헌론과 근대국가 건설」『한국학연구』43, 2012, 355쪽.

인정하는 위에서 보호정치 하에서의 정책비판, 더 나아가서는 보호 정치 하에서의 정권장악 내지는 권력참여를 목표로 한 것이었다. 그러나 일제는 보호 정치 하에서 정권장악을 목표로 한 정당정치를 절대 허용하지 않았다.58) 이들은 통감부도 고종과 마찬가지로 국민들과 권력을 공유할 생각이 전혀 없다는 점을 깨닫지 못하였다.

---

57) 『황성신문』, 1906년 3월 24일.
58) 박찬승, 『대한민국은 민주공화국이다』, 돌베개, 2013, 95쪽.

제7장 재판소 개혁의 실패와 식민지 사법으로의 전락

제1절 전제정치와 부정의(injustice)

1. 재판소 개혁 실패의 귀결

대한제국 정부는 19세기 내내 지속된 특권층들의 부패와 수탈을 교정하는데 실패하였다. 인민들은 당시의 법, 상식, 도리에 맞게 재판을 공정히 처리해 달라고 호소하였으나 사법 독립의 필요성을 깨닫지 못한 고종과 수구 보수파들의 저항과 비협조로 외면당하였다. 전국의 주요 재판소를 수령과 관찰사들이 여전히 장악하면서 그 이전과 다를 바 없는 불공정한 기관으로 전락하였기 때문이다. 인민들은 수령의 부당행위를 숙명으로 받아들였지만, 어떤 인민들은 자애로운 국왕과 조정이 교정하여 줄 것을 호소하였다. 또 어떤 인민들은 탐관오리에 대한 불만과 분노를 참지 못하고 전국 도처에서 일어난 민란에 가담하였다. 19세기에 일어난 수많은 민란들은 조선왕조의 공정성을 더 이상 인민들이 신뢰하지 않는다는 것을 의미하였다.

그러나 조선왕조는 농민들과의 협조를 통해서 국가 위기를 극복하기보다는 외국군대를 동원하여 그들을 진압하였다. 결국, 동학농민군은 역사에서 사라졌으나 부정의(injustice)에 대한 농민들의 투쟁과 저항을 없앨 수는 없었다. 동학농민군을 대신해서, 새로운 개혁가들이 정의를 위한 정치투쟁을 벌이기 시작한 것이다. 1890년대부터 인민들 사이에서 조금씩 확산된 서구의 자유주의 정치사상은 조선왕조와 유학사상을 부정하고 그 대신에 새로운 정치질서와 사회이념을 도입해야 한다고 주장하였다. 자유주의 개혁가들은 양반들을 마땅히 모셔야 하는 상전(上典)이 아니라, 자신들과 똑같은 인간이며 국가의 주인은 천명(天命)을 받은 국왕과 그 대리인이 아니라 나 자신이라는 점을 인민들에게 알려주었다. 이에 따라서 인민들은 관료들의 부당한 통치를 어쩔 수 없는 숙명이 아니라 불법행위로서 고발과 청산의 대상으로 인식하였다. 이들은 자신의 자유와 권리를 보호하기 위한 수단으로서, 법의 지배를 강력히 요구하였을 뿐만 아니라 그 법도 인민들이 제정해야 한다는 혁명적인 주장을 전개하였다.

1905년 전후에는 국가의 관료들이 자행하는 수탈과 부패를 근절하고 인민들이 겪는 고통의 악순환을 끊기 위해서는 「대한국국제」에 의해 만들어진 정치제도의 청산이 필수라는 인식이 더욱 확산되었다. 일제로부터 국권을 강탈당하고 한국의 부강을 망친 것은 전제정치로 인한 권력 남용 때문이며, 한국의 미래는 헌법의 제정, 국회의 설치, 삼권분립을 통한 국민의 기본권을 보장하는 입헌국가의 수립에 있다고 주장하였다. 이 시기가 되면, 극소수의 지식인과 자산가 계층만이 참여하는 입헌 군주제가 아니라 다수의 국민이 정치에 참여하는 국민국가를 지향하게 된다.

과거에는 인민들이 서양 침략주의자들의 문명을 거부하였으나, 한성부를 중심으로 도시지역의 거주민들과 지식인들은 그 서구 문명을 통해서 인간평등의 사상과 사회 모순의 근원을 깨달으면서 유학 사상을 버리고 새로운 종교와 정치사상을 수용하기 시작하였다. 사실 인민들은 동학사상이든, 서구 자유주의 정치사상이든, 중국의 유학사상이든, 기독교 사상이든 중요치 않았다. 현재의 당면한 사회적 문제를 설명해 주고 그 현실적 대안을 제시하면 충분했다. 민간 개혁가들은 대한제국의 근본적 문제점을 '불공정' '부정의'로 지목하였다. '공정'은 전통 유학사상을 고수하였던 황현도,

서구 계몽주의 사상을 역설하였던 윤치호나 서재필도, 공직자에게 요구하는 덕목이었다. 이들은 한목소리로 공직자들의 불공정과 부정의를 일소하지 않고서는 나라의 혼란을 막을 수 없다고 주장하였다. 『제국신문』은 1898년 논설에서 도처에서 끊이지 않는 민란과 변란들은 농민들의 빈곤 때문이 아니라 국가의 불공정한 통치 때문에 일어난다고 정확히 분석하였다.[1]

　그러나 조선왕조와 대한제국의 관리들은 국가의 조세금을 착복하는데 그치지 아니하고 인민들의 재산을 빼앗고 신체, 생명, 건강까지 위해를 가하였다. 더 나아가 사법관들이 법과 재판을 왜곡하는 일이 빈번하게 발생하였다. 1898년에 법부대신, 경무사, 한성재판소 판사가 한성부 인민의 재산을 불법적으로 빼돌리다가 독립협회 관계자들에게 발각된 사건은 정부에 대한 인민들의 불신을 확산시켰다. 19세기 내내 관리들의 부정의가 교정되지 않았고 또 앞으로도 교정될 것이라는 희망을 가질 수 없었던 국가 시스템에 대한 불신이 조선왕조를 붕괴시킨 여러 원인 중의 하나였다. 아래 글은 1904년에 신기선이 고종에게 올린 상소문인데 고위 대신이 바라본 대한제국의 민낯을 잘 보여주고 있다.

　　지금 상하가 서로 이익을 다투는 것을 마치 일상적인 일처럼 보며 온 나라 사람들이 모두 뇌물이 아니면 벼슬을 얻을 수 없고 뇌물이 아니면 송사(訟事)에서 이기지 못하는 것으로 알며, 관찰사(觀察使)나 수령(守令) 자리에는 모두 높은 값이 매겨져 있고 의관(議官)이나 주사(主事) 자리도 또한 값이 정해져 있어서 심지어는 뇌물을 바치고 어사(御使)가 되어 각 도(各道)를 시찰하기도 합니다. 아! 나라를 망하게 만드는 정사가 한두 가

1)「일전에도 법률장뎡이 즁ᄒ고 긴흔 ᄉ연」,『제국신문』, 1898년 11월 24일. "백성의 민요나 나라의 변란은 모두 법률이 공평하지 못하여 생기는 것이기 때문에 만일 법률을 공정하게 시행하면 나라에 난리는 일어나지 않을 것이고 타국 사람도 감히 인민들을 분열시키지 못할 것"이라고 진단하였다.

지가 아니지만 뇌물처럼 가장 혹독한 것은 없습니다. 대저 뇌물은 무엇에
쓰이는 것입니까? 내탕고(內帑庫)에 보태어 나라의 비용을 넉넉히 만들자
는 것이 아닙니까? 아! 어찌 이다지도 생각의 모자람이 심합니까? 뇌물로
벼슬을 얻은 자들은 모두 하찮은 무리들로서 나라와 백성이 무엇인지 모
르니 정사가 무엇인지 어떻게 알겠습니까?[2]

신기선은 1880년대에 동도서기론의 입장에서 개화운동에 참여하였고 갑
오개혁 후에는 학부대신, 군부대신, 법부대신, 중추원 의장 등 정부의 요직
에 있던 인물로서 누구보다도 국정 상황을 잘 알고 있었다. 그는 상소문에
서 관리와 인민들이 각자의 이익만을 지키기 위해서 아귀다툼을 벌이고 있
으며, 재판에서 이기기 위해서 뇌물을 동원하는 등 수단과 방법을 가리지
않는다고 비판하였다. 수령과 관찰사직을 비롯하여 하찮은 벼슬자리조차
도 가격이 매겨져 있는 등 공직 사회 전반에 퍼져 있는 부정과 부패가 나
라를 망치고 있다고 보고하였다. 더구나 모든 뇌물은 황제의 내탕고로 흘
러 들어가 나라의 재정을 넉넉히 하는데 쓰여야 하는데 중간에서 관리들이
이를 빼돌린다고 강력히 비난하였다. 신기선의 상소문은 군수에서부터 황
제에 이르기까지 뇌물로 얽혀 있으며 그 최상위에 황제가 있다는 것을 증
언한 것이다.

대한제국의 불공정은 높은 신분과 권력을 동시에 가지고 있는 자들이
탐욕을 과도하게 부린 결과였다. 『독립신문』은 1897년 사설에서 한국이 다
른 나라처럼 자주독립과 부국강병을 달성하지 못하고 외세의 침략으로 위
태로운 처지에 빠지게 된 이유가 정부의 고위 대신과 관리들이 더 많은 이
익을 가지기 위해 다투고 자신들보다 권세가 없는 사람들의 권리를 빼앗으
려 하기 때문이라고 지적하였다.[3] 『독립신문』의 지적은 대한제국의 재판

2) 『고종실록』, 1904년 9월 2일.

소에 대한 비판이고 더 나아가서는 최고 재판관 지위에 있는 법부대신과
고종에 대한 비판이기도 하다.

신기선과 『독립신문』이 지적한 고위 관료들의 공적 윤리의 부재는 한국
에 거주하는 외교관, 선교사들의 기록에서도 확인할 수 있다. 1886년도에
육영공원의 교사로 한국에 입국한 이래로 1907년까지 한성부에서 거주하
면서 대한제국의 독립과 근대화에 헌신한 헐버트는 소송 당사자 간에는 사
생결단식의 극단적 투쟁이 전개되면서도 소송을 공정히 처리하는 재판소
와 판사가 없다는 점을 안타까워하였다. 그는 재판을 통해서 마땅히 보호
받아야 할 권리(재산)가 오히려 훼손되는 등 한국의 법정은 백성들의 권익
을 구제하는데 실패하였다고 지적하였다.

> 약간의 정의마저도 실현되지 않는다면 사회는 통일을 유지할 수 없지
> 만, 한국에서 정의가 실현되고 있는 정도는 국가의 조직을 분열로부터 방
> 지하는 데에 절대적으로 필요한 수준에까지 이르지 못하고 있다고 말하는
> 것이 옳을 것이다. 법정은 백성들이 법률상의 어려움을 당하여 그들의 법
> 익을 구제하기에 상당한 기회를 마련해 줄 수 있을 만큼 백성의 다정한
> 벗이 되지 못하고 있다.4)

헐버트는 대한제국의 법정이 사회를 유지하는데 필요한 최소한의 정의
마저도 실현하지 못하고 있으며, 전 사회적으로 만연한 부정의(injustice)가
국가와 인민을 분열시키고 있다고 지적하였다. 그는 한국의 사법체계가 공
정과 정의에 대한 인민들의 요구를 전혀 충족시키지 못하고 있으며 이 같
은 현상이 오래 지속될 경우에는 단단히 결속된 정치 단위로서의 '국민'

---

3) 「나라에 법률과 규칙과 장정을 믿든 본의는 첫지는 사름의」 『독립신문』, 1897년
   3월 18일.
4) 헐버트, 신복룡 역, 『대한제국 멸망사』, 1906, 93쪽.

형성을 가로막을 수 있다고 우려한 것이다. 파란 눈의 외국인은 대한제국의 관료체제의 문제점이 무엇이고 그로 인해서 어떠한 결과를 초래하였는지를 이해하는데 필요한 인민적 관점을 제공하고 있다.

헐버트와 마찬가지로, 『독립신문』도 한국의 인민들이 서로 각심(各心)으로 분열되어 있으며 이로 인해서 외국이 한국의 주권을 빼앗으려면 손쉽게 빼앗을 수 있는 상태에 놓여 있다고 경계하였다. 인민들이 각심(各心)으로 분열된 근본 이유에 대해서는 공익 실현에 앞장서야 할 관료들이 사익에 몰두해 있으며 나라와 인민의 일은 뒷전으로 미루는 등 공공 정신이 부재하기 때문이라고 비판하였다. 벼슬하는 사람들이 서로 시기하고 미워하며 백성들을 주인으로 생각하지 아니하고 한 푼이라도 그 백성의 돈을 빼앗으려고만 한다는 것이다. 그리고 정부가 백성들을 부당하게 대우하기 때문에, 백성들도 정부의 명령을 성실히 따르지 아니한다고 지적하였다.5) 『독립신문』은 정부가 인민들을 부당하게 대우하고 권력이 있는 자들이 권세를 이용하여 수탈을 자행하기 때문에 한국에서는 정부와 인민 상호 간에 불신이 매우 깊다고 지적하였다. 『독립신문』은 "청국 사람이나 대한 정부가 열심히 공정한 법률을 행하고 정부와 백성이 일심이 되었으면 개명한 지경에 이르기가 용이"할 것이라고 굳게 믿었다.6)

조선이 원하는 것은 생명과 재산을 안전하게 보장할 수 있는 정부다. 어떤 사람이 내게 말하기를 지방 사람들은 정부가 어떻게 정책을 뒤집을지 몰라서 어떤 부동산도 사들이기를 꺼린다고 했다. 대중들은 자신만 안전하다면 누가 나라를 통치해도 상관하지 않겠다고 할 정도로 변덕스러운

---

5) 「죠선이 세계에 젹은 나라이 아니요 인구 슈효가」, 『독립신문』, 1897년 2월 23일.
6) 「현금 텬하의 학술이 한량 업시 만ᄒ다 말 홀슈 업스되」, 『독립신문』, 1899년 10월 5일.

정부에 아주 신물이 나 있다.[7]

윤치호에 따르면, 한국인이 원하는 것은 자신의 재산과 생명을 안전하게 보호해 주는 정부이다. 그러나 한국정부는 인민들의 호소를 외면하고 있으며 국가의 불공정한 처사에 실망한 인민들이 재산과 생명을 보호하기 위하여 외국세력에게 의지한다고 우려하였다. 더구나 인민들이 가난과 속박이 주는 비참한 상황에 놓여 있기 때문에 재산과 생명을 보호해주기만 한다면 러시아인이든 일본인이든 기꺼이 주인으로 섬길 준비가 되어 있다는 것이다.[8] 윤치호가 지적한 매국적 현상은 19세기 내내 농민들이 호소하였던 거대한 원억이 국가의 사법시스템 하에서는 전혀 해소되지 않았기 때문에 생긴 것이다. 수령의 불법적인 수탈에 분노하여 봉기한 1862년 임술민란과 1894년 동학농민전쟁은 국가기관에 대한 농민들의 실망이 얼마나 심각하였는가를 보여준다.

아래의 인용문은 동학농민전쟁에서 전주화약을 이끌어낸 김학진[9]이 1905년에 올린 상소문인데 윤치호가 언급한 매국적 일탈 행위가 어디에서 비롯되었는가를 설명하고 있다.

형법에 대해 말해 본다면, 근래 듣건대 저들의 사령부(司令部)에서 백성들의 소송을 받아들여 임의로 처결한다고 합니다. 아, 조종조(祖宗朝) 500년 동안 도야(陶冶)해 주신 교화와 폐하께서 40년 동안 사랑하여 길러

7) 박정신, 이민원역, 『국역 윤치호영문일기(3)』, 국사편찬위원회, 2014, 103-104쪽. (1895년 12월 20일).
8) 박미경 역, 『국역 윤치호영문일기(4)』, 국사편찬위원회, 2016, 111쪽.(1897년 11월 11일).
9) 김학진의 행적에 대해서는 다음의 논문 참조 정종원, 「김학진의 삶과 현실 인식」 『한국사학보』 75, 2019.

주신 은택은 지극히 깊고 두터운 것입니다. 지극히 어리석으면서도 신령스러운 것이 백성인데, 모두 다 실성(失性)한 것이 아니라면 어찌 하루아침에 우리의 법관을 버려두고 저들에게 나아가서 억울한 일을 풀어 달라고 하겠습니까. 진실로 그 이유를 따져 보면 오직 백성들을 몰아낸 점이 있었기 때문입니다. 근래 이후로는 재물로써 관직을 사고 뇌물로써 송사를 판결하였기 때문에 대다수 서민들이 윗사람을 질시한 지가 오래되었으니, 이것이 바로 그들을 몰아낸 것입니다.[10]

동학농민전쟁 당시에 농민군과 관민상화를 통해서 국가적 위기를 돌파하려고 하였던 김학진은 10년 후인 1905년에 애국적인 상소문을 올렸다. 그는 인민들이 자신들의 이익과 재산의 보호를 한국 법정이 아니라 일본군에게 호소하고 있는 모습을 보고 미쳤다고 경악하였다. 재판의 관점에서는 개인의 권리-의무관계의 판정을, 전통의 표현으로는 억울함을 풀어달라고 하는 호소를, 임오군란, 갑신정변, 동학농민전쟁, 민비시해 과정에서 저지른 만행을 뚜렷하게 기억하고 있는 인민들이 어찌하여 일본군에게 달려갔는가를 묻고 있다.

김학진은 그 이유에 대해서 공직 사회에 널리 퍼져 있는 부정의(injustice) 때문이라고 진단하였다. 재물을 제공하여 관직을 사고 뇌물을 받고 재판하는 풍조가 퍼져 있는 대한제국의 불공정과 부정의 때문에 인민들이 일본군으로 달려갔다고 진단하였다. 그는 국가에 대한 애국심, 황제에 대한 충성심이 점차 사라지고 있는 현실을 고종에게 솔직히 보고한 것이다. 국가의 이익과 자신의 이익이 서로 일치하고 국가의 미래가 곧 자신의 미래라는 운명 공동체 의식이 점차 해체되고 있었다. 관리와 인민들의 대립, 부익부 빈익부에 따른 계층간 갈등, 강고하게 남아 있는 재래의 양반의

---

10) 『승정원일기』, 1905년 3월 7일.

식 등이 국민으로의 통합을 저해하였다.

이 같은 현상을 외부(外部)와 언론기관에서도 인지하고 있었다. 1905년도에 한국 외부가 일본 공사에게, 한국 인민들이 일본 영사관에 소송을 제기하는 사례가 많은데, 이 경우에는 일본 영사관에서 처리하지 말고 한국 재판소로 이송하여 줄 것을 요청한 것이다.

> 외부에서 일공사와 교섭하여 한국 인민이 일본영사에게 월소하는 자가 많은 지라. 지금 이후로 또 월소하는 자가 있거든 받지 말고 본국(한국-인용자) 재판소로 송교하라 하였더라.[11]

> 李海昇氏가 樓洞宮奋訟事件에 對ᄒ야 統監府 法務院에 請願ᄒ얏던지 自該院으로 平理院에 移照ᄒ고 裁判處決ᄒ기를 催促흔다더라.[12]

> 평리원에 재수(在囚)한 이세직씨 등 옥사에 대하여 착수한 제인을 낮에는 겨를이 없는지 밤마다 문초한다 하더니 근인에는 이무 소식이 없으니 근일 밤에는 잠만 자나 경향인을 물론하고 법사에 한번만 가면 유무죄를 불계하고 끝날 날이 없으니 법률이 이 같이 문란하고야 타인의 착수함을 어찌한하리오. 근일 일본 이사청에서 한국인의 송사를 수리하는데 공결도 하거니와 즉일 내에 결처가 된다 하는 고로 송민이 그곳으로만 간다하고 일본 이사가 권리를 뺏어가는 것이 아니라 여기 법관이 권리를 억지로 주는 걸(한국 법관은 편하기는 하겠다).[13]

『제국신문』은 대한제국의 재판소가 인권을 보호하지 못하고 있고 또한 송사를 처리하는데도 시간이 많이 걸려서 권리를 제대로 보호하지 못한다

11) 「송환월소」, 『대한매일신보』, 1905년 2월 28일.
12) 「奋訟裁判」, 『대한매일신보』, 1907년 10월 11일.
13) 「宦海一波」, 『제국신문』, 1906년 10월 15일.

고 지적하였다. 이에 반해서 일본 이사청에서는 한국인의 송사를 신속히 처리한다는 소문이 퍼져서 송민들이 자발적으로 이사청에 호소한다는 것이다. 그러면서 한국의 사법권은 일본인 이사관이 강제로 빼앗아 가는게 아니라 한국 법관이 부패하여 소송권을 스스로 상실한 것이라고 비판하였다. 19세기 외세의 침략은 국가적 위기였으나 다른 한편으로는 국가체제를 개혁하고 자주독립과 부강을 위한 기회로 삼을 수도 있었다. 그러나 이같은 역사적 전진을 부패한 한국 정치와 후진적 사법제도가 가로 막고 있었다.

윤치호는 그 부정의의 중심에 황제가 있다고 지목하였다.

> 전하의 잘못된 행동을 저지하지 못한다. 전하는 뻔뻔스럽게도 나라 재산을 유용하고 있고 사람들은 다음 달 봉급을 지불할 수 있을지 진지하게 의심하고 있다. 지금 정부 관료, 지방관, 왕실 감찰관, 부처별 감찰관, 경찰, 군인들이 국민들을 쥐어 짜내고 있다. 우리는 매일 들려오는 악행에 전율한다.[14]

> 도적들이 조선에서 전성기를 누리고 있소. 여분의 쌀가마를 가진 이들은 모두 피해를 당하고 있소. 이 도적들은 배가 고파서 어쩔 수 없이 도둑질을 하게 된 궁핍한 사람들이 아니라오. 그들은 집과 첩을 가진, 옷도 잘 차려입은 젊은이들이오. 도둑질과 협박은 가장 수익성 높고 안전한 사업이 되었다오. 내가 개인적으로 아는 청년 몇몇이, 종종 우리 집 밥을 먹은 청년들이 그 무리 속에 끼어 있소. 그러나 누구도 감히 그들을 고발하거나 신고하지 않고 있소. 그 이유는 첫째, 그들의 이름은 '군인회'이고 둘째, 조선에는 법이 없기 때문이오. 현재 조선에 있는 이들이면 누구나 황제·신료·관찰사·판사·조선인·일본인을 막론하고 누구나 자신보다 약한 이웃의 재산을 가로채는 부도덕한 짓을 하느라 아귀다툼을 벌이고 있소.[15]

---

14) 박미경 역, 『국역 윤치호영문일기(4)』, 국사편찬위원회, 2016, 150쪽.(1898년 5월 1일).

윤치호는 대한제국의 정의를 훼손하는 자들은 가난한 민중들이 아니라 부와 권력을 가진 특권층이라고 주장하였다. 그는 인민의 재산을 가로채는 도둑들을 나열하였는데 맨 앞에 황제를 내세웠다. 황제→고위 관료→관찰 사→판사로 연결되어 있는 부도덕한 사슬체제가 무법의 상태를 만든다고 본 것이다. 여기에 일본인까지 인민을 수탈하는데 앞장서고 있다는 것이 다. 윤치호의 눈에는 고종이나 일본인이나 인민들을 수탈한다는 점에서 동 일하였다.

개혁가들은 인민의 기본권을 불법적으로 침해하고 무법을 초래한 황제 와 정부에 대한 존경과 애국심을 가질 수 없었다. 인민들도 대한제국의 수 탈을 부정의로 단죄하고 새로운 정의를 만들기 위해 투쟁하였다. 개혁가들 은 강자가 강요하는 정의의 원칙을 부정하고 모든 인민이 평등하고 자유롭 게 권력과 부의 분배에 참여할 것을 요구하였다. 게일이 1909년에 출판한 저서에서 그의 한국인 친구는 다음과 같이 이야기 하였다.16)

우리는 왕이 없다. 우리가 모시고 있는 분은 과연 불쌍하고 임시방편에

---

15) 박미경 역, 『국역 윤치호영문일기(5)』, 국사편찬위원회, 2015, 127쪽.(1905년 7월 4일).
16) 제임스 게일은 1888년에 토론토대학교를 졸업하고 YMCA로부터 선교사로 임명받 아 한국에 온 이후, 1890년 토론토대학교 선교부가 해체될 때까지 평신도 선교사로 일했다. 한국에 와서 여러 곳을 순회하며 말과 풍물을 익힌 다음, 1890년부터 성서 공회 전임 번역위원이 되어 성서를 번역하고 한국성교서회 창립위원이 되는 등 문 서선교의 기틀을 잡았다. 1891년부터는 북장로교 선교부 소속으로 1898년까지 주 로 원산에서 성서를 번역했고, 한국 최초의 『韓英大字典』을 편찬했으며, 후에 한국 교회를 이끌 많은 사람들을 기독교로 끌어들였다. 1900년부터 연동교회(蓮洞教會) 에서 선교사로 임명되어 목회를 시작했으며, 연동여학교를 설립하는 등 교육사업을 시작했다. 1909년에는 야소교회보(耶蘇教會報) 주필이 되어 교회신문의 산파역을 맡기도 하였다. 이후 게일은 식민지 조선에서도 선교활동에 종사하다가 1928년에 은퇴 후 영국으로 돌아갔다.

불과했다. 그러나 왕이 없다는 것보다 더 좋은 것은 없다. 그(고종)는 결코 심판받지 않을 것이다. 그가 통치한 기간 동안 떨어져 나간 주요 관리들의 머릿수는 놀랄 만하다. 그는 자신의 뜻대로 한다거나 백성들을 복종시키는데는 강력했다. (중략) 백성들이 독립협회를 운영하려 시도했을 때 고종은 종각에 "거리에서 집회를 갖거나 어떠한 종류의 얘기도 하지 말라. 그대들 모두는 집에 머물러 자신의 일에만 전념할 것을 명하노라"라는 공고문을 붙여 놓았다. 그(고종)는 우리들을 수갑 채우고 약탈하고 몽둥이질하고 교수형에 처하고 사지를 찢어 죽였으며 자기 자신만을 위해 그리고 진부한 미신행위를 위해 존재해 왔다. 그러니 왕이 없는 것이 차라리 더 좋았다.[17]

이름을 알 수 없는 김씨라는 한국인은 서구 정치사상의 영향을 받은 이른바 '계몽 인민'이었을 가능성이 있다. 그는 독립협회 운동에 참여하였거나 혹은 애국계몽운동기에 설립된 각종 학회의 회원일 수도 있다. 게일과도 대화가 가능한 영어 습득자일 수도 있다. 그는 자유주의적 인권론의 관점에서 대한제국과 고종을 평가하였다. 김씨에게 있어서 고종은 인민의 생명, 자유, 신체, 재산을 침해한 인물이었다. 그는 대한제국에서 일상적으로 벌어졌던 부정의와 비인도적 처사들이 궁극적으로 고종이 행한 것이라고 비난하였다. 그는 "차라리 왕이 없는 것이 차라리 더 좋았을 것"이라고 토로하면서 500년간 지속된 조선의 왕정제도를 부정하였다. 대한제국이 보호국으로 전락한 후 많은 지식인들이 국권상실의 원인이 전제정치에 있으며, 빼앗긴 국권을 회복하기 위해서는 전제정치를 청산해야만 한다고 생각했듯이, 김씨도 황제가 존재하지 않는 새로운 나라를 자신의 조국으로 삼고 싶어 하였다.

---

17) J. S. 게일, 신복룡 외 옮김, 『전환기의 조선』, 평민사, 1986, 44쪽.

2. 1인 통치체제의 폐해

갑오개혁기 사법개혁의 목표가 공정과 정의의 실현이었다면, 이러한 의미의 사법개혁은 1898년 독립협회의 강제 해산과 1899년「대한국국제」의 반포로 인하여 사실상 불가능해졌다. 보수적 반동체제로서의「대한국국제」는 입법, 사법, 행정 등 국가의 모든 권한을 황제 1인이 행사할 것임을 선언하였기 때문이다. 그러나 사법개혁에 대한 조직적 반발은 1896년 2월 아관파천 직후부터 있었다. 고종이 갑오개혁을 추진하였던 친일 개화파 정권을 붕괴시키고, 친러 수구파 관료들을 등용하면서 사법개혁의 동력이 점차 약화되었다. 우선, 한국정부는 1896년에 국왕과 법부대신의 재판권을 부활시켰다. 1897년에는 개별 판사의 직무상 독립을 침해하는 조치가 취해졌으며 법부대신은 각급 재판소의 재판 사무에 대한 통제를 강화하였다. 1898년에는 독립 재판소였던 한성재판소를 폐지하였다. 1899년과 1900년에는「법부관제」와「재판소구성법」을 개정하여 법부가 거의 모든 사건에 대해서 직접 재판권을 행사할 수 있게 되었다. 일련의 제도 개정을 통해서 고종은 갑오개혁기에 빼앗긴 사법권을 도로 찾아 올 수 있었다.

더 나아가 고종은 자신에게 충성하는 자를 법부대신과 평리원장에 앉힘으로써 사법권을 완전히 장악하였다.[18] 정치적 보수화에 편승하여 구식판사들은 신식 소송제도를 굳이 시행하려고 하지 않았다. 신식제도를 성실히 실행해야 할 사법관들이 정작 법령을 위반하면서까지 사법체계를 망가뜨렸으나 대한제국의 법부와 재판소에는 이를 교정할 수 있는 개혁적 인물도, 제도도 존재하지 않았다. 법부대신이 불법을 저지르고 있는데 각급 재판소 판·검사들에게 법을 지키라고 명령한다고 해서 지킬 리가 없었다. 대

---

18) 도면회,『한국 근대형사재판제도사』, 푸른역사, 2014, 318-319쪽.

한제국기 정치적 실력자였던 이윤용은 평리원장 재직시절 농민들을 상대로 소송을 제기하여 최종심에서 패소하였음에도 불구하고, 법부와 평리원을 움직여서 불법적으로 승소를 쟁취하였다. 이처럼 관료들은 상하불문하고 권력을 무기로 인민들의 재산을 탈취하는 것이 비일비재하였다. 이들은 고종에게 충성을 바친 대가로 사법기관을 자신의 이익을 위해 동원할 수 있었다.

고종은 1863년 즉위 이후 수많은 정치적 혼란을 겪으면서 위기를 극복해 나갔다. 그는 자신을 위협하는 외국세력과 정적들을 제거하고 권력을 공고히 하는데 필사적이었다. 1898년 11월 26일 독립협회에 대한 효유에서 고종은 "지금부터 월권 범분(犯分)하는 일은 일체 금하라. 전제정치를 타손하면 결코 너희들이 충애하는 본래의 뜻이 아니다. 왕장(王章)이 삼엄하여 단연코 용서하지 아니하겠으니 너희들은 각기 굳게 지키어 날로 개명(開明)하라."라는 조서에서 쉽게 알 수 있듯이, 고종은 자신의 권력을 나누거나 공유할 생각을 하지 않았다.[19] 오히려 고종은 자신의 권력이 누군가로부터 훼손당할까봐 전전긍긍하였다. 1898년 독립협회의 해산과 주요 정적들에 대한 역모 사건 적발 및 응징을 통해서 비로소 정국의 안정을 가져올 수 있었다.

1899년 「대한국국제」는 고종에게 막강한 절대권력을 보장하였다. 조선왕조에서는 관료들의 간쟁과 언권이 제도적으로 보장되어 국왕의 통치행위를 견제할 수 있었으나, 갑오개혁 이후 일본의 근대적 정치제도를 받아들인 대한제국 정부에는 관료들의 간쟁과 언권이 제도적으로 존재하지 않았다.[20] 대한제국은 황제 1인의 국가라는 점이 「대한국국제」를 통해서 선

---

19) 『구한국관보』, 1898년 11월 26일.(서진교, 「1899년 고종의 '대한국국제' 반포와 전제황제권의 추구」『한국근현대사연구』 5, 1996, 56쪽.)

언되었다. 청의 변법파의 103일 천하가 서태후와 청조 수구파의 반동으로
막을 내렸듯이, 「대한국국제」는 독립협회 운동을 압살한 민권운동의 폐허
위에 세운 수구 반동체제를 본질로 한다.

제1조 대한국은 세계 만국에 공인된 자주독립한 제국이다.

제2조 대한제국의 정치는 과거 500년간 전래되었고, 이후 만세에 걸쳐
불변할 전제정치이다.

제3조 대한국 대황제께서는 무한한 군권(君權)을 가지고 있으니, 공법에
서 말한 바 자립정체이다.

제4조 대한국 신민(臣民)이 대황제가 가지고 있는 군권을 침손하는 행위
가 있으면 이미 행하였건 아직 행하지 않았건 물론하고 신민의 도
리를 잃은 자로 인정한다.

제5조 대한국 대황제는 국내의 육해군을 통솔하고 편제를 정하여 戒嚴
과 解嚴을 명한다.

제6조 대한국 대황제께서는 법률을 제정하고 그 반포와 집행을 명하시
고 만국의 공공(公共)의 법률을 본받아 국내 법률도 개정하고 대
사(大赦)·특사·감형·복권을 명한다. 공법에 말한 바 자정율례(自
定律例)이다.

제7조 대한국 대황제는 행정 各府 및 各部의 관제와 문관의 봉급을 제정
하거나 개정하며 행정상 필요한 각 항목의 칙령을 발한다. 공법에
이른바 自治行理이다.

제8조 대한국 대황제는 문무관의 黜陟과 임면을 행하고 작위, 훈장 및
기타 영전을 수여 혹은 박탈한다. 공법에 이른바 관리를 자체로

---

20) 도면회, 「대한국국제와 대한제국의 정치구조」 『내일을여는역사』 17, 2004, 192쪽.

선발하는 것이다.

제9조 대한국 대황제는 각 조약국에 사신을 파송주재하고 宣戰, 講話 및
제반 약조를 체결한다. 공법에 이른바 사신을 자체로 파견하는 것
이다.

「대한국국제」는 모두 9개 조항으로 이루어져 있는데 제3조부터 제9조까
지는 황제의 권한만을 일방적으로 법제화하였다. 서구 입헌주의는 국민의
자유와 권리를 최고의 규범인 헌법으로 보호하고 국가가 국민의 기본권을
부당하게 침해하지 못하도록 국가권력을 분할하는 것을 이념으로 하고 있
다.[21] 그러나 「대한국국제」는 삼권분립, 국민의 권리 보장 등은 전혀 규정
하지 않고 황제를 대한제국의 유일무이한 주권자로 규정하였다.

「대한국국제」 제1조 및 제2조는 대한제국이 자주독립의 국가, 즉 완전
한 주권국가임을 천명하고 황제의 통치권은 어떠한 제한도 받지 않는 전제
정체임을 밝혔다. 그리고 제3조에서 황제는 무한한 군권(君權)을 가지고 있
으며 이는 그 누구로부터도 침범받을 수 없는 절대적인 것임을 분명히 하
였다.[22] 특히, 제4조는 군권의 침손 행위에 대해서 모의만 하여도 처벌할
수 있으며 신민으로서의 권리를 박탈할 수 있도록 하였다. 이 조항은 대한

---

21) 권영성은 "입헌주의는 국가가 단순히 제정 헌법을 가지고 있음을 뜻하는 것이 아니
라, 국가권력의 제한과 자유와 권리의 보장, 권력제한과 권리 보장이 단일한 문서로
제정하여야 하고, 헌법에 대한 국가 최고법성을 보장, 하위법에 대한 헌법의 절대적
구속력 등의 요소가 기능적으로 담보되어야 한다."고 설명하였다. 이와 함께 김철
수는 "국가권력을 조직하는 측면보다는 국가권력을 제한하는 측면에 더욱 중점을
두면서 국민주권의 원칙, 기본권 보장의 원칙, 권력분립의 원칙을 내용으로 하는 헌
법"이라고 규정하였다. 권영성, 『헌법이론과 헌법담론』, 법문사, 2006, 962쪽.
22) 서진교, 「1899년 고종의 '대한국국제' 반포와 전제황제권의 추구」『한국근현대사연
구』 5, 1996, 55쪽.

제국의 신민은 군주에 대한 복종의 의무만이 존재하며, 황제의 통치권에 도전하는 일체의 자유민권운동과 정치적 반대파를 용인하지 않겠다는 의사 표현이었다. 이로써, 황제는 입법권, 행정권, 사법권을 모두 통할하는 절대권력을 법제적으로 보장받았다. 「대한국국제」에서의 '전제(專制)'와 '자주(自主)'는 다음과 같은 의미였다.

> 갑오년(1894) 이후로 '자주(自主)'를 운운하는데 신은 참으로 그 뜻을 이해하지 못하겠습니다. 요즈음 법제와 정사, 상벌에 대해서 여기저기서 견제를 받아서 제 마음대로 할 수 없습니다. 신은 나름대로 생각하기에는 자주권은 진실로 선제(先制)를 따르던 갑오년 이전에 있었으나 새로운 법을 구차히 시행한 갑오년 이후에는 없어졌다고 하겠습니다. 이 때문에 사람들의 마음이 안정되지 못하고 기강이 해이해졌습니다. 오직 바라건대, 폐하께서는 과감히 결단을 내리시고 위복(威福)을 전제(專制)하시어 자주의 도를 세우기에 힘을 다하셔야 할 것입니다.[23]

조병세는 갑오개혁 이전에는 '자주권'이 있었으나 갑오개혁 후에는 '자주권'을 상실하였다고 보았다. 이 상소문에서의 '자주권'은 군주가 정치적 권한을 행사함에 있어서 어떠한 간섭을 받지 않는 것을 의미하였다. 이 같은 맥락 속에서 「대한국국제」 제2조에 사용된 '전제'도 '그 어느 누구의 간섭도 받지 않고 자신의 뜻대로 하다'는 뜻으로 이해될 수 있다.[24] 「대한국국제」는 고종이 법 위의 존재이며 절대무한의 권력자라는 것을 확인하였다. 그러나 「대한국국제」가 제정된 지 얼마 되지 않은 1901년도에 『제국신문』은 전제정치를 행정, 입법, 사법 등의 삼권을 군주가 모두 행사하여

---

23) 『고종실록』, 1897년 8월 24일.

24) 조계원, 「대한국국제 반포(1899년)의 정치·사상적 맥락과 함의」 『한국정치학회보』 48(2), 2015, 144-145쪽.

인민을 통치하는 것으로 설명하면서 이 제도가 바람직하지 않다고 비판하였다.

> 또 각국의 정치를 의론컨대, 또한 세 가지 분별이 있으니, 하나는 전제정치요 둘째는 공화정치요 셋째는 입헌정치라. 전제정치라는 것은 그 나라 임금이 법을 세우는 것과 행정하는 것과 세 가지 권리를 잡아 법률을 자기 뜻대로 독립하여 억조만민을 다스리는 것이오, 공화정치라는 것은 국중에 어진 재조를 택하여 의관으로 삼고 전국 백성을 대신하여 입법과 행정과 사법의 세 가지 권세를 행하는 것이오. 입헌정치라는 것은 임금이 세 가지 권리를 주장하시되, 나라 법을 굳게 지키여 정부와 백성과 더불어 함께 다스리는 것이다.[25]

한국의 개혁가들에게 큰 영향을 미친 몽테스키외는 정체를 세 종류로 구분하고 그 중에서 전제정체의 문제점을 지적한 바가 있었다. 그에 따르면, 공화정체는 인민 전체 혹은 인민 일부가 주권을 갖는 정체이고, 군주정체는 한 사람이 통치하지만 확립된 제정법에 의거하여 통치하는 정체를 말하며, 전제정체는 1인 통치자가 만사를 법도 규칙도 없이 오로지 자신의 의지와 기분에 따라 끌고 가는 정체이다.[26] 몽테스키외는 "전제는 인간에게 무서운 해를 끼치므로 그것을 제한하는 악마저도 선하다."고까지 생각한 사람이었다.[27] 그는 국가의 불행은 권력의 남용에서 비롯된다는 생각을 가지고 국가권력을 입법권, 사법권, 행정권으로 분리할 것을 제안하였다. 재판권과 입법권을 모두 가진 권력자는 시민의 생명과 자유를 빼앗을 수 있기 때문이다.[28]

---

25) 「나라집을 부강케ᄒ고져 ᄒᄂᆞ쟈ᄂᆞᆫ 불가불」『제국신문』, 1901년 3월 4일.
26) 몽테스키외, 하재홍 옮김, 『법의 정신』, 동서문화사, 2007, 32쪽.
27) 몽테스키외, 하재홍 옮김, 『법의 정신』, 동서문화사, 2007, 39쪽.

한국 개혁가들의 시각에서 보면, 고종은 유일무이한 입법권자이자 최고 재판관이었으며 또 집행권자였다. 대한제국의 황제는 주요 사건에 대해서 재판권을 직접 행사할 수 있었고 법부대신을 통해서 얼마든지 재판에 개입할 수도 있었다. 또한 황제는 자신이 가지고 있는 인사권을 활용하여 법부대신, 평리원장, 한성재판소 및 평리원 판사들을 자신의 손아귀에 집어 넣고 뒤흔들었다. 수령과 관찰사는 황제의 대리인이자 지방의 절대 권력자였다. 지방관들도 역시 재판권을 가지고 인민들을 수탈하였다. 지방이든 서울이든 행정관이자 사법관의 역할을 수행하였던 구식판사와 구식 제도의 강력한 존속은 부정의와 인권 침해의 온상이었다. 몽테스키외가 전제정치의 원리는 본성부터 부패되어 있기 때문에 끊임없이 부패해 나간다고 경고하였듯이,[29] 민간 개혁가들도 1인에게 권력이 집중된 전제정체가 국민의 자유와 권리를 무단으로 침해할 것이라고 우려하면서 사법부의 독립이 정부의 공정성을 유지하고 인권을 보호하는데 필수라고 생각하였다.

절대권력자의 권력 남용으로 인한 부작용이 대한제국에서도 똑같이 일어났다. 고종의 권력이 강화될수록 오히려 관료들의 공정성과 행정의 투명성은 더 나빠졌고 개인의 자유와 권리를 침해하는 일이 다반사로 일어났

---

28) 몽테스키외, 하재홍 옮김, 『법의 정신』, 동서문화사, 2007, 178-180쪽. "한 사람 또는 한 집정관 단체의 수중에 입법권과 집행권이 결합되어 있을 때에는 자유란 없다. 왜냐하면 같은 군주 또는 같은 원로원이 폭정적인 법률을 만들고 그것을 폭정적으로 집행할 우려가 있기 때문이다. 재판권이 입법권과 집행권으로부터 분리되어 있지 않을 때도 자유는 없다. 만일 그것이 입법권에 결합되어 있으면 시민의 생명과 자유를 지배하는 권력은 자의적일 것이다. 왜냐하면 재판관이 입법자이기 때문이다. 만일 그것이 집행권에 결합되어 있으면 재판관은 압제자의 힘을 가지게 될 것이다. 만일 한 사람 또는 귀족이나 시민 중 주요한 사람의 한 단체가 이 세 가지 권력, 즉 법률을 제정하는 권력, 공공의 결정을 실행하는 권력, 죄나 개인의 소송을 심판하는 권력을 행사한다면 모든 것을 잃고 말 것이다."

29) 몽테스키외, 하재홍 역, 『법의 정신』, 동서문화사, 2007, 141쪽.

다. 고종은 권력을 회복하면서 곧바로 갑오개혁기에 폐지하였던 연좌제와 노륙법 등의 악법을 부활시키려 기도하였고, 기어이 참형을 다시 부활시켰다. 1898년 11월 22일에는 '의뢰외국치손국체자처단례(依賴外國致損國體者處斷例)'를 제정하여 외국인에 의뢰하여 국체를 손상케 하고 국권을 손실케 하는 자, 외국인에게 본국 보호를 암청하거나 비밀을 누설하고 정부의 허락없이 외국인에게 차관, 용병(雇兵) 등을 거간한 자를 처벌하였다. 고종은 사법권을 행사하여 각종 역모 사건을 적발하고 철저히 응징하였다.30) 1898년 12월에는 황제권을 위협하던 독립협회를 강제로 해산시켰다. 특히, 개혁적 법령이 필요한 시점에서 대한제국은 「형법대전」을 제정하여 「대명률」을 현대적으로 재현하였을 뿐이었다.31) 「형법대전」은 불평등하고 차별적이며 반인권적인 중세적 형벌관을 그대로 유지하였다. 「형법대전」은 1890년대 민간 개혁가들이 요구하였던 민법과 형법의 모습과는 너무나도 달랐다.

서구 사회의 법치는 기본적으로 개인의 자유와 권리의 보호를 목적으로, 국민의 대표자들로 구성된 국회를 설립하고, 국회가 제정한 법률에 준거한 지배가 이루어져야 한다는 이념을 내포하고 있다. 그리고 개인의 자유를 억압할 수 있는 국가 권력에 대항하기 위하여 삼권분립을 요구하는 것이다. 그러나 「대한국국제」에서 강력히 요구한 '법치'는 국민의 기본권 보장과는 거리가 멀었다. 군주권을 안정적으로 행사하기 위한 수단에 불과하였다. 「대한국국제」에서의 '법치'는 군주 1인의 권력과 권능을 무제한 인정하면서 군주를 제외한 나머지 모든 사람들의 절대 복종을 요구한다는 점에

---

30) 김성혜, 「고종시대 군주권 위협 사건에 대한 일고찰」 『한국문화연구』 18, 2010.
31) 「형법대전」에 대해서는 다음의 저서 참조 문준영, 『법원과 검찰의 탄생』, 역사비평사, 2010, 279-290쪽.

서 서구의 법치와는 다르다. 대한제국의 법치는 강압의 정치이자, 엄형주의적 공포통치를 본질로 한다고 말할 수 있다.

민간의 개혁가들은 대한제국의 전제정치를 독재정치로 비판하면서 이 제도의 청산을 요구하였다. 설태희는 "일국(一國)을 성립, 유지하고자 한다면 반드시 헌법이 있어야 하며, 헌법이 없으면 국가라 말하기 어렵다."고 주장하였다.[32] 뿐만 아니라, "국가는 1인의 소유가 절대 아니고 국민의 공유이다. 일국(一國)의 보존도 원수 1인이 능히 감당할 수 있는게 아니고 국민 공동의 힘에 의하여 성립되는 것"으로 이해하였다. 이는 국가 주권의 소재가 국민 모두에게 있다는 점을 여실히 보여준다. 이에 반해서 "1인이 만기(萬機)를 총람(總攬)하고 선악을 자신의 뜻대로만 행사하면 국가의 번영과 쇠락이 오로지 원수 1인에게만 달려 있게 된다."고 비판하였다. 더 나아가 "전제(專制)는 인도(人道), 정의(正義)를 없애버릴 뿐만 아니라 국가를 이루는 조직을 절단(絶斷)하는 칼과 창이고 국가의 망조(亡兆)는 전제(專制)에 있다."고까지 비난하였다.[33] 서구 입헌주의 사상은, 한국인들이 당연시 여겼던 왕정제도를 부도덕하고 본성에서부터 타락한 정치제도라고 인식하게 만들었다. 서양의 정치경험을 통해서 알 수 있듯이, 전제정치는 곧 개인의 자유와 권리를 빼앗고 자유로운 시장경제의 활력도 없애 버릴 것이기 때문이다.

한국에 건너온 서양인들도 서구 입헌주의 사상을 토대로 한국의 현실을 진단하고 비판하였다. 서양인들은 로크, 루소, 몽테스키외의 저서들에 녹아 있는 정치사상에 기초하여 첫째, 조선의 정체를 절대 군주제로 파악하였다. 왕의 권력은 세습되고 절대적이며, "짐이 곧 국가다."라고 말했던 프랑

---

32) 설태희, 「憲法緖言」, 『대한협회회보』 제3호. 1908.

33) 설태희, 「憲法緖言」, 『대한협회회보』 제3호. 1908.

스의 루이 14세의 절대 권력과 비견될 수 있다고 지적하였다. 재한 서양인 들은 인민주권론과 삼권분립론에 근거하여 민주정체를 이상적인 정체로 인식하면서, 조선을 유교국가인 중국의 축소판으로 그리고 군주의 자의적 권력 행사와 절대 권력을 야만의 징표로 생각하였다. 둘째, 조선의 과거제, 인사제도, 암행어사 제도 등의 우수성은 인정하지만 19세기 이후 심각해지 는 관료들의 부정부패는 조선의 관료시스템과 기강을 해치는 가장 큰 원인 이자, 야만의 상징으로 거론하고 있다. 이 문제는 부패한 관리들 때문에 일 어나는 일시적 현상이 아니라 정치구조에서 비롯되었다고 진단하였다. 서 양인들은 군주권 남용을 견제할 기구의 부재, 헌법, 민법, 형법 등 법과 제 도의 미비, 관료행정체제의 낙후성과 부패구조, 신분제의 폐해와 문벌의 권력 독점, 지방 하급 관료직의 세습과 수탈, 인권의 부재, 민의를 대변할 대의기구의 부재 등을 대한제국 정치의 문제점으로 꼽았다. 서양인들은 이 른바 문명국인 서양의 정치 즉 근대 헌법과 삼권분립, 국민주권을 기초로 하는 서양의 정치체제를 기준으로 대한제국을 비판하였다.[34]

로버트 무스라는 대한제국기 선교사를 통해서 대한제국의 부정의 (injustice)의 근원을 구체적으로 알 수 있다. 로버트 무스는 1864년 미국 로 스캐롤라이나주에서 태어나서 로스캐롤라이나 대학을 졸업했다. 이후 그 리스도를 위해 자신의 삶을 바치기로 결심하고 듀크 대학의 전신인 트리니 티 대학 신학부에 입학하여 1892년도에 트리니티 대학을 졸업했다. 대학을 졸업하고 그는 한국의 시골마을에서 25년간을 선교활동에 봉사하면서 오랫 동안 한국 정치를 관찰한 후에 다음과 같이 대한제국의 문제점을 지적했다.

---

34) 김현숙, 「문명담론과 독립협회의 정치체제, 그리고 러젠드르의 전제론」, 『한국사학 보』 66, 2017, 205-208쪽.

모든 해악은 정치에서의 최고의 악인, 즉 1인 통치에 그 근원을 두고 있다. 조선의 정부와 법률의 체계는 국왕이 백성의 아버지이며 지배자라는 관념 위에 세워져 있다. 국왕의 손아귀에 백성들의 이해관계가 달려 있는 것이다. 이런 경우 모든 관리는 백성이 아니라 국왕에게 책임을 지게 되어 있다. 관리의 일차적 관심사가 사리(私利)를 탐하고 국왕이 마음에 드는 것일 경우, 백성들이 자신을 무어라 여기며 자신의 업무수행 방식을 어떻게 평가하느냐 하는 것은 더 이상 중요한 문제가 아니다.[35]

무스는 조선에서는 국왕에게 모든 권력이 집중되어 있으며 정부와 법도 국왕 1인에 의해 좌지우지되고 있다고 보았다. 이 같은 정체 하에서는 중앙의 고위 관리들은 물론, 지방관들도 인민의 복리 증진을 위해 헌신하는 게 아니라 오로지 국왕에게만 잘 보이면 된다고 생각하는 공직 문화를 만들어 낸다고 비판하였다. 관리의 주된 관심사가 사적 이익을 탐하는 것에 있을 경우에는 얼마든지 인민들을 수탈할 수 있는 제도적 환경이 구비되어 있다고 본 것이다.

무스에 따르면, 대한제국은 황제가 법을 제·개정하고 또 스스로 집행한다는 점에서 고종은 법 위의 존재였다. 전제정체 하에서 관리가 바른 덕성(德性)을 지닌 선한 자가 아닌 경우에 이들의 일차적 관심사는 오로지 사익의 정당한 추구를 넘어서 수탈의 수준까지 이르게 된다. 왜냐하면 그 관리는 황제에게만 신임을 얻으면 되기 때문이다. 강한 황제권의 성립은 정권의 안정에는 기여하였을지 모르나 역설적이게도 관료체제 전반에 부패와 부정의를 확산시키는 요인으로도 작용하였다.

성문화된 법률 체계 없이 한 사람의 권력자가 전체를 지배할 경우 온갖

---

35) 제이콥 로버트 무스, 문무홍 역, 『1900, 조선에 살다』, 푸른역사, 1911, 243-244쪽.

종류의 해악이 얼마나 만연하는가를 이곳에서 쉽게 확인할 수 있다. 도처에서 발견되는 또 하나의 해악은 신분 차별이다. 현금이 많으면 재판에서 원하는 대로 이길 가능성이 높지만, 신분이 낮은 사람이 높은 사람과 다투어 승소할 가능성은 거의 없다. 마을에서 송사를 들어주는 사람은 성문법이든 불문법이든 국법에 관한 지식이 있어 뽑힌 재판관이 아니라, 위에서 언급한 대로 돈이 많은 사람이다. 법률문제를 다루는 정해진 재판 시간도 없다. 변호사, 배심원, 혹은 재판에 참여하는 다른 관원도 없다. 배심원, 변호사, 판사가 행사할 모든 권력은 바로 한 사람의 수중에 집중되어 있다. (중략) 사또 또는 간혹 자기가 다스려야 할 지역 출신, 즉 지역 인사 중에서 지명되기도 하지만, 자신이 다스려야 할 사람들의 생활여건에 대해 거의 무지한, 서울 출신 양반인 경우가 대부분이다.[36)]

위 무스의 글은 대한제국에 성문법이 없었다는 것을 말하는 것이 아니다. '법의 지배'가 실효적으로 관철되지 않는 상황에서 1인의 권력자가 국가와 사회를 지배할 경우에 나타나는 부작용을 지적한 것이다. 조선의 지방에서 재판을 관장하는 지방관은 법률 지식을 갖춘 자가 임명되는 것도 아니고, 소송인의 권리를 보호할 수 있는 변호사, 배심원 등도 존재하지 않는다. 판사, 검사, 배심원, 변호사의 역할을 1인이 하는데 이럴 경우에 법과 양심에 따라서 재판이 진행되는 것이 아니라 신분, 권력, 돈이 좌지우지하게 된다고 비판하였다. 한국의 시골 마을에서 약 25년간 생활하였던 선교사 무스도 대한제국기의 지방 법정을 한마디로 "불의의 법정(courts of injustice)"라고 규정하였다.[37)]

1895년 「재판소구성법」 시행 이후에도 재판권을 가지고 있던 군수, 관찰사, 감리 등은 서구식의 재판을 수용할 절실함도 없었고 서구 법학을 이

---

36) 제이콥 로버트 무스, 문무홍 역, 『1900, 조선에 살다』, 푸른역사, 1911, 244-245쪽.
37) 제이콥 로버트 무스, 문무홍 역, 『1900, 조선에 살다』, 푸른역사, 242-245쪽.

해하지도 못하였다. 잠시동안 한성부로부터 분리된 한성재판소조차도 서구 법학 지식을 습득한 판사가 거의 임용되지 않았다. 특히, 전통 청송(聽訟)에 익숙한 유학적 소양을 갖춘 지방관들에게 서구식의 재판을 기대하는 것은 무리였다. 물론 전통 재판은 불공정하고 서구 재판은 공정하다는 의미는 아니다. 정직하고 양심적인 지방관이 전통의 윤리에 따라서 공정하게 재판을 진행할 수 있다. 그러나 당시 재판권을 행사하고 있던 많은 지방관들은 과도한 권력을 가지고 있었고 이 같은 권력에 기대어 부패하였기 때문에, 이들을 재판소로부터 몰아내지 않는 한 공정한 재판을 기대할 수 없었다. 제도적 측면에서 보면, 지방관의 과도한 권력집중이 부패와 수탈의 근본 원인이었다. 권력의 견제와 분산이 절실히 요구되던 시점이었다.

　　지방에는 관료주의가 만연하고 있다. 수없이 많은 직권 남용이 자행될 뿐만 아니라 모든 중앙정부 체계는 직권 남용의 핵심부로서 밑도 끝도 없는 부패의 바다여서 모든 산업에서 그 활력을 빼앗아 가는 착취기관일 뿐이다. 관직과 재판의 판결은 마치 상품처럼 사고 팔 수 있으며 정부는 빠른 속도로 쇠퇴해 있기 때문에 오직 뇌물만이 살아 남을 수 있는 원리가 되고 있다.38)

　　매우 심각한 국가적 위기에서조차 당파 투쟁과 사사로운 분쟁이 조선을 파멸의 구렁텅이로 몰아가는 것 같다. 결국, 조선인들을 부패하고 부패해 가고 있는 독재정치로부터 구제하는 유일한 방안은 현정부와 낡은 왕조를 완전한 철폐인 것 같다. 철저히 썩은 정부를 일시적으로 미봉하는 것은 소용없는 일이다.39)

---

38) I. B. 비숍, 신복룡 역주, 『조선과 그 이웃나라들』, 집문당, 1897, 419-420쪽.
39) 박정신, 이민원역, 『국역 윤치호영문일기(2)』, 국사편찬위원회, 2014, 365쪽.(1894년 9월 12일).

비숍 여사는 대한제국의 부패, 부정, 비리의 책임이 중앙정부에 있으며 중앙정부는 직권 남용의 근원이며 부패로 인하여 산업의 활력을 빼앗아간다고 주장하였다. 그리고 대한제국의 고위 관료들은 국가적 위기 속에서도 자신의 사익 추구에만 몰두하고 있다고 비판하였다. 윤치호도 공공 의식이 없는 부패한 관리들이 국가적 위기 속에서도 사익과 당파적 이익을 일삼는 데 골몰하여 조선을 위태롭게 하고 있다고 비판하였다. 그는 한국은 독재정치의 나라이며, 모든 권력을 1인이 행사하는 독재정치는 부패하고 또 부패하는 썩은 정부를 초래할 것이라고 우려하였다. 이를 일시적으로 미봉하는 것은 소용없으며 현정부와 낡은 완조를 완전히 철폐해야 한다는 급진적 사고를 내비쳤다. 그럼에도 불구하고 1898년에 윤치호는 조선이 절대군주제로 회귀하는 것은 시대의 흐름상 불가능하다고 희망적인 예상을 하였다.[40) 그러나 윤치호의 예상은 빗나갔다. 불과 1년 후에 「대한국국제」가 선포된 것이다.

대한제국의 사법개혁과 정치개혁이 늦어지면서 일제의 침략에 대한 방어력은 더욱 약화되었다. 러일전쟁에서 일본이 승리하자 일제는 대한제국의 국정을 마음대로 휘둘렀다. 개혁가들은 인민들이 자유와 권리를 보장받지 못하고 있으며 외국의 노예로 전락할 위기에 놓이게 되었다고 한탄하였다. 그러나 민중의 입장에서는 주인이 누구인가만이 다를 뿐 노예라는 점에서 본질적으로 동일하였다.

옛날에는 자국의 노예였다가 지금에는 타국의 노예가 된 나의 슬픈 2천만 동포여. 옛부터 노예더니 지금까지도 노예이구나. (중략) 그러나 바른 재판을 하기도 전에 허다한 형벌이 부가되어 겁을 먹고 고통을 당해 정력이 손상되고 또한 무형의 손해까지 이른다. (중략) 아! 전제(專制)의 독이

---

40) 박미경역,『국역 윤치호영문일기(4)』, 국사편찬위원회, 2016, 144쪽.(1898년 3월 28일).

어찌 이토록 심한 것인가.[41]

을사늑약의 부당성에 항의하면서 울분을 토한 장지연은 19세기 이래로 축적된 부패의 구조와 문제점을 다음과 같이 비판하였다. "우리나라 관리라면 이에 어떠한가. 인민에게 재난이 있어도 돕지 못하고 인민에게 잘못이 있어도 바로잡지 못하며, 굶어죽은 시체가 길에 널려도 구하지 못하고 도적떼가 나라에 가득해도 잡지 못한다. 자기 위신만을 근심하여 구차히 살고 눈치만 보면서 일희일비하다가 인민을 압제하고 그 재산을 빼앗아 자기 지위를 다진다. (중략) 관에 연루되어 이익을 나누고(分利) 재물을 소모하는 자들이 매우 많으니, 관리의 친지, 빈객, 아전, 노복, 하인 같은 부류들은 그 성질이 대략 비슷하여 두루 논할 겨를은 없다. 다만 그중 가장 재물을 크게 축내는 무리는 군(郡), 부(府)의 아전들이다. 그중 강하고 교활한 자들은 승냥이나 이리 같고 약하고 거친 자들은 황충이나 해충 같아서 조세 출납의 관리와 형벌을 농단하는 세력들을 장악하였다. 바르게 거둔 수입을 축내고 거금을 횡령하여 유통하며, 굶주린 인민을 갈취해 개인의 주머니를 채우고 호의호식 하면서 한 고을의 우두머리(수령-저자)라 칭한다. 하나의 군이나 부의 관아에서 이렇게 길러진 무리가 걸핏하면 수백에 이르니 전국을 통계하면 이렇게 입고 먹는 자들이 거의 수십만에 이른다. 이는 모두 관리에 연루되어 재물을 낭비하고 노는 자들이요. 그 밖에 토호나 고관과의 인연으로 관리가 되어 위세에 기대어 권리를 세우고 토색하고 침탈하는 자들이 또한 인민을 해치고 재물을 소모하는 일대 해충이다."라고 말하였다.[42] 장지연의 글은 보수적 유학사상을 가지고 대한제국을 바라 보

---

41) 설태희, 「抛棄自由者爲世界之罪人」『대한자강회월보』제6호, 1906.

42) 장지연, 「國家貧弱之故」『대한자강회월보』제6호, 1906.

았던 매천 황현의 인식과도 일맥상통한다. 장지연을 비롯한 개혁가들은 대
한제국의 국가기관과 공직자들을 신뢰하지 못하였고 그들에게 헌신과 애
국의 감정을 느끼지도 못하였다.

　일제가 권력을 잡자, 타락하고 매국적인 일진회가 세력을 확장하고 고종
과 고위 관료들을 협박하였다. 1904년 8월 18일 구 독립협회 관련자들을
중심으로 유신회가 조직되었고, 유신회는 1904년 8월 20일 일진회로 개명
하였다. 일진회는 취지서에서 유신회보다 현실적이면서도 구체적으로 자
신들의 지향을 밝히고 있는데, 이것은 황실 존중과 국가기초 공고, 인민의
생명재산 보호, 정부의 정치개선 실시, 군정 재정의 정리 등으로 요약할 수
있다. 그러나 일진회가 추구한 문명지상주의는 일제의 침략을 정당화하는
데 활용되었다. 일본의 한국에 대한 보호국화 추진과 다각적인 매수공작,
한국주차군사령부의 적극적인 지지와 일본 우익 정치인들의 후원 등을 배
경으로 자신들의 정치적 기득권을 확보·유지하기 위한 수단들이 맞물리면
서 이후 일진회는 1910년 한국이 일제에 강제 병합될 때까지 일제의 침략
정책에 적극 협력하였다.43)

　일진회는 을사늑약 체결에 앞서 외교권을 이양할 것을 제창한 '일진회
선언서'를 발표하였고, 1907년 헤이그특사 사건을 이유로 고종의 양위를
강요하였다. 이러한 일진회의 움직임은 일제의 한국침략에 대한 방향과 함
께 나타났다. 1907년 7월 고종의 양위와 한국 군대의 강제해산을 계기로
항일의병이 전국적으로 일어나자 일제의 무자비한 진압과 함께 일진회도
'자위단'을 조직해 의병탄압에 앞장서는 한편, 일제의 합방요구에 호응해
일진회장 이용구와 100만 회원 이름으로 순종과 내각, 통감부에 이른바
'정합방 상소문'을 제출하고, 국민 2천만 동포에게 서고(誓告)하는 성명서

---

43) 정숭교, 「韓末 民權論의 전개와 國粹論의 대두」, 서울대 박사학위논문, 2004, 40쪽.

를 발표하였다.

만약, 대한제국이 법의 지배가 실현되는 나라였다면, 을사늑약의 체결 과정에서 일제에 항복해 버린 고위 대신들과 이에 가담한 매국노들은 형법에 따라서 처벌받았을 것이다. 「형법대전」 제200조 제1항에는 "외국정부에게 본국 보호를 몰래 요청한 자"는 교형(絞刑)에 처하도록 하였다.[44] 이완용을 비롯한 매국적 인사들과 일진회의 주요 관리들은 국법상(國法上) 역모로서 처단되어야 했으나 정부 관료들 그 누구도 처벌되지 않았다. 일진회는 자유민권 사상을 역설하였음에도 불구하고 자유민권의 본질인 정치적 자유를 버리고 사적인 욕망만을 편향적으로 추구한 결과 외국의 노예로 전락하는 것에 기꺼이 자청한 매국집단이었다. 돈과 재산을 지킬 수 있다면, 일진회는 공익이나 민족은 포기하여도 될 만한 것이었다. 을사늑약, 정미조약, 병합조약은 한국인에 대한 배신이자 입헌주의 개혁운동의 전면적 부정이었다.

자유주의 개혁가들의 관점에서 보면, 일제 통감부와 고종의 전제정을 상대로 저항해야 하는 정당한 사유가 있었다.[45] 고종과 고위 관료들은 인민

---

44) 「형법대전」, 제200조.
45) 한국의 개혁가들에게 영향을 미친 로크는 인민들이 정부에 대해 저항할 권리가 정당화되는 사유를 열거한 적이 있다. 그것은 ①국가에서 권력을 가진 자들이 권력을 남용하여 입법부를 변경할 때, 예컨대, 사회의 의지인 법률을 자의적 의지로 대체하거나 정해진 시기에 입법부가 집회를 갖는 것 혹은 그것이 설립된 목적에 의거하여 활동하는 것을 방해할 경우, 자의적 권력에 의해서 인민의 동의없이 또는 인민의 공통된 이익에 반해 선거인단이나 선거방법을 변경한 경우, 군주나 입법부가 인민을 외국세력에 넘겨서 예속시킬 경우, ②최고의 집행권을 가진 자가 자신의 임무를 게을리하고 방기함으로써 이미 제정된 법률이 더 이상 집행될 수 없을 때, ③입법부와 군주 둘 중 어느 한편이 그들의 신탁에 반해서 행동할 때, 예컨대 신민 혹은 공동체 구성원의 재산을 침해하고 자신들이나 공동체의 특정 부분을 인민의 생명, 자유, 재산의 주인 또는 자의적 처분자로 만들고자 기도할 경우이다. 존 로크, 강정

들의 입법부 구성을 위한 집회와 활동을 탄압하였다. 일제는 군대를 동원하여 황제와 대신들을 강박하여 국권을 강제로 빼앗았고 1907년도에는 내정권까지 빼앗으면서 사실상 식민지로 만들었다. 존 로크는 정부의 정통성은 피치자(被治者)의 동의에 있으며, 국가의 목적은 그 시민의 생명과 자유와 재산, 이른바 자연권을 보호하는 것이라고 주장했다. 만일, 정부가 이 본래의 존재 목적을 저버린다면, 시민은 정부에 맡겼던 권력을 회수하고 그에 저항할 권리를 보유하고 있다고 주장한 바가 있다. 그리하여 그는 신에게서 부여받았다는 절대 권력을 마음대로 휘두르던 절대군주를 법의 지배 아래로 끌어내리고 시민의 의지에 예속시켜야 한다고 주장하였다.[46] 한국의 개혁가와 인민들은 로크의 이념에 따라서 행동한 것이었다.

대한제국은 권력을 내놓고 싶어하지 않는 황제와 그를 둘러싸고 있던 강력한 기득권 세력 때문에 점진적 개혁으로는 주권의 회복도 부국강병도 모두 불가능한 상태였다. 시민들의 단결에 의한 아래로부터의 시민혁명이 필요하였던 시기였다. 그러나 개혁가들은 식민지로 전락하기 직전까지 인민주권론과 민주주의를 혁명의 방식으로 실현시킬 용기를 가지지 못하였다. 아니 그들에게 힘과 용기를 북돋아 줄 시민계급이 충분히 형성되어 있지 못하였다. 한일합병의 제일의 원흉이 일본 제국주의자들임은 말할 것도 없지만, 어떤 의미에서는 한국의 역사적 낙후성으로 말미암아 민주주의 사상으로 무장된 정력적 시민계급이 결여되었다는 점에 그 객관적인 원인도 있다.[47]

결국, 일제는 한국인들의 자유의사에 반해서 한국을 일방적으로 병합해

인 문지영 옮김, 『통치론』 까치, 2018, 201-218쪽.
46) 서울대학교 역사연구소, 『역사용어사전』, 서울대학교 출판문화원, 2015.
47) 정창렬, 「개화사의 반성과 정향」 『정창렬저작집 Ⅲ』, 선인, 2014, 43쪽.

버렸다. 일부의 입헌 개혁가들은 개인의 자유와 권리를 보장하는 헌정기관의 수립을 목표로 정치활동을 전개하였으면서도 입헌주의적 이념을 파괴하는 일제 통감부에게 항복해 버렸다. 그러나 민족국가 구성에 대한 한국인들의 의지는 결코 꺾을 수 없었다. 과거 국왕과 양반들의 손에 자신들의 운명을 맡겼던 인민들이 독립협회, 애국계몽운동, 1919년 3.1 독립운동을 거치면서 대한민국 임시정부를 만들어냈다. 한국 개혁가들이 그토록 꿈꾸었던 정부이자 조국을 만든 것이다. 송재 서재필, 안중근 의사, 이봉창 열사, 윤봉길 의사가 꿈꾸었던, 그리고 만주 벌판에서 투쟁하였던 무명의 수많은 독립군들이 꿈꾸었던, 나 자신을 기꺼이 바칠 수 있는 자유롭고 평등한 한국인들의 정부가 탄생한 것이다.

제2절 일제의 사법권 장악과 식민지 사법 체제

1. 법무보좌관의 재판소 배치와 사법 통제

1) 이토의 한국 사법 개량 구상과 법무보좌관 제도

대한제국의 개혁이 지지부진한 사이에 일제는 러일전쟁을 일으켜서 한국을 본격적으로 침탈하였다. 사실상 대규모 군사점령을 단행한 것이다. 1905년 11월 17일에 고종과 한국대신들을 협박하여 을사늑약을 체결하였다. 12월 21일에는 '통감부 및 이사청관제'를 제정하고 1906년 2월 1일에 서울에 통감부를, 서울, 부산, 인천, 진남포, 목포, 마산, 군산, 평양, 성진, 원산 등에 이사청을 설치하였다.[48] 이 기구들을 통해서 일제는 한국의 외

---

48) 강창석, 『조선 통감부 연구』, 국학자료원, 1994.

교권을 박탈하였고 재한 일본인들의 이권을 보호하였다. 한국은 일제의 보호국으로 전락한 것이다.

　이후 일제의 침략자들은 한국 고위 관료들의 비리와 약점을 잡아서 통감부 통치를 정당화하였다. 그곳은 공정과 정의의 상징이어야 할 재판소였으며 인민들을 착취하고 고통을 조성한 곳이기도 하였다. 초대 통감 이토는 사법제도를 개혁하면 한국인들로부터 통감부 통치에 대한 지지를 얻을 수 있을 것이라고 생각하였다. 당시 한국인들이 가장 불만을 많이 품고 있던 것이 재판의 불공정 문제였기 때문이다. 이 문제는 『황성신문』과 『제국신문』에서 연일 보도하고 있었고 법부로 제출되는 각종 보고서에 상세히 기술되어 있었기 때문에 쉽게 알 수 있었다. 서양인 외교관들과 선교사들도 알고 있는 상식을 이토가 모를 리가 없기 때문이다. 그러나 일제 통감통치는 한국인에게는 자주독립을 말할 언론의 자유, 자유롭게 생각할 사상의 자유, 나의 정부를 스스로 형성할 정치적 자유를 빼앗은 노예 시스템이었다. 일제 통치자들은 한국인을 노예로 삼은 것에 대한 보상으로 재판제도를 개선하는데 주력하였다.

　　귀국(貴國)의 재판제도는 개량할 필요가 가장 절실하오. 나는 한국의 우리 영사재판제도를 개량해야 할 필요를 인정하고, 동경 출발에 앞서 이에 관한 법률안을 의회에 제출하였소. 위 법률안은 머지않아 양원(兩院)을 통과하여 실시될 것이오. 이에 의하면 이사청의 판결에 대한 공소는 종래와 같이 장기공소원(長崎控訴院)에 제출할 필요가 없이 새로이 경성에 설치되는 통감부 법무원에 제소하게 하는 조직이오. 이 새로운 제도는 귀국인(貴國人)에게도 크게 편리할 것이오. 왜냐하면 종래 한국인이 원고이고 일본인이 피고일 경우에 한국인이 영사재판소에서 패소하더라도 거액의 소송비용을 요하기 때문에 장기(長崎)에 공소할 수 없었지만 이후는 법무원에 공소할 수 있게 되었기 때문이오. 불일내 이 법무원이 설치되는

날에는 이를 모범으로 하여 귀국(貴國)의 재판제도를 개량해야 마땅할 것
이오.49)

이토는 1906년 3월에 초대 통감으로 한국에 부임한 후에 한국대신이 참
여하는 '한국 시정개선에 관한 협의회'를 소집하여 자신이 구상한 보호국
화 정책을 관철시켜 나갔다. 이토가 구상한 '시정 개선'은 국정 전 분야에
걸쳐 있었는데 그 중에서 특별히 한국의 재판제도 개량의 필요성을 강조하
였다. 그는 대한제국의 재판제도를 반드시 교정하여야 할 '폐막(弊瘼)'으로
규정하고 한국에 설치될 통감부 법무원을 참고하여 한국의 재판제도를 개
편하려고 기도하였다.

1906년 4월 9일 제3회 시정개선협의회에서 이하영은 "전국의 지방관은
재판권을 가지고 있지만 재판에 신용이 없으므로 일진회원(一進會員) 및 교
도와 같은 자들은 이에 순종하지 않습니다. 또 현재 각지에 있는 일본 경
찰관은 한국의 국법을 상세히 알지 못한 채 관찰사의 재판에 간섭하여 불
법적인 판결을 내리게 하는 일이 없지도 않습니다. 이와 같은 이유로 한국
은 거의 국법이 없는 것과 같은 상태에 있기 때문에 사법과 행정을 구별
할 필요가 있습니다. 그렇지만 한국 법관에게는 신용이 없으므로 일본에
서 법무보좌관과 같은 자를 용빙하여 이들에게 공평한 재판을 행하게 한
다면 한국의 재판권을 존중할 수 있을 것으로 믿습니다."라고 의견을 개진
하였다.50)

이하영은 한국 법관이 인민들로부터 깊은 불신을 받고 있다는 점에 대
해서는 인정하였으나, 이는 일본 경찰관이 한국의 법을 제대로 알지도 못
하면서 관찰사의 재판에 부당하게 간섭하는 점이 문제라고 언급하였다. 그

---

49) 「제1회 시정개선협의회(1906.3.13.)」.
50) 「제3회 시정개선협의회(1906.4.9.)」.

러나 인민들이 한국의 법과 재판을 불신하는 현상은 일본의 간섭 이전부터 이미 심각한 상태였다. 이하영은 재판의 난맥상을 타개하기 위하여 행정기관으로부터 독립된 재판소를 설치하고 재판소의 신뢰 회복을 위한 일본인 법률가의 용빙을 제안하였다. 이와 함께 이하영은 한국 법전을 완비하기 위해서 법률 전문가를 초빙하고 싶다고 제안하였다.

그러자 이토는 한국정부에 자신의 지휘 감독 하에 임시 법전조사국과 같은 것을 만들어 1년에 2만원 내외의 경비를 들여 2~3명의 전문가에게 의뢰하면 1~2년 동안에 완성할 수 있을 것이라고 답변하였다.[51] 이러한 이토의 구상은 1908년 무렵에 실제로 추진되었다. 이토는 한국의 사법권을 장악하기 위한 첫 걸음으로, 1906년 6월에 외국인의 부동산 취득 허용 문제를 비롯하여 한국의 법령 및 사법제도를 개정하기 위하여 우메 겐지로(梅謙次郎)를 한국정부의 법률고문으로 추천하였다. 그리고 한국내각에 부동산 법조사회를 설치하고 우메를 회장으로 선임하여 부동산 입법에 착수하였고[52] 1906년 10월에는 지방제도 개편을 계기로 재판제도를 개편하는 작업에 들어갔다. 우메는 한국의 부동산법 입안, 법무보좌관의 초빙, 재판사무의 개선을 위한 초안의 작성 등 이토가 계획하였던 사법 관련 작업에 깊이 개입하였다. 아래는 당시 우메가 계획하였던 재판소 개편의 방향이었다.[53]

① 평리원에 수명, 각 관찰부에 1명의 일본인을 용빙하고 민·형사 재판에 관여시킬 것
② 군수의 체포, 감금의 직권을 없앨 것

---

51) 「제5회 시정개선협의회(1906.4.19.)」.
52) 부동산법조사회에 대해서는 다음의 저서 참조. 이영미, 김혜정 역, 『한국의 사법제도와 우메 겐지로』, 일조각, 2011.
53) 「裁判所改良意見要旨」 『梅謙次郎文書』.

③ 민사재판에서 당사자를 체포, 감금할 수 없게 할 것
④ 형사재판에서 체포, 감금권은 평리원, 관찰부 재판소 또는 경찰관에
　속하게 할 것

이토는 재판권을 행사하는 관찰사와 군수는 근대적 재판 사무 및 법률
에 관한 전문 지식이 없다고 평가하면서 이들에게 재판 사무에 관하여 조
언하고 각종 법률적 지원을 하는 일본인 법무보좌관을 배치할 것을 계획하
였다. 이와 함께 민사재판에서 민사 관계자를 체포하거나 구금하지 못하도
록 하고 군수가 임의로 체포하거나 감금할 수 있는 직권을 없앨 것도 계획
하였다. 이토는 법무보좌관은 재판 사무를 지원하는데 그치는 것이 아니라
각 지방관의 재판권에 직접 개입함으로써 한국에서 일본의 세력 확장을 꾀
해야 한다고 단단히 당부하였다.54) 이토가 한국의 재판제도 개혁에 신경을
쓴 이유는 다름 아니라 속히 치외법권을 폐지하기 위함이었음을 알 수 있
다. 일본정부가 한국의 외교권을 장악하고 사실상 내정에까지 깊숙이 간섭
할 수 있게 되자, 더 이상 치외법권의 존속이 결코 일본에 이익이 되지 않
았기 때문이다. 아래는 법무보좌관들을 모두 소집하여 연설한 내용의 일부
이다.

점차 한국시정의 개선을 완수해서 되도록 속히 치외법권의 철거를 도
모치 않으면 안된다. 치외법권을 일본에 미치게 하면 한국의 정치는 이를
행할 수 없음은 물론이다. 그렇다고 지금 이에 조약을 문자 그대로 여행
(勵行)하면 가장 손해를 입을 것은 일본인이다. 그러므로 속히 철회를 기
(期)하는 것이 가장 득책이다. 이런 점으로 보면 재판의 개선과 같은 것은
급무 중의 급무이다.55)

---

54) 남기정역, 『日帝의 韓國司法府侵略實話』, 육법사, 1978, 42쪽.
55) 남기정역, 『日帝의 韓國司法府侵略實話』, 육법사, 1978, 44쪽.

한편, 한국 법부는 법무보좌관 임용에 대비하여 지방재판소를 확장하고 관제도 정비하였다.56) 그리고 법무보좌관 등의 파견에 앞서 1907년 1월 5일에 「지방재판소처무세칙」을 제정하여 나름대로 사법체계를 정비하려 하였다. 이 세칙은 지방재판소 뿐만 아니라 각항시재판소에서도 준용하도록 하였다.57) 주요 내용으로는 민사 형사를 불문하고 소장을 제출하지 아니할 때는 판사 및 검사는 사건을 심리할 수 없도록 하였다. 다만, 현행범인 경우에는 검사는 그 자리에서 수사 심문하도록 하였다(제4조). 민사사건과 공소 제기 후의 형사사건의 심리 판결은 모두 판사가 전행(專行)하고 형사사건의 수사와 공소 제기 전의 심문은 검사가 전행(專行)하도록 하였다(제5조). 특이한 점은 민사사건의 원고와 피고에게 보증을 세우도록 하였다는 점이다. 다만, 사건의 형편에 의하여 판사는 그 보증을 면하게 할 수도 있었다. 형사사건의 고소인과 고발인에 관해서도 전항의 규정을 준용토록 하였다(제6조). 또한 민사형사를 불문하고 증인(證詞人)은 신분 여하를 불문하고 초치(招致)할 수 있었다(제7조). 각 재판소 상호간 민사 및 형사에 관하여 조회나 촉탁이 있을 때는 상호 사무를 보조할 수 있었다. 다만 죄범이 중대하거나 혹은 정도가 우회(迂迴)한 경우, 긴급한 필요(急要)가 있을 때는 군수에게 직훈(直訓)할 수 있었다(제8조). 형사사건에 관해서는 재판소는 해도(該道) 및 해부(該府)의 경무서 순검 3인을 상시적으로 복무케 하였다. 다만 중대한 사건을 심판하는 경우는 임의로 추가 파견할 수 있었다(제9조). 재판소 관할 구역내에서 친임·칙임 혹은 현직 주임관의 범죄가 있을 경우에는 검사가 그 사건을 수사하여 유죄라고 사료되는 때는 안건의

---

56) 「補佐雇聘」『제국신문』, 1906년 11월 3일.; 「法官加設」『제국신문』, 1906년 10월 16일.
57) 「地方裁判所處務細則(법부령 제1호, 1907.1.5.)」『구한국관보』, 1907년 1월 16일.

일체 서류를 첨부하여 평리원 검사에게 송치하도록 하였다(제10조).

2) 일본인 법무보좌관의 배치와 지방관의 반발

1906년 11월 16일 제12회 시정개선협의회에서 이토는 행정과 사법을 구별하는 단서를 열고 일본인이 사법부 내에 들어가 사무의 민활과 재판의 공평을 도모하기 위해 법무보좌관을 인선 중이라고 밝혔다.[58] 이토는 통감부를 창구로 하여 일본 정부와 법무보좌관 인선을 협의하였는데[59] 1906년 12월 11일에 일본의 각료 및 통감부 관료들과 레이난자카(靈南坂)의 관저에서 법무보좌관 및 법무보좌관보의 인선에 관한 사항을 협의하였다. 이 자리에서 법부보좌관과 법무보좌관보를 모두 29명을 선발하기로 정하였는데, 법무보좌관은 주로 일본의 판사, 검사 및 재판소 서기 출신 중에서 임명하였다.[60] 이에 따라서 1906년에 12월에 한국 법부의 참여관(參與官)으로 노자와 다케노스케(野澤武之助)와 참여관 촉탁으로 마쓰데라 아케오(松寺竹雄)를 임명하여 사법행정에 관한 사무 및 법령 개정 작업에 참여토록 하였다.[61] 이후 평리원, 한성재판소, 각 지방재판소, 각 개항장재판소 및 제주재판소에 일본인 법무보좌관 또는 법무보좌관보를 임명하였다.[62]

---

58) 「제12회 시정개선협의회(1906.11.16.)」
59) 「法官渡韓」, 『제국신문』, 1906년 11월 9일.; 「제12회 시정개선협의회(1906.11.16.)」.
60) 『황성신문(1906.12.15.)』.
61) 朝鮮總督府, 『朝鮮總督府施政年報』, 1911, 45쪽.
62) 법무보좌관 등은 1907년 1월 20일에 임명되었다. 남기정역, 『日帝의 韓國司法府侵略實話』, 육법사, 1978, 32쪽.

〈표 12〉 법무보좌관 및 법무보좌관보 배치 상황[63]

법무보좌관(15명)		법무보좌관보(12명)	
中村竹藏(函館지재 검사정)	평리원	伊藤孫太郎	평남 진남포재판소
安住時太郎(동경지재 차석검사)	한성재판소	石井瀨太郎	경남 부산항재판소
松下直美(대심원 판사)	경북 대구재판소	鈴木林次	전북 군산항재판소
靑木幹造(동경지재 검사)	전북 전주재판소	高田慶次郎	함남 원산항재판소
中村敬直(山口지재 판사)	평남 평양재판소	湊信三	함북 성진항재판소
樋山廣業(神戶지재 판사)	전남 광주재판소	福田武一郎	전남 제주재판소
志水高次郎	경남 진주재판소	石橋義夫	함북 경흥항재판소
大友歐次	강원도 춘천재판소	梅原正記	평북 의주시재판소
竹村昌計(동경지재 판사)	충남 공주재판소	松野孫太郎	평북 용천항재판소
島村忠次郎(동경지재 판사)	경기도 수원재판소	長濱三郎	전남 목포항재판소
栗原蔣太郎	황해도 해주재판소	伊藤正秋	경남 마산항재판소
大谷信夫(판사)	충북 충주재판소	木村競次郎	경기도 인천항재판소
菅友次郎(福井지재 판사)	함남 함흥재판소		
小田幹治郎(長野지재 판사)	평북 영변재판소		
祐乘坊釾郎	함북 경성재판소		

출처: 『內閣去來案』(奎26200)

법무보좌관 15명은 모두 전·현직의 판사 또는 검사 중에서 인선하였는
데, 판·검사 경력이 10년 이상인 자부터 5~6년차인 자들이었다. 보좌관보
는 재판소 서기 출신이 인선되었다. 평리원 보좌관이자 수석보좌관인 나카
무라 다케오는 하코다테 지방재판소 검사정에 있다가 보좌관으로 임용되
었다. 최연장자는 경북재판소 보좌관 마쓰시다 나오요시(松下直美, 1848-

---

63) 법무보좌관의 일본에서의 경력에 대해서는 다음의 논문 참조. 문준영, 「한말 법무
보좌관 제도 하의 재판사무의 변화」 『법학논고』 39, 2012.

1927)로 보인다. 그는 대심원 판사(1899년) 후쿠오카시 초대 민선시장(1905
년)을 역임한 경력을 갖고 있다. 보좌관 중에서 마쓰시다와 아오키 간조 2
명은 사법관에서 퇴직한 상태였다. 나머지 14명의 보좌관들은 모두 일본의
관직을 유지한 채 한국에 빙용되었다. 예컨대, 아즈미 도키타로(安住時太郞)
은 동경지방재판소 판사 직위를 유지하면서 한국정부의 한성재판소 보좌
관, 이후 법부의 참여관과 서기관, 법전조사국 위원으로 임용되었다.[64]

 1907년 1월 5일에 각 지방으로 부임하기에 앞서 이토는 법무보좌관과
법무보좌관보를 모두 불러 모아 그들의 사명을 환기시켰다. 이토는 그 자
리에서 한국에는 아직 행정과 사법의 구별이 없으며 법률도 없는 것은 아
니지만 매우 불완전하다고 평가하면서 재판제도 개혁과 법전 편찬의 필요
성을 역설하였다.[65] 아래는 이토가 당시 한국의 사법현실을 어떻게 평가하
고 있었는가를 잘 보여준다.

> 금일 한국의 상태는 관찰사라 하더라도 재판사무의 취급방법을 알고
> 있는 자는 거의 전무하다 해도 과언이 아니다. 게다가 사무실 같은 것도
> 일실(一室)은 행정사무에 충당하고 그 옆 방을 재판소로 하여 민사, 형사
> 다 같이 일실(一室)에서 심판을 하는 형편이다. 그러므로 설령 관찰사 등
> 의 명의로서 판결을 한다 해도 사실상의 재판사무는 제군의 손아귀(掌中)
> 에 들어 가게 될 것으로 생각한다. (중략) 본인의 목적은 점차 법제를 개
> 선해서 공정한 수단에 의하여 한국의 법권에 간여하려고 한다.[66]

이토를 비롯한 일본인 사법관들은 한국 사법체계에 대하여 깊은 불신을

---

64) 문준영, 「한말 법무보좌관 제도하의 재판사무의 변화」 『법학논고』, 경북대학교 법
   학연구원, 39, 2012, 431-432쪽.
65) 남기정역, 『日帝의 韓國司法府侵略實話』, 육법사, 1978, 39-40쪽.
66) 남기정역, 『日帝의 韓國司法府侵略實話』, 육법사, 1978, 40쪽.

가지고 있었다. 당시 재판권을 행사하던 관찰사 중에서 재판사무를 이해하고 있는 자는 거의 없으며 재판소도 행정 집무실 한귀퉁이를 빌려서 사용하고 있을 뿐만 아니라 민사와 형사사건을 구별하지도 않는다고 하는 등 한국 사법 관행을 비판하였다.

그러나 이토가 의도한대로 한국의 지방관들이 일본인 법무보좌관들에게 순순히 굴복하지는 않았다. 오히려 일본인 법무보좌관들은 지방관들과 심각한 갈등을 겪으면서 직무 수행에 어려움을 겪었다. 예컨대, 1907년 1월에 전라북도재판소 법무보좌관에 임용된 아오키 간조(靑木幹造)가 관할 각군을 시찰하다가 여산군에 시무 장소로 동헌을 빌려달라고 요구하자 군수 이상천이 이를 거부한 사건이 있었다. 그러자 일본인 법무보좌관이 동헌을 기어이 점탈하고자 군수에게 갖은 욕설을 퍼붓고 주변 사람들에게 폭력을 행사하는 등 소란을 일으켰다.[67] 이 사건은 당시까지 지방관이 법무보좌관 시찰에 대해서 행정상의 편의도 제공하지 않으려다가 발생하였다.

사법권을 빼앗기게 된 군수들은 일본인 법무보좌관에게 거세게 저항하였으나, 일반 인민들은 한국 재판에 크게 실망한 나머지 "평리원 한성재판소와 각 관찰부와 각 항구에 법관을 더 늘리고 일본법관으로 보좌관을 둔다 하니 협잡하던 법관들이 이제는 꼼짝 못하겠다."[68]고 구식판사에 대한 불신을 표명하였다. 당시까지 인민들은 지방관의 횡포와 수탈을 견디다 못하여 서양인 선교사와 교회의 힘을 빌리기도 하였고 일진회의 조직과 권세를 틈타서 일본군과 영사관에 호소하기도 하였다. 이는 한국의 재판기관에 대한 뿌리깊은 불신의 결과였다.

---

67) 『大韓每日申報』, 1907년 1월 29일.
68) 「宦海一波」 『제국신문』, 1906년 10월 6일.

3) 법무보좌관 회동과 한국 사법 개편(안)

일본인 법무보좌관들이 각 지방재판소에 배치되어 활동한 지 5개월이
되던 1907년 6월 14일부터 15일 사이에 통감 주재 하에 전체 회합이 있었
다. 이 회합은 학원(鶴原) 총무장관, 향판(香坂) 법무실장, 송사(松寺) 검찰
관, 야택(野澤) 법무참여관 등과 더불어 각지에 파견되었던 법무보좌관 등
이 출석하여 그간 각급 재판소에서 근무하면서 얻은 재판에 대한 정보를
교환하고 향후 사법개혁에 대한 방안을 모색하기 위한 자리였다.[69]

이 자리에서 법부에서 근무하고 있던 송사(松寺) 검찰관은 각지의 상황
을 종합하면서 "법무보좌관의 의견이 행해지는 곳이 없는 것은 아니나 대
부분은 그렇지 않은 것 같습니다. 그 원인은 한인(韓人)의 성질이 일을 곧
잘 숨기는 습성이 있는 것이 그 하나이고, 좋지 않게 의심하는 마음이 많
아서 보좌관에게 의심을 품는 일이 있는 것이 그 둘입니다. 그러므로 작금
에 이르러 재판사무에 관해서는 보좌관의 의견을 물어서 하도록 법부대신
으로부터 훈령이 발해졌습니다. 요컨대 각지가 대체로 우리 희망대로가 아
님은 사실"[70]이라고 토로한 바 있다. 이 발언은 일본인 법무보좌관과 한국
인 지방관과의 갈등이 심각하였으며 일본 측의 의도가 관철되기가 매우 힘
들었음을 보여준다.[71] 그러나 법무보좌관들이 직접 한국 재판 사무에 참여
하면서 한국 재판의 문제점을 알게 되었다. 아래의 사례들은 당시 법무보
좌관들이 느꼈던 한국 사법 관행의 문제점들을 정리한 것이다.

---

69) 「補佐官會議」, 『황성신문』, 1907년 6월 18일.
70) 남기정역, 『日帝의 韓國司法府侵略實話』, 육법사, 1978, 47쪽.
71) 「잡보」, 『제국신문』, 1907년 2월 19일.

① 법률의 불비(不備)와 기존 법규의 미실행

각지가 모두 참고서류 및 장부가 불비하여 지방관 즉 재판관은 과거의 사실이나 기존 법규를 알지 못할 뿐만 아니라 또 지방에 따라서 일정하지는 않지만 대체로 법규는 실행되지 않고 또한 기존 법규의 실행도 되지 않을 뿐 아니라 그 법률의 대부분은 불비합니다. (松寺竹雄 검찰관)[72]

② 민사소송 절차 법규의 미비

민사소송의 법규는 불완전하기 짝이 없는 것으로 재판관은 그 일체를 자유재량으로 하고 있는 실정이고 당사자는 그의 주장이나 항변을 역설(力說)하며 입에 거품을 물고 논쟁을 일삼으며 증거 제출은 오히려 받아들여지지 않는 풍습이 있었습니다.[73] (島村忠次郎 경기재판소 법무보좌관)

③ 확정판결의 부재

절차상의 결점에 관해서 다시 한마디 하면 한국에는 소위 확정판결이라는 게 없습니다. 평리원 판결은 확정되어야 할 터인데 패소자는 즉시 청원의 형식으로서 평리원 또는 법부에 다시 판결의 변경을 구하는 자가 있는가 하면, 혹은 세력가의 성원을 얻어서 그 목적을 달성하는 자가 있습니다.[74] (松寺竹雄 검찰관 발언)

④ 강제집행제도의 미비

민사재판의 집행에 관해서도 완전한 규정이 없어 집행기관인 집달리 제도 또한 행해지지 않고 있습니다. 따라서 민사상 승소자는 그 권리를 행사할 수 없는 까닭에 민사상 피고를 오랫동안 구류하는 가혹한 수단을 쓰지 않을 수 없는 등 요컨대 절차상의 불비한 점이 많습니다.[75] (松寺竹雄 검찰관 발언)

---

72) 남기정역, 『日帝의 韓國司法府侵略實話』, 육법사, 1978, 47-48쪽.
73) 남기정역, 『日帝의 韓國司法府侵略實話』, 육법사, 1978, 69-70쪽.
74) 남기정역, 『日帝의 韓國司法府侵略實話』, 육법사, 1978, 49-50쪽.
75) 남기정역, 『日帝의 韓國司法府侵略實話』, 육법사, 1978, 48쪽.

⑤ 뇌물 및 비리, 매관매직

한국에서 뇌물은 문자 그대로 계속 공공연히 행해지고 있었으며 관리가 되려고 하면 뇌물을 주고 사지 않으면 안되었습니다. 그래서 관리가 되기만 하면 곧 자기도 그 지위를 이용하여 뇌물을 탐하게 되었습니다. 그리고 그것이 사법제도 운영상에 얼마나 해독을 끼쳤는가는 상상하고도 남음이 있음은 새삼스러이 말씀드릴 필요도 없습니다.76) (島村忠次郎 경기재판소 법무보좌관)

⑥ 고문의 존치

제가 재직 중에 일어났던 일로 큰 사건이라고 생각하는 것은 고문 금지입니다. 저는 착임 후 때때로 고문을 행하는 것을 목격했습니다. 그래서 방금 중촌(中村) 보좌관의 보고에도 있었던 바와 같이 보좌관 회의 결과 그 금지를 이토 통감에게 구신하여 드디어 그것을 법령화하게 되었던 것입니다.77) (島村忠次郎 경기재판소 법무보좌관)

신경찰제도가 실행되니까 경찰관은 수많은 군수의 남형을 적발해서 크게 그 감정을 상하게 했습니다. 종래 군수는 재판에 관해서 실제 비상한 세력을 가지고 징역형 이상의 범죄라 할지라도 실제로 이를 심단하고 혹은 고문을 행하고 뇌물을 좋아하여 재판의 폐해는 사실상 군에 복재(伏在)하고 있으므로 (이하 생략)78) (松寺竹雄 검찰관 발언)

법무보좌관들은 첫째, 재판관으로서의 자격이 없거나 법률 지식이 없는 자가 불공정하게 판결한다고 지적하였다. 둘째, 소송법규 및 실체법규의 미비를 문제점으로 거론하였다. 예를 들면 "민·형사를 불문하고 피고인을 구류 투옥하며 증인이나 참고인 등을 모두 고문하는 것이라든가 또 판결의

---

76) 남기정역, 『日帝의 韓國司法府侵略實話』, 육법사, 1978, 69쪽.
77) 남기정역, 『日帝의 韓國司法府侵略實話』, 육법사, 1978, 68쪽.
78) 남기정역, 『日帝의 韓國司法府侵略實話』, 육법사, 1978, 56쪽.

형식에 관해서도 개국504년에 법률로써 규정했는데도 불구하고 소장(訴狀) 한 모서리에 한 두줄의 지령을 쓰는데 불과한 정도의 상태입니다. 그러나 평리원 및 한성재판소의 판결은 비교적 그 체제를 갖추어 이유를 붙인 판결서를 작성하고 있으나 지방의 판결은 대부분 지령 뿐으로서 아이들 장난 같은 것"이라고 비난하였다.79) 셋째, 기존의 법규조차 제대로 지키지 않기 때문에 그나마 법치가 제대로 실현되지 못한다는 것이다. 이상에서 지적한 사항은 1890년대 이래로 각종 신문, 법부의 훈령 및 보고서, 전직 관료들의 상소문 등에서 손쉽게 확인할 수 있다.

> 법부에서 십삼도와 각항재판소로 훈령하기를 각지방재판소에 정한 민사 소장을 본즉, 그 소장에 제사로 단안하였고 판결서는 성급지 아니하였으니 필경 지방재판소에서는 청송하기를 다만 말로 결처하고 원피고에 공초를 성안치 아니하여 서류를 전폐한 고로 상소를 수리하는 때에 빙거가 없게 하니 청송하는 체례에 개탄할 일이라.80)

위 법부 훈령은 지방재판의 실태가 어떠하였는지를 알려준다. 각종 분규를 재판 일선에서 처리하는 군수는 제1심 재판의 담당자로서 그 역할이 매우 컸다. 당시 법무보좌관은 군에서는 재판의 건수가 특히 많아 군수 사무의 80%는 재판에 관한 것이고 순전한 행정사무는 겨우 20% 정도에 불과한 것으로 평가할 정도였다. 그럼에도 불구하고 군수는 통상적으로 1~2행의 지령과 유사한 판결로써 처리한다는 보고하였는데81) 이 같은 지적은 이미 갑오개혁 후 법부 훈령과 평리원 보고서에서도 그대로 나타난다.

---

79) 남기정역, 『日帝의 韓國司法府侵略實話』, 육법사, 1978, 48쪽.
80) 「法部輪訓」 『제국신문』, 1905년 4월 18일.
81) 남기정역, 『日帝의 韓國司法府侵略實話』, 육법사, 1978, 49쪽.

이 회의에서는 주요 내용을 정리하여 재판제도 개정에 관한 의견서를
이토와 법부대신에게 제출하였다.[82] 그 중에서 중요한 것만을 들면 다음과
같다.

> 법부는 평리원의 판결에 대하여 종래 행하던 갱사(更査)를 폐지할 것
> 보좌관의 보조로서 용빙경찰관을 임용할 것
> 민·형사 사건의 취조에 고문을 폐지할 것
> 법아(法衙)에 설치되어 있는 민사관계자 구치감을 폐쇄할 것[83]

한국정부는 법무보좌관의 의견을 일부 수용하여 1907년 6월 27일에 법
률 제1호 "민사 형사의 소송에 관한 건" 및 법률 제2호 "신문형(訊問刑)에
관한 건"을 제정하였다.[84] 법률 제1호에서 군수는 일체의 민사와 태형에
해당하는 형사에 대하여 제1심 재판을 행사하고(제1조), 군수 재판에 대하
여 불복하는 자는 소관 지방재판소에 신소할 수 있도록 규정하였다(제2조).
특히 민사사건의 신소(申訴) 기간은 종전 15일에서 3개월로 늘어났고 판결
선시 다음날부터 기산하도록 하였다(제7조).[85] 그러나 칙·주임관(勅奏任官)
의 범죄는 각도 재판소나 한성재판소가 제1심 재판을 행하도록 하였다(제5
조). 특히, 민사에 관해서 판결 선고 전에는 소송관계인을 구류(拘留)하지
못하도록 규정(제6조)하였다. 또한 당시까지 인정되었던 군수의 검험과 가
택수색, 물건집류와 기타 일체의 수색처분을 금지하였다(제3조). 이 법률은
민·형소송절차에 관한 규정으로서 불과 10개조로 간단히 구성되었기 때문

---

82) 법무보좌관의 구체적인 활동에 대해서는 다음의 논문 참조. 田鳳德, 「韓國近代史
   法制度史(6~7)」 『대한변호사협회지』 14호 및 15호, 1976.
83) 남기정역, 『日帝의 韓國司法府侵略實話』, 육법사, 1978, 33쪽.
84) 『舊韓國官報』, 1907년 7월 1일.
85) 이 규정은 1908년 「민형소송규칙」에 의하여 1개월로 단축되었다.

에 이 법률에서 규정하지 못하는 것은 1895년 법부령 제3호로 공포된 「민형소송규정」에 의할 것을 규정하였다.

법률 제2호 "신문형에 관한 건"에서는 민사와 형사를 물론하고 소송관계인에 대하여 고문을 금지하였다. 당시까지 한국 사법관들은 관행상 일반적으로 민·형사를 구별하지 않았고, 민사 피고인을 구금하는 것은 물론 원고도 구치(拘置)하는 경우도 있었다. 그리고 자백에 의해서 사건을 처리하는 경향이 있어서 고문제도를 합리화하였다는 비판도 제기되었다. 고문에 대해서는 법부대신조차도 가혹한 고문은 불가하지만 자백을 받아내기 위해서는 고문을 일부 사용하는 것이 불가피하다는 인식이었다. 시정개선협의회에 참석한 한국 대신들은 모두 "고문(顧問) 경찰의 심리는 너그러움에 치우치기 때문에 쉽게 사실을 실토하게 할 수 없다."고 발언하였다.[86] 1907년 4월 5일 시정개선협의회에서는 다음과 같은 대화가 있었다.

> 이토 통감 : 그러나 고문은 불가하오. 고문에 의해 거둔 자백으로 처단하면 후회해도 어쩔 수 없는 잘못을 저지를 위험이 있으니 정중히 사실을 심사하지 않으면 안 될 것이오.
> 이 법상(法相) : 가혹한 고문을 사용하는 것은 불가하지만 고문을 하지 않으면 쉽사리 자백하지 않으므로 둔부를 채찍질하는 것과 같은 것은 괜찮을 것으로 믿소.[87]

통감부는 법률 제2호를 통해서 고문을 금지하는 한편, 지방재판소 관찰사가 갖고 있던 검사 직무를 제한하는 작업도 동시에 추진했다. 통감부는 수령과 관찰사가 고문을 피의자의 자백을 받는 수단으로 이용하는 것을 막

---

86) 「한국의 시정개선에 관한 협의회 제13회 會議錄(1907.4.5.)」.
87) 「한국의 시정개선에 관한 협의회 제13회 會議錄(1907.4.5.)」.

기 위해서 경찰관에게 검사 업무를 이관할 것을 요구하였다. 판사·검사·지
방관의 직무는 분리되어야 하지만, 한국의 사법의 현실에서는 그 분리가
가능하지 않았다. 당시 제1심 재판의 경우에 판사마저도 서구 법학 교육을
받은 자가 없어서 지방관이 행정업무와 함께 담당하고 있었기 때문에 검사
의 독립을 요구할 상황은 아니었다. 이와 함께 종래 각 부군의 감옥을 경무
서로 인계하여 경무분서 또는 경무분파소(警務分派所)의 유치장을 사용하도
록 하였다. 그리고 구류할 경우에는 민사와 형사를 불문하고 모두 경무서,
경무분서 또는 경무분파소속의 감옥 및 유치장에 구류하도록 하였다.[88]

이와 함께 법부에 의한 평리원 판결의 간섭을 배제하고 최종심 재판소
로서 평리원의 기능과 역할을 회복하기 위해서 이토는 "민·형사 공히 평리
원을 종심(終審)으로 하고, 법부대신이라도 재판에 간섭하지 못하도록 해야
한다. 대사(大赦), 특사(特赦) 같은 것은 법부대신의 주청에 의하는 것은 당
연하지만, 재판 진행 중에 법부대신이 간섭하는 일은 단연코 이를 용인해
서는 안된다."고 강조하였다.[89] 당시 「재판소구성법」상으로는 평리원이 최
종심을 담당하도록 되어 있으나 「형율명례」, 「법부관제」, 「형법대전」
등 다른 법률에서 법부대신의 재판권을 인정하였고 또 법부대신의 간섭도
법제화되어 있었다. 한국 법부는 각종 이유를 들어서 평리원의 판결을 번
복, 변경하였고, 인민들도 평리원 판결에 불복하여 법부에 상소하는 실정
이었다.

1907년 7월에는 법부에서 각급 재판소에 훈령을 내려서 사법에 관한 문
서의 접수 및 발송할 때에는 모두 법무보좌관의 직인을 받도록 하였다.[90]

---

88) 「1907년 7월 20일 內部令 제4호 監獄引繼廢止及拘留에 관한 件」 『구한국관보』,
    1907년 7월 13일.
89) 남기정역, 『日帝의 韓國司法府侵略實話』, 육법사, 1978, 51-52쪽.
90) 『황성신문』, 1907년 7월 10일.

〈서식 12〉 구한말 민사판결문 제66권

이는 사법행정에 관한 간섭을 용인하는 것을 의미하는데 구한말 민사판결문에는 법무보좌관의 사법 간섭의 흔적이 남아 있다. 이 판결서는 수반판사 이병화, 판사 태명식, 윤방현, 이원국, 등에 의하여 선고, 작성되었으나[91] 판결서식 외부에 한성재판소에 재직 중이던 안주시태랑 법무보좌관의 인장이 찍혀 있다. 이는 해당 판결서를 안주시태랑이 직접 확인하고 추후에 승인의 의미로서 찍은 것이있다.

이처럼 각종 사법사무에 대해서 법무보좌관의 동의를 얻도록 하였으나 보좌관의 의견을 한국인 관찰사와 부윤이 수용하지 않는 경우가 여전히 발생하였으며, 그렇다고 하여 한국인 지방관이 독단적인 조치도 할 수 없었기 때문에 양자의 대립으로 인하여 사무 자체가 진행되지 못하는 상황이 발생하기도 하였다.[92] 법무보좌관을 통한 사법관행의 변경은 쉽지 않은 상황이었다.

2. 1907년 재판소구성법과 식민지 사법의 강제

일제가 법무보좌관을 통하여 한국 사법을 장악하는데 한계가 뚜렷하였다. 그래서 이토는 한국 재판소에 일본인 사법관을 직접 파견하는 정책을

---

91) 『구한말 민사판결문 제66권』.
92) 남기정역, 『日帝의 韓國司法府侵略實話』, 육법사, 1978, 66쪽.

추진하였다. 이를 위해서는 대규모 재정이 수반되어야 하였으며 적격의 법률가도 충원되어야 했다. 당시까지 한국인들 중에는 법관양성소 졸업생들과 외국의 법학교 졸업생, 사립학교 법학과 졸업생들이 있었으나 일제는 한국인 법률가들을 신뢰하지 않았기 때문에 「재판소구성법」을 새롭게 제정하고 대규모로 일본인 판·검사를 임용할 계획을 추진하였다.

때마침 1907년 6월에 헤이그 밀사사건이 일어나자 이를 빌미로 일본은 한국에 대한 통치를 더욱 노골화하였다. 이토는 고종의 밀사파견이 일본에 대해서 공공연히 적의를 표한 것이고 종전의 협약을 위배한 것이므로 한국에 대해 선전포고할 수 있다고까지 위협하였다. 더 나아가 고종 황제에게 양위를 강요하여 관철시켰다. 정미제7조약에서는 사법과 행정의 분리를 명문화하였다.

> 제1조 한국정부는 시정개선에 관해 통감의 지도를 받을 것
> 제2조 한국정부의 법령의 제정 및 중요한 행정상의 처분은 미리 통감의
> 승인을 거칠 것
> 제3조 한국의 사법사무는 보통행정사무와 구별할 것
> 제4조 한국고등관리의 임명은 통감의 동의로 행할 것
> 제5조 한국정부는 통감이 추천하는 일본인을 한국관리로 임명할 것
> 제6조 한국정부는 통감의 동의없이 외국인을 용빙하지 말 것
> 제7조 1904년 8월 22일 조인한 한일협약 제1항은 폐지할 것[93]

정미7조약에서 한국정부는 사법사무를 행정사무로부터 분리시키고, 한국의 법령 제정 및 중요한 행정상 처분은 사전에 통감의 승인을 받겠다고 약속하였다. 특히, 각급 재판소에 필요한 사법 인력을 일본인으로 임용하

---

93) 「日韓協約(1907. 7. 24)」『韓國併合史料(2권)』, 634쪽.

면서 실질적으로 한국의 사법권을 일본이 장악할 수 있게 되었다. 통감부
는 1907년 정미7조약에 의해서 일본인을 한국관리로 직접 임용하고 재판
소구성법을 전면 개정하는 쪽으로 대한정책을 변경하였다.

1907년 7월 24일 "한일협약규정실행에 관한 각서안의 건"이라는 문서는
한일 양국인으로 조직하는 재판소를 설치할 것을 구체적으로 밝혔다. 즉
대심원 1곳, 공소원 3곳, 지방재판소 8곳, 구재판소 113곳을 설치하고 각각
일정한 수의 일본인 판·검사 및 직원을 채용하도록 하였다. 이 각서안은
법무보좌관을 통해서 한국 재판제도를 개혁하려는 방식에서 재판소구성법
을 근본적으로 개정하고 일본인 판·검사를 직접 임용하여 개량하는 방식
으로 변경되었음을 보여주는 것이다.[94] 이와 함께 각서 부속 이유서에는
다음과 같은 기술이 있다.

> 대저 국가의 통치상 가장 중요한 것은 법률의 제정 및 재판기관의 구성
> 에 있다. 그것을 갖추지 못하면 국민의 생명과 재산의 보호를 확보할 수가
> 없다. 그런데 한국의 과거와 현재를 보건대 법률은 아침에 명령을 내리면
> 저녁에 고치고 전날에는 그르다고 여기던 것을 오늘에 와서는 옳다고 여
> 겨 기준이 되는 바가 없다. 재판기관의 구성은 난잡하고 어지러워 따라갈
> 바를 모르니, 내외인을 조금도 옹호할 수 없다. (중략) 만약 현재의 정세로
> 진행된다면, 영사재판제도의 특전을 누리는 외국인이 잇따라 내륙에 들어
> 와 거주하며 각종 업무에 종사하여도, 한국의 법권은 이런 종류의 인민에
> 까지 미치지 못할 것이다. 따라서 그들은 한국에 대한 의무는 부담하지 않
> 고 자신들의 권리만을 행사하게 될 것이다. 이것으로 볼 때, 오늘날의 시
> 급한 일은 한시라도 빨리 법률의 제정과 재판의 개선을 도모하여 최종 목
> 적인 영사재판권의 철거 방법을 강구하지 않으면 안된다. 그러나 법률의

---

94) 「日韓協約規定實行二關スル覺書案ノ件(1907. 7. 24)」『韓國倂合史料(2권)』, 627-
629쪽.

제정과 법관의 양성은 하루 아침에 이룰 수가 없다. 그러므로 시각이 다급한 이때 응급 수단으로 한편으로는 한국 국민의 생명과 재산을 보호하고, 한편으로는 한국인에게 재판사무를 실제로 연습시킬 목적으로, 일본과 한국 양국인으로 조직된 재판소를 신설하고자 한다.[95]

1907년 12월 23일에 「재판소구성법」이 제정되었고 1908년 1월 1일부터 시행되었다.[96] 이 「재판소구성법」에서는 재판소를 구재판소, 지방재판소, 공소원, 대심원 등 4종류로 규정하여 1890년 일본 재판소구성법상의 재판기관과 동일하게 개편하였다. 재판소구성법에서는 구재판소는 판사가 단독으로 재판을 행하고 지방재판소, 공소원 및 대심원은 정수(定數)의 판사로 조직된 부에서 합의하여 재판하도록 하였다. 이와 함께 각 재판소에 검사국을 설치하되, 검사는 공익을 대표하여 형사에 관해서는 공소를 제기하고 또 판결의 집행을 감시하며 민사에 대해서는 필요하다고 인정하는 경우에 통지를 구하여 의견을 진술할 수 있었다.

각급 재판소의 사무는 다음과 같다. 구재판소는 민사사건 중에서 ①200환 이하의 금액 및 가액을 목적으로 하는 소송, ②건물의 사용이나 수선을 목적으로 하는 임대인과 임차인간의 소송, ③토지의 경계를 목적으로 하는 소송, ④점유에 관한 소송, ⑤고용계약에 관한 고용주와 고인(雇人)간의 소송, ⑥객(客)과 여점(旅店) 또는 음식점 간의 숙박료나 음식료를 목적으로 하는 소송 및 객(客)으로부터 여점 혹은 음식점에 임치(任寘)한 수제품(手提品) 금전이나 기타 물품에 관한 소송, ⑦여객(旅客)과 운송인 간의 운송임을 목적으로 하는 소송 7종류의 사건을 관할하였다. 형사사건으로는 10개월 이하의 징역 금옥(禁獄) 태형 벌금이나 구류에 해당하는 범죄에 대하여 재

---

95) 「韓日協約 趣旨에 의한 일본 측의 요구사항」附屬書 三, 右覺書附屬理由書.
96) 「재판소구성법(법률 제8호, 1907.12.23.)」 『구한국관보』, 1907년 12월 27일.

판권을 가지도록 하였다. 다만, 구재판소의 검사 직무는 경찰관이나 서기
가 행할 수 있었다. 재판소 개청 기타 재판사무의 확장에 따라서 검사국이
설치되지 않은 구재판소의 검사사무는 재판소구성법에 기초해 경찰서장인
경시(警視), 경부(警部) 또는 차석대리자가 취급토록 하여,[97] 구재판소검사
의 직무를 경찰관이나 서기가 대행할 수 있도록 규정하였다. 지방재판소에
서도 구재판소와 마찬가지로 독립적 판사와 검사를 설치하여, 제1심 혹은
제2심 재판을 맡도록 하였다.

지방재판소는 민사사건의 경우 제1심으로 구재판소의 권한에 속하지 아
니하는 소송과 제2심으로서 구재판소의 재판에 대한 공소 및 항고를 처리
하였다. 그러나 황족에 대한 민사소송의 제1심 재판권은 경성지방재판소에
속하도록 하였다. 형사사건의 경우 제1심으로 구재판소나 대심원의 권한에
속하지 않은 소송과 제2심으로 구재판소의 재판에 대한 공소 및 항고를 처
리하였다. 각 지방재판소는 하나 혹은 여러 개의 민사부와 형사부를 두도
록 하였고 部는 3인의 판사로 조직하고 그 중에서 1인을 재판장으로 하였
다. 법부대신은 지방재판소 사무의 일부를 처리하기 위하여 관할 구역 내
의 구재판소에 지방재판소의 지부를 설치할 수 있도록 하였고 지부의 직원
은 지부를 설치한 구재판소의 직원으로 충원하고 상석(上席)의 판사를 재
판장으로 하였다. 각 지방재판소 검사국에 검사장을 두고 지방재판소 검사
장은 그 검사국 및 관할구역 내의 하급검사국을 지휘 감독하였다.

공소원은 지방재판소의 판결에 대한 공소 및 항고를 처리하였다. 각 공
소원에는 공소원장을 두었고 제17조, 제18조, 제19조 규정은 공소원 공소
원장 및 공소원부장에게 준용하도록 하였다. 각 공소원 검사국에 검사장을
두었다.

---

97) 統監官房, 『제2차韓國施政年報』, 40쪽.

대심원은 최종심으로서, 지방재판소나 공소원의 제2심 판결에 대한 상고 및 공소원의 판결에 대한 항고에 대한 재판권을 행사하였다. 그리고 황족의 범죄에 대한 재판권은 제1심 겸 종심으로 대심원에 속하였다. 대심원의 조직기구로서 하나 혹은 여러 개의 민사부와 형사부를 두었고 각 부에는 5인의 판사로 조직하되 1인은 재판장으로 하였다. 대심원에는 대심원장을 두고 대심원 검사국에는 검사총장을 두도록 하였다.

이와 함께 대한제국이 소극적으로 대응하였던 사법관의 임용은 일본인을 통해서 해결하였다. 즉 일본인 판사와 검사도 일정한 절차를 거쳐서 한국재판소의 판사와 검사로 임용될 수 있도록 하였는데, 신재판소구성법 시행에 즈음하여 한국법부에서는 일본인 법관의 임용자격에 관한 내규를 정하였다. 일본인이 한국의 법관이 되기 위해서는 ①일본에서 판사 검사 또는 사법관 시보(試補)될 자격이 있는 자, ②일본에서 문과고등시험(文科高等試驗)을 거쳐 그 합격증서가 있는 자, ③3년 이상 일본의 영사관 이사관 부이사관 또는 경시의 직에 있던 자 등의 자격조건을 충족하여야 하였다.[98] 이상의 자격조건에 기초하여 다음과 같이 주요재판소장 및 검사장이 임명되었다.

〈표 13〉 주요 사법관 임용 현황

법부 : 법무대신 高永喜, 법부차관 倉富勇三郎, 민사국장 李始榮, 형사국장 金洛憲, 서기관 安住時太郎, 松寺竹雄 山邊勇輔, 岡本至德, 淺田賢介, 神野忠武	
대심원장 渡邊暢, 부장 鄭寅興, 中山勝之助	검사총장 國分三亥, 검사 洪鍾檍, 膳鉦次郎
경성공소원장 城數馬, 부장 平山銓太郎,	검사장 世古祐次郎
대구공소원장 土井庸太郎	검사장 黑川穡

98) 「請議書第39號(1907. 12. 25)」『法部大臣請議日本人法官任用內規』(奎24565).; 「指令第292號(1908. 4. 15)」『內閣法部去來文(奎17763)』.

평양공소원장 永島嚴	검사장 向井嚴
경성지방재판소장 中村竹藏	검사장 中川一介
대구지방재판소장 島山虎也太	검사장 吉田雄六郎
공주지방재판소장 河原健之助	검사장 岩田孝慈
함흥지방재판소장 岩本以明	검사장 鄕律支彌
평양재판소장 元木直一	검사장 兼中次郎
해주지방재판소장 西平	검사장 靑木幹造
진주지방재판소장 鈴木伍三郎	검사장 關國半
광주지방재판소장 玉置琢	검사장 北村五七郎

출처 『舊韓國官報』, 1908년 1월 29일, 『舊韓國官報』, 1908년 5월 20일.

당시 일본의 사법부는 인사가 정체되어 있었기 때문에 한국에서 사법관을 대거 채용한다는 소식은 일본 법률가들로서는 직업상의 돌파구를 마련하는 것이기도 하였다. 따라서 한국 사법관은 일부는 창부용삼랑(倉富勇三郎) 등을 비롯한 통감부 사법관들이 직접 접촉하여 초빙하기도 하였으나 많은 경우에는 일본인 사법관 유자격자들의 자원을 받아서 배치할 수 있었다.[99] 이토는 1908년 6월 13일 각급 재판소로 부임하는 일본인 사법관들을 불러 모아 사법권 장악의 의미에 대해서 연설하였다.

한인이 새로운 정치에 심복하느냐 않느냐는 사법권의 운영 여하에 달렸다. 본인이 보는 바로는 한국 국민은 아직 함부로 소송을 일으키는 폐단은 없다 하더라도 장래 그 폐단이 생기지 않는다고 단언할 수는 없다. 오늘날 재판관이 된 자는 소송이 많을 것을 바라지 말고 소송해 오는 자에게 가장 공평하고 친절하게 판결해 줌으로써 한인을 유도하여 사법권을 시행하는 것부터 시작해서 한인을 점차 정의와 도리에 복종하도록 노력하지 않으면 안된다. (중략) 한국의 지방관은 종래 보통 행정권과 사법권을

---

99) 남기정역, 『日帝의 韓國司法府侵略實話』, 육법사, 1978, 84-85쪽.

함께 가지고 있었던 것을 이번에 새로 구별하는 단서를 열어 놓았기 때문
에 지금은 재판관의 책임이 특히 중대함을 생각하여 깊이 자기 임무에 주
의하지 않으면 안된다. 잘못하여 재판이 불충분하고 불공평하게 되면 한인
을 복종시킬 수단과 방법은 거의 없어진다고까지 말할 수 있다. (중략) 어쨌
든 새로 재판소를 설치하여 종래의 학정(虐政)을 일소하려고 함에 있어서
일본 재판관이 여하한 일을 하여야 하는가는 보통 양반 및 유생 등이 가장
주목하는 점이므로 제군은 처음부터 다대한 주의를 하지 않으면 안된다. 요
는 한인의 정당한 권리를 공평한 재판에 의하여 보호하는 데 있다.[100]

이토는 「재판소구성법」의 전부 개정과 일본인 판·검사 임용이 단순히
제도 개혁에 그치는 것이 아니라 통감부의 통치정책에 한국인들이 자발적
으로 복종하는데 매우 중요하다고 생각하였다. 이와 함께 법과 재판에 대
해서 전통적인 제도보다 통감부의 법치가 개인의 사권(私權)을 보호하는데
더 효과적이라는 점을 각인시키려고 노력하였다.[101]

이상의 「재판소구성법」이 시행되면서 사법제도상에서 많은 변화가 있
었다. 그 내용을 소개하면 다음과 같다. 첫째, 종전 군수가 행하던 재판을
모두 폐지하고 그 대신에 구재판소를 설치하여 경미한 사건을 제1심으로
재판하도록 하였다. 둘째, 종전의 지방재판소는 제1심이거나 또는 군수 재
판에 대한 항소심이었는데, 이를 포함하여 개항(시)장 재판소, 한성부재판
소를 일원화하여 각도에 지방재판소를 신설하고 여기에서는 구재판소 관
할사건 이외의 사건을 제1심으로 재판함과 동시에 구재판소 사건의 제2심
을 담당하도록 하였다. 셋째, 순회재판소의 기능을 공소원에 흡수시켜서
제2심으로 상설화하고 전국 3곳에 설치하였다. 평리원은 폐지하되 당시까
지 평리원에서 접수한 사건은 모두 경성공소원으로 이관하고 이미 판결한

---

100) 남기정역, 『日帝의 韓國司法府侵略實話』, 육법사, 1978, 89-94쪽.
101) 남기정역, 『日帝의 韓國司法府侵略實話』, 육법사, 1978, 91쪽.

것은 공소원이 행한 제2심 재판으로 간주하였다. 넷째, 특별법원을 폐지하되, 황족의 형사사건은 대심원에서 취급하도록 하였다. 또 새로운 제도 하의 대심원은 제3심으로 명실상부한 최고 재판소이며, 재판에 관한 황제의 최종 심의권이 삭제되어 민사 형사사건 모두 판사가 독립하여 법률에만 의거하여 재판할 수 있게 되었다. 다섯째, 판사, 검사 모두 행정관의 겸임제도를 없애고 이들을 모두 법조 전문직으로 임용하였으며 검사국을 재판소 내에 부설하여 재판업무와 검사업무가 각각 분리되었다. 여섯째, 각급 재판소에 원장을 두고 재판부에 민사부, 형사부를 두었으며 그 부에는 부장을 두었다.102)

그리고 같은 날 「재판소설치법」에 의거하여 대심원은 한성부에, 공소원은 한성부, 평양, 대구 등 3곳에, 지방재판소는 한성부, 공주, 함흥, 평양, 해주, 대구, 진주, 광주 등 8곳에, 구재판소는 한성부, 인천, 원주, 공주, 충주, 함흥, 원산, 경성(境城), 평양, 해주, 대구, 진주, 부산, 광주, 전주, 제주, 개성, 김포, 강화, 수원, 춘천, 강릉, 천안, 상주, 안동, 나주, 군산을 포함하여 전국 114곳에 두도록 하였다. 다만, 재판소설치법은 1909년 통감부재판소령이 공포될 때까지 몇 차례 개정되었고 그 때마다 각급재판소의 위치 및 관할구역이 일부 변화하였다.103)

<표 14> 재판소의 위치 및 관할구역

대심원 (1곳)	공소원 (3곳)	지방재판소 (8곳)	구재판소(114곳)
한성	한성	한성	한성, 파주, 개성, 연천, 포천, 김포, 인천, 강화, 수원, 안성, 광주, 이천, 여주, 춘천, 이천, 울주, 강릉, 통천, 평창, 원주, 금성(22곳)

102) 「재판소구성법(법률 제8호, 1907.12.23.)」『舊韓國官報』, 1907년 12월 27일.
103) 법원사편찬위원회, 『법원사』, 법원행정처, 1995, 48쪽.

		공주	공주, 대전(회덕군), 천안, 아산, 홍주, 서산, 면천, 보령, 서천, 홍산, 연산, 청양, 충주, 제천, 음성, 청주, 보은, 영동(18곳)
		함흥	함흥, 원산(덕원부), 영흥, 축청, 혜산진(삼수군), 鏡城, 성진, 경흥(8곳)
	평양	평양	평양, 진남포(삼화부), 성천, 안주, 덕천, 순천, 강서, 영변, 신의주(의주), 초산, 강계, 용천, 정주, 선천(14곳)
		해주	해주, 백천, 평산, 신계, 서흥, 황주, 재령, 송화(8곳)
	대구	대구	대구, 영천, 영덕, 경주, 영천, 경산, 성주, 상주, 선산, 금산, 문경, 안동, 청송, 의성(14곳)
		진주	진주, 부산(동래부), 울산, 밀양, 마산(창원부), 김해, 진남, 하동, 거창, 합천(10곳)
		광주	광주, 제주, 영광 순천, 낙안, 영암, 강진, 목포(무안부), 나주, 곡성, 담양, 전주, 김제, 고산, 군산(옥구부), 진안, 금산, 남원, 고부, 흥덕(20곳)

출처 : 「재판소설치법(법률 제10호, 1907.12.23.)」『舊韓國官報』, 1907년 12월 27일.

하지만 각급 재판소가 일시에 전부 개청될 수는 없었다. 대심원을 포함하여 공소원, 지방재판소는 모두 예정대로 설치되었으나 전국의 구재판소 114개소를 동시에 설치하는 것은 현실적으로 쉽지 않았다. 이에 따라서 아직 설치되지 않은 지역의 구재판소 사무는 관할 지방재판소나 먼저 개설된 인근 구재판소가 맡아서 처리하도록 하였다.[104] 법부령 제11호로 1908년 8월 1일에 한성부, 인천, 원주, 공주, 충주, 함흥, 원산, 境城, 평양, 해주, 대구, 진주, 부산, 광주, 전주, 제주 등 16개 지역에만 구재판소를 설치하고 나머지는 순차적으로 설치하기로 하였다.[105] 그리고 미개청구재판소사무처리에 관한 건을 개정하여 개설 구재판소와 미개설재판소를 규정하고 해

---

104) 「未開廳區裁判所事務處理에 관한 件(법률 제18호, 1908.7.23.)」『구한국관보』, 1908년 7월 27일.

105) 법원사편찬위원회, 『법원사』, 법원행정처, 1995, 48쪽.

당 사무 관할을 정하였다.106)

한편, 1908년 10월 31일 오늘날의 지방법원 지원과 유사한 지방재판소 지부를 인천, 춘천, 청주, 원산, 鏡城, 의주, 부산, 전주에 설치하도록 하였다. 지방재판소 지부는 그 지부를 설치한 구재판소의 재판에 대한 공소 및 항고를 제외하고 아래 표에 정한 그 소관 구재판소 관할구역 내의 사건에 대하여 지방재판소와 동일한 재판권을 행사하였다. 각 지부들은 1909년 1월부터 차례로 개청되었다.

〈표 15〉 지방재판소 지부

	소관 구재판소
경성지방재판소 인천지부	김포구재판소, 인천구재판소, 강화구재판소, 수원구재판소, 안성구재판소
경성지방재판소 춘천지부	춘천구재판소, 이천구재판소, 울진구재판소, 강릉구재판소, 통천구재판소, 평창구재판소, 원주구재판소, 금성구재판소
공주지방재판소 청주지부	충주구재판소, 제천구재판소, 음성구재판소, 청주구재판소, 보은구재판소, 영동구재판소
함흥지방재판소 원산지부	원산구재판소, 영흥구재판소
함흥지방재판소 鏡城지부	鏡城구재판소, 경흥구재판소
평양지방재판소 의주지부	영변구재판소, 의주구재판소, 초산구재판소, 강계구재판소, 용천구재판소, 정주구재판소, 선천구재판소
진주지방재판소 부산지부	부산구재판소, 울산구재판소, 밀양구재판소, 마산구재판소, 김해구재판소, 진남구재판소
광주지방재판소 전주지부	전주구재판소, 김제구재판소, 고산구재판소, 군산구재판소, 진안구재판소, 금산구재판소, 남원구재판소, 고부구재판소, 흥덕구재판소

출처 : 「地方裁判所之部 設置(법부령 제18호, 1908.10.31.)」 『구한국관보』, 1908년 11월 2일.

---

106) 「未開廳區裁判所事務處理에 관한 件(법률 제17호, 1908.10.31.)」 『구한국관보』, 1908년 11월 2일.

1908년부터 지방재판소와 구재판소가 개설되기 시작하였고, 많은 일본인들이 구재판소의 판·검사와 재판소 서기로 임용되면서 사법인력의 문제는 점차 해소되었다. 그러나 법부차관을 비롯하여 주요 지방재판소장 및 검사장이 모두 일본인으로 충원되면서 한국의 재판권은 사실상 통감부가 장악하였다. 1907년 정미7조약 제5조 규정에 따라서 한국의 중앙정부 및 지방관청에 빙용(聘用)된 일본인은 1908년 말에 판임관 이하를 제외하면 모두 2,080명이었다.[107] 1909년과 1910년에 일본인 사법관 임용 현황은 다음과 같다.

〈표 16〉 일본인 사법관의 배치 현황(1909~1910)

	1909			1910		
	일본인	한국인	계	일본인	한국인	계
판사	192	87	279	183	71	254
검사	57	7	64	54	6	60
서기	194	110	304	212	76	288
통역	52	105	157	50	99	149
계	495	309	804	499	252	751
변호사	29	41	70	30	51	81

출처 : 『조선총독부시정연보』, 1910.; 統監府, 『第3次韓國施政年報』.

통감부 재판소가 설치됨으로써 한국의 사법권은 형식상으로나 내용상으로 일본정부가 장악하게 되었다. 위 표에 알 수 있듯이 1909년 통감부 재판소의 판사가 모두 279명이었는데 이 중에서 일본인이 192명으로 68%나 차지하였고 한국인은 32%에 불과하였다. 검사는 이보다 더 불균등하였는데 총 64명 중에서 일본인이 57명으로 전체의 89%나 차지하였다. 이에 반해서

---

107) 統監府, 『第2次韓國施政年報』, 18쪽.

하위직급인 서기나 통역은 상대적으로 한국인들이 많이 진출하였다. 그러나 사법권을 직접 행사하는 자는 판사와 검사 직위였는데 이 직위에는 일본인 사법관들이 대부분 차지하였다. 사실상 사법의 측면에서는 이미 식민지가 시작된 것이었다.

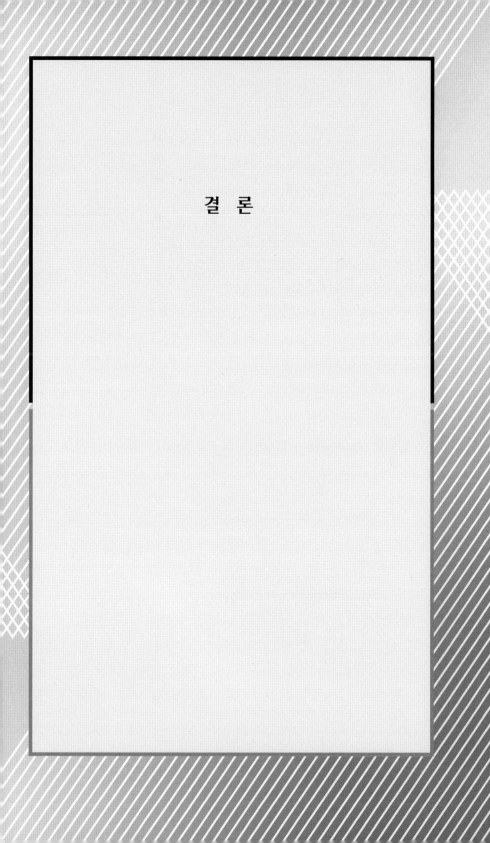

결 론

이사벨라 비숍은 개혁을 둘러싼 갈등으로 한창 혼란스러웠던 1897년에 대한제국의 미래를 다음과 같이 상상했다. "훌륭한 기후, 풍부하나 넘치지 않는 강우, 비옥한 토지를 갖춘 이 땅이 내란과 강도떼들로부터 벗어날 수 있는 조처가 마련된다면, 조선 사람들은 행복하고 아주 잘 사는 사람들일 것이다. 착취하는 관아의 아전, 그들의 강제 징수, 관리들의 중상모략을 철저하게 근절시키고 토지세를 공평하게 부과하며, 법이 불의의 도구가 아니라 보호를 위한 집행자의 역할을 할 수 있다면, 나는 조선의 농부들이 일본의 농부만큼 행복하고 부지런하지 않을 이유가 없다고 생각한다. 다만 거기에는 만약이라는 말이 많이 있을 수밖에 없다. 어느 곳에서 번 것이든 간에 '노력해서 번 것을 안전하게 지킬 수만 있다면' 나는 지치고 감정이 없는 이땅의 사람들을 변모시킬 수 있을 것으로 믿는다."[1] 비숍은 한국에 오랫동안 거주하지는 않은 이방인이었으나 대한제국의 관료들보다는 인민들의 삶과 고통에 관심이 더 많았다.

　비숍이 목도한 19세기말의 한국은 전통적인 통치제도와 사회윤리가 해체되는 상황에서 새로운 통치제도와 규범을 어떻게 만들 것인가를 둘러싼 가치 투쟁의 시대였다. 이 투쟁은 1894년 동학농민군의 전국적 봉기와 일련의 자유주의 정치개혁 운동으로 나타났다. 과거 조선왕조에서 일어난 민란들은 가혹한 수탈을 견디지 못한 농민들의 자기생존을 위한 투쟁이었다면, 동학농민군들은 수탈로 인한 빈곤 때문에 투쟁에 나선 것만은 아니었

---

1) Bishop, 『Korea and Her Neighbours』, 144쪽(김희영, 「19세기말 서양인의 눈에 비친 조선사회의 현실과 동학 농민 봉기」 『동학연구』 23, 2007, 14쪽).

다. 동학농민군들은 농업 생산력의 발전에 따라서 초과 생산된 잉여와 공적 의무를 분배하는 원칙이 불공정하고 특권층에만 유리하다고 불만을 제기하였다. 조선왕조의 배분 원칙은 농민들의 경제적 성장의 기회를 빼앗는 것이었기 때문이다.

따라서 19세기에 전국적으로 일어났던 민란은 지방관과 양반관료들의 극단적 수탈에 내몰린 최하층 농민들의 자기 방어적 항거가 아니라, 옳고 그름에 대한 나름대로의 사리 분별이 있으며 바람직한 국가와 관리는 어떠하여야 하는가를 인식하고 있던 성숙한 농민들의 정치사회 개혁운동이었다. 1894년에 동학농민군들은 국가에게는 공정을, 양반계급에는 특권과 신분에 걸맞는 사회적 책무의 이행을 요구하였다. 더 나아가 통치자들에 의해서 훼손된 '정의'를 복원하고 국가의 공적 시스템에서는 실현하지 못하고 있는 공정한 분배를 요구하였다. 다만, 동학농민군은 국가의 부정의를 지목했다는 점에서 현실의 모순을 정확히 진단하였으나, 그 해결의 주체로 나서지는 못하였다.

동학농민군을 진압한 갑오정부는 농민들로부터 거부된 조선왕조의 신분제도와 특권에 기반한 사회질서를 법제적으로 해체함으로써 사회의 부, 이익, 재산, 권력, 공적 의무 등을 분배하는 새로운 원칙을 만들어야 하였다. 뿐만 아니라 통치이념으로 더 이상 기능하지 못하는 유학사상을 대신하여 새로운 사회윤리를 창출하여야 하였다. 사법의 측면에서는 인민들의 수탈 도구로 전락한 송정(訟廷)을 혁신하기 위해서 「재판소구성법(1895.3.25.)」, 「민형소송규정(1895.4.29.)」, 「집행처분규칙(1895.7.17.)」, 「정리규칙(1895.7.17.)」 등을 잇달아 제정하였다. 이 법령들은 행정권으로부터 사법권을 분리하고 전문적인 법률 지식을 습득하고 적격의 훈련을 거친 자가 독립적으로 사법권을 행사해야 한다는 서구의 사법 이념이 녹아 있다. 이와 함께, 높은 수준의 '덕의(德義)'와 '이성(理性)'을 갖춘 판사에게만 정의를 기대하는 것이 아니라, 법과 소송절차를 세밀하고 공정하게 제도화함으로써 정의를 실현할 수 있도록 개선하였다. 이와 함께 민사소송과 형사소송을 구분하고 고문을 엄격히 제한함으로써 인권을 크게 개선할 것을 목표로 하였다. 이러한 제도 개혁은 인민들에게 소송의 자유를 전면 허용하고 공정한 재판을 보장하기 위한 것이었다.

그러나 1896년 아관파천을 계기로 국왕이 권력을 회복하면서 갑오개혁은 점차 무력화되었다. 재판소의 독립과 법률 전문가의 임용을 통한 공정한 재판의 실현은 시작과 동시에 포기되었다. 그 대신에 고종과 법부대신의 재판 관여가 법제화되었다. 고종은 국가 권력을 나눌 것을 요구하는 독립협회를 제압하여 해산시켰고, 또 외세와 연결되어 권력을 찬탈하려는 정적(政敵)들을 일일이 적발해서 처단하였다. 1899년에는 「대한국국제」를 공포하여 입법, 사법, 행정, 군사, 외교 등 모든 권력을 황제가 직접 행사한다는 것을 선포하였다. 이 과정에서 참형을 부활시키고 각종 탄압법을 제정하는 등 공포와 압제통치로 선회하였다. 고종은 국정의 안정을 해치는 각종 역모를 누르기 위해서는 사법권을 결코 포기할 수 없었던 것이다. 1899년 「대한국국제」는 황제 권력을 크게 강화하는데에는 성공하였으나 다른 한편으로는 국가시스템의 공공성을 회복시키지 못하였고 공직 사회에 공적 윤리를 확립하지도 못하였다. 사법개혁이 거꾸로 간 것이었다.

대한제국의 사법제도가 개혁되지 못한 근본 이유는 사법권이 통치권에 철저히 종속되어 있었기 때문이다. 1907년까지도 법부대신과 고종은 주요 재판소 판결에 대해서 간섭할 수 있었다. 또한, 각급 재판소에서 재판권을 행사하던 대다수의 판사들은 서구 법학지식을 전혀 습득하지 못한, 전통 형률지식과 유학적 소양을 갖춘 행정관료들이었다. 법관양성소 졸업생이나 외국에서 법학을 학습한 자들이 있었으나, 그들은 판·검사에 거의 임용되지 못하였다. 이는 서구식 소송제도가 본래의 취지에 맞게 운영되지 못할 것이라는 점을 쉽게 예상할 수 있게 해준다. 이 같은 한계 속에서 민사소송제도의 입법 취지를 그나마 구현하기 위해서는 고등재판소(평리원) 혹은 법부의 강한 개혁 의지와 리더십이 있어야 했으나 법부 대신도, 고등재판소장도 개혁의지가 없었고 법학 지식도 없었다. 이 같은 상황을 초래한 것은 근본적으로 대한제국의 최고 권력자인 고종이 사법권을 포기할 생각이 전혀 없었기 때문이다. 재판소에서 근대 사법의 이념을 구현하는 여러 조치를 단행하는 순간, 사법 권력의 최종 배후자였던 고종과 그의 측근들은 황제권에 도전하는 것으로 보고 저항하였기 때문이다.

　소송의 당사자인 인민들이 보기에 공권력을 행사한 자들은 공정하지 않았고 양심적이지도 않았으며 준법 의식도 없었다. 사법관들의 부정의(injustice)를 교정해야 할 중앙정부도 개선하고자 하는 의지를 보여주지 못하였다. 대한제국의 재판소는 제이콥 로버트 무스가 지적하였듯이 '불의의 법정'이었다. 대한제국은 조선의 전통 재판을 철저히 고수하면서 공정한 재판을 진행한 것도 아니고, 서구식 재판을 전면적으로 도입한 것도 아니었다. 사실 인민의 입장에서는 서구식 재판이든 전통 재판이든 형식이 중요한 것은 아니었다. 자신의 권리와 재산, 생명을 보호할 수 있으면 충분했다. 『독립신문』은 전통 재판=불의, 서구 재판=정의로 단정하였는데, 그것은 서구 재판제도가 절대적으로 공정해서가 아니라 현실의 한국 재판에 대한 극도의 불신과 반감 때문이었다.

　1894년 갑오개혁기부터 1899년 대한국국제에 이르는 정치과정은 더 이상 국왕을 중심으로 하는 보수권력층은 개혁의 주체가 될 수 없다는 것을 보여주었다. 한국의 개혁은 지배계급이 아니라 인민들이 단행할 수밖에 없다는 점이 명백해졌다. 민간의 개혁가들은 서구 자유주의 정치사상을 무기로 하여, 인민의 기본권 보장, 법치주의의 실현, 폭력을 배제한 개혁, 형벌의 부과는 법률에 의해야 한다는 죄형법정주의, 모든 국민은 권력, 지위, 재산, 지식을 막론하고 법 앞에 평등하다는 주장을 펼쳤다.

그러나 사법제도의 근대화는 법과 재판의 영역만이 아니라 어떠한 국가체제로 만드는가의 문제와 직접 연결되어 있었다. 개인의 자유와 권리를 보장하고 법의 지배가 실효적으로 관철되는 민주적 정치제도 하에서는 사법의 독립이 보장되지만 전제정체를 채택하는 나라에서는 사법의 독립을 추진할 특별한 이유와 동기도 존재하지 않는다. 민주정체 이념은 국가권력을 분할하고 분할된 권력 상호 간의 견제와 균형을 통해서 1인 독재의 출현을 예방한다는 것이다. 따라서 사법의 측면에서는 어떠한 권력자라도 재판에 개입하는 것을 허용하지 말아야 한다. 1905년 전후의 입헌 개혁가들이 사법개혁을 넘어서 헌법의 제정, 삼권분립, 국민의 기본권 보장, 국민주권의 실현 등의 운동을 전개할 수밖에 없었던 이유였다.

그러나 고종은 국권(國權) 중에서 어느 하나도 인민들과 공유하려고 하지 않았다. 1인 독재의 정치시스템은 정권의 안정화에는 기여하였을지 모르지만, 공직 사회의 부패를 개혁하는데 효과적이지 못하였고 인민들을 애국심으로 단단히 묶지도 못하였다. 중앙정부가 기득권에 집착하자 지방에서도 똑같은 현상이 일어났다. 지방의 통치자인 수령은 행정권, 사법권, 징세권을 이용하여 인민들을 수탈하였다. 19세기 세도정치기 이래로 축적된 거대한 원억이 대한제국의 사법시스템에 의해서도 해소되지 못하자 인민들은 새로운 방법을 모색하였다. 어느 인민은 자신의 재산과 생명을 보호하기 위해서 선교사들이 있는 교회로 달려갔고 또 어느 인민은 일본 영사관으로 달려갔다. 그러나 그 어느 쪽도 택하지 않은 절대 다수의 인민은 국왕과 대한제국에 대한 충성과 믿음을 철회하기 시작하였다.

대한제국의 멸망은 국가시스템의 붕괴이면서 본질적으로는 공적 신뢰의 훼손과 직접 관계가 있었다. 국가에 대한 인민들의 불신은 공공 서비스를 제공해야 하는 고위 관료들이 사적 이익을 위해 국가기관을 이용하였기 때문에 생겨났다. 따라서 대한제국은 19세기 이래로 경제적 체력이 소진하여 스스로 멸망한 것도 아니고, 근대 국가를 수립하지 못해서 멸망한 것도 아니며 일제가 군사력만으로 굴복시킨 것도 아니었다. 내부 요인을 꼽자면, 대한제국은 정의롭지 못하며, 나의 운명을 국왕에게 맡길 수 없다고 자각한 인민들이 계약을 스스로 파기한 것이다.

그렇기 때문에 대한제국의 부정의에 저항하였던 인민들이 일본의 식민지 지배를 순순히 받아들인 것은 결코 아니었다. 오히려 한국병합을 계기로 한국인들은 독립을 자유롭게 상상하고 말할 수 있는 권리가 허용되지 못하고, 또 나의 국가를 만들 권리인 정치적 자유를 송두리채 빼앗긴 노예적 존재임을 자각하였다. 갑오개혁 이후에 모든 인간은 자유롭고 평등하다는 사상을 비로소 가지게 된 한국인들이 일제 식민통치 하에서는 일본인보다 더 열등한 차별적 존재로서 살아가야 한다는 현실을 인정할 수 없었다. 조선왕조의 차별적이고 특권적인 신분제도로부터 해방된 지 얼마되지도 않았는데 또 다시 특권과 차별의 구조 속에 갇힌 현실에 분노한 것이다.

인간은 본성상 자유로운 존재이다. 자유의 박탈은 일시적으로 가능하지만 영구화할 수는 없다. 일제의 정치적 노예가 아니라 자유롭고 평등한 인간으로서의 삶을 살기로 결심한 수많은 대중들은 1919년 3.1운동으로 한국 민족을 만들어냈다. 1898년 독립협회 운동기에 서울 종로에서 요구하였던 자유와 평등을 20여 년이 지난 1919년에는 서울을 넘어서 전국 방방곡곡에서 요구하기 시작하였다. 비로소 근대적 개인을 뛰어 넘어서 더 넓게는 한국 민족이 전국적으로 등장하였음을 알린 것이다. 한국사에서 근대적 의미의 민족은 동학농민전쟁에서 시작해서 독립협회 운동, 애국계몽운동, 식민지 하 독립운동 등을 통해서 서서히 형성된 역사적 실체였다. 자유롭고 평등한 정치결사체를 목표로 한 장기간의 투쟁 속에서, 특히 3.1 독립운동의 과정에서 평범한 대중들은 나의 조국이 어떠하여야 하는가를 깨닫게 된 것이다. 그토록 한국인들이 국망의 위기 앞에서 찾으려 했던 애국과 헌신의 대상을 스스로 만들어낸 것이다. 당시 한국인에게는 이것이 곧 정의였다.

참고문헌

1. 자료

『구한말 민사판결문(1895~1910)』, 『사법품보』, 『한말근대법령자료집』, 『경국대전』, 『대전회통』, 『대명률직해(1)~(4)』, 『형법대전』, 『구한국관보』, 『승정원일기』, 『조선왕조실록』, 『독립신문』, 『제국신문』, 『황성신문』, 『미일신문』, 『대한매일신보』, 『대한자강회월보』, 『대한협회보』, 『국역 윤치호영문일기(1~5)』, 『대한계년사(1)~(5)』, 『서유견문』, 『매천야록』

김용흠 역주, 『목민고, 목민대방』, 혜안, 2012
남기정역, 『일제의 한국사법부 침략실화』, 육법사, 1978
다산연구회, 『역주 목민심서』, 창작과비평사, 1988
백승철 역주, 『신편 목민고』, 혜안, 2012
법제처 편, 『거관대요』, 법제처, 1983
오지영, 『동학사』, 박영사, 1974
원재린 역주, 『임관정요』, 혜안, 2012
유길준, 장인성 옮김, 『서유견문』, 아카넷, 2017
전경목 외 옮김, 『儒胥必知』, 사계절, 2006
정긍식, 조지만, 다나까 토시미쯔, 『譯註 大典詞訟類聚』, 민속원, 2012
정호훈 역주, 『선각』, 혜안, 2012
최윤오 옮김, 『재판으로 만나본 조선의 백성 충청도 진천 사송록』, 혜안, 2012
한국역사연구회 중세2분과 법전연구반, 『각사수교』, 청년사, 2002
한국역사연구회 중세2분과 법전연구반, 『수교집록』, 청년사, 2001
한국역사연구회 중세2분과 법전연구반, 『신보수교집록』, 청년사, 2000

I.B. 비숍, 신복룡 역, 『조선과 그 이웃나라들』, 집문당, 2000
J. S. 게일, 신복룡 외 옮김, 『전환기의 조선』, 평민사, 1986
까를로 로제티, 『코레아 코레아니』, 서울학연구소, 1995

아손 그렙스트, 『스웨덴기자 아손, 100년전 한국을 걷다』, 책과함께, 2005
양계초, 강중기·양일모 외 옮김, 『음빙실자유서』, 푸른역사, 2017
양계초, 이혜경 주해, 『신민설』, 서울대출판문화원, 2014
양계초, 최형욱 역, 『음빙실문집』, 지식을만드는지식, 2015
엄복, 양일모·이종민·강중기 역주, 『천연론』, 소명출판, 2008
제이콥 로버트 무스, 『1900, 조선에 살다』, 푸른역사, 2008
카르네프 외, 『내가 본 조선, 조선인』, 가야넷, 2003
헐버트, 신복룡 역, 『대한제국멸망사』, 평민사, 1985
가토 히로유키, 김도형 역, 『입헌정체략·진정대의』, 세창출판사, 2017
이승만, 『독립정신』, 동서문화사, 2010
Gale, James S, 『A Korean-English Dictionary 英韓字典 한영ᄌ뎐』, Kelly and Walsh, 1897
Horace Grant Underwood, 『英韓字典영한ᄌ뎐 A concise dictionary of the Korean language in two parts Korean-English and English-Korean』, Kelly and Walsh, 1890
J. Scott, 『English-Corean Dictionary』, Church of England Mission Press, 1891
GEORGE HEBER JONES, 『英韓字典 영한ᄌ뎐 AN ENGLISH-KOREAN DICTHIONARY』, 敎文館 1914
펠릭스 클레르 리델 지음, 이은령, 김영주, 윤애선 옮김, 『현대 한국어로 보는 한불자전』, 소명출판, 2014
황호덕, 이상현 편, 『한국어의 근대와 이중어사전 : 영인편.1-11』, 박문사, 2012

2. 단행본

강창석, 『조선 통감부 연구』, 국학자료원, 1994
고석규, 『19세기 조선의 향촌사회연구 : 지배와 저항의 구조』, 서울대학교 출판부, 1998
구태훈, 『일본근대사』, 히스토리메이커, 2017
김경숙, 『조선의 묘지 소송』, 문학동네, 2012

김도형, 『근대 한국의 문명전환과 개혁론』, 지식산업사, 2014

김도형, 『대한제국기의 정치사상 연구』, 지식산업사, 1994

김병화, 『近代韓國裁判史』, 한국사법행정학회, 1974

김성갑·전경목·박성호, 『소송과 분쟁으로 보는 조선사회』, 새물결, 2017

김영한·임지현, 『서양의 지적운동-르네상스에서 포스트모더니즘까지-』, 지식산업
　　사, 1997

김인걸, 『조선시대 사회사와 한국사 인식』, 경인문화사, 2018

김인걸, 『조선후기 향촌사회 지배구조의 변동』, 경인문화사, 2017

김정인, 『민주주의를 향한 역사』, 책과함께, 2015

김현숙, 『근대 한국의 서양인 고문관들』, 한국연구원, 2008

도면회, 『한국 근대형사재판제도사』, 푸른역사, 2014

문준영, 『법원과 검찰의 탄생』, 역사비평사, 2010

문지영, 『지배와 저항-한국 자유주의의 두 얼굴』, 후마니타스, 2011

미야지마 히로시, 『나의 한국사 공부』, 너머북스, 2013

박병호, 『한국 법제사』, 민속원, 2012

박영준, 『해군의 탄생과 근대 일본』, 그물, 2014

박찬승, 『대한민국은 민주공화국이다』, 돌베개, 2013

박찬승, 『한국 근대정치사상사 연구』, 역사비평사, 1992

배항섭 편, 『19세기 민중사 연구의 시각과 방법』, 성균관대학교 출판부, 2015

배항섭, 손병규, 『임술민란과 19세기 동아시아 민중운동』, 성균관대학교 출판부,
　　2013

서영희, 『대한제국 정치사 연구』, 서울대출판부, 2003

서일교, 『조선왕조 형사제도의 연구』, 박영사, 1968

송호근, 『시민의 탄생 :조선의 근대와 공론장의 지각 변동』, 민음사, 2013

송호근, 『인민의 탄생 :공론장의 구조 변동』, 민음사, 2011

신용하, 『신판 독립협회 연구』, 일조각, 2006

신용하, 『한국 개화사상과 개화운동의 지성사』, 지식산업사, 2010

신일철, 『신채호의 역사사상 연구』, 고려대출판부, 1980

심재우, 전경목, 김호, 박소현, 조영준, 『조선후기 법률문화 연구』, 한국학중앙연구
　　원, 2017

심재우, 『네 죄를 고하여라 - 법률과 형벌로 읽는 조선』, 산처럼, 2011

심재우, 『백성의 무게를 견뎌라-법학자 정약용의 삶과 흠흠신서 읽기-』, 산처럼, 2018

쓰키아시 다쓰히코, 최덕수 역, 『조선의 개화사상과 내셔널리즘』, 열린책들, 2014

양일모, 『옌푸 : 중국의 근대성과 서양사상』, 태학사, 2008

오갑균, 『조선시대 사법제도 연구』, 삼영사, 1994

오금성 외, 『명청시대 사회경제사』, 이산, 2007

오타니 다다시, 이재우 옮김, 『청일전쟁, 국민의 탄생』, 오월의봄, 2018

왕현종, 『한국 근대국가의 형성과 갑오개혁』, 역사비평사, 2003

유영렬, 『한국근대사의 탐구』, 경인문화사, 2006

이나미, 『한국 자유주의의 기원』, 책세상, 2001

이상규 편, 『한글 고문서를 통해 본 조선 사람들의 삶』, 경진출판, 2014

이송희, 『대한제국기의 애국계몽운동과 사상』, 국학자료원, 2011

이영림, 주경철, 최갑수, 『근대 유럽의 형성 16-18세기』, 까치, 2011

이영미, 김혜정 역, 『한국의 사법제도와 우메 겐지로』, 일조각, 2011

이영호, 『동학 천도교와 기독교의 갈등과 연대』, 푸른역사, 2020

이영호, 『동학과 농민전쟁』, 혜안, 2004

이혜경, 『천하관과 근대화론 : 양계초를 중심으로』, 문학과지성사, 2002

이화여대 한국문화연구원편, 『근대 계몽기 지식 개념의 수용과 변용』, 소명출판, 2004

임상혁, 『나는 노비로소이다 : 소송으로 보는 조선의 법과 사회』, 너머북스, 2010

전병무, 『조선총독부 조선인 사법관』, 역사공간, 2012

전봉덕, 『한국 근대법 사상사』, 박영사, 1980

정긍식, 『조선의 법치주의 탐구』, 태학사, 2018

정긍식, 『한국근대법사고』, 박영사, 2002

정용화, 『문명의 정치사상 : 유길준과 근대 한국』, 문학과 지성사, 2004

정창렬, 『정창렬저작집(1~3)』, 선인, 2014

조경란, 『20세기 중국 지식의 탄생』, 책세상, 2015

조윤선, 『조선후기 소송 연구』, 국학자료원, 2002

최기영, 『한국 근대 계몽운동연구』, 일조각, 1997

최승희, 『韓國古文書硏究』, 지식산업사, 1989

최원규, 『한말 일제초기 국유지 조사와 토지조사사업』, 혜안, 2019

한국역사연구회 편, 『1894년 동학농민전쟁 연구(1~5)』, 역사비평사, 1994-1997

Brian Z. Tamanaha, 이헌환역, 『법치주의란 무엇인가』, 박영사, 2014
권영성, 『헌법학원론』, 법문사, 1981
范忠信·鄭定·詹學農, 李仁哲譯, 『中國法律文化探究』, 일조각, 1996
孫珠瓚, 『新法學通論』, 박영사, 1998
이시윤, 『신민사소송법(제6증보판)』, 박영사, 2002
이시윤, 『신민사소송법』, 박영사, 2014
장국화, 윤진기·임대희·임병덕·한기종·한상돈 옮김, 『중국법률사상사』, 아카넷, 2003
장진번, 한기종·김선주 등 옮김, 『중국법제사』, 소나무, 2006
한동일, 『법으로 읽는 유럽사』, 글항아리, 2018
해롤드 버만, 김철 옮김, 『법과 혁명 I』, 리걸플러스, 2013
호문혁, 『민사소송법원론』, 법문사, 2012
황밍허, 이철환 옮김, 『법정의 역사』, 시그마북스, 2008
石井良助, 구병삭 옮김, 『日本의 近代化와 制度』, 敎學硏究社, 1981
寺田浩明, 『中國法制史』, 東京大學出版會, 2018
水林彪 編著, 『東アジア法研究の現状と将来』, 國際書院, 2009
石川一三夫, 中尾 敏充, 矢野 達雄 編, 『日本近代法制史研究の現状と課題』,
        弘文堂, 2003
前山亮吉, 『近代日本の行政改革と裁判所』, 信山社, 1996
三阪佳弘, 『近代日本の司法省と裁判官』, 大阪大學出版會, 2014
鵜飼信成, 福島正夫, 川島務宜, 辻 淸明, 『日本近代法發達史(2), (5)』, 勁草書
        房, 1958
福島正夫, 『日本近代法体制の形成』, 日本評論社, 1981
마키하라 노리오, 박지영 옮김, 『민권과 헌법』, 어문학사, 2012

E. J. 시에예스, 박인수 역, 『제3신분이란 무엇인가』, 책세상, 2003
루돌프 폰 예링, 윤철홍 옮김, 『권리를 위한 투쟁』, 책세상, 2018
몽테스키외, 하재홍 역, 『법의 정신』, 동서문화사, 2007
알랭 쉬피오, 박제성·배영란 옮김, 『법률적 인간의 출현』, 글항아리, 2015
장 자크 루소, 김영욱 옮김, 『사회계약론』, 후마니타스, 2018
존 로크, 강정인·문지영 옮김, 『통치론』, 까치, 2018
존 롤스, 황경식 옮김, 『정의론』, 이학사, 2003

존 스튜어트 밀, 김형철 옮김, 『자유론』, 서광사, 2008

체사레 벡카리아, 한인섭 역, 『범죄와 형벌』, 박영사, 2010

토마스 페인, 박홍규 역, 『상식, 인권』, 필맥, 2004

폴 켈리, 김성호 옮김, 『로크의 「통치론」 입문』, 서광사, 2018

홉스, 최공웅·최진원 옮김, 『리바이어던』, 동서문화사, 2016

G. 푯지, 『근대국가의 발전』, 민음사, 1995

강정인·김용민·황태연, 『서양 근대 정치사상사』, 책세상, 2007

김경근, 『로베스피에르 자유와 덕』, 전북대출판문화원, 2017

김만권, 『호모 저스티스』, 여문책, 2016

로베스피에르, 배기현 옮김, 『로베스피에르 덕치와 공포정치』, 2009

막스 베버, 박문재 옮김, 『프로테스탄트 윤리와 자본주의 정신』, 현대지성, 2018

우노 시게키, 신정원 옮김, 『서양 정치사상사 산책』, 교유서가, 2014

위르겐 하버마스, 한승완 옮김, 『공론장의 구조변동』, 나남, 2001

이봉철, 『현대 인권사상』, 아카넷, 2001

콜린 크라우치, 이한 옮김, 『포스트 민주주의』, 미지북스, 2008

찰스 테일러, 이상길 옮김, 『근대의 사회적 상상』, 이음, 2010

피터 게이, 주명철 옮김, 『계몽주의의 기원』, 민음사,

한국·동양정치사상사학회, 『한국 정치사상사』, 백산서당, 2005

금장태, 『유학사상의 이해』, 한국학술정보, 2007

금장태, 『한국 유학의 탐구』, 서울대학교 출판문화원, 2014

동경대 중국철학연구실, 조경란 역, 『중국사상사』, 동녘, 1995

미조구치 유조, 서광덕 옮김, 『중국의 충격』, 소명출판, 2009

미조구치 유조, 정태섭·김용천 옮김, 『중국의 공과 사』, 신서원, 2004

박정심, 『한국 근대사상사』, 천년의상상, 2016

송양섭, 『18세기 조선의 공공성과 민본이념』, 태학사, 2015

오석산, 『중국문화와 덕치사상』, 인간사랑, 2020

윤사순, 『동양사상과 한국사상』, 을유문화사, 1992

이상익, 『유교전통과 자유민주주의』, 심산, 2005

이승환, 『유가사상의 사회철학적 재조명』, 고려대학교 출판부, 1998

장현근·김정호·윤대식·이상익·조성환 등, 『民意와 議論』, 이학사, 2012

훼이샤오 통, 이경규 역, 『중국사회의 기본구조』(원서명 : 鄕土中國), 일조각, 1995

김영작,『한국 내셔널리즘의 전개와 글로벌리즘』, 백산서당, 2006

김인중,『민족주의와 역사』, 아카넷, 2014

베네딕트 앤더스, 서지원 역,『상상된 공동체-민족주의의 기원과 보급에 대한 고찰』, 길, 2018

앤서니 D. 스미스, 이재석 옮김,『민족의 인종적 기원』, 그린비, 2018

에르네스트 르낭, 신행선 역,『민족이란 무엇인가』, 책세상, 2002

오노데라 시로, 김하림 역,『중국 내셔널리즘』, 산지니, 2020

요시자와 세이치로, 정치호 옮김,『내셔널리즘으로 본 근대 중국 애국주의의 형성』, 논형, 2006

石塚正英,『哲學·思想飜譯語事典』, 論創社, 2013

서울대학교 역사학연구소편,『역사용어사전』, 서울대학교 출판문화원, 2015

브리태니커 편찬위원회, 이정인 옮김,『근대의 탄생』, 아고라, 2017

3. 논문

고동환,「19세기 賦稅運營의 변화와 呈訴運動」,『국사관논총』3, 국사편찬위원회, 1993

고석규,「19세기 전반 향촌사회 지배구조의 성격」『외대사학』2, 1989

권이선,「조선시대 決訟立案 연구」, 한국학중앙연구원 한국학대학원 석사학위 논문, 2016

김경숙,「決訟立案과 소송 현장, 그리고 노비의 삶」『한국문화』83, 2018

김경숙,「조선후기 觀察使 題音의 到付와 到付狀」『고문서연구』51, 2017

김경숙,「조선후기 산송 소지류의 문서양식과 분류」『규장각』25, 2002

김경숙,「조선후기 山訟과 上言擊錚-노상추가와 박춘로가의 소송을 중심으로」, 『고문서연구』33, 한국고문서학회, 2008

김선경,「1894년 농민군의 조세제도 개혁 요구」『역사연구』19, 2010

김선경,「민장치부책을 통해서 본 조선시대의 재판제도」『역사연구』1, 1992

김성혜,「고종시대 군주권 위협 사건에 대한 일고찰」『한국문화연구』18, 2010

김성혜, 「독립신문에 드러난 군주의 표상과 고종의 실체」『대동문화연구』78, 2012

김소영, 「윤치호의 소사이어티(society) 개념 수용과 활동」『한국사학보』72, 2018

김소영, 「한말 지식인들의 입헌론과 근대국가 건설」『한국학연구』43, 2012

김신재, 「독립신문에 나타난 우민관」『동학연구』25집, 2008

김윤희, 「근대 국가구성원으로서의 인민 개념 형성(1876~1894)」『역사문제연구』21, 2009

김항구, 「대한협회 연구(1907~1910)」, 1993, 단국대 박사학위논문

김항기, 「갑오개혁기(1894~1896) 민사소송제도의 시행과 '私權' 신장」『한국근현대 사연구』67, 한국근현대사학회, 2013

김현숙, 「문명담론과 독립협회의 정치체제, 그리고 러젠드르의 전제론」『한국사학 보』66, 2017

김희영, 「19세기말 서양인의 눈에 비친 조선사회의 현실과 동학 농민 봉기」『동학 연구』23, 2007

김희영, 「오리엔탈리즘과 19세기말 서양인의 조선 인식」『경주사학』26, 2007

데라다 히로아키(寺田浩明), 「明淸 中國의 民事裁判의 實態와 性格」, 『법사학 연구』56, 2017

도면회, 「갑오 광무연간의 재판제도」『역사와현실』14, 1994

도면회, 「대한국국제와 대한제국의 정치구조」『내일을여는역사』17, 2004

도면회, 「총론 : 정치사적 측면에서 본 대한제국의 역사적 성격」『역사와현실』19, 1996

문숙자, 「조선전기 무자녀망처의 재산의 상속을 둘러싼 소송사례」『고문서연구』5, 1994

문준영, 「19세기 후반 지방사회에서 민소(民訴)와 청송(聽訟)실무」『법학연구』60, 부산대 법학연구소, 2019

문준영, 「대한제국기 민사재판에서 관습의 규범적 역할」『법학논고』52, 경북대 법 학연구소, 2015

문준영, 「대한제국기 민사판결에서 법문 인용의 맥락」『법사학연구』54, 2016

문준영, 「대한제국기 형법대전의 제정과 개정」『법사학연구』20, 1999

문준영, 「한말과 식민지시기 재판제도의 변화와 민사분쟁」『법사학연구』46, 2012

박영철, 「宋代의 法과 訟師의 향방」『동양사학연구』107, 2009

박영철, 「訟師의 출현을 통해 본 宋代 중국의 법과 사회」『법사학연구』27, 2007

박정심, 「신채호의 근대적 도덕에 관한 연구」『동양철학연구』87, 2016

박정심, 「自强期 新舊學體用論의 논리구조에 대한 비평적 연구」『동양철학연구』71, 2012

박찬승, 「1890년대 후반 도일 유학생의 현실 인식」『역사와현실』31, 1999

박찬승, 「1904년 황실 파견 도일 유학생의 연구」『한국근현대사연구』51, 2009

박찬승, 「한말 자강운동론의 각 계열과 그 성격」『한국사연구』68, 1990

박천웅, 「법의 장의 구조 변동 - 광무정권기 한성재판소 및 평리원 사법관 연구」『사회와역사』115, 2017

배항섭, 「19세기 후반 민중운동과 공론」『한국사연구』161, 2013

서진교, 「1899년 고종의 '대한국국제' 반포와 전제황제권의 추구」『한국근현대사연구』5, 1996

손경찬, 「開化期 民事訴訟制度에 관한 硏究」, 서울대 박사학위논문, 2015

손경찬, 「조선시대 민사소송에서 당사자의 불출석」『법사학연구』57, 한국법사학회, 2018

손경찬, 「민형소송규칙의 제정과 의의」『법사학연구』30, 2004

송계화, 「소송사회의 필요악 訟師」『중국어문학논집』68, 2011

신우철, 「근대 사법제도 성립사 연구」『법조』56-9, 2007

신우철, 「근대 입헌주의 성립사 연구-청말 입헌운동을 중심으로」『법사학연구』35, 2007

신우철, 「청말 입헌군주제 헌법 소고」『법사학연구』44, 2010

심재우, 「조선시대 소송제도와 외지부의 활동」『명청사연구』46, 2016

심재우, 「조선후기 소송을 통해 본 법과 사회」『동양사학연구』123, 2013

심재우, 「조선후기 충청도 연기지역의 민장과 갈등 양상」,『정신문화연구』134, 한국학중앙연구원, 2014

심희기, 「18세기 초 안동부 전답결송입안의 법제적 분석」『고문서연구』9·10, 1996

심희기, 「근세조선의 민사재판의 실태와 성격」『법사학연구』56, 2017

심희기, 「동아시아 전통사회의 관습법 개념에 대한 비판적 검토」『법사학연구』46, 2012

심희기, 「조선시대 민사재판에서 송관(訟官)의 법문(法文)에의 구속」『원광법학』34-3, 2018

심희기, 「조선시대 지배층의 재판규범과 관습-흠흠신서와 목민심서를 소재로 한 검

중」『법조』 61-2, 2012

심희기, 「朝鮮時代 刑事·民事一體型 裁判事例의 分析」『서강법률논총』 6-2, 2017

심희기, 「조선후기 전준과 관식의 준수에 관한 실증적 고찰」『고문서연구』 54, 2019

오연숙, 「대한제국기 의정부의 운영과 위상」『역사와현실』 19, 1996

오오히라 유우이치(大平裕一), 「도쿠가와 일본의 민사재판」, 『법사학연구』 56, 2017

오향미, 「요한 카스파 블룬칠리의 주권론 : 국민주권으로서의 "국가주권"」『국제정치논총』 제54-3, 2014

왕현종, 「대한제국기 고종의 황제권 강화와 개혁 논리」『역사학보』 205, 2010

왕현종, 「대한제국기 입헌논의와 근대국가론」『한국문화』 29, 2002

우남숙, 「량치차오의 자조론(自助論)과 한국의 자강·독립 사상」『한국동양정치사상사연구』 15(2), 2016

우남숙, 「신채호의 근대 국가사상 연구」『문화와정치』 3(2), 2016

우남숙, 「양계초와 신채호의 자유론 비교」『한국동양정치사상사연구』 6-1, 2007

이상익, 「정의관의 충돌과 변용 : 근대 한국의 정의관」『정치사상연구』 제12권제2호, 2006

이석규, 「조선초기 관인층의 민에 대한 인식」『역사학보』 151, 1996

이승일, 「갑오개혁기 민사소송제도의 訴訟觀 - '冤抑의 호소'에서 '권리의 주장'으로 -」『법사학연구』 58, 2018

이승일, 「근대 이행기 소송을 통해 본 전통 민사재판의 성격」, 『고문서연구』 51, 한국고문서학회, 2017

이승일, 「근대 한국 민사판결록의 편책과 기술(記述)의 분석 -법원 소장 판결록을 중심으로-」『법사학연구』 53, 2016

이승일, 「대한제국기 외국인의 부동산 전당 및 매매와 민사 분쟁」『법사학연구』 49, 2014

이승일, 「대한제국기 한성부의 가옥거래와 家儈의 역할」『역사교육』 137, 2016

이승일, 「민사판결문을 통해 본 근대 한국의 도지권 분쟁과 처리」『역사와현실』 89, 2013

이승환, 「한국 및 동양 전통에서 본 공과 공익」『철학과 현실』 50, 2001

이승환, 「한국 및 동양의 公私觀과 근대적 변용」『정치사상연구』 6, 2002

이승환, 김형철, 「의리와 정의」『철학연구』 37, 1995

이태훈, 「한말 대한협회 주도층의 국가인식과 자본주의 근대화론」『학림』 21, 2000

이태훈, 「한말 일본 유학 지식인의 근대 사회과학 수용과정과 특징」『이화사학연구』 44, 2012

이혜정, 「16세기 어느 도망노비 가족의 생존전략」『인문논총』 72-4, 2015

임상혁, 「1908년 민사소송법안의 성립과 그 성격」『민사소송』 14-1, 2010

임상혁, 「조선전기 민사소송과 소송이론의 전개」, 서울대 박사학위논문, 2000

전경목, 「박효랑 사건의 전말과 소송상의 문제점」『법사학연구』 31, 2005

전경목, 「山訟을 통해서 본 조선후기 司法制度 운용실태와 그 특징」『법사학연구』 18, 1997

전경목, 「소지류의 데김에 나타나는 告課에 대해서」『고문서연구』 11, 1998

전경목, 「조선후기 산송의 한 사례(II)」『국사관논총』 102, 2003

전종익, 「19세기말 공권력 작용과 공평의 원칙-독립신문의 법제개혁론을 중심으로-」『법사학연구』 48, 2013

정숭교, 「韓末 民權論의 전개와 國粹論의 대두」, 서울대 박사학위논문, 2004

정연태, 「19세기 후반 20세기초 서양인의 한국관」『역사와현실』 34, 1999

정연태, 「광무연간 서양인의 한국관」『한국사연구』 115, 2001

정종원, 「김학진의 삶과 현실 인식」『한국사학보』 75, 2019

조계원, 「대한국국제 반포(1899년)의 정치·사상적 맥락과 함의」『한국정치학회보』 48(2), 2015

조윤선, 「속대전 형전 청리조와 민의 법의식」, 『한국사연구』 88, 한국사연구회, 1995

조재곤, 「대한국국제의 분석과 각국 헌법」『한국근현대사연구』 84, 2018

차선혜, 「애국계몽운동기 尹孝定의 정치활동과 그 사상」, 경희대 석사학위논문, 1994

최갑수, 「1789년의 인권선언과 혁명기의 담론」『프랑스사연구』 4, 2001

최기영, 「한말 법관양성소의 운영과 교육」『한국근현대사연구』 16, 2001

최연숙, 「朝鮮時代 立案에 관한 硏究」, 한국학중앙연구원 한국학대학원 박사학위논문, 2004

한상권, 「조선시대 교화와 형정」, 『역사와현실』 79, 한국역사연구회, 2011

한상권, 「조선시대 詞訟재판의 두 양태」『고문서연구』 44, 2014

한상권, 「조선시대 소송과 외지부 - 1560년 경주부결송입안 분석」『역사와현실』 69, 2008

허동현, 「1881년 朝士視察團의 明治日本 司法制度 이해」『진단학보』 84, 1997

홍성화, 「청대 민사재판의 성격에 관한 논쟁-필립황과 滋賀秀三의 연구를 중심으로-」『사림』 28, 2007
홍성화, 「청대 법제사 연구를 위한 몇 가지 개념 이해」『역사와세계』 50, 2016

찾아보기

|애|

이승일

한양대학교 사학과를 졸업하고 동 대학원에서 박사학위를 받았다. 근대 한국의 재판과 법을 연구하고 있으며 근·현대 한국의 기록관리제도의 연구도 병행하고 있다. 현재, 강릉원주대 사학과 교수 및 강릉원주대 일반대학원 기록관리협동과정 주임교수로 재직 중이다.
E-mail : blueat89@hanmail.net

논저
「갑오개혁기 민사소송제도의 訴訟觀 - '冤抑의 호소'에서 '권리의 주장'으로 -」『법사학연구』 58, 2018
「근대 이행기 소송을 통해 본 전통 민사재판의 성격」, 『고문서연구』 51, 2017
『조선총독부 법제 정책』, 역사비평사, 2008
『기록의 역사-한국의 국가기록관리와 아카이브즈』, 혜안, 2011
『조선총독부 공문서(공저)』, 역사비평사, 2010

근대 한국의 법, 재판 그리고 정의

초판 1쇄 발행	2021년 01월 15일
초판 2쇄 발행	2021년 10월 15일
지은이	이승일
펴낸이	한정희
편집부	김지선 유지혜 박지현 한주연 이다빈
마케팅	전병규 하재일 유인순
펴낸곳	경인문화사
출판신고	제406-1973-000003호
주소	경기도 파주시 회동길 445-1 경인빌딩 B동 4층
대표전화	031-955-9300 **팩스** 031-955-9310
홈페이지	http://www.kyunginp.co.kr
이메일	kyungin@kyunginp.co.kr
ISBN	978-89-499-4850-8 94910
	978-89-499-4739-6 (세트)

값 31,000원

* 이 도서의 국립중앙도서관 출판예정도서목록(CIP)은 서지정보유통지원시스템 홈페이지(http://seoji.nl.go.kr)와 국가자료공동목록시스템(http://www.nl.go.kr/kolisnet)에서 이용하실 수 있습니다.(CIP제어번호: CIP2016033455)
* 이 저서는 2013년도 정부(교육과학기술부)의 재원으로 한국학중앙연구원(한국학진흥사업단)의 지원을 받아 수행된 연구임(AKS-2013-KSS-1230001)